한국의 사회보험

김용하 지음

Social Insurance of Korea

도서출판 해남

한국의 사회보험

초판1쇄 인쇄 2021년 9월 3일
초판1쇄 발행 2021년 9월 10일

저 자 김용하
발행인 노현철
발행처 도서출판 해남

출판등록 1995. 5. 10 제1-1885호
주 소 서울특별시 마포구 마포대로8길 9 영명빌딩 405호
전 화 739-4822 **팩스** 720-4823
이 메 일 haenamin30@naver.com
홈페이지 www.hpub.co.kr

ISBN 978-89-6238-159-7 93320

머리말

『한국의 사회보험』은 우리나라 국민연금, 건강보험, 산재보험, 고용보험, 노인장기요양보험, 공무원연금, 군인연금, 사학연금 등 8대 사회보험과 퇴직연금의 이론과 한국의 제도를 상세하게 정리한 교과서에 가까운 지침서라고 할 수 있다.

사회보험에서 대상으로 하는 사회적 위험은 사람이면 누구나 직면하게 되는 생로병사(生老病死)의 위험을 말한다. 태어나는 순간부터 사망하여 자연으로 돌아가는 순간까지 사람은 다양한 위험 속에서 살아가게 된다. 근대적 사회보험이 도입되기 이전까지는 사람들은 이러한 위험들에 대하여 홀로 혹은 가족단위로 대응할 수밖에 없었다. 가족은 전통적으로 기본적인 울타리였으나, 산업화 과정에서 대가족사회에서 소가족사회로 전화되는 과정에서 그 한계를 들어내게 되었다.

사회보험은 암묵적인 사회계약의 산물이다. 사회보험은 국가공동체의 존재 이유를 자각하면서 탄생하였다. 사회보험을 통하여 온 국민은 하나임을 깨닫게 된다. 최초의 사회보험이 탄생하였던 독일 프로이센의 재상 비스마르크의 사회보험 구상과 5.16 군사혁명 후 박정희 대통령의 사회보험 구상은 본질적으로 다르지 않다. 국가라는 공동체를 강건하게 만들자는 의도였을 것이다. 국가유지를 위해서 봉건사회에는 크게 필요하지 않았던 사회보험이 현대 사회에는 대부분의 국가에서 필요한 제도가 되었을까? 그것은 인간이라는 존재의 자각과 무관하지 않다. 더 이상 국가에 대한 충성이 피상적인 애국심 호소로는 통하지 않게 된 것이다. 진정 이 땅에서 이 나라의 국민이라는 자부심을 가지기 위해서는, 이 나라에 살 만한 이유가 있어야 하고 이는 이 나라가 누구나 인간답게 살 수 있는 국가일 때만 가능하다.

대한민국 헌법 제34조, "모든 국민은 인간다운 생활을 할 권리를 가진다. 국가는 사회보장·사회복지의 증진에 노력할 의무를 진다. 국가는 여자의 복지와 권익의 향상을 위하여 노력하여야 한다. 국가는 노인과 청소년의 복지향상을 위한 정책을 실시할 의무를 진다. 신체장애자 및 질병·노령 기타의 사유로 생활능력이 없는 국민은 법률이 정하는 바에 의하여 국가의 보호를 받는다. 국가는 재해를 예방하고 그 위험으로부터 국민을 보호하기 위하여 노력하여야 한다."는 조항은 사회보험을 통하여 진정한 실천적 힘을 가지게 된다. 그렇지만 사회보험은 힘없고 불쌍한 남을 돕는 구빈제도가 아니다. 사회보험은 인간이면 누구나 당하게 될 수 있는 사회적 위험에 모든 국민이 함께 대응하기 위해 개발된 지혜로운 제도 중의 하나이다.

『한국의 사회보험』은 종합적 학문이다. 단순하게 보면 사회보장과 보험을 결합한 학문이지만, 철학·경제학·사회학·법학·수학 등의 기반이 있어야 하고, 경영학·행정학 등 응용학문의 도움이 필요한 분야이다. 그동안 사회보장론이라는 제목으로 사회보험과 공공 부조를 포괄하는 내용의 교과서는 다수 출간되었지만 사회보험에 집중한 책은 처음이라 할 수 있다. 선진 외국에도 사회보험론 제하의 책은 많지 않다. 다루는 분야가 방대하여 한 권의 책에 담기가 힘들었을 것이라는 생각이 책을 집필하면서야 절실히 느끼게 되었다.

『한국의 사회보험』은 학부에서 한 학기 강의에 적합하도록 총 15개의 장으로 구성되어 있다. 제1장부터 제6장까지는 사회보험의 기초가 될 수 있는 총론 부분이고, 제7장부터 각론에 해당한다. 연금보험 부분은 공적연금에서 퇴직연금제도까지 포함하여 총 4개의 장을 할애하였고, 건강보험은 2개의 장, 산재보험, 고용보험, 장기요양보험은 각 1개의 장으로 구성되어 있다. 이론 부분은 다소 난해하게 구성되어 있어 필요한 부분만 활용하면 될 것이다. 책의 전 부분에 걸쳐서 가능하면 중립적 시각을 유지하기 위해 노력하였지만 그렇지 못한 부분은 보는 사람의 시각에 따라 다를 수 있다. 널리 양해하여 주기 바란다.

『한국의 사회보험』은 많은 선행 연구가 없었으면 불가능하였을 것이다. 본 저서는 본인이 저술한 2008년의 『사회보험론』을 대폭 수정한 것이다. 전반적인 소득보장 이론은 G. E. Rejda의 *Social Insurance and Economic Security*(2015년), 사회보험 역사는 원석조 교수님의 『사회복지의 역사의 이해』, 소득분배론은 이준구 교수님의 『소득분배의 이론과 현실』과 나성린·전영섭 교수님의 『공공경제학』, 사회보험 급여의 종류는 이정우 교수님의 『사회복지 정책』, 의료보험이론은 양봉민 교수님의 『보건경제학』, 장기요양보험은 석재은 교수님의 박사학위 논문을 기초로 하였다. 선행 저자 여러분에게 깊은 감사들 드린다. 그리고 현행 각 사회보험제도의 현황과 관련된 자료는 보건복지부, 고용노동부, 국민건강보험공단, 국민연금공단, 근로복지공단의 자료가 큰 도움이 되었다. 그리고 본서 곳곳에 사회보험과 관련된 기존의 연구 성과와 언론보도들을 참고하였지만 한 분 한 분에게 감사의 말씀을 드리지 못함을 널리 용서하여 주기 바란다. 한국의 사회보험은 해남출판사의 노현철 대표님이 어려운 여건에도 불구하고 출판을 수락해 주셨기 때문에 가능했다. 깊은 감사의 말씀을 드린다. 또한 이 자리를 빌어서 사회보험론을 수강했던 많은 학생들에게 고마운 마음을 전한다.

사회보험은 끊임없이 변하고 발전하는 학문이다. 사회보험이 기반으로 하고 있는 사회와 경제가 변하는데 사회보험 제도가 변하지 않을 수 없고, 사회보험 제도가 변하는데 사회보험론도 변할 수밖에 없다. 『한국의 사회보험』은 아직 부족한 점이 많다. 이 모든 것이 저자의 부족함에 기인하는 것이다. 미완성이지만 출간하게 된 것은 미흡해도 누군가 시작하여야 더 나은 발전이 있을 것으로 생각하기 때문이다. 아무쪼록 본서가 한국의 사회보험에 대한 이해를 조금이라도 넓히는 데 도움이 되었으면 하는 마음을 소중히 담아서 감히 세상에 내어 놓는다.

2021년 8월

혜암 김 용 하

차례

3 사회 정의와 소득 분배

4 사회보험 급여의 유형과 수준

5 사회보험료와 재정

6 사회보험 관리운영

7 연금보험

8 국민연금

9 특수직역연금

10 퇴직금제도와 퇴직연금

11 건강보험이론

12 국민건강보험

Chapter 1

사회보험의 개념

학습목표

1. 사회적 위험에는 어떤 것이 있는지 생각하여 보자.
2. 사회보험제도가 왜 필요한지 알아보자.
3. 사회보험과 민영보험의 유사점과 차이점을 찾아보자.
4. 사회보장의 원칙을 비교하여 보자.

1. 사회적 위험

인간들은 항상 자신의 안전을 위협하는 힘들로부터 보호와 안전을 추구해 왔다. 선사시대에는 자연의 야수적 힘으로부터 신체를 보호하였으며, 문명화가 진행됨에 따라 안전성에 대한 요구는 수많은 사회적·정치적·국제적·경제적 기술과 관련하여 더욱 복잡해졌다. 안정성은 다양한 측면과 차원을 가진다. 삶은 불확실성으로 가득 차 있고 복잡한 위험에 둘러싸여 있기 때문에 안정성의 개념은 철학, 사회학, 심리학, 정치학, 경제학을 포함한 몇 가지 학문영역에서 분석될 수 있다. 그러나 안정성에 대한 완벽한 분석은 불가능한 것은 아니지만 다소 수고스러운 일이다. 따라서 개념이 좁혀져야 한다. 본 장에서는 불안정성에 대항하는 기술로서 사회보험에 특별히 강조점을 두고 경제적 안정성에 초점을 두고 있다.

1) 경제적 안정성의 성격

인간의 복지는 많은 다양한 요소들의 합계라고 할 수 있다. 복지 개념은 전체의 부분들을 복지가 획득되는 다양한 요소들로 분해할 수 없지만, 복지의 커다란 부분이 금전으로 획득할 수 있는 것들로부터 생겨난다는 사실은 명백하다. 경제적 불안정성은 복지의 일부로서, 이는 개인이 기본적인 필요와 욕구를 현재와 미래에 충족할 수 있다고 상대적으로 확신하고 있는 마음 상태나 감각(sense of well-being)으로 정의될 수 있다. "기본적 필요와 욕구"는 음식, 의복, 주택, 의료와 여타 필수품들에 대한 개인의 바람을 의미한다. 어떤 사람이 현재와 미래에 있어 모두 필요와 욕구가 충족될 수 있다고 상대적으로 확신하고 있으면 그 사람은 복지를 경험할 수 있다. 이러한 복지에 대한 감각은 인간의 필요와 욕구에 대한 충족으로부터 나오며 경제적인 서비스와 재화의 사용에 달려 있다. 개인은 경제적 안정성을 얻기 위해 서비스와 재화에 접근할 수 있어야만 한다. 따라서 고도로 산업화된 경제에서 경제적 안정성은 소득 보장과 밀접하게 관련된다는 것은 명백하다. 소득(income)이 높을수록 – 임금이건, 공적 혹은 사적 이전이건, 재산소득이건 간에 – 경제적 안정성의 수준은 더 높아진다.

경제적 안정성 개념 분석에는 몇 가지 포인트가 있다. 첫째, 소득은 경제적 안정성 확보의 핵심적인 요인이다. 소득은 연속적(continuous)이어야 한다. 소득이 미래에도 필요와 욕구가 충족될 수 있도록 앞으로도 계속될 것이라고 기대할 수 있어야 하는 것이다. 만약 소득이 없어지거나 상당히 감소한다면 경제적 안정성은 위협 받는다.

둘째, 실질소득을 강조해야 한다. 실질소득은 화폐소득으로 구매할 수 있는 재화나 서비스를 가리킨다. 만약 실질소득이 증가한다면 경제적 안정성의 개선이 가능하다. 예를 들어, 소비자 가격이 20% 오르고 화폐소득이 30% 늘어나면 실질소득은 증가한 것이고 경제적 안정성의 증대가 가능해진다. 그러나 화폐소득과 가격이 모두 같은 비율로 오르면, 실질소득은 변함이 없고 경제적 안정성도 증대되지 않는다.

셋째, 대부분 사람들에게 경제적 안정성을 위해서는 빈곤선 혹은 실질적인 생활 수준(substance level of living) 이상의 소득 확보가 요구된다. 빈곤은 물질적 재화와 서비스의 불충분함으로 정의될 수 있고 그로 인해 개인 혹은 가족의 기본적 필요가 그 충족 수단을 초과하게 된다. 빈곤은 정부에서 설정한 다양한 빈곤선에 의해 측정될 수 있다. 상당수의 사람들은 현재, 소득이 빈곤선 이하이기 때문에 경제적으로 안전하지 못하다고 할 수 있다.

마지막으로, 경제적 안정성은 다른 사람들이 향유하는 생활 수준에 비추어 상대적이다. 생활 수준이 시대에 따라 바뀌면서 경제적 안정성 개념 또한 바뀌어야 한다. 문화적 배경, 교육 수준, 경제 수준 또한 경제적 안정성 개념에 영향을 미친다. 이런 요인들이 변화함에 따라 소비자와 가족의 기대

또한 변화하고, 경제적 안정성 개념에 변화를 가져오는 것이다.

2) 경제적 불안정성의 성격

경제적 불안정성은 경제적 안정성의 반대이다. 즉, 개인이 기본적인 필요와 욕구를 현재나 미래에 충족할 수 있다고 상대적으로 확신하고 있는 마음 상태나 감각(sense of well-being)이 부재한 것이다. 그러므로 상당한 걱정, 공포, 불안, 신체적 불편이 존재한다. 화폐의 필요는 지속적인 문제를 야기한다. 경제적 불안정성은 소득의 상실, 예기치 않은 많은 양의 추가적 지출, 불충분한 소득의 획득에 따라 발생한다. 경제적 불안정성은 미래 소득의 지속이 불안정적인 경우 발생할 수 있다. 따라서 경제적 불안정성은 다음과 같은 것으로 구성된다.

- 소득 상실
- 추가적 지출
- 소득 불충분
- 소득의 불확실성

(1) 소득 상실

소득 상실이 상대적이냐 절대적이냐를 떠나서, 근로자의 소득이 상실된 경우 경제적 불안정성은 존재하게 된다. 이런 경우 근로자가 충분한 자산, 과거 소득 등 소득 대체원을 갖고 있지 못하다면 기본적 필요와 욕구는 충족될 수 없다. 더욱이 빈곤선 이상의 지속적인 재화와 서비스 소비가 어려워질 것이다.

(2) 추가적 지출

경제적 불안정성은 의료비와 같은 추가적 지출에 의해서도 발생할 수 있다. 예를 들어, 누군가 상해를 당해 일을 못할 수 있다. 소득 상실과 더불어 입원비, 약값, 수술비 등으로 인해 추가적 지출이 발생한다. 또는 가장이 상당한 돈이 들어가는 심각한 질병이나 사고를 당한 피부양자를 두고 있는 경우도 들 수 있다. 만약 근로자가 과거 상당량의 저축, 의료보험, 혹은 끌어낼 다른 재원이 없다면, 경제적 불안정성은 추가적 지출에 의해 더욱 악화될 것이다.

(3) 소득 불충분

경제적 불안정성은 고용되어 있는 경우에도 불충분한 소득을 얻는다면, 즉 연간 총소득이 기본적 필요와 욕구를 충족시키는 데 필요한 양 이하라면 존재하게 된다. 앞에서 말한 것처럼 많은 사람들이 빈곤으로 인해 경제적으로 불안정하다. 사람들이 일자리를 찾을 수 없거나, 일을 할 수 없도록 하는 정신적·신체적 결함을 갖고 있기 때문에 빈곤하게 된다는 관점이 완전히 옳은 것은 아니다. 많은 빈곤한 근로자들이 안정적으로 고용되어 1년 내내 정규직으로 일을 하지만 소득은 기본적 필요와 욕구 충족에 불충분한 것이다.

(4) 소득의 불확실성

경제적 불안정성은 근로자가 고용되어 있음에도 불구하고 현재의 소득이 미래에도 지속될 수 있을지가 불확실한 경우에도 존재한다. 예를 들면, 높은 임금의 우주 공학자는 회사가 정부로부터 예상된 계약을 따내지 못하는 경우에 불안해질 수 있다. 이런 경우 미래 소득의 불확실성으로 인해 경제적 불안정성을 겪게 되는 것이다.

고도로 산업화된 경제에서 실업에 대한 만성적 공포는 경제적으로 안정적이라는 느낌을 위협한다는 점에서 상당한 불안을 일으킬 수 있다. 근로자는 시장에서 노동력을 팔고 화폐 임금 수령에 의존하게 된다. 경제적 안정의 기본적 느낌은 만약 근로자가 미래에 자신의 서비스가 요구되지 않는다거나 임금이 감소할 것이라고 믿는다면 심각하게 손상될 것이다. 이런 경우 경제적 불안정성은 미래 소득의 불확실성 때문에 발생한다.

만약 실제로 받는 소득이 욕구 충족에 불충분하다면, 미래 소득의 상대적 확실성은 그 자체로 경제적 안정성에 기여하지는 않는다. 현재의 소득이 미래에도 지속될 것이라고 상대적으로 확신할 수는 있지만 만약 소득이 불충분하다면 경제적 안정성을 경험할 수는 없는 것이다. 예를 들어, 국민연금으로부터 매달 수급하는 급여 외에는 다른 소득원이 없는 노인을 가정해 보자. 살아 있는 한 급여가 계속 나올 것이라고 확신하기는 하지만 소득이 불충분하기 때문에 경제적 안정성을 느끼는 것은 불가능하다. 경제적으로 안정적이도록 만드는 것은 적절 수준의 지속적인 수입이다.

3) 경제적 불안정성의 원인들

(1) 가장의 조기 사망

가장의 조기 사망(premature death)은 가구원 부양, 지불할 부채 혹은 자녀 교육과 같은 재정적인 의무들을 다하지 못한 채 가장이 죽는 것으로 정의될 수 있다. 이는 피부양자들의 소득 상실을 야기하므로 경제적 불안정성을 발생시킨다. 만약 가족에게 다른 소득원이 없거나 소득 상실분을 대체할 만한 자산을 충분히 갖고 있지 못하다면 재정적 곤란이 뒤따를 것이다. 또한 장례비, 유산세, 임종 전 치료비 등으로 인해 상당량의 추가적 지출이 야기될 수도 있다. 게다가 지불하지 못한 저당, 자녀교육 비용 등도 있다. 이외에 감정적 슬픔, 유족의 고통, 자녀에 대한 보살핌의 상실 등 비경제적 비용 또한 발생한다.

결국 조기 사망은 사망자에게 피부양자가 있고 재정적 의무를 충족시키지 못한 채 죽은 경우에 경제적 불안정성을 야기한다. 따라서 7세 이하 아동의 죽음은 경제적 의미에서는 조기 사망으로 간주되지 않는다.

(2) 노령

노령 또한 경제적 불안정성의 또 하나의 중요한 원인이다. 노령이 되면 근로 소득이 없어지기 때문에 경제적 불안정성이 발생한다. 나이든 근로자가 퇴직할 때 근로 소득을 잃는 것이다. 만약 충분한 자산을 저축해 놓지 않거나, 사적 혹은 공적 연금과 같은 다른 소득원이 없다면 그들은 경제적 불안정성에 노출될 것이다. 많은 노인들은 불충분한 소득 때문에 경제적 불안정성을 경험한다. 65세 이상의 많은 노인이 빈곤 속에서 살아가고 있어 상당한 경제적 불안정성이 존재한다.

게다가 어떤 노인들은 질병과 상당한 의료비 때문에 경제적 불안정성을 겪는다. 특히 나이든 환자들은 요양원에서의 장기 입원 치료를 요하며 이런 유형의 재정적 부담은 놀라울 정도이다. 요양원에서의 입원 치료는 매우 높고 의료보험과 대부분 민간 의료보험은 이러한 장기 치료는 포괄하지 않는다. 그 결과 많은 노인 환자들의 한정된 재산은 금방 바닥이 나게 된다. 노인들은 자녀들로부터 혹은 의료부조로부터 재정적 지원을 찾아 나서게 된다.

결국, 어떤 노인들은 조기 퇴직과 불충분한 소득, 인플레이션으로 인한 실질소득 감소, 높은 재산세 등으로 인해 경제적 불안정성을 겪게 된다.

(3) 건강 문제

건강상 문제(poor health)는 경제적 불안정성의 중요한 또 다른 이유이다. 심각한 질병과 부상은 심각한 재정적 곤란을 야기할 수 있다. 첫째, 치료비용을 지불해야 하는데 의료비는 매우 비싸다. 대부분 사람들은 어떤 유형이든 의료보험에 가입되어 있지만 높은 본인부담과 비급여 항목으로 많은 비용이 발생한다.

둘째, 심각한 질병이나 상해로 인해 근로소득이 중단된다. 장기 장해의 경우 소득의 상당한 손실이 발생하고 치료비는 계속 부담해야 하므로 저축은 단기간에 바닥나게 된다. 필용자 급여는 줄어들거나 없어져 누군가는 장애인을 돌보아야만 한다. 장애 기간 동안 충분한 대체 소득원을 발견하지 못한다면 상당한 경제적 불안정성이 존재하게 된다.

일반적으로 생각하는 것보다 65세 이전에 장해 발생 확률이 특히 젊은 나이에 높다. 현재 25세 인구 3명 중 한 명 조금 넘게는 65세 이전에 6개월 이상 거동을 못하게 될 가능성이 있으며, 약 7명 중 1명은 5년 동안 거동을 못하게 될 가능성이 있다.

(4) 실업

실업 또한 경제적 불안정성을 야기할 수 있다. 실업은 총수요의 부족, 기술적 경제의 구조 변화, 계절적 요인, 노동시장에서의 마찰 등에 의해 발생할 수 있다. 원인을 불문하고 경제적 불안정성은 적어도 네 가지 방식으로 존재한다.

첫째, 실업으로 인해 근로소득이 없어진다. 실업보험 등과 같은 다른 대체 소득원이나 저축이 없는 경우 근로자는 경제적 불안정성을 겪게 된다. 둘째, 경제적 이유로 근로자는 파트 타임으로밖에 일할 수 없게 된다면 소득은 감소하고 근로자 자신과 가족의 유지에 불충분하게 된다. 셋째, 실업은 소득의 불확실성으로 인해 경제적 불안정성을 야기한다. 계절적 요인 때문에 근로자는 일정 기간 동안 실업 상태에 있을 수 있다. 마지막으로, 노령 근로자, 소수 집단, 장애인 등 몇몇 집단 근로자들은 새로운 일자리를 찾는데 상당한 어려움을 겪게 된다. 또한 몇몇 45세 혹은 50세 이상 노령 근로자들은 실업 기간이 길어지고, 상당수의 실업자들 경우 몇 달에서 몇 년까지 일자리를 찾지 못한다. 이런 범주의 근로자들은 상당히 경제적으로 불안정하다.

(5) 기준 이하의 저임금

장기간 기준 이하 저임금을 받는 경우 경제적 불안정성이 발생한다. 기준 이하 저임금이란 근로자 자신과 가족이 생존하는데 필요한 최소 수준 이하의 임금이다. 기준 이하 임금과 불충분한 소득을 주의 깊게 구분하여야 한다. 기준 이하 임금은 근로자가 자신과 가족을 충분히 부양할 수 없는 수준의 임금률을 의미한다. 만약 몇몇 피부양자를 거느린 가장이 연방에서 규정한 최저임금만을 받는다면 그 가족은 빈곤하게 된다. 한편 불충분한 소득은 일정 기간 동안 근로자의 기본적인 필요와 욕구에 비추어 볼 때 절대적으로 불충분한 양의 소득을 의미한다. 기준 이하 임금은 원인이고, 불충분한 소득은 결과인 것이다. 만약 근로자가 기준 이하 임금을 오랫동안 받는다면 만성적인 빈곤 속에서 살게 된다. 불충분한 소득은 기준 이하 임금 외에도 계절적 실업, 좋지 못한 건강, 고용될 수 없게끔 하는 정신적·신체적 결함 등등의 여러 이유들로 돌릴 수 있다. 다른 한편 임금률은 적절한 수준이지만 근로자는 다른 요인들 때문에 불충분한 소득을 얻을 수밖에 없는 경우가 있다.

(6) 인플레이션

앞에서 언급했던 것처럼 소비자 가격이 화폐소득보다 더 빠른 속도로 증가한 경우 실질소득은 줄어들고 경제적 안정성은 위협받는다. 급속한 가격 인상은 임금이 가격 인상을 따라가지 못하는 근로자들, 특히 최저임금 수준의 저임금 근로자에게 특히 큰 피해를 입힌다. 음식과 에너지 비용은 오르고 저임금 근로자는 제한된 소득에서 더 많은 부분을 단지 생존을 위해 음식과 필수품에 사용해야 하는 불쾌한 딜레마에 부딪히게 된다.

(7) 자연재해

홍수, 태풍, 지진, 산불 등 여타 자연재해들은 사망과 더불어 수만 명의 빈곤을 야기할 수 있다. 자연재해는 상당한 인명 손실과 피해를 당한 가족의 소득 상실 때문에 재정적 불안정을 가져온다. 게다가 많은 재산손실은 보험에 들어 있지 않거나 불충분하게 포괄되어 있어 추가적인 비용이 소요된다.

(8) 개인적 요인들

몇 가지 경우의 경제적 불안정성은 주로 스스로에게 책임이 있는 경우가 있다. 첫째, 동기화가 부족하다든지 욕구나 야망이 부족하고 경제적으로 나아지고자 하는 바람을 거의 갖지 못한 경우이다. 둘째, 낭비적이고 투자 등 저축 프로그램과 개인 보험에는 무관심하다. 또한 교육과 경제적 지위 개선에 있어서의 교육의 중요성에 냉담하다. 셋째, 경제적 불안정성을 야기할 수 있는 잠정적인 위험을 예측할 수 있는 지혜나 예측력이 부족하다.

개인적 요인들(personal factors)은 개인 혹은 가족에게 경제적 불안정성을 야기시킬 수 있는 어떤 특정한 사회 문제에 있어서 더욱 중요하다. 만연한 이혼이나 알코올, 약물, 도박에 대한 신체적·심리적 의존, 가정 폭력은 모두 경제적 불안정성에 기여한다.

2. 사회보험제도 개관

1) 사회보험제도의 특징

사회보험은 그 대상인 피보험자가 상병, 실업 혹은 사망과 같은 일정한 사고의 발생에 의한 생활의 불안을 보장하는 것을 목적으로 하고, 그를 위한 소요 자금을 주로 보험료 수입에 의하여 조달 받는 제도이다. 사회보험은 사회보장과는 구분된다. 사회보장의 범주에는 사회보험, 공공 부조, 사회수당, 사회복지서비스 부문이 있다. 따라서 사회보장제도가 보다 포괄적인 개념이다. 사회보험과 사회보장의 유사점과 차이점은 다음과 같다.

유사점은 두 개의 제도 모두 그 대상인 국민의 경제생활 보장을 목적으로 하고, 소득보장을 중심으로 하며 때때로 현금 급부를 대신하여 현물 급부 방식을 취한다는 점에서 동일하다.

사회보험과 공공 부조의 차이점은, 첫째 사회보험은 일정 한도의 범위를 가지는 것이 보통이나 사회보장은 원칙적으로 국민의 전부를 그 대상으로 한다. 둘째, 사회보험은 의료, 질병, 모성, 실업, 노동재해, 노년, 폐질, 유족 등과 같이 개별적으로 제도화되는 것이 보통이나 사회보장은 원칙적으로 그런 것들을 총괄하여 하나의 제도에 포함시키고 있다. 셋째, 사회보험에 있어서는 대부분의 경우 보험료의 부담은 근로자, 사용자 및 국가 등 3자가 담당하며 또한 그 대상은 일반국민이 된다. 이에 반해 사회보장은 소요자금이 국가의 일반세금에 의하여 조달되는 것이 보통의 방식이다.

개인책임주의 사회에서는 다수의 경제 단위가 결합하여 기술적인 기초하에서 개별 경제의 우발적 필요를 충족시키는 보험의 요소는 사회보험에도 적용된다. 사회보험의 범위가 국가적으로나 시대적으로 다른 것은 상이한 사회적·경제적 내지 정치적 사정에 따라 그때그때 시대와 국가에서 합목적성 내지는 정치적인 고려의 결과이다.

(1) 우발적 경제 필요의 충족

우발적 경제 필요 – 우발사고에 의해 객관적으로 발생하여 일정량의 경제재에 대한 요청 – 의 충족이라는 보험의 목적은 사회보험에 있어서도 당연히 유지되어야 하는 것이다. 민영보험에는 개별 경제가 그 환경으로부터 예상되는 경제 필요를 결정하고, 자기 보험지급 능력을 고려하여 보험금액을 결정하며, 우발사고 발생 시 그 보험금액(내지 그 금액 범위 내에서 손해에 상응하는 액수)을 보험 급부로써 수취하는데 일반적으로 개인적인 필요에 응하는 것이다. 이에 비하여 사회보험에서는 보험 급부와 그 수익자 지위(소득)에 의해 결정되며, 그 법으로 결정되는 급부는 사회적 평균 필요를 전제로 한다. 사회적 평균 필요를 기초로 하여 법정 급부를 세우고 개인적 필요를 무시한다는 점은 사회보험이 민영보험과 구별되는 가장 중요한 특징 중 하나이다.

(2) 개별 보험료 대 평균 보험료

일반 보험은 우발적 위험으로 발생하는 경제 필요를 충족하는 것을 목적으로 하며 그 위험도는 개인에 따라 차이가 있기 때문에 그 위험의 정도(위험 빈도와 강도 – 발생된 위험의 작용 범위)에 따라서 보험료를 결정하는 것이 원칙이다. 보험료의 산정은 보험제도의 원가계산이며 그것은 보험자의 급부와 등가가 되는 것을 요구하므로 그 개인의 위험 정도에 상응하는 보험료를 요구하는 것을 '등가원칙' 또는 '보험 기술적 형평의 원칙'이라고 한다. 생명보험에 있어서는 연령별·성별, 상해보험에 있어서는 직업을 고려하는 보험료 등급이 설정되는 것은 그러한 보험의 위험률이 연령, 성 내지 직업에 의한 차이가 명확하기 때문이다. 그 위험률의 차이에 상응하여 차등되는 보험료는 개별 보험료로 불리며 임의 가입을 전제로 하는 민영보험의 원칙이 되고 있다. 이에 대하여 사회보험에서는 보험가입자의 노약, 성별 내지 직종은 문제 삼지 않고 가입자 전체로서의 평균 위험률을 기초하여 평균 보험료를 채용하고 있다. 그 평균 보험료에 의하여 비교적 위험률이 높은 저소득자는 위험률이 낮은 자로부터 부양된다. 임의 가입의 민영보험에서 평균 보험료를 채용할 때는 가입자의 역선택(adverse selection)에 의하여 평균 이상의 위험률 계약만이 집중되며, 평균 이하의 위험률 계약은 그 평균 보험료를 기피하는 결과를 초래하여 기정의 평균 보험료를 유지할 뿐 그 이상의 여지가 없어 보험시장을 협소하게 하고 보험기업의 존속을 불가능하게 한다. 다른 한편 사회보험으로서의 산재보험에 있어서는 업종별 위험등급을 설정하여 보험료 등급을 채용하고 부분적인 보험 기술적 공평함을 유지하고 있다. 이와 같이 일반적으로 사회보험은 평균 보험료를 실행하는 근거로는 기술적인 것과 사회적인 것이 있다.

전체 유자격자를 강제적으로 가입시키는 결과 민영보험에서 행하여지는 것처럼 역선택은 없고 또한 급부에서 일정 기준이 존재하고 위험이 평균화되어 있기에 예정 위험률과 현실의 위험과의 편차가 적지 않다. 가입자가 다수이고 또한 그들이 경제적으로 비슷하므로 관리의 간편함을 위하여 평균 위험률을 채용하는 것이 편리하다.

강제보험이므로 항시 새로운 가입자의 참여를 기대할 수 있고 특정 평균 보험료의 유지가 비교적 용이하다.

공동운명체의 구성원으로서 젊음·건강한 자가 노령·허약한 자의 높은 위험을 분담하는 것이 사회적으로 공평하다. 고소득자와 저소득자와의 사이에도 운명공동체적인 고려가 이루어지고 있어 고소득자는 고액, 저소득자는 저액의 보험료를 부담하는 것이 사회적으로 공평하다. 그러므로 평균 보험료의 채용은 위험률이 높고 보험 부담 능력이 낮은 자에도 보험보호를 제공할 수 있기 때문에 사회성, 즉 국가적 부양성 실현의 수단이 된다.

(3) 필요에 상응하는 급부

사보험의 급부(보험금)는 약정의 보험료와 수리적으로 밀접한 관계가 있는데, 사회보험 급부는 빈곤자의 생존보장을 위한 경제적 필요를 전제로 하기 때문에 불입 보험료 금액과 관계없이 일정액을 낮출 수 없는 경우가 많다. 특히 연금보험에 있어 기본액 제도, 즉 연금 수취인을 위한 불입 보험료의 횟수와 금액의 대소에 관계없이 일정액을 급부하는 제도가 존재하는 경우, 또는 국민연금 또는 산재보험과 같은 생활보장을 위한 급부에 대하여 가족 수에 상응하는 추가분을 지급하는 급부제도의 존재가 그것이다. 보험료와 관계없이 필요에 상응하는 급부의 성격을 가진 것으로서 국가적 부양의 한 표현이다.

(4) 사회보험에 있어서 현물 급부

원래 보험제도는 금전을 취급하는데 보험료를 현금으로 수납하고 보험료 급부를 현금으로 지불하는 것이다. 사회보험 중 건강보험과 산재보험의 경우 직접 진료·처리 등의 현물 내지는 서비스 급부를 법으로 정해 놓았다. 피보험자의 입장에서는 직접적으로 일정 수준의 진료·치료·처치를 얻을 수 있으나, 보험자의 입장에서는 물가변동의 위험 및 생활 수준 ·의료 수준의 상승에 의한 예정된 이상의 지불이 발생할 위험을 부담하게 된다.

(5) 도덕적 위험의 문제

보험에 있어서 충족되는 경제 필요는 원칙적으로 우발적이라는 것을 요구하는데 사회보험도 동일하다. 민영보험과 마찬가지로 고의의 사고에 대하여는 보험 급부의 청구를 엄격히 배제하는 것이 필요하다. 그러나 사회보험에 있어서도 부보 사건이 육체적·정신적인 것이기 때문에 그 발생과 수급자격 조건이 주관적인 것이 많고, 보험자에 의하여 객관적으로 결정하기 어려운 경우가 존재한다. 더구나 사회보험 담당자의 관용적인 태도와 거대 조직에서의 감시의 불충분이라는 결함이 그 위험을 조장하는 것이 사실이다.

(6) 다수 경제주체의 결합

보험이 다수 법칙의 작용을 전제로 하는 것이므로 다수 경제 단위의 결합은 민영보험·사회보험을 통하여 불가결한 요건이다. 그것은 흔히 상호성·협동성이라는 언어로 불리어진다. 그러나 민영보험의 경우 상호성은 가입자 각자가 위험에 대응하여 객관적이고 공평한 보험료를 부담하고 대수의 법칙 작용을 용이하게 상호 작용하도록 하여 결과적으로 각자의 이익이 된다는 의미이다. 이에 반하여 사회보험은 보험료 부담 능력이 낮은 자를 위하여 고용주 또는 국고에 의하여 재원의 추가가 이뤄질 뿐 아니라, 일정 범위의 사람에게 보험가입을 강제하여 개인 보험률을 무시한 평균 보험료를 부과하고 또한 소득에 비례한 보험료를 징수한다. 한편, 급부도 가급적 필요에 상응하도록 편성하므로 사회보험에 있어서 상호성은 공동체적 성격을 지니고 있다고 말할 수 있다. 사회보험에서 다수 경제주체의 결합에 관해서는 민영보험과 상이하며, 그 소속 계층을 한정하는 경우(선원, 공무원 등)도 있고, 전 국민을 결합하는 경우도 있고, 더욱이 사회보험의 종류에 의하여 특정 계층이 한정되기도 한다.

2) 사회보험의 보장 시스템

사회보험을 급부내용별로 보면 의료보장과 소득보장으로 구분된다. 의료보장은 업무상과 업무 외를 불문하고 상병의 경우 필요한 의료급여를 보장하는 것이고, 소득보장은 상병, 출산 혹은 실업 등으로 인하여 소득의 일시적 중단, 또한 신체장애, 노령 혹은 사망 등에 의하여 소득 능력의 현저한 감소 내지 상실의 경우 최저생활을 유지하기 위하여 필요한 소득을 보장하는 방안이다.

의료보장에서 질병은 단순히 치료를 필요로 하는 것만 아니라 예방도 필요로 하므로 질병을 위한 의료보호와 건강 증진을 위한 의료보험은 분리될 수 없는 것이다. 그러므로 유효한 의료는 전체적으로 치료적이면서 예방적이어야 한다. 따라서 건강 증진 유지를 목적으로 하는 일반적인 보건서비스와 함께 통합조정이 필요하다. 이와 같은 의미에서 의료보장은 의료보호와 일반보건서비스를 통합하고, 하나의 공적인 서비스의 형태로 전 국민에 대하여 필요한 예방적이고 치료적인 포괄적 의료를 제공하는 것이 이상적이다. 의료보호는 국민의 경제적 지위 여부와 관계없이 어떤 사람에 대하여도 제공되어야 한다. 개인의 건강 상태는 다분히 그 경제의 상태로부터 영향을 받는데, 소득이 낮을수록 의료보호가 필요하다는 것은 경험상 명확한 것이다. 적당한 의료를 받을 수 없다면, 질병은 급성화되고 만성화하여 그것이 또한 빈곤의 원인이 되는 악순환이 발생하게 되는 것이다. 여기에 중병의 경우 비용을 쉽게 지불할 수 있는 사람들은 지극히 소수이다. 더욱이 복잡하고 고가의 의료장치를 필요로 하는 현대의학의 발전은 당연히 의료비를 상승시키고 국민 대다수는 조기치료를 구하는 것이 곤란한 상태에 놓이게 되는 것이다. 이와 같은 의료보장은 임금근로자 및 봉급생활자와 같은 피용자 층에만 한정된 것이 아니라, 농민, 자영업자 및 주부, 아동, 학생, 연금생활자, 노령자 혹은 빈곤자 등의 전체 국민에 대하여 제공되어야 한다.

소득보장은 ILO(국제노동기구)에 의하면 사회보장의 본질적인 요소로 간주되고 있는데, 사회보험은 무엇보다도 우선 '소득의 보장'을 의미하는 것이다. 그래서 여기서 말하는 소득의 보장은 상병, 출산, 실업, 노령, 폐질 또는 소득자의 사망 등에 의하여 소득의 일시적인 중단 또는 영구적인 상실의 경우 소위 급격한 지출이 발생하는 경우 필요한 생존 급부를 사회보험적 제도를 가지고 지급하고 이 제도에서 탈락하는 것에 대해서는 대등하게 공적 내지는 사회적인 부조의 손을 넓혀서, 이것에 의하여 빈곤의 방지 또는 구호를 목적으로 하는 것이다. 이와 같은 의미에서 소득보장은 일견, 빈곤의 모든 원인을 제거하여 마치 사회악에 대하여 만능약인 것처럼 생각된다. 그러나 소득보장은 단순히 소득의 중단 내지 상실 또는 비상적인 지출 그리고 그러한 원인에 관련되어 있는 것에 지나지 않는 것이다. 더욱이 소득보장의 실효는 당연히 최저임금제도의 확립, 고용의 보장, 주택 및 교육의 정비·충실 등의 전제 조건과 함께 기대될 수 있는 것이다.

3) 우리나라 사회보험제도 현황

우리나라의 4대 사회보험제도는 제도 간 상호 연계성이 없이 각기 순차적으로 도입되어 분립하여 발전하여 왔다. 노령·질병·산업재해·실업 등의 사회적 위험으로부터 국민생활을 보호·안정시키기 위해 가입자부담 원칙에 기초하여 재원을 조달하고 있다.

우리나라 사회보험제도의 특징은, 첫째 각 제도가 분립적으로 발전하여 왔다. 둘째, 정부주도적으로 도입되었다. 셋째, 재원은 주로 사회보험료의 징수를 통하여 조달하고 정부예산 지원은 극히 제한적이다. 넷째, 사회보험을 적극적인 소득 재분배의 수단화하고 있다. 다섯째, 제도 간 중복과 상충이 존재하는 반면에 광범위한 사각지대를 가지고 있다. 이러한 사회보험제도의 특징은 주로 일본의 제도를 차용하는 과정에서 발생하였다. 일본의 제도는 또한 독일과 프랑스 등 대륙법 전통을 기본으로 하되 영미법의 장점을 가미하는 식으로 발전하여 왔기 때문에 우리나라 제도의 원조는 대부분 선진국 사회보험제도에서 발견된다.

사회보험의 급여는 현금급여(연금, 실업급여, 장해급여 등), 현물급여(요양급여, 분만급여 등), 그리고 서비스급여(직장알선, 사회재활, 직업재활 및 복지사업)로 크게 분류할 수 있다.

국민건강보험은 현금급여와 현물급여를 모두 제공하는데 요양급여 및 분만급여 등 현물급여가 대부분을 차지하고 있는 반면, 장제비 등의 현금급여는 1% 정도에 불과한 실정이다.

국민연금은 현금급여로만 이루어져 있으며 노령연금, 장애연금, 유족연금 및 가급연금과 같은 장기 급여와 사망일시금 같은 단기 급여로 분류할 수 있다. 산재보험은 치료를 위한 현물급여(요양급여로 요양비 지급), 장기 현금급여(장해급여, 유족급여), 단기 현금급여(상병보상금, 휴업급여 및 장의비 등)로 구성되어 있다. 고용보험은 현금급여인 실업급여, 서비스급여인 직장알선,

[표 1-1] 사회보험제도의 개요

	도입	법률	기능	관장부처 및 집행기관	재정 관리	국고지원 내역
국민건강보험	1977년	국민건강보험법, 국민건강보험재정건전화특별법	질병 발생 시 보험급여 제공	보건복지부, 국민건강보험공단	공단특별회계	지역건강보험급여비 일부 및 관리운영비 지원
국민연금보험	1988년	국민연금법	소득 상실 시 노령, 장애, 유족연금 제공	보건복지부, 국민연금공단	국민연금기금	관리운영비 일부 지원
고용보험	1995년	고용보험법	실업급여, 고용안정사업, 직업능력개발사업	고용노동부, 근로복지공단	고용보험기금	공단 내 동업무 종사자 기본급의 30%, 고용정보사업비
산재보험	1964년	산업재해보상보험법	산업재해보상급여 제공 등	고용노동부, 근로복지공단	산업재해보상보험 및 예방기금	공단 내 동업무 종사자 기본급의 30%, 산재예방사업비 일부

자료: 각 사회보험법.

그리고 주로 현금으로 지급되지만 고용안정과 직업능력 개발을 위하여 사용되는 고용안정사업 및 직업능력개발사업으로 구성되어 있다.

우리나라 사회보험의 적용 현황을 보면, 건강보험은 전 국민을 대상으로 하지만 국민연금은 18~59세의 소득 있는 국민을 대상으로 하고, 고용보험과 산재보험은 근로자를 대상으로 한다. 사회보험의 재원은 가입자와 사업주가 비용을 분담하는 것이 원칙이나, 자영자의 경우에는 자영자가 전액 부담하거나 정부가 일부 지원하는 형식을 취하기도 한다. 관리운영비도 정부가 일부 지원하고 대부분은 보험료 수입으로 조달된다.

[표 1-2] 사회보험의 급여의 종류

구분	국민연금	건강보험	고용보험	산재보험
현물급여	-	요양급여 분만급여 건강진단	-	요양급여
현금급여	노령연금 장해연금 유족연금 반환일시금 사망일시금	요양비 분만비 장제비 본인부담금 보상금	실업급여	휴업급여 장해급여 유족급여 장의비 상병보상연금 특별급여
관련 사업 (서비스)	대부사업(생업자금) 복지사업(보육시설 융자, 노인휴양시설 등)	보건교육 직영의료기관	고용안정사업 직업능력개발사업[1]	재활사업 근로복지공단 사업[2] 한국산업안전보건공단 사업[3] 산재의료관리원 사업[4]

주: 1) 고용안정사업: 고용조정 지원금, 지역고용촉진 지원금, 고령자고용촉진 지원금, 육아휴직 장려금, 고용촉진시설 지원. 직업능력개발사업: 사업 내 직업훈련 지원금, 교육훈련 지원금, 재취직훈련, 직업훈련시설 비용대부, 중고령자 수강 장려금.

2) 근로복지공단의 사업으로 중소기업근로자 장학사업, 복권사업, 실업자대부사업, 임금채권보장사업 등.

3) 한국산업안전보건공단(정부예산 및 산재보험기금 출연)은 산재예방사업 담당.

4) 산재의료관리원은 근로복지공단의 재투자기관이며, 산재보험기금 출연과 자체수입(단, 1999년부터 자체수입으로 운영).

3. 사회보장의 원칙

1) 원칙론의 상이

오늘날 사회보장제도는 선후진국을 막론하고 세계 대부분의 국가에서 실시되고 있지만 그 성격, 내용 및 정도에는 다소의 차이가 있다. 그뿐만 아니라 이론 면에서도 우선 개념 규정상의 장해에 직면하게 되고 이 제도의 원리 및 기본 원칙에 있어서는 국가에 따라 또는 논자에 따라 상이하다. 사회보장 선진국의 경우도 영국형, 북구형, 대륙형, 미국형 등이 저마다 다른 발전 배경과 제도상의 특성을 갖고 있기 때문에 획일적으로 이야기할 수 없다.

사회보장제도의 기본 원칙에 대해서는 지금까지 베버리지(W. Beveridge)의 원칙, ILO의 원칙, 세계노동조합연맹의 원칙이 거론되고 있다. 이들 원칙론은 그것이 제기된 시기 및 각자의 입장에 따라 다소 차이를 나타내고 있는데, 이하에서 그 내용을 간략하게 소개하기로 한다.

2) 베버리지의 원칙

베버리지의 보고서 *Social Insurance and Allied Services*(1942년)에서는 사회보험을 사회보장의 중핵으로 보고 있는데, 그는 사회보험에 대해서는 다음과 같은 6개의 기본 원칙을 열거하고 있다.

(1) 균일률의 생활급여(flat rate of subsistence benefit)

사회보험제도의 첫 번째 기본 원칙은 실업이나 폐질로 중단되었거나 퇴직으로 종결된 근로소득액의 다과에 관계없이 균일률의 보험 급부를 마련하는 것이다. 다만 업무상의 재해나 질병으로 인한 장기 폐질의 경우에는 예외가 인정된다. 이 원칙은 사회보장에 산재보험의 위치와 중요성을 인정하는 데서 연유된 것이다.

(2) 균일한 갹출제도(flat rate of contribution)

수혜자의 부담은 자선적 요소를 배제하기 위하여 수입의 다소에 구애받지 않고 갹출액은 동액이어야 한다는 원칙이다. 이것은 급부 그 자체가 균일하므로 갹출도 동일해야 한다는 이론이다. 이와 같은 그의 견해는 사회보장의 재정 면에 영향을 미치게 되는데 여기에는 다액 국고보조가 전제된다.

(3) 관리책임의 단일화(통일행정)

이것은 사회보장의 실시에 있어서 제도 상호간의 모순을 제거하고 경비절약을 위해서 운용기관을 통일해야 한다는 것이다.

(4) 급부의 충분성(adequacy of benefit)

모든 사회보장에 있어서 급부는 금액에 있어서나 또는 기간에 있어서 수혜자의 기본적 필요, 즉 최저생활을 보장하는데 적정하고 충분한 것이어야 한다. 급부는 우발적 사고의 경우를 제외하고 근로소득과 직업중단의 장기화에 따라서 그 조건과 대책이 달라져야 하며, 그 필요가 계속되는 한 자산조사(means test)를 하지 않고 무제한으로 지급되어야 한다.

(5) 적용 범위 및 사고의 포괄성

이 기본 원칙은 사회보장에 의하여 보호될 사람과 그들의 필요는 두 가지 면에서 포괄적이어야 한다는 것이다. 사회보장의 대상은 신분이나 수입에 관계없이 전 국민을 대상으로 하여야 하고, 또한 사고의 포괄성이라는 점에서 볼 때 사보험의 경우처럼 면책 범위를 넓게 하거나 또는 면책조항을 엄격하게 제한적으로 해석해서는 안 된다는 것이다.

(6) 피보험자의 계층분류

원칙적으로 사회보험은 단일화되고 포괄적이어야 하는 데 반하여 사회 각 부문의 다양한 생활양식을 고려해야 한다. 여기서의 분류는 경제적 또는 사회적 계급에 의하여 구분한 것이 아니라 최저생활 유지비의 차이 또는 발생할 사고종료의 상위에 따라 피고용자, 무보수서비스 종사자(가정주부), 취업연령 미달자, 정년퇴직자 등으로 구분하여 각 계층의 환경과 필요에 맞도록 보험을 조정하여야 한다.

3) 국제노동기구의 사회보장 원칙

사회보장제도의 확장 및 보급을 위한 국제노동기구(ILO)의 노력은 제2차 세계대전을 전후하여 활발하게 전개되었다. 사회보장의 기본 원칙에 대한 ILO의 입장은 연대에 구해 받지 않는 통일적인 원칙이 수립된 것은 아니다. 따라서 ILO의 사회보장에 관한 원칙의 확인은 1936년 칠레에서 개최된 제1회 ILO미주가맹국회의에서 「사회보험의 기본 원칙에 관한 결의」가 채택된 바 있고, 그 후 1941년 제25차 총회에서 「대서양헌장의 지지에 관한 결의」 중에서 사회보장의 원칙 확인 및 1952년 「사회보장의 최저기준에 관한 조약」에서 원칙이 제기된 바 있다.

ILO의 사회보장 원칙은 이상과 같은 수차의 국제회의에서 확인된 것으로서 그 가운데 세 가지 기본 원칙을 소개하기로 한다.[1]

(1) 대상의 보편적 보호원칙

사회보장이 사회보험을 근간으로 각국에서 처음 출발한 때에는 한동안 근로자 계층의 전용으로 되어 왔지만 제2차 세계대전을 전기로 하여 그 인식이 새로워지고 전 국민을 대상으로 하여 생활 대비 수단으로 등장한 것이다. 사회보장에 있어서 '대상의 보편적 보호원칙'은 각계각층을 망라하는 모든 국민을 포괄적 적용 대상으로 하는 원칙을 말한다.

물론 이 원칙의 적용은 개발도상국가의 경우 일시에 전 국민을 대상으로 한다는 것은 불가능한 일이기 때문에 장기적인 기본 목표 아래 점진적으

1 최천송, 『한국사회보장연구사』, 1991, pp. 91~95.

로 확대되어야 하지만 이 경우도 '대상의 보편적 보호원칙'으로 이해할 수 있다.

(2) 비용부담의 공평성 원칙

「사회보장 최저기준에 관한 조약」(Convention concerning Minimum Standards of Social Security, 1952)[2] 제71조에서 비용부담의 공평성 원칙이 제시되고, 사회보장의 제정에 관한 기본 방침이 규정되어 있다. 여기서는 세 가지 조항으로 다음과 같이 구분되어 있다.

• 제1항: 사회보장비용은 공동부담 원칙을 채택하되 그 방법은, ① 보험분담금(insurance contribution) 또는 과세, ② 자산이 적은 자에게 과중한 부담이 되지 않도록(a manner which avoids hardship to persons of small means) 해야 하고, ③ 피보험자의 경제적 상태를 고려하여 결정해야 한다.

• 제2항: 보험분담금에 대한 피고용자의 부담 한계는 피보험자 계층(본인, 처, 자)의 보호를 위해서 할당되는 전체 재원의 50%를 초과해서는 안 된다. 그 나머지는 사용자 부담, 특별세 수입, 일반재정으로부터의 보조금, 자본수입 등에 충당되어서는 안 된다는 것을 뜻하고 있다.

• 제3항: 이 항에서는 국가의 사회보장에 관한 책임을 규정하고 있다. 국가는 보험 급부의 정당한 직업에 일반적 책임을 져야 하고 이를 위하여 재정의 수지균등의 원칙이 지켜져야 한다. 동시에 재정적 균형에 관한 필요한 보험수리적 연구(actuarial studies) 및 계산을 정기적으로 강구하여야 한다.

(3) 보험의 급부 수준에 관한 원칙

ILO의 「사회보장 최저기준에 관한 조약」 제65~67조까지는 정기 지급에 관한 기준(standards to be complied with by periodical payments)에 대하여 다음 세 가

2 1955년 4월 27일부터 발효.

지 기본 원칙을 제시하고 있다.

① 급부비례 원칙(조약 제65조): 사회보장에 있어서 급부 수준은 각 개인이 사회적으로 영위하는 생활의 정도가 모두 다르기 때문에 그것에 상응하는 정도의 급부 수준을 제공하여야 한다. 그 방법으로 조약 제65조에서는 10가지 기준을 제시하고 있는데 그 가운데 특히 소득자(breadwinner)의 전 수입(previous earnings)이 중시되고 있다.

② 급부균일 원칙(조약 제66조): 보험 급부는 어느 수급자에게도 동액을 지급한다는 원칙이다. 이것은 최저기준선까지는 동일하게 누구에게도 확보시켜 주며 대상자의 직종, 숙련과 미숙련 등을 구분하지 아니한다.

③ 가족의 부양 수준 원칙(조약 제67조): 보험 급부의 총액과 수익자의 자력을 합하여 최저생활이 되도록 하려는 원칙이다. 이것은 사고의 종류와 기준가족의 수에 따라 다음 기준에 의거한다.

사회보장의 현금 급부에 있어서 상기 조약은 부득이한 일시 급부를 제외하고는 정기적 급부를 권장하고 있는 바, 그 이유는 계속적인 생활보호의

[표 1-3] 표준수익자에 대한 정기적 급부

조약	사고 종류		표준수익자	급부 비율(%)
제3조	폐질		본인, 처, 2자녀	45
제4조	실업		본인, 처, 2자녀	45
제5조	노령		본인, 처(연금적령자)	40
제6조	산업재해	노동 불능	본인, 처, 2자녀	50
		폐질	본인, 처, 2자녀	50
		유가족	미망인과 2자녀	40
제8조	정년퇴직		여자	45
제9조	폐질		본인, 처, 2자녀	40
제10조	유가족		미망인과 2자녀	40

방법으로 적당한 수단이 되기 때문이다. 또한 위의 세 가지의 기본 원칙을 동시에 모든 국가에 권장하는 것이 아니라 각국은 자기 나라의 실정에 맞추어 그 가운데 어느 하나의 원칙을 선택하여도 무방한 것이다.

4) 국제노동조합연맹의 원칙

사회보장의 이념이나 기본 원칙에 있어서 노동조합 측의 입장은 위에서 소개한 다른 원칙과 비교할 때 특이한 점이 있다. 즉, 사회보장에 대한 근로자의 무갹출, 사회적 권리와 국가와 자본가의 비용부담을 강조하고 있는데, 1961년 국제노동조합연맹의 대회에서 채용된 사회보장헌장에서 다음과 같은 다섯 가지 기본 원칙을 밝히고 있다.

① 사회보장은 일시적 또는 영구적으로 노동 능력을 상실한 자와 그 가족에 대해서 어떠한 재정부담 없이 법률로써 보장된 기본적인 사회적 권리로서 보장되어야 한다(근로자 무갹출 원칙).

② 보장 수준은 정당한 것으로서 재조정되어야 하고, 전액 무료의 의료제도가 확립되어야 한다(의료의 사회화 원칙).

③ 질병, 출산, 신체장애, 노령, 노동재해, 직업병, 가족수당, 실업, 사망 등의 사회적 위험에 적용할 것. 또한 기본적인 전제로서 예방의료와 공중위생, 노동위생과 노동안전, 최저임금의 보장, 임금인하 없는 노동시간 단축, 유급휴가, 주택보장 등을 이행할 것.

④ 사회보장의 적용계층과 비적용계층을 분명히 할 것. 적용 대상 가운데는 농업근로자, 가사근로자, 계절 및 임시근로자, 견석공, 소농민 및 소작인, 자유직 학생, 자영자 등을 포함할 것(포괄성의 원칙).

⑤ 일체의 차별 없이 평등하게 적용해야 하는 원칙으로서, 특히 공적 부문과 사적 부문 사이에 차별이 없어야 한다(무차별의 원칙).

4. 사회보험과 다른 제도와의 비교

1) 사회보험과 민영보험의 비교

사회보험과 민영보험 사이에는 사회보험에 민영보험의 기준을 적용함으로써 많은 혼란이 발생한다. 사회보험과 민영보험은 그 성격과 내용에서 매우 다르기 때문에 동일한 수행 기준이 이를 판단하는 데 사용되어서는 안 된다. 또한 이들은 동일한 목적을 갖고 있지 않다. 따라서 동일한 기준에 의해 성공 정도가 판단될 수 없다. 혼다와 롤스로이스는 모두 자동차이지만 연비 등과 같은 동일한 성능 테스트를 하여 비교 평가를 한다면 기계의 우월성이란 면에서 판단할 수밖에 없을 것이다. 이와 같은 수행 기준의 비교 불가능성에 관련된 오류들이 저질러져 왔다. 이와 같이 사회보험을 민영보험과 비교할 수는 없다. 사실, 둘 다 보험 형태라는 점에서는 유사하지만 사회보험은 많은 점에서 민영보험과 다르다. 민영보험 기준을 사회보험에 적용하는 것은 구성의 오류(fallacy of composition)를 발생시킬 수 있기 때문에 부적합하다.

민영보험에서 사실인 것이 사회보험에 적용될 때는 틀린 것이 될 수 있다. 예를 들면, 민영보험은 개인적 공평성을 강조하지만 사회보험은 사회적 적절성 원칙을 강조해야 하는 것이다. 민영보험이 개인적 공평성을 강조하기 때문에 사회보험 또한 사회적 적절성보다 개인적 공평성을 강조해야 한다고 주장한다면 이는 구성의 오류를 저지르는 것이다.

(1) 유사점

첫째, 앞에서 언급한 것처럼 사회보험과 민영보험은 모두 위험 이전과 위험 분산에 기초해 있다. 둘째, 양자는 모두 대상 범위, 급여, 재정 방식과 관련한 모든 조건들을 완벽하고 자세히 규정해 놓고 있다. 셋째, 양자는 모두 정확한 급여 자격과 급여액 계산을 요구한다. 넷째, 양자는 모두 프로그램에서 지불하는 비용을 채우는데 충분한 정도의 보험료 납입 및 기여를 요구한다. 다섯째, 양자는 모두 표현된 필요에 기초하지 않은, 미리 결정된 급여를 지급한다. 마지막으로, 양자는 경제적 안정성을 제공한다는 점에서 전체 사회에 이익이 된다.

(2) 차이점

사회보험과 민영보험의 차이는 다음과 같이 나열해 볼 수 있다. 사회보험은 강제적인데 비하여 민영보험의 가입은 임의적이다. 사회보험은 최소 수준의 보장을 목적으로 하지만 민영보험은 지불 능력에 따라 추가 가입이 가능하다. 사회보험의 급여는 적정성이 강조되지만 민영보험은 공평성이 강조된다.

사회보험은 법에 의해 급여가 규정되어, 급여에 대한 법적 권리가 존재한다는 것을 지적했다. 반면에 민영보험 급여는 법정에서 통하는 계약에 의해 규정되어, 급여에 대한 계약적 권리가 존재한다. 사회보험에서 계약은 불필요하다. 규정들은 법과 규제 등에 의해 정해져 있고, 법 내용을 실행하기 위한 행정적 규제가 강조된다. 이는 모든 상황에 대해 정확한 대답을 내놓는 것은 어려운 일이기 때문에 결함이라기보다는 장점으로 간주된다. 한편 민영보험은 경쟁적이고 사람들은 강제로 보험가입을 하지 않기 때문에 처음 가입 시 계약상의 규정들은 명확히 정해져야 한다. 결국 민영보험에서 법적으로 유효한 계약이란 장점은 경제적 안정성 제공에서는 지나치게 강조되기도 한다. 계약이 존재하는 경우에도 보호는 부적절하고 믿을 수 없거나 지나치게 비용이 많이 들기도 한다. 몇몇 민영보험 계약은 취소할 수 있고 규정도 바뀔 수 있고, 보험료가 올라갈 수도 있다. 지난번에 민간 계약이 제공하는 경제적 안정성은 보험업자의 재정적 능력과 지속적인 운영 여부

[표 1-4] 사회보험과 민영보험의 비교

사회보험	민영보험
1. 강제적	자발적
2. 최소 수준의 소득 보장	개인의 바람과 지불능력에 따라 더 많은 액수 가능
3. 사회적 적절성 강조(복지적 요소)	개인적 공평성 강조(보험적 요소)
4. 변화 가능한 법에 의해 규정된 급여(법적 권리)	법적 계약에 의한 급여(계약상의 권리)
5. 정부 독점	경쟁
6. 예측하기 어려운 비용	비용 예측 가능
7. 신규 가입자의 강제적 기여와 프로그램의 기한이 정해져 있지 않기 때문에 완전 적립 방식 불필요	신규 가입자의 기여에 의존하지 않는 완전 적립 방식에 의존하여야만 함
8. No underwriting	개인 혹은 집단 underwriting
9. 결과와 목적에 관한 광범위한 의견차이	목적과 결과에 관한 좀 더 단일한 견해
10. 일반적으로 공공부문 투자	주로 민간을 통한 투자
11. 인플레이션에 헤징 가능	인플레이션에 대한 더욱 심한 취약성

에 달려 있다고 지적하였다. 혹 보험업자가 파산하는 경우 법적 계약에 의해 제공되기로 한 경제적 안정성은 상실된다.

또한 사회보험은 정부가 독점하고 있지만 민영보험에서는 경쟁이 지배적이다. 프로그램들은 명목적으로 강제적이기 때문에 경쟁적인 판매비용은 줄어들거나 없어진다. 게다가 강제적 프로그램은 주로 정부에 의해서 가능해지기 때문에 민영보험자에게 이윤이 발생하는 것을 바람직하게 생각하지 않는다.

또 다른 차이는 사회보험은 비용의 예측이 민영보험에서보다 더욱 어렵고 부정확하다는 것이다. 사회보험도 보험 가능한 위험들이 발생률과 기여율을 계산하도록 요구받는다. 그러나 사회보험 계산은 출산율, 사망률, 혼인율, 고용 및 실업, 장애, 퇴직, 평균 임금 수준, 급여 수준, 이자율 등 비용 예측을 어렵게 하는 여러 가지 경제적·인구학적·사회학적 변수들을 고려해야 되기 때문이다.

게다가 사회보험 프로그램은 완전 적립이 아니지만 민영보험과 사적 연금은 완전 적립 프로그램을 강조한다. 또한 사회보험의 목적은 모든 사람에게 경제적 보호를 제공하는 것이기 때문에 underwriting은 부적합하다. 민영보험에서는 이윤을 목적으로 하기 때문에 underwriting이 필요하다.

또 다른 차이는 사회보험에서는 재정 방식, 급여 수준, 급여 자격 요건, 대상 포괄 기간, 정부의 역할 등 여러 가지에 대해 많은 불일치가 있다. 민영보험에 관한 견해는 보다 단일한 경향이 있다.

또한 다양한 사회보험 투자 신탁 기금은 정부의 책임 하에 있다. 민영보험에서는 민간에서의 투자가 강조된다(어떤 나라에서는 사회보험금 투자가 사부문 투자로 이루어지기도 한다.).

마지막으로 정부의 과세 능력은 인플레이션이 사회보험에 미치는 영향을 극복하도록 할 수 있다. 인플레이션 기간 동안에는 사회보험 급여는 늘어날 것이며 그럼으로써 수급자들에게 고물가에 대한 어떤 지원을 제공하게 된다. 민영보험에서는 급여는 고정되어 있으며 따라서 인플레이션에 더욱 취약하다.

2) 사회보장제도로서의 사회보험

사회보험은 공공 부조, 사회수당, 복지서비스 등의 제도와 함께 사회보장을 구성하는 제도라고 할 수 있다. 사회보장제도는 편익에 대한 대가로서의 비용부담의 여부와 급여를 수급할 때 조건으로서 소득자산 조사(means test) 여부에 따라서 네 가지 제도로 분류할 수 있다.

공공 부조는 비용부담은 없지만 자산소득 조사가 있는 제도이고, 복지서비스는 자산소득 조사를 기초로 비용부담이 차등되는 제도인 반면에, 사회보험은 사회보험료라는 비용부담을 전제로 보장이 이루어지나 원칙적으로 자산소득 조사가 요구되지 않는 제도이다. 사회수당은 비용부담도 없지만 자산소득 조사 없이 보편적으로 제공되는 제도이다.

[그림 1-1] 사회보장제도

		비용 부담	
		유	무
소득 자산 조사	유	복지서비스	공공부조
	무	사회보험	사회수당

한편 사회보장(social security)이라는 용어와 사회복지(social welfare)라는 용어는 지역에 따라서 유사하면서도 상이하게 사용된다. 미국에서는 사회보장은 사회보험, 그중에서도 공적연금제도라고 할 수 있는 OASDI를 가르킨다. 그리고 사회복지는 협의의 사회복지서비스 개념으로 인식되는 경향이 있다. 반면에 유럽에서는 사회보장은 사회복지와 거의 같은 개념으로 사회보험, 공공 부조, 사회수당, 사회복지서비스를 모두 포괄하는 개념으로 사용되고 있고, 우리나라에서도 사회보장은 사회복지와 거의 동일한 개념으로 사용되고 있다.

3) 공공 부조와 비교해 본 사회보험

사회보험과 공공 부조와의 명확한 차이를 정확히 규정하는 것은 매우 어렵지만 몇 가지 비유사성이 나타난다. 미국의 SSI(Social Supplementary Income)와 비교의 관점에서 정리하면 다음과 같다.

(1) 급여 자격 요건과 급여액에 대한 예측

사회보험에서는 급여액 예측이 가능하다. 그러나 퇴직자, 장애인에게 최소한의 소득을 보장하는 SSI 프로그램을 제외하고는 공공 부조는 급여액 예측이 어렵다.

공공 부조에서는 수급자의 급여는 증명된 욕구에 기반하며, 급여액은 주마다 다르고, 필요 개념, 통상적인 생활 수준 개념에 대해서도 상당한 차이가 있다. 따라서 SSI를 제외하고는 공공 부조에서 급여액을 예측하는 것은 더욱 어렵다. 이러한 이유로 근로자들은 자신의 재정적 계획에 있어서 공공 부조의 이용 가능성을 고려하는 경우는 거의 없다.

(2) 필요의 증명

사회보험 프로그램은 욕구 조사와 자산소득 조사를 요구하지 않는다. 공공 부조의 지급에는 항상 욕구 조사, 소득 조사, 자산 조사 등이 요구된다. 사회보험이 추정된 필요(presumed need)에 기초하는 반면 공공 부조는 증명된 필요(demonstrated need)의 정도에 따라 주어진다. 또한 사회보험은 평균적인 필요(average need)에 기초하지만, 공공 부조는 개인적인 필요(individual need)에 기초한다. 결국, 공공 부조는 긴급한 상황과 특수한 욕구에 대응하기 위해서는 사회보험을 보충할 필요가 있는 것이다.

(3) 재정 방식

사회보험은 이를 위한 특수한 조세로부터 재정이 이루어지지만 공적 부조는 일반조세로부터 나오며 이는 사회보험보다는 누진적 조세를 통해 형성된다. 따라서 공적 부조에서 수급자는 기여를 하지 않으며, 급여와 기여에는 별 관계가 없다.

(4) 참여자 수

공공 부조의 수급자 수는 사회보험 가입자보다 상대적으로 적다.

(5) 급여에 대한 낙인

사회보험 수급에는 자격 요건만 충족된다면 필요를 증명할 필요 없이 법적 권리가 부여되므로 낙인(stigma)이 발생하지 않는다. 공공 부조에 있어서 많은 사람들은 복지급여를 신청하지만, 자산소득 조사 때문에 탈락하며 이는 사람들로 하여금 반감 혹은 모멸감을 느끼게 할 수 있다.

사회보험 급여에는 낙인효과가 없기 때문에 상대적으로 수급자들이 신청을 꺼려하지 않는다.

4) 사회보험의 경제적 목표

(1) 전 인구에게 경제적 안정성 제공

사회보험의 가장 주요한 목표는 대부분 사람들에게 조기 사망, 노령, 질병, 장애, 실업 등 장기적 위험에 대해 경제적 안정성을 부여하는 것이다. 사회적 위험은 소득 손실과 추가적 지출 때문에 경제적 불안정성을 야기한다. 이런 맥락에서 기본적인 경제적 안정성이란 사회보험 급여가 다른 소득원과 나란히 인구 대다수에게 최소한의 생활 수준을 보장할 정도로 충분해야 한다는 것을 의미한다.

(2) 빈곤 예방

사회보험 운영을 통해 상당한 정도의 빈곤을 예방한다. 이는 사회보험 프로그램의 유일한 목적은 아니지만 빈곤으로 빠져드는 것을 예방한다.

(3) 국가 경제에 안정적 기반 제공

사회보험의 또 다른 목적은 국가 경제에 안정성을 부여하는 것이다. 이는 이 프로그램이 소비, 저축, 투자에 바람직한 영향을 미치고 경기흐름에 바람직한 반경기적 효과를 미쳐야 한다는 것이다. 예를 들면, 실업보험 급여는 불황에 매우 민감하며, 실업 기간 중에 개인 소비와 소득을 유지시켜 재정적 펌프 역할을 하도록 되어 있다. 또한 프로그램의 기여 방식은 경제적 안정성에 기여한다. 경제적 안정에 대한 고려는 사회보험에 있어서 중요하지만 개인과 가족에 대한 기본적인 경제적 안정성 제공이라는 기본적인 목적을 흐리는 것이어서는 안 된다. 경제학자들은 일반적으로 여러 사회보험들을 이러한 거시경제적 목적에 비추어 평가하고, 가장 중요한 목적을 부차적인 것으로 취급한다.

(4) 중요한 가치 보존

사회보험의 마지막 목적은 개인의 동기, 주도권, 절제 등의 바람직한 자질들을 증진시키는 것이다. 많은 사회보험 프로그램이 개인의 경제적 안정성은 노동으로부터 확보되어야 한다는 사고를 구현하고 있으며 근로자의 권리와 급여, 급여액 등에 연관시키고 있다. 따라서 노동 가능 여부에 기초한 기본적인 자격 요건과 임금에 연계된 급여액은 우리의 경제 체계의 유인에 적합하다. 더욱이 사회보험 급여는 저축, 개인연금, 자산 투자 등으로부터의 소득과 무관하게 주어진다. 근로자는 저축, 투자, 개인연금 등의 개인적 프로그램을 통한 기본적인 보호를 하도록 부추겨지기 때문에 절제가 증진된다. 사회보험 기술은 경제적 안정성을 확보시키는 데에 중요한 장치이다. 결핍은 노동과 근로자의 기여, 고용주의 기여의 결과 예방된다. 이러한 접근은 통상적인 경제적 가치와 개인적 유인의 시스템에 적합하다. 사회보험은 보수적 가치 체계에 맞춰 조절되어 광범위한 수용으로부터 기인하는 제도의 안정성을 갖게 된다.

Chapter 2

사회보험의 역사

학습목표

1. 사회보험제도가 만들어지게 된 경제적 배경을 알아보자.
2. 자유주의 정권에서 사회보험이 만들어지는 이유를 알아보자.
3. 사회보험의 역사에서 현재의 제도 유래를 찾아보자.
4. 베버리지 보고서의 내용을 알아보자.

사회보험은 프랑스의 콩도르세의 의해 처음 구상된 이후 1882년 독일의 재상 비스마르크에 의해 최초로 성립되었다. 비스마르크는 근로자가 업무상 부상을 당하거나 병에 걸렸을 때 사업주에게 배상하도록 하는 보험을 시작하였는데, 업무와 관계가 없어도 근로자가 병에 걸리거나 부상을 입었을 때를 대비하여 건강보험을 만드는 것이 필요하다고 주장하였다. 또한 장래 노인 및 폐질자에 대한 보험을 시행하면 국가가 행한 빈곤구제보다도 훨씬 훌륭한 생활을 보장할 수 있다고 주장하였다. 그래서 비스마르크는 우선 건강보험부터 실시하기로 결정하고 1883년 6월 5일의 국회에서 질병보험법을 제정하여 그 다음 해인 1884년 12월 1일로부터 시행하였다. 이것이 세계 최초의 사회보험 입법이다. 그 이후 서구 선진국을 중심으로 경쟁적으로 도입되어 현재는 세계 대부분의 국가에서 실시하고 있다.

본 장에서는 프랑스 콩도르세의 사회보험 구상, 독일 비스마르크의 사회입법, 영국의 국민보험법, 미국의 사회보장법, 영국 베버리지의 사회보험을 중심으로 살펴보고자 한다.

[표 2-1] 선진국의 사회보험제도 도입 시기

구분	한국	미국	영국	스웨덴	독일	프랑스
의료보험	1977년	–	1948년	1962년	1880년	1945년
연금보험	1988년	1935년	1908년	1913년	1889년	1905년
산재보험	1964년	1908년	1897년	1901년	1884년	1898년
고용보험	1995년	1935년	1911년	1934년	1927년	1905년

1. 콩도르세의 사회보험 구상[1]

사회보험에 대한 필요성과 구상이 역사적으로 최초의 모습을 나타낸 것은 1789년 프랑스 대혁명 직후 발간된 콩도르세의 저서이다. 그는 평등을 매우 중요한 정의로 생각하고 평등을 저해하는 불평등의 원인을 크게 세 가지로 정리했다. 즉, 부의 불평등, 조건의 불평등, 교육의 불평등을 적시했다. 사회보험과 관련된 불평등은 조건의 불평등인데 그의 저서에 의하면 "그와 그의 가족에게까지 대물림하게 되는 생존자원의 조건과 그가 노동을 할 수 있는 생애 기간보다는 그의 사망으로 소멸되는 자원상의 조건의 불평등"이라고 설파했다.

그는 세 가지 종류의 진정한 불평등은 계속해서 줄어들어야 한다고 주장했다. 불평등은 절대적으로 단절되지 않고 자연적이고 불가피한 원인이 있기 때문에 불평등의 제거는 신중해야 한다고 하고, 또한 불평등도 원천적으로 유익한 점이 있고, 인간의 권리에 직접적이고 치명적인 타격을 주지 않도록 하면서 제거되어야 한다고 주장했다. 그는 프랑스 대혁명 당시의 유럽에 만연한 불평등을 "유럽의 계몽 국가에서 실제 인구와 영토의 범위를 비교하고, 이들 국가의 문화와 산업의 광경 속에서 노동과 생존을 위한 수단들이 배분되는 방식을 살펴볼 때, 만약 어떤 상당한 수의 개인들이 그들의 일자리뿐만 아니라, 그리고 그것을 작동시키는 데 필요한 봉급을 지금과 같이 가지게 되지 못하고, 혹은 그들 자신과 가족의 욕구를 충족하는 데 필요한 그것의 이윤을 만들지 못하게 된다면, 그러한 수단들을 동일한 크기로 유지하는 것, 중요한 것은 모든 사람에게 동일한 크기로 유지하는 것은 불가능하다는 것을 알게 될 것이다."라고 보았다.

1 Marie-Jean-Antoine-Nicolas Caritat, Marquis de Condorcet, Outlines of an historical view of the progress of the human mind(1795), The Online Library of Liberty, A Project Of Liberty Fund, Inc., pp 123~124.

그는 "이러한 일자리나 부족한 준비금은 각 가족의 가장의 생명과 건강이 지속적으로 유지되는 경우를 제외하고는 지속될 수 없다. 따라서 그들의 미미한 자산이라고 해봐야 기껏 연금이지만, 실제로는 연금을 필요로 하는 불안정한 특징을 가지고 있는 일반 사회계층은 토지소득이나 자본의 이자로 구성된 소득원을 가져서, 개인적 직장에 거의 의존하지 않고, 그래서 유사한 위험에 예속되지 않는 사람의 계층과 매우 중요한 격차를 결과한다."고 보았다.

그는 불평등, 종속, 심지어 극빈의 필연적인 원인이 존재하며, 이는 우리 사회의 가장 다수의 활동적인 계층을 끊임없이 위협하기 때문에 다음과 같이 사회보험 같은 제도가 필요함을 주장했다. "이러한 불평등은 다음의 세 가지 가능성에 대한 확률의 설정으로 상당히 불식될 수 있다. 먼저, 노년기의 보장은 근로 기간에 저축하게 함으로써 가능한데, 자신의 저축액에서 뿐만 아니라 노인이 되기 전에 자신의 저축을 회수하지 못하고 사망하는 사람들이 공동의 자산에 기여한 분만큼 증가할 것이다. 다음으로, 남편을 잃을 수 있는 과부나 부친을 잃을 수 있는 고아에게도 동일한 자원이 제공될 수 있는 제도 같은 것을 만드는 것이다. 마지막으로, 청년들이 자립할 수 있는 연령에 도달하여 자녀를 낳아 새로운 가정을 꾸미는 시기에 그들이 산업에 종사할 수 있도록 충분한 자본의 편익을 준비하도록 하는 것인데, 이 편익은 그 시기 이전에 조기사망하는 자들의 부담으로 인해 그 규모가 증가할 것이다. 생존확률과 금전적 이자에 수학적 도구를 적용함으로써, 우리는 이 방안들의 해결에 힌트를 얻을 수 있는데, 이미 어느 정도 성공을 거두고 있다. 물론 일부 가족들에 한정되지 않고 사회 전체의 모든 사람들에게 진정으로 유익할 수 있도록, 이 방안들이 광범한 범위에서 또 다양한 형태로 수행되고 있지는 않다. 이 방안들이 수행됨으로써 많은 가족들은 언제든 겪을 수 있는 파탄에서 – 옥죄어 오는 부패와 타락의 원인이다 – 벗어나는 것이 가능할 것이다."

그는 사회보험이라는 용어를 쓰지 않고 '사회적 힘'(Social Power)이라는 이름의 제도를 주장했다. "그것의 최대 편익 중 하나가 될 이러한 제도의 확립은, 제도가 조직화되어야 할 원리가 보다 대중화되고, 그리고 상당수의 유사한 결합체들을 실패하게 만든 오류들이 더 이상 불안의 대상이 되지 않게 될 때에, 거리낌없이 제도화할 수 있는 모든 개인으로 이루어진 결합체라는 결실을 맺게 될 것이다."라고 함으로써 전 국민이 연대하는 사회보험의 도입을 주장했다.

2. 비스마르크 사회입법[2]

사회보험은 19세기 말 당시 최고 선진국인 영국에서 시작된 것이 아니라 후발국인 독일(프로이센)에서 탄생하였다. 독일은 통일 후 독일 민족의 내부적 통일, 즉 사회통합의 필요성을 통감하고 이른바 '채찍과 당근' 정책의 일환으로 사회보험을 도입하였다.

그 당시 독일의 총리이었던 비스마르크는 1880년 상무장관에게 명하여 산재보험법의 초안을 작성하게 하고 그 집행기관으로 제국보험공단을 설립하도록 하였다. 독일 산재보험은 강제보험, 제국보험공단의 중앙집중식 통제, 민영보험회사의 배제, 국가 보조금의 지급을 원칙으로 성립되었다. 여기서 특징적인 것은 사회보험에서 국가의 역할이다. 산업재해의 보상 책임을 국가가 지고, 국가의 직접적인 보조가 필요하며, 이윤을 목적으로 하는 사기업, 즉 민영보험회사가 국가의 책임 영역에 들어오는 것을 허용할 수 없다는 원칙이다. 비스마르크의 이러한 생각은 근로자가 국가에 대해 고

2 원석조(2005), 『사회복지역사의 이해』, 양서원, pp. 129~136에서 발췌하여 정리함.

마음을 느끼고, 또 그래야만 국가에 통합된다는 의미로 보인다. 산재보험법 초안(1881)은, 연소득 750마르크 미만의 근로자는 보험료가 면제되고, 연소득 750~1,500마르크의 근로자는 보험료의 1/3, 그리고 연소득 1,500마르크 이상의 근로자는 보험료의 1/2을 부담하도록 되어 있었다.

비스마르크의 초기 구상은 좌우 양쪽으로부터 격렬한 반대에 봉착하였다. 노동계에서는 산재보험이 노동운동의 자유에 족쇄를 채우려는 것으로, 사회주의자들은 산재보험이 근로자를 국가복지에 노예화하려는 병영 사회주의라며 공격하였다. 자유주의자들은 비스마르크의 사회보험이 국가의 권력 강화와 관료화될 것을 우려하고 국가 보조도 결국은 자본가의 부담으로 인식하여 반대하였다. 결국 초기 입법안은 부르주아지가 장악하고 있는 의회를 통과하지 못했다. 그러나 이러한 진통을 거쳐 1884년에 산재보험법이 통과되었다. 제국보험공단의 운영비를 제외한 모든 비용은 자본가가 부담하고 운영도 자본가가 주도하는 형식으로 만들어졌다.

산재보험에 비해 늦게 입안된 의료보험법은 1883년에 산재보험에 앞서 만들어졌다. 이로써 산재보험을 제치고 의료보험이 세계 최초의 사회보험이 되었다. 의료보험법은 중앙집중식 관리기구 대신에 이미 질병급여를 제공하고 있었던 길드, 공장, 기업 및 상호부조 조직(공제조합 등)을 중심으로 질병금고(sickness funds, 직장 및 직종 의료보험조합)를 만들었고, 이와 별도로 자영인인 소매업자를 위한 지역질병금고(local sickness funds, 자영인 의료보험조합)와 여기에 가입할 수 없는 사람들을 위해 교구금고(parochial funds, 지역 의료보험조합)가 만들어졌다. 보험료는 통상 근로자가 2/3, 사용자가 1/3을 부담하도록 했다. 모든 금고는 해당 조합원의 대표자에 의하여 통제되었다.

연금보험 역시 비스마르크의 주도로 입안되었다. 비스마르크는 연금, 즉 노령폐질보험이 적은 금액이지만 국가 연금을 수령하는 국민들이 많다면 이들로부터 국가에 대한 충성심을 이끌어 낼 수 있다고 생각했다. 1889년 의회를 통과한 노령폐질보험의 비용 중 일부는 직접적인 국가 보조로 이루어졌다(제국 재무성이 지급하는 50마르크의 정액 기초 연금). 노령폐질보험은 노사 동수의 인원으로 구성된 위원회의 통제를 받는 관리기구에 의하여 운영하도록 되어 있었다. 그리고 재정은 노사 양측이 각각 절반씩 부담하도록 했다.

3. 영국의 국민보험법(1911년)[3]

1906년 토리당을 누르고 집권한 자유당은 과거의 빈민법과 질적으로 다른 사회정책을 도입하였다. 1906년의 교육법, 고용주의 산재보상 책임을 규정한 1907년의 근로자보상법, 1908년의 아동법, 보호관찰법, 국가 주도의 직업소개소법, 최초로 노인들에게 무갹출 연금을 지급하도록 한 1908년의 노령연금법, 그리고 의료보험과 실업보험으로 구성된 영국 최초의 사회보험인 1911년의 국민보험법 등이 개혁의 산물들이었다.

그 밖에 노동시간과 최저임금에 관한 법도 이 시기에 만들어졌다. 1908년, 내무성은 광부의 노동시간을 8시간으로 정하였다. 당시 내무장관인 처칠의 주도로 만든 1911년의 상점법은 1주일에 한 번 반나절 상점문을 닫도록 규정하였다. 법정 최저임금제는 고용주, 근로자, 중립 인사가 동수로 참여하고 중립 인사가 의장을 맡는 위원회를 두어 일부 산업에 한해 최저임금을 협의하도록 했다. 최저임금 협의 대상은 여성과 이민 근로자가 많고 또 소규모로 운영되어 노조를 조직하기 힘든 봉제업계와 같은 중노동 업체였다(이후 광부에게도 적용).

1911년에는 국민보험이 성립되었다. 국민보험은 의료보험과 실업보험

3 원석조(2005), 『사회복지역사의 이해』, 양서원, pp. 137~147에서 발췌하여 요약함.

이 동시에 제도화된 것으로, 로이드 조지와 윈스턴 처칠은 사회보험을 통하여 사회주의화 경향을 막고자 하였다. 사회보험이 부자와 빈민 사이의 양극화를 막아 사회를 견고하게 만들어 주는 역할을 한다고 생각하였다. 피보험자가 갹출한 돈으로부터 급여 혜택을 받는다는 것은 자신의 노력으로 급여권리를 획득한 것과 같으므로 떳떳한 것으로 생각되었다. 로이드 조지는 사회보험을 강제된 자조(compulsory self-help)로 간주했다. 따라서 급여 수준은 인간다운 생활을 유지할 만큼 충분해서는 안 되었다. 국가 부담도 적어야 했고, 재정은 근로자와 그 고용주가 주로 부담해야만 했다. 윈스턴 처칠도 피보험 근로자들이 사회보험 급여 관리를 자신의 힘으로 획득하게 된다는 점을 강조하면서 보험원칙을 엄격히 적용해야 한다고 주장했다. "보험 자격은 보험회계적으로 정해져야 한다. 자격을 얻으려면 기여를 해야 한다. 자격이 없으면 급여 혜택도 없다. 이렇게 하는 것이 가장 안전하고도 간단한 기금운용 방식이다." 그는 국민보험법에 "질병의 원인이나 성질에 관계없이 진료 받을 수 있다."라는 문장도 삽입하였다.

국민보험 제1부 의료보험은 공제조합, 보험회사, 의사 등과 같은 강력한 기득권 집단들과의 장시간 협상을 통해 성립되었다. 의료보험은 연소득 250파운드 이하 16~70세의 모든 육체근로자와 연소득 160파운드 이하의 비육체근로자가 의료보험 대상자가 되었다. 보험료는 주당 피용자가 4펜스, 고용주가 3펜스, 대장성이 2펜스를 부담하고, 운영은 공제조합 중 정부가 인정한 공인된 조합(approved societies)이 맡고, 피보험자에게는 조합 선택권을 부여하였다. 가입은 의무적이었고, 국가는 감독권을 행사하였다. 국가가 국민들에게 의료 서비스와 질병급여를 직접 제공한 것이 아니라 국민들이 자신의 힘으로 의료 서비스와 질병급여를 받도록 강제한 셈이다. 상병수당은 주당 10실링, 장애수당은 5실링, 출산수당은 30실링이었으며, 피보험자(가입자 본인, 부양가족은 제외)는 지역보험위원회에 등재된 의사 명단에서 의사를 선택하여 무료로 진료를 받게 되었다. 의사들은 자신의 명부에 등록된 피보험자의 수에 비례하여 진료비(a capitation fee)를 받았다.

국민보험의 제2부 실업보험은 처칠이 당시 실업 문제 전문가로 인정받고 있던 베버리지의 도움을 받아 입안하였다. 실업보험은 실업 상태에 직면할 가능성이 많은 특정한 산업 분야에 한정하고, 갹출 방식으로 하며, 국가가 보조한다는 큰 틀이 짜여졌다. 급여액과 보험료 간의 관계, 정액제와 정률제 등 여러 쟁점들에 관한 논의가 이루어졌지만, 가장 중요한 문제는 실업의 책임이 자신에게 있는 사람의 실업급여를 회수해야 하는가의 여부였다. 주당 실업급여액은 5주간 불입한 보험료에 상당하도록 정해졌고, 대상은 경기변동에 민감한 산업인 건축·토목·조선·기계·철강·자동차·제재업 등이었으며, 보험료는 고용주와 피용자가 각각 25펜스씩 부담하고, 대장성이 고용주와 피용자 보험료 합계액의 1/3을 보조하도록 하였다. 실업수당은 성인 남성의 경우 기본액이 주당 7실링이었고 그 이상은 보험료에 비례하고, 최고 15주간 지급되도록 하였다. 당시 직업소개소법에 의해 신설된 각 지역의 직업소개소들이 실업수당 지급 실무를 담당했고, 실업수당 청구인에게 적절한 일자리를 제공함으로써 청구인의 진실성을 조사할 권한을 부여받았다.

4. 미국 루스벨트 사회보장법(1935년)[4]

루스벨트 사회보장법은 미국 역사상 하나의 분수령이라고 할 수 있다. 그 이전까지 미국에서는 자유주의 또는 개인주의가 지배했다. 국가가 국민 개개인의 사회·경제생활에 관여한다는 것은 상상할 수조차 없었다. 그러

4 원석조(2005), 『사회복지역사의 이해』, 양서원, pp. 149~164에서 발췌하여 요약함.

던 미국인이 정부의 간섭을 수용한 것이다. 그 계기는 바로 1929년의 대공황이었다. 1920년대의 눈부신 번영과 부의 편중 속에서 1929년 갑자기 대공황이라는 엄청난 혼란이 밀어닥쳤다. 1900~1920년대의 성장이 상상을 초월할 정도였던 것과 같이 1929년부터 1930년대 중반 사이의 몰락 역시 극적이었다. 1929년부터 4년 동안, 제조업 생산량이 반으로 감소했고, 농산물 가격이 40%로 떨어졌으며, 수출이 1/3로 줄었다. 기업의 적자가 57억 달러에 달했고, 국민소득이 1929년 830억 달러에서 1933년 400억 달러로 감소했다. 실업자 수도 1930년 200만 명에서, 1931년 400만 명, 1932년 800만 명, 1933년 1,500만 명으로 급증했다. 이는 전체 노동력의 1/4 이상에 해당했다. 실업률은 1933년 3월 최고에 달해 무려 전 노동인구의 29%(1,500만 명)나 되었고, 1930년대의 평균 실업률이 18%이었으며, 국민소득 중 농가소득의 비중이 1929년 10.4%에서 1933년에는 7.5%로 줄었고, 1인당 가처분소득은 1929년 682달러에서 1933년에는 364달러에 불과하였다. 이제 미국의 경제제도는 노령에 접어들었다. 일찍이 생산력의 해방과 개발을 전례 없이 끌어올렸던 미국은 이제 더 이상 갈 곳을 잃었다. 더 많은 이윤을 얻어 더 많은 자본을 투자하는 것이 점점 어렵게 된 단계에 다다른 것이다. 미국의 경제는 그 잠재력을 완전히 소진해 버렸다.

그러나 이렇게 대공황으로 민중들의 생존권이 심각하게 위협받고 있었지만, 이에 대한 국가의 사회보장적 대응책은 매우 미미하였다. 당시까지도 근로자들은 근로자보상법 외에는 별다른 보호를 받지 못했으며, 여전히 굴욕적인 자선원이 요보호자를 위한 주된 보호책이었다. 그리고 1920년대에 많은 주정부는 노령부조에 빈민법 기준을 적용하였다. 1929년 노동부의 한 보고서에는 주정부의 노령부조는 빈민구제 원칙의 단순한 확대에 불과하다고 결론지었다. 그나마 1935년 사회보장법이 제정되기 직전인 1934년 불과 25개 주에서만 노령부조에 관한 법을 시행하고 있었다.

대공황은 시민들의 경제적 생존권을 심각하게 위협했으나 이런 총체적 위기에 대응할 때 개인주의적 자유기업 체제는 매우 무기력하다는 사실을 극적으로 드러나게 만들었다. 그러나 후버 대통령은 경제에 대한 정부의 개입은 미국식 생활 방식에 어긋난다 하여 단호히 거부하고, 사적 자선으로 대량 실업과 빈곤 문제를 해결할 수 있다고 고집하였으며, 빈민구제를 위해 연방정부가 주정부를 원조해야 한다는 요구를 거부하였다. 결국 1932년 11월의 대통령 선거에서 공황에 대해 적절히 대응하지 못한 후버 대통령이 패배하고 1933년 다소 진보적인 주지사 출신인 프랭클린 루스벨트가 대통령으로 새로이 취임하였다.

루스벨트는 이른바 제1차 뉴딜이라고 불린 일련의 위기극복 정책을 폈다. 통화 흐름과 외환거래를 통제할 수 있는 권한을 대통령에게 부여함으로써 국민들의 은행에 대한 공포, 즉 예금의 인출 사태를 수습한 긴급은행법, 농산물 가격을 인상시키기 위해 경작 면적과 생산량을 줄임으로써 몰락한 농업 부문을 회생시키기 위한 농업조정법, 최저임금과 최대노동시간 및 가격 고정에 관한 기준을 정해 '상품 가격 인하-임금 삭감'이라는 악순환을 종식시키기 위한 국가산업부흥법(NIRA)[5] 등이 그것이다.

미국의 사회보장법은 제2차 뉴딜정책에서 탄생하였다. 이 법은 미국 최초의 연방정부 차원의 복지 프로그램이었으며, 명실상부하게 미국의 사회보장제도의 근간이 되었다. 이 법은, ① 연방정부가 관장하는 노령보험, ② 주정부가 관장하고 연방정부가 재정을 보조하는 실업보험, ③ 주정부가 관장하고 연방정부가 재정을 보조하는 공공 부조와 사회복지 서비스로 구성되어 있었다.

대통령으로 취임한 루스벨트는 즉각적인 조치로서가 아니라 장기적인 계획으로서 사회보험의 도입을 추진시켰다. 그는 1934년 6월 의회에 보낸 사회보장에 관한 교과서에서 미국 역사상 최초로 미국 헌법이 경제적 안정

5 National Industrial Recovery Act(1933).

에 대한 개인의 권리를 포함하고 있다고 하면서 가정의 보장, 생활의 보장, 사회보험의 보장이 필요함을 역설하였다. 그리고 구체적으로 실업과 노령에 관계된 프로그램이 필요하며, 그 재원은 조세보다는 갹출로 하고 전국적으로 시행되어야 하며, 연방정부와 주정부의 긴밀한 협조에 기초해야 한다는 점을 분명히하였다.

그리고 루스벨트는 교과서에서 경기회복과 병행해서 사회재건이 추진되어야 하고 사회재건의 가장 중요한 목표는 '시민의 생활보장'이며, 생활보장은 주택과 고용기회, 생활 변동에 대한 대비책에 달려 있고, 그 같은 대비책으로 사회보험과 공공 부조를 수립해야 한다고 주장하였다. 특히 사회보험의 기본 방침은, ① 여러 종류의 사회보험을 하나로 묶어 포괄적인 제도를 수립하고, ② 사회보험의 운영은 주와 연방정부의 어느 한 쪽이 전담하는 것이 아니라 양자의 긴밀한 협조하에 이루어져야 하며, ③ 필요한 재원은 일반조세 수입이 아니라 보험료로 조달하고, ④ 연방정부가 기본적인 보험적립금을 관리하여 사회보험의 범위를 전국적인 것으로 만들 것 등이었다.

실업보험은 연방법에서는 실업보험을 목적으로 하는 세금과 그것을 운영할 연방기구에 대해서만 규정하였고, 피용자와 주정부의 갹출료, 실업수당의 급여 기준, 기금의 형태 등 세부적인 것은 각 주의 입법사항으로 넘겨졌다. 결국 미국의 실업보험은 주별로 다양한 형태를 갖게 되었다.[6]

노령연금은 전국적으로 단일한 노령연금제를 채택하였다. 노령연금의 재원은 전국의 사업주에게 급료총액의 2.5%에 해당하는 사회보장세를 부과하고, 피용자에게도 동일한 부담, 즉 임금의 2.5%를 갹출시켜 마련하였다. 재무부는 이 돈을 양로적립금으로 징수하고, 피용자가 65세에 달하면

6 세금으로는 4인 이상의 피용자를 둔 사업주에 대해 매년 3%의 급료세(pay-roll tax)를 부과하기로 하되, 경기회복 정도에 따라 1~2%로 하기로 하였다. 또한 고용의 안정을 독려하기 위해 해고율이 낮은 사업주에게는 급료세를 감면해 주는 특별감면제도를 두었다. 그리고 운영기구로는 재무부에 실업신탁기금을 두어 보험적립금 중 필수적인 재원을 관리하게 하였다. 그 밖의 것은 노동부에 사회보험위원회를 두어 관장하게 하였다.

노령연금을 지불하는데, 그 액수는 퇴직자의 퇴직 전 소득에 비례하도록 하였다. 그런데 문제는 당시에 이미 퇴직할 연령에 도달한 층이었다. 왜냐하면 이들이 퇴직 후 받을 연금액은 자신들이 갹출한 금액보다 적기 때문이었다. 결국 그 차액은 연방정부가 일반세입에서 보충해 주도록 하였다. 한편, 재무부 장관인 모겐소(Henry Morgenthau, Jr.)는 연방정부의 보충 방식에 제동을 걸어 세율을 처음부터 사용자, 피용자 각각 3%로 할 것과 처음 1%에서 12년에 걸쳐 단계적으로 3%로 인상하는 대안을 제시하였다(원안은 처음 1%에서 20년에 걸쳐 2.5%로 인상). 그렇게 함으로써 연방정부의 지원이 필요치 않게 만든다는 것이었는데, 결국 모겐소의 수정안이 채택되었다. 그러나 적용 대상에서 피보험자의 부양가족이 배제되고, 농업근로자, 가사종사자, 종교, 자선, 교육 분야 종사자 및 자영인도 적용 범위에서 제외되어 노동인구의 약 절반만이 수혜 대상이 되었다. 그리고 급여 수준도 낮아 노령부조의 급여액보다 적은 경우도 있었다.[7]

미국의 노령연금이 영국의 그것과는 성격이 조금 다르다는 점을 언급하지 않을 수 없다. 영국에서는 갹출제 노령연금이 빈민법에서 발전한 무갹출 연금에서 진화된 것으로 간주되었으나(따라서 시행 초기에는 정액제였다), 미국의 갹출제 노령연금은 노령부조의 수정이 아닌 전혀 새로운 제도, 즉 개별 근로자가 자신의 노후를 대비하여 임금의 일부를 갹출했다가 퇴직 후 연금을 수령하는 강제적인 저축제도로 받아들여졌다. 말하자면, 미국의 노령연금은 근로자를 대상으로 했던 사적 보험인 기업연금을 모델로 하여 제도화되었던 것이다. 그리고 사용자인 자본가의 부담은 온정주의가 아닌, 기계의 감가상각비 계산과 흡사한 생산 과정에서의 인적 요소의 감가상각비를 충당하는 것으로 정당화되었다.

공공 부조는 대상을 65세 이상 노령의 빈민, 맹인, 요보호아동으로 하

7 Quadagno(1982), *Aging in Early Industrial Society*, p. 634.

고, 각 주가 공공 부조제도를 수립하면 그 재정의 1/3에서 1/2을 연방정부가 보조하고, 신체장애아동, 고아, 신생아와 산모를 위한 주정부의 공공 부조에 대해서도 연방정부가 주정부에 보조금을 교부하도록 하였다. 이로써 3세기를 이어온 구빈에 대한 지방책임이라는 빈민법적인 원칙은 폐기되고, 주정부에 대한 연방정부의 지원대책이 항구화되었다. 말하자면, 미 역사상 처음으로 구호가 연방예산의 주요한 항목으로 자리 잡게 되었다는 것이다.

그리고 각 주정부는 독자적인 자격 기준을 결정할 수 있었다. 즉, 법적으로 수급자격을 욕구(needs)로 규정했으나, 이 욕구를 구체적으로 정의하지 않았기 때문에 욕구의 정의와 욕구 측정방법은 주에 따라 다르게 나타났다(예: 욕구를 측정함에 있어 친척의 자산이나 부동산을 고려하는 범위가 주별로 큰 차이가 있었다). 실제로 많은 주가 자산조사, 가족의 부양의무, 주거 요건 등 전통적인 빈민법 기준을 그대로 적용하였다. 공공 부조의 운영기구는 연방긴급구호청(FERA)으로 하였다. 그러나 의료보험은 의사들의 완강한 반대에 부딪혀 제외되었다. 의료보험제도가 수립되면 의료수가 등 여러 가지 이해가 정부에 의해 통제받을 것을 두려워한 미국의 의사들은 자신들의 이익집단인 전국의사협회를 중심으로 반대하였다.

1935년 1월 동 법안이 경제보장위원회로부터 의회에 상정되자 각 집단은 반대 입장을 표명하였다. 의회의 보수적인 의원들은 사회보장제도가 경기회복을 저해하고 근로자를 국가의 노예화하는 사회주의적 통제책이라고 비난하였다. 그러나 대체로 여론은 이 법안에 대해 호의적이었다. 대공황 이후 거의 5년 동안이나 유례없는 빈곤에 시달려 왔던 대부분의 미국인들은 생활보장을 절실히 원했던 것이다. 1935년 6월 19일 동 법안은 76대 6이라는 압도적인 지지를 받아 상원을 통과하였다. 그해 8월 14일 루스벨트 대통령이 서명함으로써 역사적인 사회보장법은 발효되었다.

5. 영국 베버리지 보고서[8]

1) 베버리지위원회

베버리지 보고서는 영국 복지국가의 청사진이 되었다. 제2차 세계대전 직후 총선에서 예상을 뒤엎고 세계적인 전쟁 영웅 윈스턴 처칠의 보수당을 애틀리(Clement Attlee)가 이끈 노동당이 이기고 집권하였다. 애틀리와 노동당은 베버리지 보고서에 입각하여 기성복을 만들 듯 복지국가를 만들어 나갔던 것이다. 그리하여 영국인들에게 베버리지 보고서는 복지국가와 동의어로 인식될 정도이다. 이 보고서는 영국에만 국한되지 않고 프랑스, 서독, 스웨덴 등 서유럽 복지국가의 기틀 형성에도 큰 영향을 미쳤다.

베버리지 보고서(1942년 9월)는 통일되고 보편적인 사회보험 체계였는데 핵심 내용은 다음과 같다.

① 모든 시민을 포함하고, 대상자 집단을 경제적 곤란의 원인과 그 보호 방법에 따라 분류한다.
② 국민보건 서비스(NHS)와 보편주의적 가족수당은 전제 조건이다.
③ 연금은 자산조차 없는 정액제에 최저수준 이상이어야 한다.
④ 재정은 피보험자, 고용주 및 국가(재정의 1/6)가 공동 부담한다.
⑤ 소득에 관계없이 모든 국민이 정액의 갹출금을 낸다.
⑥ 사회보험으로 해결되지 않는 부분은 근대적이고 인도주의적인 공공부조가 담당한다.

8 원석조(2005), 『사회복지역사의 이해』, 양서원, pp. 167~182에서 발췌하여 요약함.

베버리지는 다음과 같은 세 가지 원칙에서 출발하였다. 첫째, 과거의 경험을 바탕으로 삼기도 하지만 분파적 이해는 무시한다. 그는 1911년의 국민보험법이 이익집단 간의 타협의 산물이었고, 또 그러한 타협이 결코 쉽지 않다는 사실을 잘 기억하고 있었다. 그러나 전쟁중인 지금은 그런 이해관계에 발목 잡혀서는 안 된다.

둘째, 국가재건을 위해서는 5대 악(Five Giants)을 극복해야 한다. 5대 악이란 결핍(want), 질병(disease), 무지(ignorance), 불결(squalor), 나태(idleness)를 말한다. 그의 계획은 이 중 우선 결핍에 초점을 맞추고 소득보장을 기하는 데 중점을 두었다. 그러나 그것은 사회적 진보를 향한 포괄적인 정책의 일부에 불과했다.

셋째, 사회보장은 국가와 개인의 협력을 통해 달성된다. 국가는 단지 국민최저(a national minimum)만을 보장하고 그 이상은 개인과 가족의 노력에 달려 있다. 국가는 사회보장을 자산조사 없이 하나의 권리로 제공하고 그 외는 국민이 자유롭게 선택한다.

한편, 결핍을 극복하기 위한 계획은 매우 신중하고도 치밀하게 짜여졌다. 베버리지는 사회보장을 6개 원칙과 6개 대상자 층, 그리고 8개 욕구 원인을 제시하였다.

6개 기본 원칙이란, ① 충분한 급여(adequacy of benefits), ② 정액 급여(flat rate of benefits), ③ 정액 갹출(flat rate of contribution), ④ 행정책임의 통합(unification of administrative), ⑤ 포괄성(comprehensiveness), ⑥ 분류화(classification)를 말한다. 부여하면, ① 급여 수준은 일상생활을 영위하는 데 충분할 정도가 되어야 하고, ②, ③ 급여와 갹출은 소득에 관계없이 동일해야 하며, ④ 지방사무소를 둔 하나의 사회보험금고(one Social Insurance Fund)가 관리·운영하고, 개인은 통합된 갹출료(a single contribution, 연금 갹출료 별도로 실업보험료 별도로가 아니라)를 납부하면 되고, ⑤ 포괄성이란 사회부조나 사보험은 물론 사회보험을 포함한 각종 방법으로 기본적이고도 예측 가능한 모든 욕구를 해결한다는 것

[표 2-2] 욕구와 대책

욕구	대책
실업	실업급여
장애	장애급여 또는 장애연금
생계수단 상실	직업훈련급여
퇴직	연금
기혼여성의 욕구	결혼, 출산, 미망인수당 등
장례비용	장제비
유아	아동수당
질병, 장애	질병 치료 및 재활

을 의미한다. ⑥ 분류화란 인구층을 피용자, 자영인, 전업주부, 기타 노동인구, 취업 전 청소년, 노동불능 고령자 등 6개 층으로 분류하고 이들 모든 인구층의 욕구를 보장한다는 것을 말하는데, 이것이 곧 6개 대상자 층이다. 이들 각 층의 욕구는 서로 다르다. 예컨대, 자영인은 실업보험의 보호를 받을 수 없으나 장애인 대책은 필요로 하며, 가정주부는 장애인 대책과는 별로 상관이 없지만 결혼생활로부터 생기는 특수한 욕구, 즉 출산이나 가족해체 등과 관련된 욕구가 있다.

8개 욕구 원인은 라운트리의 빈곤 연구 결과에 바탕을 둔 것이었는데, 각 욕구와 그 대책은 다음과 같다.

퇴직연금은 남자 65세, 여자 60세부터 지급하는 것으로 했는데, 비용 염출이 문제였다. 베버리지는 완전한 연금을 수급하기 위해서는 20년간 연금에 가입하여 갹출료를 부담할 것을 희망하였다. 또 그는 법정 퇴직연령 이후라도 노동을 장려하기 위해 계속 연금 갹출료를 불입하기만 하면 더 많은 연금을 받을 수 있도록 인센티브를 부여하였다. 기혼여성의 욕구도 신중하게 고려되었다. 당시 약 930만 명의 가정주부가 있는 것으로 추산되었는데, 그중 140만 명만이 취업자였다. 그리하여 가정 꾸리는 것을 지원하기 위한 결혼보조금(marriage grant), 출산비용을 지원하기 위한 출산보조금(maternity grant), 자녀 양육비를 지원하기 위한 모성수당(maternity allowance), 취업 기혼여성의 임금을 보조하기 위한 15주 출산급여(maternity benefit) 등 다양한 지원책이 강구되었다.

한편, 베버리지는 사회보험이 성공하기 위해서는 세 가지 기본 전제 조건이 필요하다고 생각했다. 즉, 가족수당(family allowances), 포괄적인 보건 서비스(comprehensive health service), 완전고용(full employment)이 그것이다. 가족수당은 가족의 크기와 소득을 고려하여 결정되어야 하고, 보건 서비스는 치료적일 뿐만 아니라 예방적이어야 했다. 실업은 실업수당의 비용과 그에 따른 임금 손실을 감안하면 가장 낭비적인 문제이므로 완전 고용은 매우 긴요한 전제 조건이었다.

베버리지 이념의 핵심은 보편주의(universalism)이다. 보편주의는 모든 시민을 포함하고 동일한 급여를 제공하며 빈민에 대한 자산조사의 낙인을 없애자는 관념으로 전쟁기간 중 새로이 형성된 평등정신(the new wartime spirit of equality)을 담고 있었다.

모든 국민을 사회복지 대상으로 삼는다는 보편주의에 대해 좌파는 찬성했고, 보수파는 불필요하고 낭비적이라 하여 반대하였다. 그러나 그 대결 양상은 그리 가열되지는 않았다. 그 이유는 두 가지이다. 첫째, 이전까지 사회보험에서 제외되어 있었으나 제도의 확대로 새로 가입하여 부담을 공유해야 할 사람이 유럽 대륙보다 많지 않았다. 새로운 가입자는, ① 자영인 및 집사와 하녀(the not gainfully employed), ② 소득상한선(ceiling)이나 특수한 신분(예: 공무원) 때문에 제외되었던 피용자 등 두 범주였다.

영국의 자영인은 유럽 대륙에 비해 많지 않았다. 이들의 수는 임근로자의 1/4에 불과하였다. 이들은 프랑스나 독일의 자영인과 같이 저항적이지도 않았다. 재분배에 대한 베버리지의 의지는 그리 큰 편이 아니었다. 아주 약간의 재분배 효과만 기대했기 때문에 신규 가입자가 별로 우려하지 않았고,

실제로 많은 사람들이 가입에 따른 장점을 인정하고 있었다. 베버리지는 사회복지정책을 불평등 제거를 위한 발판으로 여기지는 않았다.

재분배에 대한 베버리지의 의지가 이렇게 매우 제한적이었음에도 논쟁이 일었다. 먼저 농업근로자들은 가입을 원치 않았다. 1936년에 이미 농업근로자들은 독자적인 실업보험 혜택을 받았다. 농업근로자들만의 실업보험이 만들어진 이유는 이들의 직업적 여건의 특수성, 즉 저임금과 높은 실업률을 감안하여 상대적으로 적은 보험료만 부과하면서 급여 혜택을 부여하기 위해서였다. 이들은 모든 국민을 공통의 제도에 가입시킨다는 원칙에는 찬성하였지만, 최저임금을 받는 자신들이 다른 임근로자들과 똑같이 정규 보험료를 부담해야 한다는 것은 납득할 수 없었다. 그러나 다른 임근로자들은 이들의 부담을 경감해 주는 식으로 특별 취급하는 것을 원치 않았다.

베버리지 보고서는 자영인을 장애인 급여의 대상에 포함시켰다. 단, 사기성 혜택을 피하기 위해 급여 개시 전 13주간의 대기 기간을 두었다. 자영인의 상층은 이 같은 행정적 복잡성과 가난한 자영인에게는 정규 보험료를 부담할 능력이 없다는 이유를 들어 반대하였다. 소매상협회(the Retail Trades' Committee)의 대변인은 자영인이 사회보험으로부터 다른 계급보다 더 많은 것을 얻기 때문에 정규피보험자가 되어야 하는 것이 아니라 임근로자와 같은 욕구가 있고 또 도움을 받을 권리가 있기 때문에 그렇다고 주장하였다. 자영인은 노동량이 많고 심각한 병이 아닌 이상 일을 그만 두지는 않는 정직한 시민이었는데, 정부로부터 불신을 받자 반발한 것이었다. 급여 유보 기간이 13주에서 1개월로 단축되면서 타협이 이루어졌고, 자영인도 완전히 통합되는 것으로 결말이 났다.

이전에는 소득상한선으로 인해 사회보험에서 제외되었던 고임금 피용자를 새로이 가입시키는 것도 쟁점이 되었다. 베버리지는 당초 부유층에게 소득상한선을 두는 것을 찬성하였는데, 평범한 급여 수준에 이들이 만족하지 않을 것이라고 생각했기 때문이었다. 그는 현물의 의료 혜택과 연금에는 이들 고임금 사무직을 가입시키되 실업보험에서는 제외할 것을 시사하였다. 그러나 이런 방침은 자신의 보편주의 원칙에 흠이 된다고 여겨 철회하였다. 일단 자영인을 포함시키기로 하자 소득이나 노동 조건을 이유로 다른 사람들을 배제하기가 곤란해졌다. 이로써 베버리지는 모든 국민을 포괄하는 보편주의 원칙을 확고히 설정했던 것이다.

그럼에도 재분배는 이루어지지는 않았다. 베버리지는 장차 근로자 계급의 구매력이 평준화되리라고 예상했다. 그의 정액제는 조세같이 수평적 재분배 효과를 기대할 수는 없었다. 조세는 전체 공동체가 빈민을 돕는 것을 허용하여 상당한 재분배 효과를 기할 수 있으나, 모든 사람에게 똑같은 혜택을 주는 정액제 급여는 그 효과가 제한적일 수밖에 없었다. 신규 가입자들은 가입 첫해 그들이 받은 급여액의 두 배에 해당하는 갹출금을 부담하였다. 또한 이들은 실업보험과 산재보험의 기존 가입자들을 영구적으로 보조해야 할 형편이었다. 단기적으로는 고소득층 전체를 사회보험에서 배제하면 그만큼의 보험료 수입이 감소되어 재정에 위협을 준다. 그러나 그들을 점진적으로 감소시키면, 이들에게 그만큼 급여가 덜 지출되므로 그 손실분은 희석된다. 이런 점에서 개보험화(皆保險化) 개혁은 신규 가입자인 여유 있는 층에게도 혜택을 줄 게 틀림없었다.

다른 한편, 베버리지의 정액제는 모든 사람에게 동일한 혜택을 준다는 점에서 사회주의적 이데올로기를 함축하고 있지만 그의 의도는 전혀 그렇지 않았다. 국가 개입을 제한하고자 한 베버리지의 자유주의적 목표 속에는 국민 최저(national minimum)의 개념이 내재되어 있었다. 정률제와 달리 정액제는 자조의 관념을 위협하지 않았다. 국내 관료조직이 아직 발달하지 않은 점도 행정적 편의라는 의미에서 정액제를 채택하게 만든 한 가지 이유가 되었다. 더욱이 대륙과 다른 영국의 인구학적 동질성도 동일한 급여 수준(정액제)의 수용을 용이하게 만들었다. 베버리지는 부자나 빈민이나 일정액의 보험료를 부담하는 정액제로 재정을 충당하되, 앞으로는 지불능력이 있는 사람의 보험료로만 재정을 완전히 충당한다는 데는 반대하였다. 노조는 처지가 곤란한 임근로자에게도 정액의 보험료가 부과되는 데 대해 별 관심을 갖지 않았다.

최저생계비 원칙(subsistence principle)은 정액제의 당연한 귀결이었다. 자조의 관념에 해가 되지 않으려면 급여는 단지 기본적 욕구만 충족시켜야 했다. 최저생계비의 수준을 정하기 위해 베버리지는 부스와 라운트리가 말한 빈곤선(poverty line)을 참조하였다. 그런데 최저생계비를 계측하기 위해서는 지역별로 다양한 가격의 차이를 감안해야 하는 문제가 있었다. 도시와 농촌의 격차가 큰 스칸디나비아 국가는 이 딜레마를 지역별로 급여 수준에 등급을 두거나 정액을 최고 수준으로 인정하거나 하는 방법으로 해결하였다. 보고서는 생활비 차이를 애써 무시하고 정액제를 권고하였는데, 관심이 이러한 모순으로부터 도시민의 고통인 인구밀집과 주택난으로 돌려지기를 희망하였다.

Chapter 3

사회 정의와 소득 분배

학습목표

1. 여러 가지 분배 정의를 비교하여 보자.
2. 불평등의 발생 원인을 찾아보자.
3. 빈곤의 개념과 측정방법을 정리해 보자.
4. 우리나라의 불평등도를 알아보자.

1. 분배 정의와 소득 재분배

1) 분배 정의[1]

우리가 어떤 분배 상태를 놓고 과연 그것이 바람직한 상태인가 혹은 그렇지 않은가를 판단하기 위해서는 무엇보다도 먼저 바람직한 분배 상태에 관한 기본 원칙이 세워져 있어야 한다. 철학자들은 바람직한 분배 문제를 '정의'(justice)라는 개념과 결부시켜 성찰해 왔다. 즉, 이 문제는 '분배적 정의'(distributive justice)의 본질이 무엇이냐는 물음의 형태로 도덕철학이나 사회철학의 일부로서 논의되어 온 것이다. 분배적 정의에 관한 최초의 본격적인 논의는 아리스토텔레스의 『니코마코스 윤리학』(*Etica Nicomachea*)에서 찾아볼 수 있다. 그는 여기에서 각자가 가진 가치에 비례하는 분배, 바꿔 말하면 각자의 사회적 기여에 비례하는 분배가 바로 정의로운 분배라는 입장을 천명하고 있다.

분배적 정의란 개념을 넓은 의미와 좁은 의미의 두 가지로 해석하여 사용할 수 있다. 넓은 의미에서의 분배적 정의란 사회적으로 의미 있는 모든 편익(benefits)과 부담(burdens)이 사회의 구성원 사이에서 분배되는 것과 관련된 정의를 뜻한다. 이에 비해 좁은 의미에서의 분배적 정의란 경제적인 것에 국한된 편익과 부담의 분배와 관련된 정의를 뜻한다.

정의로운 분배의 첫 번째 요소는 '권리'(rights)이다. 즉, 어떤 분배 상태가 정의로운 것이 되기 위해서는 그 사회의 구성원 어느 누구의 정당한 권리도 침해되지 않은 상태여야 한다. 정의로운 분배의 두 번째 요소는 '공정성'(fairness)이다. 우리의 언어 습관에서 '정의로운 분배'(just distribution)와 '공정한 혹은 공평한 분배'(fair or equitable distribution)의 차이를 뚜렷하게 분간해 내

1 이준구(1989), 『소득분배의 이론과 현실』, 다산출판사, pp. 43~69에서 발췌하여 요약함.

기 힘들다는 사실은 정의라는 개념에서 공정성이 얼마나 필수적인 요소인가를 시사해 주고 있다. 세 번째, 정의로운 분배란 사회의 모든 구성원이 동일한 도덕적 가치를 가진 존재란 사실에 기초하고 있어야 한다. 마지막 네 번째 요소는 '받을 만한 자격'(desert)에 따른 편익과 부담의 분배이다. '받을 만한 자격'이 있다, 없다는 무엇에 의해 판가름되어야 하는 것일까? 한마디로 딱 잘라 말하기는 어렵지만, 우선 생각나는 대로 '능력'(ability)의 많고 적음에 의해 판가름되어야 한다. 다른 관점에서 생각해 볼 때, 사회에 대한 기여는 과히 크지 않은 사람이라 할지라도 그가 가진 특별한 사정 때문에 보다 큰 물질적 필요(needs)를 가지고 있는 경우라면 이 필요에 의해서 받을 만한 자격이 정당화될 수 있음도 인정될 수 있다.

분배적 정의에 대한 정통적인 주요 이론으로는 평등주의, 자유주의, 공리주의가 있고, 그 외에 롤스의 사회정의론 등이 있다.

(1) 평등주의

평등주의는 모든 사람이 평등하게 이 세상에 태어났다는, 감히 부정하기 힘든 기본 명제로부터 출발하고 있다. 만약 어떤 사람이 이를 부정하고 사람들이 애초부터 불평등하게 태어났음을 주장한다면 그는 이를 입증해야 하는 무거운 부담을 안게 된다. 사실 적지 않은 사람들이 무모하게도 인간의 불평등함을 입증하려 했지만 결국 실패로 돌아가고 만 것을 우리는 잘 알고 있다.

평등주의가 갖는 가장 큰 문제점은 평등성을 강조한 나머지 정의의 또 다른 요소, 즉 개인의 정당한 권리를 경시하는 데 있다고 자주 지적되고 있다. 만약 개인의 권리가 침해받지 않고서도 평등성의 실현이 가능하다면 별 문제가 없겠지만, 평등성의 요구가 필연적으로 개인의 권리를 침해할 수밖에 없다면 문제는 심각해지지 않을 수 없다. 평등주의가 안고 있는 또 하나의 문제는, 평등성의 요구가 자유라는 또 다른 도덕적 가치와도 상충될 가능성이 있다는 데 있다. 평등이란 개념을 모든 사람이 '최소한의 생활수준'(minimum standard of living)에 대해 동등한 권리를 갖는 것으로 생각해 볼 수 있다. 평등한 분배라는 개념은 또한 모든 사람이 '동등한 기회'(equal opportunities)를 가져야 한다는 것으로 해석되기도 한다.

(2) 자유주의

자유주의적 평등관 역시 평등주의적 자유관에 못지않게 깊은 뿌리를 갖고 있는 사조이다. 로크(J. Locke), 몽테스키외(B. Montesquieu), 칸트(I. Kant), 스미스(A. Smith) 등 수많은 이름들이 자유주의와 결부될 수 있음만 보아도 잘 알 수 있다. 자유주의적 정의관의 요체는 모든 사람이 정당하게 가질 권리가 있는 것들만을 소유하는 분배 상태가 정의로운 것이라는 데 있다. 자유주의자들은 정의의 여러 요소 중 권리가 가장 우선되어야 할 중요한 요소라고 주장하고 있으며, 또한 정의라는 이름 아래 개인의 자유가 침해되는 일이 없어야 한다고 못 박고 있다. 이러한 자유주의적 입장은 정치적 측면에서는 대개 보수적 성향으로 나타나게 되어 평등주의의 입김을 강하게 받는 진보적 성향에 맞서게 된다. 자유주의적인 정의관이 피력되고 있는 현대의 저작으로는 노직(R. Nozick)의 역작 *Anarchy, State and Utopia*(1974)에 제시된 분배적 정의관이 자유주의적 입장의 전형으로써 인정받고 있다.

노직은 사람이 수단으로 사용되어서는 안되고 목적 그 자체여야만 한다는 칸트적인 원칙으로부터 출발하고 있다. 노직은 분배적 정의를 달성시킨다는 명목으로 정부가 개입하는 것이 결코 정당화될 수 없다고 주장한다. 노직의 정의관은 '정당한 권리의 원칙'(entitlement principles)에 극명하게 압축되어 제시되고 있다. 이 원칙은 취득(acquisition)에서의 정의의 원칙, 이전(transfer)에서의 정의의 원칙, 그리고 부정의의 시정(rectification of injustice)에 관한 원칙의 세 부분으로 구성된다. 어떤 사람이 취득에서의 정의의 원칙에 부합되는 방법을 통해 어떤 물건을 취득하여 소유하고 있다면 그는 그것을

'정당하게 가질 권리가 있다'(be entitled to)고 인정을 받을 수 있다. 또한 어떤 물건을 정당하게 가질 권리가 있는 사람으로부터 이전에서의 정의의 원칙에 부합되는 방법으로 소유권을 이전받은 경우에도 역시 정당하게 가질 권리가 인정된다. 그러나 이 두 가지 어느 원칙에도 의거하지 않고 생성된 소유권은 정당성이 없다. 노직이 보는바 정의로운 분배는 모든 사람이 정당하게 가질 권리가 있는 것만을 소유하는 상태를 의미한다.

(3) 공리주의

공리주의적 정의관은 벤담(J. Bentham)의 유명한 경구, '최대다수의 최대행복'(the greatest happiness of the greatest number)이라는 말에 집약적으로 나타나 있다. 즉, 바람직한 분배란 그 사회의 총체적 후생을 극대화할 수 있는 분배여야 한다는 말이다. 공리주의에서는 어떤 일의 옳고 그름이 그 일로 사람들이 받는 영향의 좋고 나쁨에 의해서 판가름 나게 된다. 바꾸어 말하면 선(goodness)과 행복(happiness)은 같은 존재인 것이다. 그러므로 공리주의자들에게는 사회 전체의 후생 증감에 입각한 '공리의 원칙'(principles of utility)이 유일한 도덕적 기준이 된다. 공리주의가 안고 있는 가장 큰 문제점은 도덕성과는 동떨어진 '행복'이란 개념을 통해 도덕성을 규정하려는 '공리의 원칙'에 있다고 보여진다. 공리주의가 표방하고 있는 '최대다수의 최대행복'이란 것이 과연 구체적으로 무엇을 뜻하느냐를 둘러싸고도 많은 의문이 제기되고 있다.

(4) 롤스의 사회 정의[2]

롤스는 인간이 어느 정도 나이가 들어 필요한 지적 능력을 갖추게 되면 정상적인 사회적 여건하에서 정의감이 개발된다고 한다. 롤스의 정의 원리인 최소극대화 원리는 자연 상태라는 개념과 일치하는 소위 원초적 상태와

2 심연수(1998), 『복지국가와 정의』, 인간사랑, pp. 115~135에서 발췌하여 요약함.

그리고 차등의 원칙으로 설명된다.

롤스가 말한 원초 상태에서는 개인은 결정을 선택하고 제안하고 그 이유를 기술하는 절차상 평등한 권리를 갖고 있다. 그리고 원초 상태에서 자연, 기타 자원은 풍부하지 않지만 모든 협동의 시도를 파탄시킬 정도로 가혹한 상태도 아니다. 그리고 상호간에 유리한 결정을 내리는 것이 가능하지만 그러한 결정의 결과가 산출하는 편익에 대해서 관련 당사자 모두가 만족하는 것은 아니다. 원초 상태의 당사자는 온건한 희소성하에 있는 것을 제외하고는 그들이 속하는 사회에 대한 구체적 사항을 모른다. 즉, 무지의 베일에 가려져 있다는 것이다. 또한 사회협동을 선택하는 결정을 하는 데 있어서 이타주의적인 동기에 의해 움직이게 되지는 않으므로 당사자들 서로는 무관심한 상태에 있다. 마지막으로 원초 상태의 당사자는 목적, 즉 자기 자신을 위해서 보다 많은 기본적인 사회적 선을 확보하기 위해 가장 유효한 수단을 선택하려고 한다는 것이다.

이런 원초적 상태하에서 당사자들은 사회협동을 조직하기 위한 결정을 내리는 데 정의의 두 원리를 선택하기로 합의하게 된다고 롤스는 주장한다. 이것은 "어떤 것을 선택했을 때의 최악의 전망이 다른 어떠한 선택에서의 최악의 전망보다 더 한층 있을 법한 것을 선택한다."는 max-min 규칙에 따라 선택한다는 것을 의미한다.

롤스의 원초적 입장은 자신의 이익 증진에 관심을 갖는 자유롭게 평등한 도덕적 인격으로 생각되는 합리적인 개인들이 자신이 현실적으로 처해 있는 사회적 위치, 자신의 이해관계, 자신의 능력 그리고 자신이 지니고 있는 가치관에 특별히 영향을 받지 않으면서, 평등한 입장에서 그들 공동체의 사회적 기본 구조를 규정하는 원칙을 만장일치로 채택하는 것으로 가정되는 가설적인 최초 상황이다.

이런 원초적 입장에 대한 제약 조건들은 다음의 네 가지라고 말하고 있다. 첫 번째 제약 조건은 무지의 베일이다. 당사자 모두는 무지의 베일을 쓴 상태에서 출발해야 한다. 왜냐하면 모두가 동의할 수 있는 보편적 정의 원칙을 산출하기 위해서는 합리적 개인의 주관을 배제해야 하기 때문이다. 롤스는 무지에 의해 가려지는 지식의 항목을 다음과 같이 제시하고 있다. 자신의 사회적 위치, 자신의 계급적 지위나 사회계층, 자신의 재산, 능력, 지능 및 물리적인 힘, 자신의 가치 개념, 자신의 보다 깊은 목적과 관심 또는 개별적인 합리적 인생 계획, 자신의 심리적 특성, 자신의 특수한 심리적 구조, 자신이 속한 사회의 특수한 상황, 예컨대 정치적 혹은 경제적 여건 및 문명이나 문화의 수준 등이 그런 지식의 항목이라는 것이다. 무지의 베일을 쓴 가운데 개인들은 그들이 지향하는 도덕적으로 중립적인 가치들, 즉 권리와 자유, 기회와 권력, 소득과 재산 및 자긍심의 사회적 기반 등을 추구하게 되고 가능한 한 많이 가지려 할 것이다.

두 번째 제약 조건은 계약 당사자들이 정의의 문제가 생겨나는 전형적인 여건 또는 정의의 여건에 놓여 있다는 점이다. 여기서 객관적 조건은 사람들이 함께 사는 지역적 여건 및 시대적 여건 등 외부적 조건을 말하는데, 그 가운데서 가장 중요한 것은 일정한 정도의 부족을 뜻한다고 했다. 롤스에 따르면 주관적 조건은 사람들의 욕구와 관심 등을 위시한 협동 주체들의 내부적 조건을 말하며 상호 무관심이다.

세 번째 제약 조건은 계약 당사자의 합리성이다. 여기서 합리성이란 가치가 적은 것보다는 가치가 큰 것을 선택하는 계산상의 합리성을 말한다.

네 번째 제약 조건은 채택될 정의 원리가 충족시켜야 할 형식적 제약 조건들이다. 롤스는 그런 정의의 형식적 제약 조건들로서 다섯 가지를 제시한다. 정의의 형식적 제약 조건은 우선 정의의 원칙은 일반적이어야 하고, 모든 사람들에게 보편적으로 적용될 수 있어야 한다고 하였다. 그리고 모든 사람들에게 널리 알려지고, 서로 상충될 경우 우선순위의 규정이 있다고 한다. 나아가서 정의의 원리는 실천적인 문제의 해결을 위해 우리가 의존해야 할 최종적이고 최고의 심판 기준으로서의 권위를 갖는 궁극적 척도로서 생각되어야 한다는 것이다.

롤스는 가정된 원초 상태에서 다음의 두 가지 원칙을 제시한다. 제1원칙은 '최대의 평등한 자유의 원칙'으로서, 평등한 기본적 자유를 향하는 데 있어 모든 사람은 평등한 권리를 갖고 있다는 것이다. 이것은 기본적인 시민권과 관련된다고 한다. 롤스는 "각자는 타인의 유사한 자유와 양립하는 한에서 가장 광범위한 기본적 자유에 대한 동등한 권리를 가진다."라고 주장하고 있다. 이 원칙에 의해 소위 시민적 자유, 정치적 자유, 언론과 결사의 자유, 사상과 양심의 자유, 사유재산 형성과 보전의 자유, 부당한 구금과 강제로부터의 자유, 공직에 대한 선거권 및 피선거권, 인신의 자유, 재판받을 권리 등이 평등하게 보장되어야 한다는 것이다.

제2원칙은 차등의 원칙과 공정한 기회 균등의 원칙으로 구분하고 있다. 이 원칙은 사회적·경제적 불평등이 용인되는 필요조건이다. 첫째는 최소 수혜자에게 최대의 이익을 보장해야 한다는 것이고, 둘째는 기회가 균등하게 주어져야 한다는 것이다. 경제적 평등의 예외로서 불평등이 정당화될 수 있는 것은 사회의 최소 수혜자들이 최대의 이익을 향유할 때라는 것이다. 이들 원칙들이 충돌이 생길 수 있으므로 우선순위의 규칙이 마련되어야 한다고 롤스는 주장한다.

롤스가 주장하는 우선순위의 규칙은 다음과 같다. 첫째, 최대의 평등한 자유에 관한 제1원칙은 경제적·사회적 가치의 분배에 관한 제2원칙보다 절대적으로 우선하며, 둘째 제2원칙 중 공정한 기회 균등의 원칙은 차등의 원칙보다 우선하고 정의의 원칙은 효율성의 원칙이나 이익총량 극대화의 원칙, 즉 공리주의 원칙보다 절대적으로 우선한다는 것이다. 롤스는 사회·경제적 자원은 다음의 두 가지 원리에 기초해서 분배 및 재분배되어야 한다고 했다.

차등의 원리는 사회 특정의 발달 단계에서 사회협동의 모든 산물 중 일정 비율의 것을 사회 구성원에서의 분배나 재분배에 충당하지 않는다. 오히려 차등의 원리는 설비나 기타 생산 수단에의 투자, 교육에의 투자 등의 형태로 장래 세대의 복지를 위해 유보 내지 저축하는 것이 적절한가를 규정하는 원리인 저축원리와 양립하는 범위 내에서 가장 불우한 사람들의 편익을 최대화한다는 것이다. 그리고 사회적·경제적 불평등은 공정한 기회 균등이라고 하는 조건하에서 만인에게 개방된 직무나 지위에 부수해서 있을 것이라는 공정한 기회 균등의 원리가 있다. 이런 정의의 두 가지 원리가 충돌할 때 제1원리가 제2원리에, 제2원리 내에서 충돌이 생길 때에는 공정한 기회 균등의 원리가 차등의 원리에 각각 우선되어야 한다.

2) 형평성[3]

(1) 개념

형평성(equity)은 경제학적이라기보다는 도덕철학적인 개념이기에 정의하기가 매우 어렵다. 특히 형평성이란 용어는 흔히 공정성(fairness), 평등성(equality)이란 말들과 혼용되기도 한다. 이들을 구태여 구별하자면 공정성이란 모든 일이 정해진 규칙에 따라 불편부당하게 이루어져 아무도 차별대우를 받지 않는다는 의미로 해석될 수 있고, 평등성이란 자원이 모든 사람에게 동일하게 나누어져야 한다는 의미로 해석될 수 있다. 형평성이란 이런 개념들을 다 포용하는 것으로 볼 수 있다.

어떤 분배 상태가 형평한가 아닌가를 판단하고자 할 때 형평성의 기준과 형평의 정도라는 두 가지 문제가 먼저 해결되어야 한다. 전자는 무엇을 분배 기준으로 하여 형평하다, 아니다라고 말할 수 있느냐 하는 것이고, 후자는 그 기준에 의하여 형평성을 논할 때 어느 정도의 분배 상태가 형평하다고 인정될 수 있느냐 하는 것이다. 이런 문제에 대한 사회적인 합의가 이루어지고 나면 형평한 분배를 달성하기 위하여 어떠한 공공정책을 사용할

3 나성린·전영섭(2007), 『공공경제학』, 박영사, pp. 33~40에서 발췌하여 요약함.

것인가를 합리적으로 결정할 수 있게 될 것이다.

(2) 형평성의 기준

형평성의 기준을 크게 두 가지로 나눌 수 있다. 하나는 부(wealth), 소득(income), 후생(welfare) 등으로 대표되는 물질적 복지의 형평이고, 다른 하나는 그러한 물질적 복지의 근본적 원인이라 할 수 있는 기회의 형평이다. 이들 중에서 무엇을 기준으로 하느냐에 따라 형평의 정도가 상당히 달라지게 된다. 그러나 기회의 형평이라는 것은 물질적 복지의 형평보다 더 모호한 개념이어서 의미 있는 측정이 사실상 불가능하므로 여기에서 자세히 논의하지 않기로 하겠다. 한 가지 밝혀 둘 점이 있다면, 기회의 형평은 사람들이 같은 출발선상에 있는 정정당당한 경기(game)의 개념에 기초하고 있다는 것이다. 다음에서는 물질적 복지의 형평에 대하여 차례로 살펴보기로 하자.

소득과 부는 사람들의 경제적 지위를 상징하는 중요한 개념이다. 이 중에서도 소득이 보다 중요하게 간주되는데, 이는 소득이 삶을 영위하는 데 있어 기본적인 구매력을 제공할 뿐만 아니라 이자, 배당금, 임대료 등의 자본소득이 소득에 포함될 때 소득의 분배가 부의 소유 정도를 내포하게 되기 때문이다. 그렇지만 대부분의 현실에서는 소득의 분배보다는 부의 분배가 더욱 불평등하고 또한 이러한 부는 자본소득의 창출을 통하여 소득의 분배 상태에도 영향을 미치기 때문에 부의 분배에 관한 논의도 중요하게 여겨진다.

이제, 소득을 기준으로 형평성을 살펴보자. 소득이란 일상적으로 많이 사용되는 개념이므로 정의할 필요조차 없을 것으로 느껴질지 모르나 이를 정확히 정의하기 위해서 오랫동안 논쟁이 계속되어 왔다. 일반적으로 소득세 등의 추정에 사용되는 소득은 근로소득, 사업소득, 자본소득, 이전소득 등으로 구성된다. 그러나 경제학자들이 사용하는 소득은 이보다 훨씬 더 포괄적인 개념으로, 주어진 기간 동안 어떤 개인이 부의 가치를 그대로 유지하면서 지출할 수 있는 화폐의 액수로 정의된다. 이 경제학적 소득의 개념은 자본이득(capital gain), 비현금소득(fringe benefit), 가내생산품의 소비, 귀속임대료(imputed rent) 등을 모두 포함하는 것으로 일상적인 소득 개념보다 더 포괄적이다. 소득의 분배와 관련하여 한 가지 중요한 사항은 앞의 두 가지 소득 개념 중 어느 것을 사용하든지간에 소득에 대한 평가 기간(1주, 1년, 평생)을 어떻게 설정하느냐, 그리고 소득의 주체(개인, 가족, 가구)가 누구인가에 따라 소득의 형평도가 크게 달라질 수 있다는 것이다.

한편, 많은 경제학자들은 경제적 후생(welfare)의 분배를 논의해야 진정한 형평도를 파악할 수 있다고 주장하기도 한다. 이는 개인이나 가족의 진정한 복지가, 화폐소득뿐만 아니라 그들의 선호(preference)와 재화의 가격에도 의존하기 때문이다. 이 세 가지 요소를 고려한 소비자는 여가를 포함하여 자신의 소비행위를 결정하게 되는데, 이 결정이 바로 자신의 후생 수준을 결정하게 되는 것이다. 따라서 진정한 형평은 후생의 분배 정도를 파악함으로써 가능하다는 것이다. 다시 말하여, 같은 수준의 소득을 벌어들이는 사람도 각자의 소비취향에 따라 다른 수준의 만족을 누릴 수 있으므로, 소득보다 경제적 후생이 적절한 형평의 기준이 될 수 있다는 것이다. 그러나 이러한 후생은 이론적으로 바람직하지만, 개개인의 효용함수를 파악해야 하므로 실질적으로 측정하기는 쉽지 않다.

마지막으로 부의 형평에 대하여 살펴보자. 부는 부동산, 주식, 채권, 예금, 현금, 내구재 등의 현금화가 가능한(marketable) 자산과 연금, 인적자본(human capital) 등의 현금화가 불가능한(non-marketable) 자산으로 구성된다. 일반적인 경우 부의 분배란 현금화가 가능한 자산에서 부채를 뺀 순자산(net wealth)의 분배를 의미한다.

(3) 사회후생함수

어떠한 자원배분이 형평한가 하는 것은 그 사회 구성원들의 분배에 대한 견해에 따라 달라지게 된다. 이러한 견해는 각 사회 구성원들의 효용들을 모두 고려하여, 그 사회 전체의 총후생을 측정하는 사회후생함수(social welfare function: SWF)에 반영될 수 있다. 그러므로 사회후생함수는 형평에 대한 사회 구성원들의 선호에 따라 그 형태가 달라지는 것이다.

이제 사회후생함수를 설명하기 위해 A와 B 두 사람만으로 구성된 단순한 경제를 상정해보자. $U^A U^B$를 각각의 효용 수준이라 한다면, 다양한 견해에 따른 사회후생함수는 다음과 같이 정리될 수 있다.

벤담의 공리주의적 사회후생함수: $U^A + U^B$
롤스의 사회후생함수: $\min\{U^A, U^B\}$
평등주의적 사회후생함수: $U^A = U^B$

벤담의 공리주의적 사회후생함수는 사회 구성원들의 효용의 합을 사회후생으로 정의하며, 롤스의 경우에는 효용 수준이 가장 낮은 사람에 의해 사회후생이 결정되며, 평등주의의 경우에는 모든 사람이 동일한 효용 수준을 누리도록 한다.

이러한 사회후생함수들로부터 사회적으로 동일한 후생 수준을 나타내는 점들을 연결하면 사회무차별곡선(social indifference curve)을 얻게 되며, 이를 나타낸 것이 [그림 3-1]이다. 벤담의 공리주의적 무차별곡선의 경우 기울기가 −1인 직선으로 나타나며, 롤스의 무차별곡선은 45도선상의 한 점을 기준으로 하여 수직, 수평 방향으로 연장한 형태로 나타나게 된다. 한편, 평등주의적 무차별곡선은 45도선상의 한 점으로 나타나게 되므로 엄밀히 이야기하면 무차별곡선이 아니라 무차별 점으로 표시된다.

[그림 3-1] 사회무차별곡선

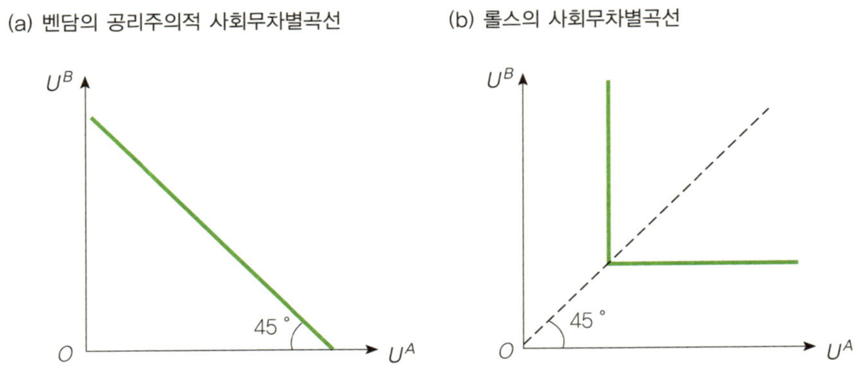

3) 소득 재분배의 근거

많은 사람들이 소득의 재분배에 대해 찬성을 한다. 그러나 "왜 재분배를 해야 하는가?"에 대한 질문에는 일치된 견해를 보이지 않는 경향이 있다. 여기에서는 경제학적 관심에서 소득 재분배의 동기들을 살펴보자.

(1) 공리주의적 동기

일반적으로 소득이 증가함에 따라 그 한계효용은 체감하게 된다. 즉, 소득이 증가할수록 한 단위 소득이 주는 효용의 증가분은 점차 줄어든다는 것이다. 따라서 1원의 추가소득은 부자보다 빈자에게 더 큰 만족을 줄 수 있으며, 소득의 재분배는 사회의 총효용을 증가시킬 수 있으므로 공리주의적 관점에서 볼 때 바람직하다는 것이다. 더 나아가서, 에지워스(F. Y. Edgeworth)는 일련의 가정하에서는 공리주의가 '완전한 평등'이라는 결과를 초래할 수 있음을 보여 주었다. 모든 사람이 동일한 효용함수를 가지고 있고, 소득

증가에 따라 한계효용이 체감하고, 총소득은 고정되어 있다고 가정하자. 그리고 사회후생함수는 다음과 같은 벤담의 공리주의적 사회후생함수라고 하자.

(2) 롤스의 동기

롤스(J. Rawls)는 원초적 위치(original position)라는 개념을 사용하여 최소극대화 원칙(maximin principle)을 주장하였다. 원초적 위치란 사람들이 사회에서의 그의 위치가 무엇인지에 대해 전혀 모르는 가상적인 상황을 말한다. 이러한 원초적 위치에서 사람들은 극도로 불행한 결과가 초래되는 것을 방지할 수 있는 일종의 보험으로 최소극대화의 사회후생함수를 가지게 될 것이다. 다시 말하면, 사람들은 소득 분배의 제일 밑바닥으로 떨어질지도 모른다는 사실을 두려워하여 가능하면 그 밑바닥의 수준을 높이고자 한다는 것이다.

(3) 이타적 동기

고소득자들이 그 자신의 소득 수준뿐만 아니라 가난한 사람들의 소득 수준에도 영향을 받는 이타적 효용함수(altruistic utility function)를 가진다면, 소득 재분배는 파레토 개선이 될 수 있으므로, 소득 재분배가 더욱 바람직하게 되는 것이다.

(4) 공공재적 동기

평등이 사회적으로 바람직하고 모든 사람들의 효용이 평등 정도에 의하여 영향을 받는다면 소득 재분배를 공공재로 간주할 수 있다. 그런데 공공재이론에 의하면 정부가 적극적으로 개입하여 공공재의 공급을 담당하는 것이 바람직하므로 정부에 의한 소득 재분배는 바람직한 것이 된다.

(5) 보험적 동기

자신의 능력으로는 도저히 통제할 수 없는 사건에 의해 가난하게 될 수도 있는 것이다. 이런 경우를 고려하면 소득 재분배가 보험의 역할을 할 수 있을 것이다.

(6) 사회안정 동기

가난한 사람들이 너무 가난하게 되면 범죄나 폭동과 같은 반사회적 행동에 빠질 가능성도 있다. 이러한 가능성으로부터 사회를 보호하기 위하여 소득의 재분배가 필요한 것이다.

2. 불평등 발생과 측정[4]

이 절에서는 한 사회의 불평등을 만들어 내는 원인이 무엇이며, 이들의 상대적 비중은 어떤 것인가를 찾아보는 데 있다. 불평등을 일으키는 요인은 크게 사회적 요인과 개인적 요인으로 나눌 수 있다.

1) 불평등의 발생 원인

(1) 개인적 요인

개인적인 차원에서 볼 때, 불평등의 최초 싹은 가정에서 돋아난다고 할 수 있다. 한 개인이 어떤 가정에서 태어날 때 그는 우리가 아직까지 완전히 이해하고 있지 못하는 어떤 유전적 과정에 의해 갖가지 신체적·심리적 특성을 물려받게 된다. 이렇게 유전된 특성은 그가 후에 어떤 종류의 사람이

4 이준구(1989), 『소득분배의 이론과 현실』, pp. 93~118, 93~155에서 발췌하여 요약함.

[그림 3-2] 불평등의 발생경로

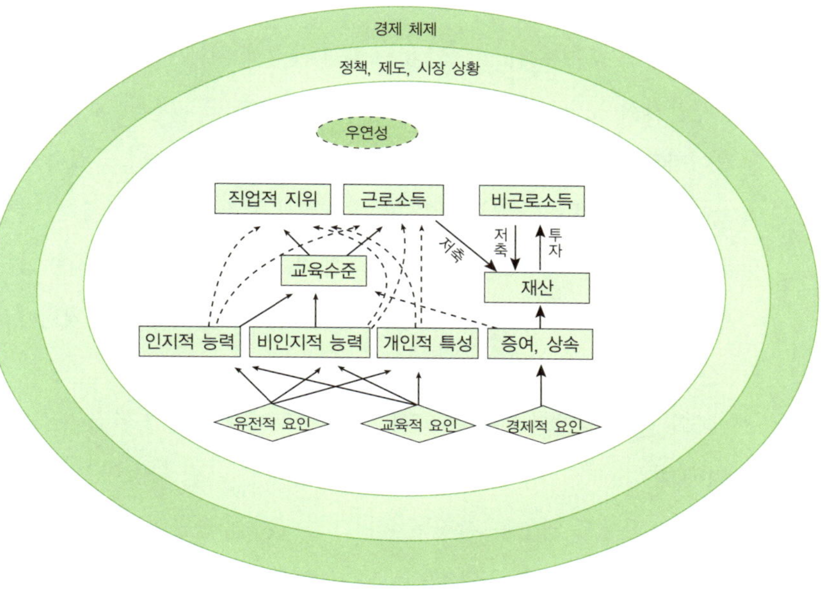

될 것인가에 영향을 미치게 되며, 결국은 그가 영위할 경제적 생활의 기본 바탕을 형성한다.

가정은 또한 그에게 어떤 배경을 제공해 줌으로써 그의 경제적 생활에 영향을 주게 된다. 가정이 제공하는 배경은 교육적 환경과 경제적 환경으로 구분해서 생각해 볼 수 있다.

어떤 사람이 가지고 있는 유전적 요인, 교육적 환경 및 경제적 환경은 불평등이 형성되어 가는 과정을 도식화하여 보여 주고 있는 [그림 3-2]에서 세 개의 마름모꼴로 표시되어 있다.

환경적 요인은 개인의 능력에 영향을 미치게 된다. 개인의 능력은 인지적 능력(cognitive skills)과 비인지적 능력(non-cognitive skills)으로 나눌 수 있는데, 인지적 능력은 단어와 숫자를 능숙하게 구사할 수 있는 기능, 주어진 정보를 소화할 수 있는 기능 및 논리적 추론을 할 수 있는 기능 등을 포괄하는 개념이다.

인지적 능력은 유전적 요인과 교육적 환경에 의해 주로 형성된다.

비인지적 능력이란, 지적인 능력이라고는 볼 수 없지만 넓은 의미에서 능력이라고 할 수 있는 모든 것을 포괄하는 의미로 사용되고 있다. 비인지적 능력의 첫 번째 유형은 정서적인 것으로서 성취동기, 추진력, 근면성, 지도력 등을 의미한다. 두 번째 유형은 육체적인 것으로서 힘, 손재주, 균형감각 등을 의미한다. 그리고 세 번째 유형은 심리적인 것으로서 외향성의 정도, 긴장에 대한 반응, 신경증상의 정도 등이 이에 포함된다.

이와 같은 비인지적 능력 역시 유전적 요인과 교육적 환경의 복합작용에 의해 형성된다고 볼 수 있다. 비인지적 능력은 어떤 사람이 받게 되는 교육의 양과 질에도 영향을 끼칠 수 있으나, 이처럼 교육이라는 간접적 경로를 통하는 것이 아니라 직접적으로 그 사람의 소득 수준이나 직업적 지위에 영향을 주는 폭이 더 클 것으로 짐작된다. 성취동기, 추진력, 근면성, 지도력 등의 정서적 능력이나 체력 혹은 외향적인 성격 등의 요인이 어떤 사람의 경제적 성패에 상당히 큰 직접적 영향을 미칠 것이라는 사실에 의심을 품는 사람은 거의 없을 것이다.

이상에서 설명한 인지적·비인지적 능력과 동일한 차원에 속해 있는 특성으로서, 어떤 한 사람의 경제적 지위에 무시하지 못할 영향을 주는 것들에는 용모라든가 말하는 방식, 옷 입는 방식 혹은 기타의 행동거지에서 나타나는 개인적 특성이 포함될 수 있다. 이런 것들은 엄밀히 말해 능력의 범주에 속하는 것이 아니기 때문에 이것들에 입각하여 사람들과 사람 사이에 구별을 두는 것은 정당한 것이 아니라고 주장하는 사람도 있을 것이다. 그러나 현실의 사회에서 사람들이 남을 판단할 때 그와 같은 개인적 특성을 보고 구별을 두는 것은 보통이며, 따라서 개인적 특성이 경제적 지위의 결정에 중요한 영향을 미치고 있다는 사실을 부정하기 힘들다.

이들 개인적 특성도 앞서 본 능력의 경우와 마찬가지로 유전적 요인과 가정환경의 복합작용에 의해 형성된다고 할 수 있다.

[그림 3-2]를 보면 지금까지 설명된 두 가지의 능력과 개인적 특성이 주로 교육 수준을 통해 어떤 개인의 직업적 지위나 근로소득 수준에 영향을 주는 것으로 나타나 있다. 사회마다 조금씩 차이는 있겠지만 거의 모든 사회에서 개인의 교육 수준은 그 사람의 경제적 지위에 따른 어떤 변수보다도 더 큰 영향을 미치고 있는 것이 사실이다. 다른 모든 변수에 대한 고려를 사상한다 하더라도 어떤 사람의 교육 수준만 알고 있다면 그 사람의 직업적 지위나 근로소득 수준을 상당히 정확하게 예측할 수 있을 정도이다.

이와 같이 개인의 교육 수준이 그 사람의 능력을 반영하여 경제적 지위로 이루어지는 경로 이외에도, 교육 그 자체가 경제적 지위에 독립적인 영향을 갖는 경우도 생각해 볼 수 있다. 다시 말해, 능력의 많고 적음과 교육 수준의 높고 낮음이 전혀 아무런 상관관계를 갖지 않는 경우에도, 보다 많은 교육을 받은 사람이 보다 높은 경제적 지위를 차지하는 결과가 나타나기도 한다.

그림을 보면 인지적 능력, 비인지적 능력과 개인적 특성이 교육 수준이라는 중간단계를 거치지 않고 직접 직업적 지위나 근로소득으로 점선에 의해 연결되어 있기도 한 것을 발견할 수 있다. 이 그림을 그릴 때 주요한 영향의 경로는 실선으로 나타내는 반면, 부차적인 영향의 경로는 점선으로 나타내는 방식을 취했다. 그러므로 이 그림은 세 가지 요인들이 직접적 지위나 근로소득에 부차적이기는 하지만 직접 영향을 미칠 수도 있다는 것을 시사해 주고 있다. 예컨대, 적극적인 성격의 소유자는 바로 그 성격 때문에 그가 받은 교육 수준과는 관계없이 경제적인 성공을 거둘 가능성이 크다고 말할 수 있다. 용모나 화법이 세련되어 있는 사람이 그렇지 않은 사람보다 더 빨리 승진할 가능성이 있는 것도 또 다른 예가 될 수 있다.

지금까지는 유전적 요인과 교육적 환경이라는 불평등의 싹이 어떤 경로를 통해 직업적 지위나 근로소득의 격차로 귀결되는가를 설명하였다. 그렇다면 그림에서 보여지고 있는 또 하나의 불평등의 싹, 즉 경제적 환경의 격차는 사람들의 경제적 지위에 어떤 차이를 가져다줄 것인가? [그림 3-2]에서 볼 수 있듯이 가정의 경제적 환경은 구체적으로 부모로부터 자식으로의 증여 또는 상속이란 경로를 통해 영향을 미치게 된다.

부모가 자식의 교육비를 부담하는 것이 하나의 증여행위라고 한다면, 경제적 환경이 어떤 사람의 교육 수준에 미치는 영향도 적지 않으리라고 짐작할 수 있다.

그러나 어떤 사람이 가진 경제적 환경의 직접적인 영향은 그의 재산과 비근로소득에서 나타나게 될 것이다. 개인적인 능력이나 특성과는 전혀 관계없이, 많은 유산을 상속받은 사람은 바로 부자가 될 수 있다. 물론 이와 같은 혜택을 받을 수 있는 사람이 차지하는 비중은 어느 사회를 막론하고 극히 작은 것이 보통이다. 그러나 경제적 지위의 상층부를 점하고 있는 사람들 중 상당수가 이 유형에 속할 것임은 쉽게 짐작할 수 있다.

물론 한 사람이 보유하고 있는 재산 중에는 증여나 상속에 의해 취득된 것 이외에도 스스로의 저축에 의해 형성된 재산도 있을 수 있다.

지금까지 설명된 모든 관계에는 우연성이란 예기치 않은 제3의 요인이 작용될 수 있다. 예컨대, 지능이 높은 사람이 대개 높은 학력을 가질 가능성이 큼에도 불구하고, 어떤 특정한 사람은 높은 지능을 가졌지만 불운하여 낮은 학력밖에 취득할 수 없는 경우가 생길 수 있다. 똑같은 지능과 똑같은 교육 수준을 가진 사람이라 해도, 운이 좋아 존경받고 보수도 좋은 직업을 가진 사람이 생기는 반면, 운이 나빠 존경받지도 못하면서 보수까지 나쁜 직업을 가진 사람도 생겨날 수 있다. 또한 물적 투자행위에 대한 수익도 운에 따라 크게 달라지는 것이 보통이다.

(2) 사회적 요인

사회적 여건의 변화가 생길 때 분배상의 변화가 생겨난다. 물론 모든 사회적 여건의 변화가 불평등의 심화를 유발하는 쪽으로 작용하는 것은 아니며, 어떤 것은 오히려 불평등을 현저히 감소시키는 역할을 할 수도 있다.

이 사회적 요인들은 주어진 경제·사회 체제의 테두리 안에서의 정책, 제도 혹은 시장 상황과 관련된 유형의 것들과 체제 그 자체의 문제에 속하는 유형의 것들로 구분지어 생각할 수 있다.

가. 체제 내적 요인

ㄱ) 재정제도

현대경제에서 정부의 경제적 역할이 점차 증대되고 있으며, 이는 구체적으로 국민생산 중에서 국가재정이 차지하는 비중의 점진적 증가로 나타나고 있다. 정부는 이와 같이 막대한 양의 경제적 자원을 조세 등의 수단으로 흡수하고 각종 지출 항목을 통해 다시 방출하는 과정에서 상당한 정도의 재분배 효과를 창출하게 된다.

이와 같은 재분배 효과는 의도된 부분도 있고 의도되지 않은 부분도 있다. 의도된 부분이란 것은 정부가 명백하게 재분배를 염두에 두고 재정기구를 운용했을 때 발생되는 효과를 의미하며, 의도되지 않은 부분이란 다른 목표를 위해 실시된 재정정책이 부수적인 재분배 효과를 가져오게 되는 경우를 의미한다. 근래에 이르러 복지사회 건설의 당위성이 더욱 강조되면서 재정의 재분배 기능은 한층 더 큰 관심의 대상이 되고 있다. 재정의 재분배 기능은 세입과 세출 양 측면을 통해 발휘될 수 있다.

ㄴ) 경제정책의 기조

각 나라의 각 시점에는 나름대로 독특한 경제정책의 기조가 마련되어 있는 것이 보통이다. 예컨대, 개발도상국의 경우라면 성장에 치중하는 개발전략을 채택한다든가 아니면 부문 간의 균형을 중시하면서 성장하는 전략을 선택한다든가 하는 여러 가지 양상이 나타날 수 있다. 만약 선진국의 경우라면 인플레이션의 억제에 보다 큰 비중을 둔다든가, 아니면 실업의 방지에 보다 큰 역점을 둔다든가 하는 등 정책 기조의 차이가 있을 수 있다. 바로 이와 같은 정책 기조상의 차이가 분배 상태의 차이를 가져올 가능성이 크다.

ㄷ) 노동시장의 상황

노동시장의 상황 변화에 의해 분배 상태의 변화가 오게 될 가능성이 있다. 노동시장에서 노동의 공급에 비해 수요가 전반적으로 강한가 아니면 약한가에 따라 평균적인 임금 수준의 등락이 생겨날 수 있고, 각자의 소득 중에서 근로소득이 차지하는 비중에 따라 분배상의 상대적인 위치에 변화가 올 수 있다. 예를 들어, 현재 똑같은 소득을 얻고 있는 두 사람이 있는데, 한 사람은 전부 근로소득이며, 다른 한 사람은 전부 비근로소득이라고 하자. 이 두 사람 사이의 상대적 위치가 임금 수준의 등락에 따라 변할 것이다.

노동시장의 전반적인 수급 상황에 따라 개인의 소득이 달라질 수 있는 동시에, 노동시장 내부의 구조적 요인 때문에 개인이 영향을 받을 수도 있다. 어느 경제이든 간에 번성하는 산업과 쇠퇴해 가는 산업이 공존하고 있기 마련이며, 이와 같은 패턴은 시간이 경과함에 따라 자꾸 바뀌어 가게 된다. 만약 어떤 사람이 가지고 있는 기능이 마침 쇠퇴해 가는 산업에서만 쓰일 수 있는 것이라면 그의 소득은 점차 떨어질 가능성이 크다. 그가 열심히 일하고자 하지 않아서가 아니라 구조적 요인 때문에 일자리를 잃게 될 경우도 생길 수 있다. 번성하고 있는 산업에 주로 고용될 수 있는 기능의 보유자가 바로 그와 같은 경우에 해당된다. 노동시장의 상황은 숙련근로자와 비숙련근로자 사이의 상대적 임금격차에도 어떤 변화를 가져올 수 있다.

ㄹ) 가격의 변동

가격의 전반적인 등락이나 상대 가격구조의 변화가 분배 상태에 영향을 주기도 한다. 인플레이션이 진행되고 있을 때 각 사람들이 처한 특수한 상황에 따라 이득을 보기도 하고 손해를 볼 수도 있어, 어떤 방향으로든 소득이나 재산이 재분배되는 효과를 가져온다. 이와 같은 재분배가 구체적으로 어느 방향으로 일어날지는 경우에 따라 다르겠지만 일반적으로 가난한 사람이 상대적인 손해를 본다.

분배 상태에 보다 가시적인 효과를 갖는 것은 전반적인 물가 수준의 변화보다 상대 가격구조의 변화이다. 특히 각종 자산 간의 가격변화율 차이는 분배 상태에 현저한 영향을 줄 수 있다. 예를 들어, 부동산이나 증권의 가격이 폭등한다면 이것은 소유하고 있는 사람들 – 주로 부유층 – 은 가만히 앉아서 돈을 버는 결과가 빚어지게 된다.

우리 사회에서는 부동산 가격의 주기적인 폭등과 더불어 주식 가격의 동향도 불평등 심화의 한 요인이 되어 왔다. 이러한 부동산 가격 혹은 주식 가격의 변동에 의한 분배 상태의 변화가 결코 사소한 것이 아닌데도 불구하고 보통의 소득 분배 통계에는 전혀 반영되고 있지 못한 상태이다. 소득 분배 통계와 피부로 느끼는 분배 상태에 차이가 나는 것은 당연한 결과이다.

ㅁ) 차별, 부정·부패 및 그 밖의 사회적 여건

지금까지 설명된 경제적 요인 이외에도 각종 사회적 요인이 분배 상태에 영향을 줄 수 있다. 분배 상태에 영향을 미칠 수 있는 사회적 요인으로 우선 지적할 수 있는 것은 특정 집단에 대한 차별(discrimination)이다. 차별은 물론 항상 불평등을 심화시키는 방향으로 작용하게 된다. 그런데 차별에 의해서 창출된 불평등은 여타 이유로 생긴 불평등보다 훨씬 더 심각한 문제를 일으킨다.

어느 사회에나 얼마만큼은 있기 마련인 부정·부패 현상도 분배 상태에 상당한 영향을 줄 잠재력을 가지고 있다. 부정·부패는 경제적 발전의 정도가 낮으며 정치적 민주화 역시 이루어지지 못한 후진사회에서 특히 널리 만연되어 있는 것을 볼 수 있다.

상속제도에서 장자가 전부 상속하느냐 아니면 자식들이 고르게 나누어 상속하느냐의 차이도 불평등의 시간적 추이와 밀접한 연관이 있다. 장자가 전부 상속하는 경우보다 고르게 나누어서 상속하는 경우에 평등화의 진행이 더욱 빠르리라는 것은 쉽게 짐작할 수 있다.

나. 체제 자체의 문제

불평등과 관련된 사회적 요인에 대한 논의에서, 자본주의 시장경제 체제를 암묵적으로 전제하고, 이렇게 주어진 체제 내에서의 여러 불평등 발생 요인을 고찰하여 왔다. 그러나 이것만이 유일한 체제는 아니며 사회주의 체제 등 다른 체제의 테두리가 주어질 수도 있다.

단순하게 일반화하기 힘든 일이지만 분배 상태는 완전히 자유방임적인 시장경제 체제하에서 가장 불평등한 양상을 보일 가능성이 높다. 혼합경제 체제가 바로 이와 같은 자유방임 체제하에서 생기는 극단적인 불평등을 다소간 시정하고자 하여 생겨났다고 할 수 있다. 분배 상태가 가장 평등하리라고 이론적으로 기대될 수 있는 모든 생산 수단이 공유로 되어 있는 체제가 사회주의 체제가 될 것이다. 그러나 이것은 어디까지나 이론적 가능성에 입각한 일반론일 뿐 구체적인 사회를 놓고 비교해 볼 때 반드시 그러하지 않다.

(3) 불평등도의 측정[5]

가. 소득계층별 분포

소득계층별 분포(size distribution of income)는 각 소득계층의 소득점유율을

5 나성린·전영섭(2007), 『공공경제학』, 박영사, pp. 40~47에서 발췌하여 요약함.

계산하여 전체의 소득에서 각 계층이 차지하는 비중을 나타낸다. 이 경우 필요에 따라 소득계층을 10등급(10분위, decile), 5등급(5분위 quintile), 4등급(4분위, quartile) 등으로 나눈다.

나. 실증적 척도: 지니계수

불평등도의 실증적 척도로 가장 많이 사용되는 것은 지니계수(Gini coefficient)이다. 지니계수는 로렌츠곡선(Lorenz curve)을 이용하여 쉽게 구할 수 있으므로, 먼저 로렌츠곡선에 대하여 살펴보자.

[그림 3-3]에서 수평축은 최저소득자로부터 최고소득자의 순으로 인구의 비율을 나타내고 수직축은 소득의 비율을 나타낸다. 여기에 하위 몇 %의 사람들이 차지하는 전체 소득 중의 비율을 나타내는 점들을 연결하면 로렌츠곡선이 된다.

[그림 3-3] 로렌츠곡선

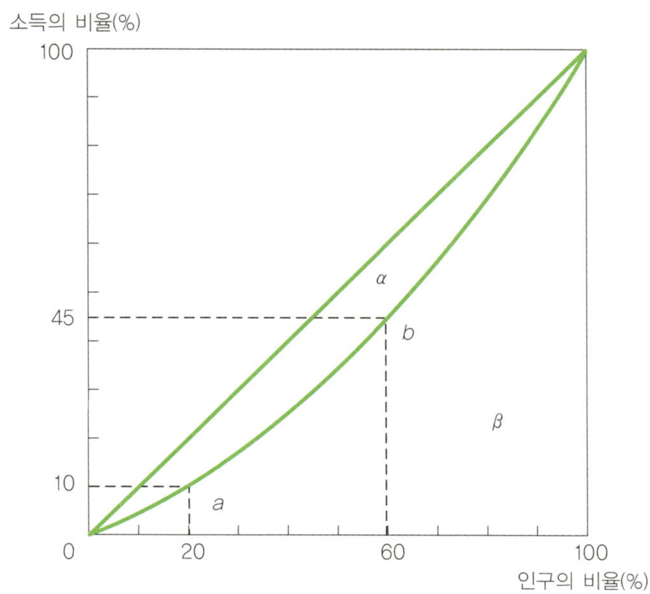

예를 들어, a점은 하위소득자 20%가 전체 소득의 10%를 차지함을 나타내고, b점은 하위소득자 60%가 전체 소득의 45%를 파지함을 나타낸다. 만약 모든 사람의 소득이 동일하다면 로렌츠곡선은 대각선과 일치하게 될 것이다. 그러나 일반적으로는 모든 사람의 소득이 동일할 수 없기 때문에 로렌츠곡선은 그림에서와 같이 대각선 아래에 위치하게 된다.

이제 절대평등을 나타내는 대각선과 로렌츠곡선 사이의 면접을 α라고 하고, 로렌츠곡선 아래의 면적을 β라 하면, 지니계수 G는

$$G = \frac{\alpha}{\alpha + \beta}$$

로 정의된다. 따라서 지니계수는 0에서 1 사이의 값을 가지며, 소득분포가 평등할수록 0에 가까워지고 불평등할수록 1에 가까워진다.

이러한 지니계수는 여러 가지 다른 방식으로 나타낼 수도 있다. 그중 하나를 소개하면 다음과 같다. 사람들의 수를 n이라고 하고, i번째 사람의 소득을 y_i라고 하고, 이들이 지닌 소득의 평균을 $\mu = \sum_{i=1}^{n} y_i/n$ 이라고 하면,

$$G = \frac{1}{2\mu} \cdot \frac{1}{n(n-1)} \sum_{i=1}^{n} \sum_{j=1}^{n} |y_i - y_j|$$

가 된다. 즉, 모든 사람을 둘씩 짝지어 그들 간 소득격차의 절대치를 계산한 후 이들의 상대적 산술평균을 구하면 지니계수가 되는 것이다.

다. 소득 분배의 현황

통계청 자료에 따르면 우리나라 분기별 균등화 처분가능소득 기준 소득5분위 배율은 2003년 4분기 5.0에서 2004년 5.42, 2007년 5.34, 2008년 5.20, 2013년 4.61, 2016년 4.37, 2018년 5.47, 2019년 4.64로 변동되어 왔는데, 위기 이후 악화된 상태에서 큰 변화가 없다.

[표 3-1] 소득5분위 배율(분기별)

연도	1분기	2분기	3분기	4분기
2003	5.28	5.04	5.28	5.00
2004	5.37	4.89	5.33	5.41
2005	5.70	5.15	5.32	5.21
2006	5.52	5.12	5.47	5.28
2007	5.70	5.18	5.52	5.34
2008	5.81	5.24	5.45	5.20
2009	5.93	5.16	5.48	5.23
2010	5.82	4.96	5.23	4.97
2011	5.66	4.89	5.19	5.15
2012	5.44	4.76	4.98	5.05
2013	5.23	4.68	5.05	4.61
2014	5.15	4.58	4.73	4.54
2015	4.86	4.19	4.46	4.37
2016	5.02	4.51	4.81	4.63
2017	5.35	4.73	5.18	4.61
2018	5.95	5.23	5.52	5.47
2019[a]	5.80	5.30	5.37	5.26
2019[b]	5.18	4.58	4.66	4.64
2020	5.41	4.23	5.92	5.78

주: 1) a는 가계동향조사(소득부문), 2019년 계열조정 이전.
 2) b는 가계동향조사, 2019년 계열조정 이후.
자료: 통계청, 가계동향조사 결과, 2021. 4.

[표 3-2] 우리나라 지니계수 추이

구분	소득			지출	
	시장소득	경상소득	가처분소득	소비지출	가계지출
2016	0.402	0.369	0.355	0.277	0.319
2017	0.406	0.371	0.354	0.277	0.327
2018	0.403	0.365	0.345	0.268	0.319

주: 가계금융복지조사는 전 가구에 농업, 임업 및 어업에 포함됨.
자료: 통계청, 가계금융복지조사 원자료, 각 연도.

[그림 3-4] OECD 국가별 소득 재분배 전후 GINI계수의 국가별 차이

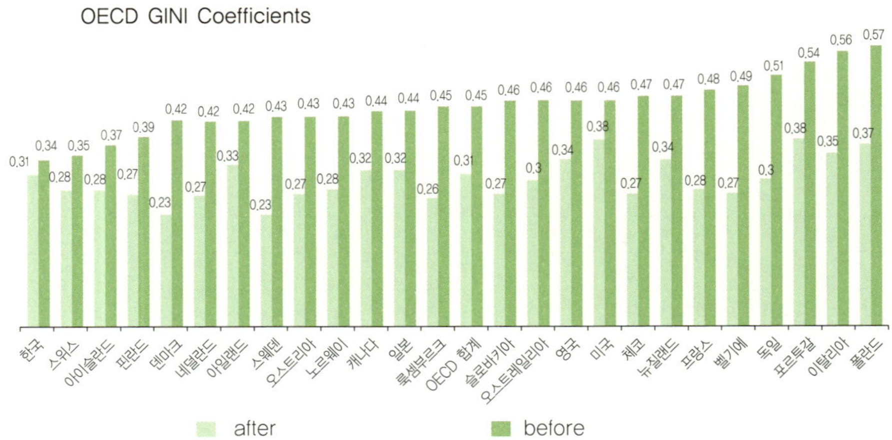

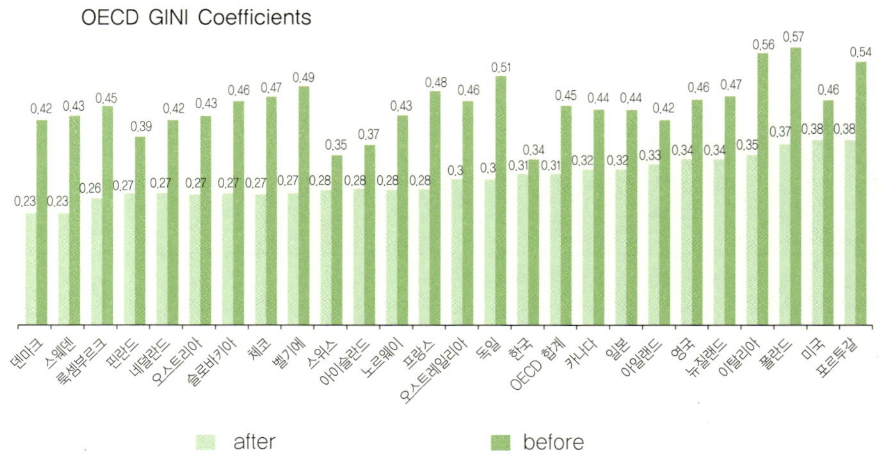

주: 시장소득 = 총소득 − 이전소득
경상소득 = 시장소득 + 공적이전소득
가처분소득 = 경상소득 − 조세 + 사회보장기여금

자료: https://organizingentropy.typepad.com/.a/6a00d8341caa2453ef0133f60b27da970b-pi.

3. 빈곤의 문제

1) 빈곤의 정의[6]

빈곤을 정의하는 데 일차적으로 논쟁의 초점이 되는 것은, 그것을 상대적 개념으로 파악할 것이냐 아니면 절대적 개념으로 파악할 것이냐의 선택 문제이다.

다음으로 문제되는 것은, 스스로를 빈곤하다고 느끼는 사람을 빈곤층에 포함시킬 것이냐 아니면 주관적인 느낌과는 상관없이 어떤 객관적인 기준에 의해 분류할 것이냐의 선택이다.

주관적인 느낌을 어떻게 구체적인 빈곤 개념으로 정착시킬 것인가도 여러 가지 상이한 접근법이 있을 수 있으며, 객관적인 기준을 설정한다고 할 경우에도 역시 여러 가지 상이한 접근법이 존재하게 된다. 그러므로 주관적인 것이냐 아니면 객관적인 것이냐의 기본적 선택이 이루어진 후에도 여러 접근법 사이에서 어떤 것을 택하여 빈곤의 개념을 정립할 것인가의 문제가 뒤따르게 된다.

구체적인 정책을 염두에 두고 빈곤을 정의하는 경우도 있을 수 있다. 다시 말하여, 그 사회에서 모든 사람에게 최소한 어느 수준까지의 생활은 보장해야 한다는 의미에서 하나의 정책적 수준을 설정하고, 그 수준에 미치지 못하는 상태를 빈곤으로 정의하는 방법도 있다.

(1) 절대적 빈곤과 상대적 빈곤

빈곤의 실태를 체계적이고 과학적인 방법론에 의해 파악하고자 하는

5 이준구(1989), 『소득분배의 이론과 현실』, 다산출판사, pp. 295~348에서 발췌하여 요약함.

최초의 시도는 1899년 영국 요크(York)의 주민을 대상으로 하여 실시된 라운트리(S. Rowntree)의 조사였다. 그런데 이 조사에서 라운트리가 채택하고 있는 빈곤의 개념은 절대적으로 정의된 성격의 것이어서, 소득분포상의 상대적 위치와는 상관없이 빈곤이 규정되고 있다. 그는 당시 유명한 영양학자인 앳워터(W. Atwater)의 연구 결과를 원용하여 사람의 생존에 필수적인 최소한의 지출을 계산해 내고, 어떤 사람의 소득이 이 수준에 미치지 못할 경우에 그를 빈곤한 사람으로 보았던 것이다.

이처럼 사람의 생존에 필요한 최소한의 지출이나 이와 유사한 절대적 기준을 세워 빈곤을 정의하는 접근법은 이후에도 널리 채택되어 왔다. 그러나 근래에 이르러 타운센드(P. Townsend) 등 일군의 사회학자들은 이와 같이 절대적 수준에 입각해 정의된 빈곤 개념을 통렬하게 비판하기 시작하였다. 타운센드는 빈곤이 오직 '상대적 박탈'(relative deprivation)이란 개념을 통해서만 객관적으로 정의될 수 있다고 주장하였다.

상대적 개념으로서의 빈곤은 특히 전반적인 경제 수준으로 보아 모든 국민이 풍족하게 살 만한 여건을 가진 구미 여러 나라의 경우에 더욱 큰 적합성을 인정받고 있다.

그런데 빈곤을 상대적인 개념으로서 파악하려고 할 때, 상대적인 박탈의 구체적인 내용을 무엇으로 할 것인가부터 문제가 생기기 시작한다. 어떤 사람이 그가 살고 있는 사회의 다른 사람들과 비교해서 빈곤하다는 것은 과연 무엇을 뜻하는 것일까? 흔히 들을 수 있는 대답, 즉 '사회의 일원으로서 떳떳하게 살 수 있는 최저한의 수준'이란 것은 너무나도 막연한 표현이어서 이에 대한 구체적인 답이 되지 못한다.

사실 이와 비슷한 어려움은 절대적인 의미에서의 빈곤의 경우에도 역시 나타난다. 생존에 필요한 최소한의 절대적 수준도 실제 내용은 상황에 따라 달라질 수 있기 때문이다. 그러나 그 어려움의 정도에서는 상대적 개념의 경우가 절대적 개념의 경우와는 비교할 수 없을 정도로 크다.

빈곤을 절대적인 의미로 파악해야 하느냐 혹은 상대적인 의미로 파악해야 하느냐의 문제는 학문적인 측면뿐만 아니라 정책적인 측면에서도 상당히 큰 중요한 문제라고 볼 수 있다.

빈곤을 절대적인 것으로 보느냐 아니면 상대적인 것으로 보느냐의 차이는 중요한 의미를 가지고 있으나, 센(A. Sen)에 의하면 두 개의 상이한 시각이 결코 양립 불가능한 것은 아니며 경우에 따라서는 동일한 내용을 담고 있을 수도 있다. 센은 빈곤을 아무리 상대적인 것으로 보려 하더라도 기아나 배고픔 같은 절대적인 핵이 빈곤의 개념 안에 포함되어 있음을 부정할 수 없다고 지적하면서 애덤 스미스(Adam Smith)의 말을 다음과 같이 인용하고 있다.

"필수품이란 말은 생명을 유지하는 데 불가결한 재화를 뜻할 뿐 아니라 사회의 관행에 비추어 보아 가장 낮은 지위에 있는 사람이라 할지라도 남부끄럽지 않게 살기 위해서 없어서는 안 될 그 어떤 것도 포함하는 것이다."

센은 나아가 진정한 생활 수준(standard of living)은 효용이나 소비되는 재화나 혹은 기타의 특성 그 어느 것에 의해서도 대표될 수 없고, 단지 그 사람의 '능력'(capability)에 의해서만 올바로 대표될 수 있음을 주장하고 있다. 그런데 이 능력의 차원에서 본다면 애덤 스미스가 이야기기하고 있는 남부끄럽지 않은 생활이란 하나의 절대적인 필요 수준을 뜻한다는 것이다. 다만 이 절대적인 수준의 능력을 재화 차원으로 바꾸었을 때 그 사람이 살고 있는 주위 환경과의 상대성이 개입되는 것이라는 것이 센의 결론이다. 즉, 전반적으로 부유한 사회라면 남부끄럽지 않게 사는 데 더 많은 양의 재화를 필요로 할 것이지만, 가난한 사회에서라면 적은 양의 재화로도 충분히 가능하다는 말이다.

센이 강조하고 있는 절대적인 빈곤과 상대적인 빈곤이 양립 불가능한 것이 결코 아니며, 그 실질적인 내용에도 별 차이가 없다. 상대적으로 정의된 빈곤이라 할지라도 그 배후에는 절대적 필요라는 개념이 존재하고 있다는 해석에 대해서만은 그의 날카로운 통찰력을 인정해 줄 수 있을 것이다.

(2) 주관적 빈곤과 객관적 빈곤

어떤 사람이 스스로 가난하다고 이야기하고 있을 때, 이를 그대로 받아들여야 할지 혹은 무시하고 객관적으로 설정된 기준에 의해서 다시 평가해야 할지의 문제는, 하나의 철학적 문제일 뿐 아니라 현실적인 정책의 문제이기도 하다.

가. 객관적 빈곤

객관적으로 설정된 기준에 따라 빈곤을 정의하는 접근법의 효시는 라운트리(S. Rowntree)에 의한 1899년의 실태조사였다. 1909년 미국 노동국에 의해 발표된 기준도 객관적 기준의 하나이다. 미국 노동국은 '최소한의 육체적 요구를 충족시키는 수준'과 '인간성의 발전과 충실을 위한 수준'을 제시하였다.

빈곤을 객관적으로 정의한다고 할 때 반드시 이와 같이 최저생계비만을 중심으로 생각할 필요는 없으며, 다른 어떤 객관적 기준이 마련될 수 있다면 이것에 의해 정의하는 것이 가능하다.

ㄱ) 기본적 필요에 입각한 빈곤선

이 방법은 사람이 생활하는 데 필요한 최소한의 의식주와 관련된 비용을 계산하고 이로써 빈곤선을 삼는 방법이다. 이 방법은 라운트리 이래 많은 사람들에 의해 채택되었으며, 근래의 가장 좋은 예로는 미국의 사회보장청이 설정한 빈곤선을 들 수 있다. 물론 빈곤선을 이렇게 설정할 경우에는 절대적 빈곤의 성격이 강해지게 된다.

그런데 '기본적 필요'(basic needs)라는 개념이 갖는 애매함 때문에 여러 가지 어려움에 봉착하게 되는 것이 이 방법의 문제점이라 할 수 있는데, 특히 기본적 필요를 사회와의 상대적 관계에서 정의하려고 한다면 한층 더 복잡해질 수 있다.

그래도 식품의 경우에는 기본적 필요와 관련된 최저생계비 계산이 용이한 편이다. 그렇지만 식품이 아닌 경우에는 사람마다 각기 다른 대답이 나올 것이다. 따라서 식품, 의복, 주택, 연료 등 기본적 필요에 해당하는 항목을 따로 계산하여 합치는 방법보다는, 계산이 비교적 용이한 최저식품비에 몇 배를 곱하는 방식을 취할 때가 많다. 예를 들어, 미국 사회보장청의 경우에는 최저식품비에 3을 곱하여 빈곤선을 설정하고 있다.

그러나 소득계층별로 엥겔계수(전 지출 중 식품비의 구성비)가 다르기 때문에 어떤 계층의 것을 근거로 하여 곱할 숫자를 정해야 하는가의 문제가 생길 수 있다.

ㄴ) 식품비 비중에 의한 빈곤선

총소득 중 식품비가 차지하는 상대적 비중에 입각하여 빈곤을 정의하는 방법이다. 이 방법은 생활 수준이 높은 가계일수록 엥겔계수, 즉 전 지출 중 식품비가 차지하는 비율이 낮아진다는 경험적 법칙에 입각하여, 임의로 선정한 엥겔계수를 기준으로 하여 빈곤선을 설정하는 것이다. 다시 말해, 어떤 가계의 엥겔계수값이 이 기준선보다 크면 빈곤한 것으로 간주하게 된다.

이 방법은 절대적인 빈곤과 상대적인 빈곤 모두에 적용이 가능하다는 특성을 가지고 있다. 만약 하나의 엥겔계수를 줄곧 빈곤선으로 잡는다면 절대적인 빈곤이라는 성격이 강해지고, 사회의 전반적인 생활 수준의 향상에 따라 점차 낮은 엥겔계수를 빈곤선으로 잡게 되면 상대적인 빈곤의 성격이 강해지기 때문이다.

ㄷ) 평균이나 중위소득의 일정 비율로서의 빈곤선

빈곤을 절대적인 것이 아니라 상대적인 것으로 파악해야 한다는 입장에서 본다면 그 사회의 평균적인 생활 수준과의 관련하에서 빈곤을 정의하는 것이 타당해진다. 그 구체적인 방법 중의 하나가 평균소득 혹은 중위소득의 일정 비율을 빈곤선으로 잡는 방법이다. 예를 들어, 푹스(V. Fuchs)는 중위소득의 50%를 빈곤선으로 설정할 것을 제의하고 있다. 그러나 사람에 따라 각각 다른 비율을 선택할 것을 권하고 있고, 이 중 어느 것이 가장 합당한 것인가를 정확히 말하기는 힘들다.

빈곤을 이렇게 정의할 경우 빈곤계층의 크기는 실질적으로 고정되어 있는 결과를 가져오기 쉽다.

ㄹ) 소득분포상 하위 몇 %로서의 빈곤선

이 방법에 의하면 소득분포상 가장 낮은 소득을 가지는 몇 %의 사람들은 그들의 절대적 소득 수준에 상관없이 빈곤한 사람들로 간주되게 된다.

빈곤을 이렇게 정의할 경우 사회가 아무리 발전하더라도 빈곤은 없어지지 않는다. 예컨대, 가장 낮은 소득을 가지는 사람 20%로 빈곤을 규정한다고 할 때, 모든 사람의 소득이 균등해지지 않는 한 전 인구의 20%에 달하는 사람은 역시 가난한 사람으로 존재하는 것이다.

나. 주관적 빈곤

이상에서 설명한 네 가지의 접근법이 모두 객관적 기준에 의해서 설정된 빈곤을 표방하고 있지만, 사실 그 기준 자체가 매우 자의적임을 부인하기는 힘들다. 예를 들어, 왜 하필이면 중위소득의 50%를 빈곤선으로 삼아야 하는지, 혹은 왜 소득분포상 하위 20%에 속하는 사람들만을 빈곤한 것으로 간주해야 하는지에 대한 논리적 설득력이 부족하다. 또한 개개인이 스스로의 생활 수준을 제일 잘 파악할 수 있다고 믿는 사람들에게는, 이 접근법들이 표방하는 객관성이 아무런 의미도 가져다주지 못할 것이다. 따라서 이 경우 주관적인 평가에 입각하여 빈곤을 정의하는 방법이 유력한 대안이 될 수 있다.

주관적인 평가를 토대로 하여 빈곤을 정의하게 될 때는 사람들의 생활에 대한 직접적이고 구체적인 느낌이 반영된다는 장점이 생기게 된다. 주관적 평가에 입각하여 빈곤을 정의하는 방법으로서 가장 많이 쓰이는 것은 사람들에 대해 설문조사 결과에 입각해서 빈곤선을 계산해 내는 방법이다.

그런데 이 설문조사 방법에는 약간 성질을 달리하는 두 가지의 유형이 존재한다. 첫 번째는 미국의 갤럽(Gallup) 여론조사의 경우와 같이, "당신이 사는 곳에서 4인가족이 근근히 살아가기에 필요한 최소한의 소득은 얼마입니까?" 라고 제3자적인 소견을 묻는 경우이다. 두 번째의 유형은 유럽공동체에서의 빈곤 연구에 주로 쓰였던 소위 '라이덴빈곤선'(Leyden poverty line) 설정의 방법처럼 사람들에게 자신의 여건에 입각해 자신에게 필요한 최소한의 소득에 관해 의견을 묻는 경우이다.[7]

2) 빈곤의 측정[8]

빈곤 측정의 첫째 단계는 빈곤선(poverty line)을 규정하는 것이다. 이 빈곤선은 절대적 빈곤과 상대적 빈곤 중 어느 개념을 사용하느냐에 따라 달라지게 된다. 일단 빈곤선이 규정되고 나면 빈곤선 이하에 있는 사람들을 기준으로 그 사회의 빈곤 정도를 측정하게 된다.

빈곤 정도를 측정하기 위해서 빈곤율(head count, incidence of poverty)과 빈곤갭(poverty gap)이라는 두 가지 지수가 전통적으로 사용되어 왔으나, 최근에 센(Sen)은 이 두 지수의 약점을 보완한 센지수(Sen index)를 제시하였다. 이 세 가지 빈곤의 척도들을 소개하기 위해 필요한 용어들을 다음과 같이 표기하기로 한다.

7 이 접근법에 Leyden이란 이름이 붙은 유래는 이 방법의 주요한 개발자들인 B. Van Praag나 A. Kapteyn 등이 Leyden대학에 근무하고 있다는 데에서 나온 것으로 짐작한다.

8 나성린 · 전영섭(2007), 『공공경제학』, 박영사, pp. 357~362.

n : 전체 인구 규모

μ : 전체 인구의 평균소득

π : 빈곤선

m : 빈곤선 이하의 사람 수

v : 빈자들의 평균소득

G_p: 빈자들의 소득분배 지니계수

(1) 빈곤율

이는 가장 보편적인 빈곤지수로서 전체 인구에서 빈곤선 이하의 인구가 차지하는 비율로 정의된다. 즉,

빈곤율: $H = \frac{m}{n}$

이 지수의 첫 번째 단점은 빈곤선 이하의 빈자들의 숫자만 고려할 뿐 그들의 소득이 빈곤선에서 얼마만큼 부족한가는 전혀 반영하지 못한다는 것이다. 두 번째는 빈자들 간의 소득 재분배에 의해 전혀 영향을 받지 않는다는 것이다. 빈곤선 이하의 사람들 중에서 더 가난한 자로부터 덜 가난한 자로 소득의 이전이 있을 경우 이것은 분명히 빈곤의 정도를 악화시킴에도 불구하고 빈곤율은 이 변화를 반영하지 못하는 것이다.

(2) 빈곤갭과 소득갭 비율

빈곤갭은 모든 빈자들을 빈곤선 수준으로 끌어올리기 위해 필요한 총소득으로 정의된다. 전체 인구를 소득의 크기에 따라 배열하여 $y_1 \le y_2 \le \cdots y_n$ ($y_m \le \pi, y_{m+1} > \pi$) 이라고 하면,

빈곤갭: $P_G = \sum_{i=1}^{m}(\pi - y_i) = m(\pi - v).$

빈곤갭을 그림으로 나타내면 [그림 3-5]와 같다. 이 그림에서 수평축은 인구를 소득이 크기 순으로 배열한 것이며, 수직축은 소득 수준을 나타내며, 곡선 ABC는 사람들의 소득 수준을 연결한 선이다. 여기서 빈곤갭은 다름 아닌 색칠한 부분인 $\nabla \pi AB$이다.

빈곤갭의 문제점은 빈곤 상태에 있는 사람들의 수를 무시한다는 것과, 빈곤율에서와 마찬가지로 빈자들 간의 소득 재분배에 대해 반응하지 않는다는 것이다.

이제 빈곤갭을 α라고 두고 빈자들의 실제소득을 β라고 두었을 때, 소득갭 비율(income-gap ratio)은 α를 $(\alpha+\beta)$로 나눈 것으로 정의된다. 즉, 이 소득갭 비율이란 빈자들의 평균빈곤갭 P_G/m을 π로 나누어 정규화한 것이다. 수식으로 표시하면,

$$\text{소득갭 비율: } I_G = \frac{\pi - v}{\pi}$$

[그림 3-5] **빈곤갭**

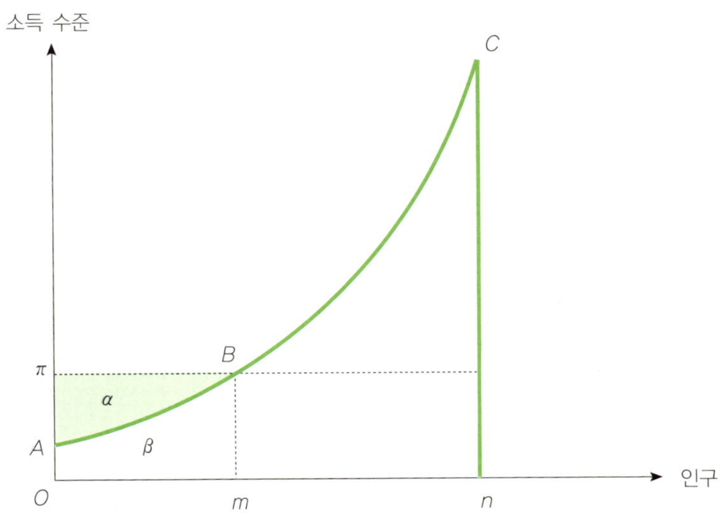

소득갭 비율은 정규화(normalization)되었으므로 0에서 1 사이의 값을 가진다. 모든 사람들이 빈곤선 이상의 소득을 가질 때 그 값은 0이고, 모든 빈자들의 소득이 0일 때 그 값은 1이 된다.

(3) 센지수

센지수는 위의 지수들이 지닌 문제점을 동시에 해결해 주는 빈곤지수로, 그 정의는 다음과 같다.

센지수: $S = H[I_G+(1-I_G)G_P]$

즉, 센지수는 위의 빈곤율(H)과 소득갭 비율(I_G)에 빈자들의 소득 분배 지니계수(G_P)를 결합하여 만든 빈곤지수이다. 만약 빈자들의 소득이 모두 동일하다면, $G_P=0$이 되며, 센지수는 $H\times I_G$, 즉 앞에서 논의한 두 지수의 곱이 된다. 센지수는 이 두 지수를 포함하고 있으므로 이 두 지수가 지닌 약점들을 보완하게 되며, 또한 G_P를 포함함으로써 빈자들 간의 소득 분배 정도를 반영하게 된다.

3) 음의 소득세

사회보장제도와 관련하여 항상 언급되는 제도로 음의 소득세(negative income tax)가 있다. 이 제도는 아직 어떤 나라에서도 전면적으로 실시되고 있지는 않으나 사회보장제도의 개혁이 거론될 때마다 고려되는 제도이다. 현재의 제도하에서는 많은 사람들이 소득세와 사회보장세의 납세자인 동시에 사회보장 급여의 수혜자이다.

따라서 같은 개인에 대해 급여를 주고 또다시 세금으로 거두어들인다는 것은 비효율적일 수밖에 없는 것이다. 더 나아가서 보편적 급여의 경우에는 고소득자에게조차 사회보장 급여가 지불되는 문제점이 있다. 이런 이유로 음의 소득세 주창자들은 '통합된 조세–공공부조제도'를 제안하고 있다. 이 제도에 의하면 단 한번의 자산심사에 의해 고소득자의 조세와 저소득자의 사회보장 급여를 결정할 수 있다. 다시 말해, 면세점을 중심으로 그 이상의 소득자는 납세자가 되고 그 이하의 소득자는 음의 소득세, 즉 사회보장 급여의 수혜자가 되는 것이다.

이와 동시에 이 제도는 일정한 수준의 최저소득을 보장하게 된다. 이를 [그림 3-6]을 통하여 살펴보자. 그림에서 수평축은 과세 전 소득을, 수직축은 과세 후 소득을 나타낸다. *OA*는 세금이 존재하지 않는 경우, 즉 과세 전 소득과 과세 후 소득이 같을 경우를 나타낸다. 여기서 과세 전 소득이 면세점 Y_E 이상인 사람은 *BC*곡선을 따라 세금을 내고, Y_E 이하인 사람은 *BC* 곡선의 연장선인 *DB*를 따라 음의 소득세, 즉 사회보장 급여를 받게 된다. 이 경우 보장된 최저소득은 *OD*이다.

[그림 3-6] 음의 소득세

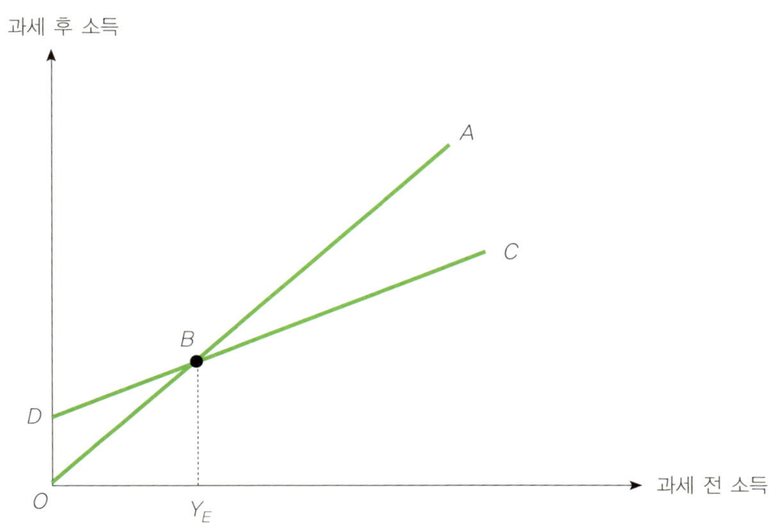

[표 3-3] 우리나라 빈곤율 동향

(단위: %)

구분	소득									지출					
	시장소득			경상소득			가처분소득			소비지출			가계지출		
	중위 40	중위 50	중위 60	중위 40	중위 50	중위 60	중위 40	중위 50	중위 60	중위 40	중위 50	중위 60	중위 40	중위 50	중위 60
2016	15.9	20.7	26.1	12.2	17.9	23.8	11.9	17.6	23.7	6.0	10.8	17.1	8.2	13.1	19.1
2017	16.0	20.8	26.0	12.1	17.5	23.5	11.8	17.3	23.2	5.8	10.4	16.3	7.9	12.6	18.8
2018	16.0	21.0	26.0	11.8	16.9	23.0	11.3	16.7	22.6	5.5	10.3	16.3	7.7	12.4	18.3

주: 가계금융복지조사는 전 가구에 농업, 임업 및 어업이 포함됨.
자료: 통계청, 가계금융복지조사 원자료, 각 연도.

[표 3-4] 우리나라 소득갭 동향

(단위: %)

구분	소득									지출					
	시장소득			경상소득			가처분소득			소비지출			가계지출		
	중위 40	중위 50	중위 60	중위 40	중위 50	중위 60	중위 40	중위 50	중위 60	중위 40	중위 50	중위 60	중위 40	중위 50	중위 60
2016	50.9	49.0	47.4	33.0	34.8	36.4	34.1	35.2	36.3	27.5	27.5	27.9	29.0	30.4	31.3
2017	52.0	49.7	48.1	33.3	35.3	36.3	34.3	35.5	36.4	23.4	25.7	27.2	27.2	29.7	30.6
2018	52.7	49.6	48.5	31.7	34.5	35.6	32.3	34.2	35.3	22.4	24.6	26.4	26.1	29.1	30.3

주: 가계금융복지조사는 전 가구에 농업, 임업 및 어업이 포함됨.
자료: 통계청, 가계금융복지조사 원자료, 각 연도.

[표 3-5] 우리나라 빈곤갭 동향

(단위: %)

구분	소득									지출					
	시장소득			경상소득			가처분소득			소비지출			가계지출		
	중위 40	중위 50	중위 60	중위 40	중위 50	중위 60	중위 40	중위 50	중위 60	중위 40	중위 50	중위 60	중위 40	중위 50	중위 60
2016	8.1	10.2	12.4	4.0	6.2	8.7	4.0	6.2	8.6	1.6	3.0	4.8	2.4	4.0	6.0
2017	8.3	10.4	12.5	4.0	6.2	8.5	4.0	6.1	8.5	1.3	2.7	4.4	2.2	3.8	5.7
2018	8.4	10.4	12.6	3.7	5.8	8.2	3.6	5.7	8.0	1.2	2.5	4.3	2.0	3.6	5.5

자료: 한국보건사회연구원, 「2019년 빈곤통계연보」, 2020.

음의 소득세제도가 단순성을 유지하기 위해서는 충분한 수준의 최저소득을 보장해야 하나 이는 상당한 조세부담을 초래할 수 있다. 만약 이러한 조세부담을 피하기 위해 충분치 못한 최저소득이 설정된다면, 빈곤층들의 개별적인 필요를 충족시키기 위해 다양한 자산심사보조금이 필요하게 된다.

Chapter 4

사회보험 급여의 유형과 수준

학습목표

1. 사회보험 급여의 결정 기준을 알아보자.
2. 사회적 급여의 특성을 정리해 보자.
3. 현금급여와 현물급여의 장단점을 비교해 보자.
4. 사회보험 급여의 수준을 국가별로 비교해 보자.

1. 사회보험 급여의 결정 기준

1) 사회보장 급여에 있어서 평등주의와 능력주의[1]

사회보장 급여의 지급 기준은 사회보장의 기본 원칙에 근거하고 있다. 평등주의에서 보면 국가는 모든 사람들에게 차이가 없는 기본적 필요(최저생활)만의 급부를 행하고 그 이상의 필요 충족은 각자 다르기 때문에 본인들에게 위임한다는 것이다. 그러나 이 경우 평등주의가 타당성을 인정받기 위해서는 중대한 전제 조건, 즉 각자의 소득이 균등할 것과 각자의 필요도에 차이가 없어야 한다. 한편, 능력주의에서는 소득에 비례하여 또는 사고위험의 정도에 따라 반대급부에 차이를 두는 것을 의미하는데, 이것은 사보험의 원리에 입각한 것이므로 사회보장의 합리성이 그만큼 상실되는 결과가 된다. 베버리지(W. Beveridge)의 원칙에 크게 의존하고 있는 영국형 사회보장이나 북유럽형의 사회보장제도는 평등주의를 기조로 하고 있음에 비하여 영국처럼 사회보장의 혁명을 거치지 않고 사회정책이나 노동정책의 전통을 계승한 프랑스·독일·이탈리아와 같은 대륙형 사회보장국가는 능력주의를 채택하고 있다.

사회보장에서 능력주의란 보험료를 소득에 비례하여 징수하고 그 대신 급부도 소득에 비례하여 지급하는 제도이다. 이러한 능력주의는 평등주의와 더불어 그 이론적 타당성과 문제점을 동시에 지니고 있다. 사회보장의 이념에서 보면 영국형은 평등주의가 합리적이지만 최근에 평등주의는 수정을 하고 능력주의를 가미하려는 경향이 나타나고 있다.

저소득층을 표준으로 한 균일급부는 만인에서 공통된 최저생활의 유

1 신수식(2000), 『사회보장론』, 박영사, pp. 31~32 참조.

지를 목적으로 한 것으로서 그 이상의 보장을 구하려는 고소득자에게는 자신이 보안적 준비를 하도록 요구하는 결과가 되지만 자기 준비가 실제로는 반드시 용이하지는 않다. 그리고 직장을 상실하거나 퇴직할 경우, 생활 수준을 일시에 최저로 하고 그것에 적응하는 것은 곤란하기 때문에 재직 중의 생활 수준에 준하는 소득을 사회보장제도에 의하여 보장될 것이 요구되고 있다. 이런 점에서 영국과 스웨덴 같은 평등주의를 채택하고 있는 사회보장 국가에서는 비례연금이나 보충연금이 실시되고 있다.

능력주의는 근로자의 요구에서뿐만 아니라 국가의 입장에서도 재정적 관점에서 채용하는 경향이 있다. 그 이유는 균일한 갹출로서 충분한 재원을 조달할 수 없을 뿐만 아니라 실제로 최저생활을 유지하는 데 부족을 느끼므로 결국 공공 부조에 의한 보완이 요청되기 때문이다. 반면 능력주의를 채용하는 경우에도 반드시 최저생활을 유지할 수 있다는 보증은 존재하지 않는다. 이것은 저임금계층의 사회보장 급부가 최저생활비에 부족한 것이 보통이기 때문이다.

2) 사회보험 급여 기준의 두 측면

사회보험 급여 지급 기준은 다음의 두 가지가 있다. 하나는 위험 발생 이전의 경제적 생활 상태(소득적 측면)로의 복귀의 측면이고, 다른 하나는 위험 발생 시 최소한의 인간다운 생활을 확보하는 측면이다. 모든 국민은 위험 발생 이전에도 평등한 상태가 아니므로 전자의 기준에 따른 위험 발생 이전 상태로의 유지는 불평등한 상태로의 환원을 의미할 수도 있는 반면에, 후자의 기준에 의하면 재해로 인한 손실의 크기와 관계없이 최소한의 일정한 생활 수준을 유지하는 것이 된다.

사회보장의 개념은 궁극적으로 전자의 보장을 의미하는 것인가, 아니면 후자의 보장을 의미하는 것인가? 사회보장의 대전제는 국가의 개입이다. 개인에 의한 해결이 아닌 사회적 시스템을 통한 해결 수단이다. 이러한 개입이 이루어질 때 개입의 타당성을 판단하는 기준은 형평성과 효율성이다. 형평성의 측면은 재원조달의 방법에 따라서 상이할 수 있다. 보장의 근거가 가입자의 기여에 기초한 것이라면 기여에 상응해야 하고, 보장의 근거가 위험에 따라 발생하는 니즈에 대한 사회적 상호 부조에 근거한 것이라면 국민 누구나 일정한 기준에 따라 보장받아야 한다. 따라서 형평성의 관점에서 전자의 위험 발생 이전 상태로의 유지라는 개념은 기여에 기초한 보장과 연결되고, 후자의 최소한의 일정한 생활유지의 개념은 니즈에 대한 사회적 상호 부조에 근거한 것과 연결된다. 효율성 개념은 위험 발생에 따른 경제적 손실이 발생하였을 때 개인이 해결하는 것이 사회적 후생을 증가시키는 것인가, 아니면 사회적으로 해결하는 것이 사회적 후생을 증가시키는 것인가 하는 점이다. 전자의 개념에 의한 보장 방식은 개인적 차원에서 접근하는 것이 효율적이고, 후자의 개념에 의한 보장 방식은 사회적 차원에서 접근하는 것이 효율적이라고 할 수 있다.

한편, 두 가지 방식의 보장 개념이 서로 대체적인 개념인지 아니면 보완적인 개념인지도 판단이 필요하다. 제도의 설정에 따라 두 가지 방식은 대체적일 수도 있고 보완적일 수도 있겠으나, 두 가지 방식의 보장 개념이 보완적으로 작동할 때 형평성 관점에서나 효율성 관점에서 바람직할 수 있다. 위험 발생 이전 상태로의 유지와 일정한 생활 수준 유지의 개념은 국가적으로 볼 때 둘 다 필요한 개념이다. 궁극적으로는 두 가지 방식의 사회보장이 조화를 이루는 것이 핵심이라 할 수 있는 것이다.

그런데 여기에서 쟁점이 될 수 있는 것은 두 가지 방식의 보장 개념의 우선순위 문제이다. 전자가 우선이고 후자가 차선인가, 아니면 후자가 우선이고 전자가 차선인가? 다시 말해서, 개인 차원의 해결이 먼저이고 사회적 차원의 해결이 다음인가, 아니면 사회적 차원의 해결이 먼저이고 개인적 차원의 해결이 다음인가? 우리나라의 경우는 일반적으로 개인적 해결을 우선

하고 사회적 해결은 보완적인 것으로 인식된다. 우리나라의 사회보험제도는 외양으로는 국가제도이지만 사실상 모두 개인적 해결 수단에 가깝다는 것이다. 다시 말해, 사회보험제도는 모두 국가가 운영하는 개인적 해결 수단이다. 우리나라 제도의 혼동 요인 중 하나는 국가가 운영하는 개인적 해결 수단의 개념을 지닌 이들 제도가 일정한 기준의 보장을 병행적으로 시행한다는 것이다.

여기서 고려해야 할 점은, 만약 개인적 해결 수단이라면 국가가 관리 운영 지원 이외에는 원칙적으로 개입하지 않는 것이 바람직하고, 사회적 해결수단이라면 조세에 의한 지원을 하는 것이 바람직하다. 우리나라의 사회보험 관련 제도상의 정부 지원이 관리운영비의 일부 지원에 머물고 있다는 점을 감안한다면, 우리 제도가 개인적 해결 수단에 대한 국가 운영 이상이 아니라는 점이 명확하게 된다. 이렇게 볼 때, 우리나라의 경우에는 사회보험이라는 명목으로 운영하면서 사실상 개인적 해결 방식을 지원하는 국가가 운영하는 제도로 머물러 있는 것을 알 수 있다. 결과적으로 보면 사회적 해결 방식의 제도는 국민기초생활보장제도에만 의존하는 것이 된다. 여기서 우리나라 사회보장의 사각지대가 발생하게 된다. 국민기초생활보장제도는 공공부조제도로서 위험이 발생하였을 때 개입하는 것이 아니고 위험의 결과로 빈곤 상태가 되고 그 빈곤 상태가 국가의 개입 없이는 해결할 수 없게 되었을 때 개입하게 된다. 엄격한 소득자산 조사가 필요한 것이다. 이렇게 되면, 전자에 의한 국가가 운영하는 개인적 해결 수단에 의하여 보장을 받지 못하는 계층이 존재한다면, 이들이 국가에 의한 보호가 이루어지는 시점은 빈곤으로 전락하고 난 다음이 되는 것이다. 즉, 사회적 위험 발생 시점 이후부터 빈곤으로 전락하게 되는 시점까지는 무방비 상태가 되는 것이다. 예들 들면, 국가의 존재가 개인의 사고 발생을 어떻게 하나 뒤에서 지켜보다가 스스로 해결하지 못하여 쓰러지면 나타나는 형태인 것이다. 이러한 시스템하에서는 국가가 운영하는 개인적 해결 수단이 보편성을 확보하지 못하면 대규모의 사각지대를 발생시키게 된다.

이러한 사회안정망의 커다란 틈을 메꾸기 위해서는 국가의 역할 조정이 필요하게 된다. 즉, 사회보장제도의 패러다임 전환이 필요하다. 공공 부조 중심 체계에서 사회보험 중심 체계로의 전환이 필요하다. 이를 위해서는 사회보험은 근본적으로 개혁되어야 한다. 우리나라의 사회보험제도는 엄격한 비용부담 원칙을 취하고 있다. 여기서 비용부담 원칙이라고 함은 사회보험 급여 지급의 전제로서 보험료 납입을 요건으로 하고 있다는 점이다. 이러한 비용부담 원칙하에서는 광범위한 사각지대의 발생이 불가피하다. 따라서 우리나라 사회보장의 사각지대를 근본적으로 해결하기 위해서는 비용부담 원칙에서 벗어나는 것이 필요하다. 비용부담 여부와 관계없이 우리나라의 국민이면 누구나 일정한 보편적인 사회보장을 받을 수 있도록 하는 것이 필요하다.

사회보험이란 사회보험료 부담을 해야 급여를 제공한다는 개념이 아닌 사회적 위험에 대하여 전 국민이 공동으로 대처한다는 개념으로 전환되어야 한다. 이는 사회보험제도의 전 국민에 대한 보편적 적용을 의미한다. 사회보험 급여는 발생 원인별로 관리할 필요성이 없어지고 사회적 위험 상태에 있는지 여부만을 기준으로 급여 지급 여부가 결정된다.[2] 공공 부조인 국민기초생활보장제도는 매우 제한적이고 예외적인 제도로 전환된다. 국민기초생활보장제도는 엄격한 소득 요건과 부양의무 요건이 요구되는 반면에 통합사회보험은 위험이 발생하면 개입된다. 전자가 국민 최저생활 수준의 보장이 목적이라면, 후자는 위험 발생 이전 소득 상태의 유지(income maintenance)가 목표가 된다. 사회보험 급여는 이러한 두 가지 측면의 조화가 필요하다.

2 우리나라의 사회보험 급여 지급은 사적 책임주의 원칙이 면면히 흐르고 있다. 대표적으로 우리나라 산재보험은 사용자 배상책임이라는 민법상의 원리가 기초되고 있다. 이에 따르면 사고발생의 책임주체를 따지는 것이 우선이 되고 결과로서의 피해자 상실 상태의 심각성은 후순위로 밀리는 현상을 보인다.

3) 사회보험 급여의 일반적 특성

(1) 소득의 최소 수준 보장

사회보험 프로그램은 다양한 위험에 대해 최소한의 소득 보호를 제공한다. 사회보험 급여는 개인이 자신의 경제적 안정성에 대해 주요한 책임이 있으며 만약 정부의 보조가 필요하다면 최소한의 급여만 지불해야 한다고 한다. 정부의 경제적 안정성을 위한 프로그램을 자신의 개인적 저축, 투자, 보험 등으로 대체할 것이 기대되고 있는 것이다.

최소 수준의 소득이란 개념은 정확히 정의하기 어렵고 급여의 최소 수준과 최대 수준에 관련하여 몇 가지 불일치가 존재한다. 일반적으로 최소 수준과 관련하여 세 가지 관점이 있다. 첫째, 극단적인 관점으로서 최소 수준은 거의 존재하지 않는 것과 마찬가지로 낮아야 한다는 것이다. 둘째, 또 다른 극단으로서 민간 혹은 집단적인 여타 프로그램이 주어지지 않더라도 그 자체만으로도 안락한 생활이 가능할 정도로 높아야 한다는 것이다. 셋째, 중간적 관점으로서 최소 수준은 다른 소득이나 자산과 합쳐져서 대다수 사람들이 합당한 수준의 생활 유지에 충분한 것이어야 한다는 것이다. 기본적 필요가 충족되지 못하는 주변적 집단은 보충적인 공공 부조를 받아야 한다. 보충적 공공 부조 프로그램은 운영비용이 비싸고 많은 수급자의 자존심을 깎아내리기 때문에 이는 매우 바람직하지 못한 측면이 있다. 사회보험의 중요한 목적 중 하나는 부조(welfare) 프로그램에 의존하지 않도록 하는 것이다. 이후 지적할 것처럼 사회보험 프로그램은 빈곤계층으로 집계되는 수급자 수를 줄이는 데 매우 효과적이다.

(2) 개인적 공평성에 대한 사회적 적절성의 우위

사회보험 프로그램은 급여 지급에서 개인적 공평성보다는 사회적 적절성을 강조한다. 사회적 적절성이란 모든 기여자에게 일정한 생활 수준에 준하는 급여를 지급한다는 것이다. 개인적 공평성은 기여자는 자신의 기여에 직접적으로 비례하여 급여를 받는 것을 의미한다. 기술적인 용어로는 급여의 보험수리적 가치가 기여의 보험수리적 가치에 밀접히 연관되는 것이다. 사회보험 프로그램은 완벽한 사회적 적절성과 완전한 개인적 공평성 사이에 기초하여 전자에 강조점을 두고 급여를 제공한다. 사회적 적절성 원칙은 사회보험 급여가 저소득층, 가구원 수가 많은 가족, 퇴직 연령에 가까워져서야 보험에 가입하게 된 사람들 등의 특정 집단에 유리하도록 주어진다. 이런 집단에게 주어지는 급여의 가치는 기여액을 넘는다. 이는 다른 집단보다 기여에 비해 상대적으로 더 많은 급여를 받음을 의미한다.

사회적 적절성 원칙의 목적은 모든 집단에 최소소득을 제공하는 것이다. 만약 특정 집단이 자신의 기여액의 보험적 가치에 따라 사회보험 급여를 받는다면(개인적 공평성 원칙), 저소득 집단과 같은 특정 집단의 급여액은 너무나 적어질 것이어서 모두에게 최소 수준의 소득을 제공한다는 목표를 달성할 수 없게 된다.

사회보험은 사회적 적절성을 강조하지만 민영보험은 개인적 공평성 원칙을 강조한다. 손실들이 한데 모아지며 동일한 손실을 산출하는 사람들끼리 동일한 층으로 모이며 비슷한 액수의 기여를 한다. 민영보험은 자발적이며 보험에 가입한 계층들 간의 공평성에 기초해야만 한다. 상대적으로 동질적인 보험가입 집단이 손실 발생에 차이가 있는 다른 집단의 손실의 상당부분을 부담하는 것은 불공평하다고 여겨진다. 더욱이 일단 첫 번째 범주에 속하는 사람이 독립적이고 재정적으로 자기충족적인 단위로 취급받을 때 돈을 모을 수 있다는 것을 인식하게 되면 보험에서 탈퇴할 것이다.

사회보험 프로그램은 일반적으로 강제적으로서 주요한 사회적 위험으로부터 사회를 보호하고자 한다. 급여 구조는 최소 수준의 소득을 보장할 수 있도록 되어 있다. 개인적 공평성에 의거하여 부가적인 급여 제공이 가능할지 고려하는 것은 이런 목적이 충족된 연후에야 가능하다.

사회적으로 적절한 급여를 제공하는 몇 가지 방법이 있다. 첫째, 이전에 언급한 것처럼 급여 공식은 저소득 집단에 유리하도록 되어 있다. 저임금층의 급여율은 고임금층에 비해 높다. 이는 저소득 집단이 고소득 집단보다 기여에 비해 많은 급여를 받도록 한다. 둘째, 피부양자 급여가 지급될 때, 대가족의 수급자는 피부양자가 없는 수급자에 비해 급여액이 많아진다. 셋째, 급여는 매년 실질구매력을 유지하기 위해 인플레이션에 따라 조정된다. 수급자는 그들이 지불하지 않아도 급여가 늘어나기 때문에 사회적 적절성의 원칙이 또다시 급여 지급에 반영되는 것이다. 마지막으로, 사회적 적절성은 퇴직이 가까워져서야 프로그램에 처음 가입되는 근로자에게서 더욱 강조된다. 사회보험 프로그램을 제정하는 데 있어 퇴직이 멀지 않은 사람들에 대한 급여 적절성 문제가 제기된다. 만약 개인적 공평성 원칙을 따른다면 사회적으로 적절한 급여를 지급하는 것이 어려워진다.

이러한 상황은 사회보험에만 고유한 것이 아니다. 사적 연금이 처음 도입될 당시 퇴직이 가까운 노령 근로자에 대한 급여는 미래의 회사 업무 종사에만 기초한다면 적절하지 못할 것이기 때문이었다. 미래 업무 관련 급여는 퇴직급여 중, 제도 발효 날짜 이후의 노동 기간과 연계되어 있는 부분을 말한다. 미래의 업무 종사만으로는 도입 당시 퇴직이 가까운 근로자들에게 적절한 급여를 제공할 수 없기 때문에 많은 민간 연금들은 과거의 업무에도 credit을 주었다. 과거 업무 종사 급여는 퇴직급여 중 제도 발효 날짜 이전의 유효화된 업무 종사 기간과 관련된 부분이다. 나이 많은 근로자들이 일반적으로 과거 업무에 대해 credit을 받기 때문에 그들 급여의 보험수리적 가치는 기여액의 가치를 초과한다. 또한 생활비가 올라갈 때 이미 퇴직한 사람들에 대한 사적 연금 급여가 늘어날 수 있다. 퇴직한 사람은 더 높아진 급여액에 대해 지불을 하지 않기 때문에 이는 또다시 사적 연금에서의 사회적 적절성 원칙 적용을 반영한다.

사회보험에서 사회적 적절성 원칙을 강조하면 소득 재분배 효과가 발생한다. 앞에서 언급한 것처럼 어떤 집단은 기여액을 넘는 급여를 받는다. 사실상 이러한 집단의 부담은 수급액에 못 미치고, 또 다른 어떤 집단의 부담은 수급액을 넘는다. 이는 소득을 한 집단에서 다른 집단으로 이전함으로써 소득을 재분배한다. 사회보험 프로그램에 의한 소득 재분배 효과는 중요한 경제적 이슈이다.

(3) 소득과 급여의 약한 연계

사회보험 급여는 소득과 느슨하게 연계된다. 이는 개인적 공평성과 사회적 적절성 사이에 어떤 관계가 있다는 것이다. 일반적으로 근로자의 평균소득이 높을수록 급여액은 많아진다. 높은 소득과 높은 급여 사이의 관계는 약하고 비례적이지 못하지만 분명히 존재하는 것이다.

더 높은 소득으로 인해 더 많은 급여를 지급하는 것은 몇 가지 방식으로 옹호될 수 있다. 첫째, 자유 기업 시스템은 개인적 능력과 창의성에 의거하여 개인에게 주어지는 경제적 보상을 강조하고, 이 원칙은 사회보험 급여 지급 원칙에 반영된다. 더 많은 노력으로 더 많은 소득을 벌어들이는 근로자는 더 많은 사회보험 급여로 보상받는 것이다. 둘째, 급여와 소득을 연계시키는 것은 다양한 경제적 환경, 기준 생활 수준의 차이, 국가 내 지역 간 물가 차이 등을 고려해야 한다. 일반적으로 근로로부터의 소득은 퇴직 시 근로자의 생활 수준과 소득 수준을 결정한다. 만약 정액 급여가 모든 사람에게 지급된다면 몇몇 근로자에게 지급되는 양은 그들의 퇴직 이전 소득과 동일하거나 초과할 것이다. 반면에 동일한 액수를 받는 과거 고소득 근로자들에게는 의미 있는 경제적 안정성을 제공해 줄 수 없는 것이다. 마지막으로, 급여와 소득 연계는 사회보험 급여는 이연된 임금이고 급여 지급은 임금 계약의 확장이기 때문에 바람직하다고 한다. 고용주의 관점에서 사회보험 기여는 노동력 확보 비용이다. 근로자가 미래에 받을 이연된 임금으로 간주될 수 있는 것이다. 피용자의 관점에서 사회보험 기여는 벌어들이긴 했으나 보류된, 퇴직이나 실업, 산재 발생 시 미래에 받을 수 있는 소득에 해당한다. 따라서 이런 관점에서는 소득이 많은 근로자에게 사회보험 급여액을 높이는 것이 논리적이다. 그러나 이런 이론은 저소득 집단의 경제적 안정성 획득을 저해하기 때문에 잘못된 이론이다. 급여와 소득의 연계 원칙을 고수하는 것은 저소득 근로자가 받는 급여는 이전의 저임금 중 일부만일 것이며, 이는 보통의 생활 수준 유지에도 적절치 못한 것이다. 이연된 임금 이론에 따른 사회보험 프로그램은 현 소득의 일부에 해당할 급여액이 안정성의 요구를 충족시킬 만한 수준의 고소득 근로자에게만 엄격하게 제한될 것이다. 사회에는 여전히 저임금 근로자의 경제적 안정성 확보 문제가 남게 되는 것이다.

(4) 자산 조사 없는 급여권

사회보험 급여는 공식적인 욕구를 표명하지 않고서도 권리로서 받게 된다. 욕구 혹은 자산 조사는 절대로 요구되지 않는다. 욕구 조사는 공적 부조에서 사용되며 신청자는 소득과 자산이 생활 유지에 불충분함을 보여 주어야만 한다. 그러나 사회보험 프로그램하에서 급여 자격 요건을 충족시킨다고 가정한다면 수급자는 이러한 욕구 표명 없이도 급여권을 갖게 된다.

가. 계약적 권리

사회보험 급여에 대한 권리는 분명히 계약적 권리는 아니다. 보험 가입자와 정부 사이에 공식적인 계약이 성립되어 있는 것은 아니기 때문이다. 사회보험에 대한 권리는 급여권이 계약적인 기여에 의한 민영보험과는 비교할 수 없다. 계약상의 권리라는 것은 두 당사자의 합의에 의해서만 수정될 수 있다. 사회보험 급여 수급권리는 의회가 보험 가입자의 동의 없이도 급여를 바꾸거나 수정하고 없앨 수 있기 때문에 계약적인 권리가 아니다.

나. 획득한 권리

사회보험 급여권에 대한 또 다른 시각은 수급자는 기여를 했기 때문에 권리를 획득(earned)한다는 것이다. 이런 관점은 몇 가지 이유로 오도되고 있다. 첫째, 다른 수급 자격 조건이 충족되어야만 하기 때문에 사회보험 기여는 그 자체로 급여에 대한 특별한 권리를 발생시키지 않는다. 둘째, 급여 자격이 있는 많은 사람들은 프로그램에 거의 혹은 아예 기여를 하지 않는다. 마지막으로, 사회적으로 적절한 급여를 받는 저소득층은 기여액보다 급여액이 많기 때문에 엄격한 의미에서는 급여에 대한 권리를 획득하지 않았다.

다. 법적 권리

사회보험 급여권에 관한 올바른 관점일 것이다. 법적(statutory) 권리는 법정에서 부여되고 개인들은 급여권을 가지고 소송을 청구할 수 있다. 법률로 제정된 특정한 급여는 자격 요건을 갖춘 사람들에게 지급되어야만 하며 행정적 자의에 의해 보류되거나 감소될 수 없기 때문에 강력한 권리이다. 그러나 공공정책상 필요성이 있다면 국회에서 어떤 사회보험법에 의한 급여를 바꾸거나 폐지할 수 있다는 것이 대체적인 견해이다. 사회보험 급여에 대해서는 실질적인 재산권을 인정하기는 하지만 국회가 어떤 합당한 방식으로 급여를 수정할 수 있다는 것이 특징이다. 이는 정당한 이유가 있는 한에서는 급여를 감소시키는 방향이더라도 국회의 급여 수정은 적법함을 의미한다.

라. 추정적 필요에 의거한 급여

사회보험 급여는 또한 추정적 필요(presumed need)에 기초한다. 추정적 필요란 사회보험 급여가 자동적으로 지급되지 않으며, 특정한 사건이 발생하고 급여 자격 요건이 충족되는 한에서만 지급된다는 것을 의미한다. 예를 들면, 국민연금의 완전 노령연금 급여는 60세가 되어야 지급된다든지 하는 것이다. 급여가 추정적 필요에 근거한다는 것을 인식하지 못하면 다음과 같은 오류를 저지르게 된다. 예를 들면, 사회보험에서 소득 조사 비판자들은 급여가 수년간의 강제적 기여에도 불구하고 퇴직 연령 도달에 의해 자동적으로 주어지지 않기 때문에 급여 수급권은 허구적이라고 주장한다. 급여에 대한 법적 권리는 존재하지만 이 권리는 법에 규정된 특정 조건 충족에 조건적이다. 급여는 추정된 필요에 근거하기 때문에 근로자가 돈을 받으며 고용되거나, 법에 규정된 최대한도를 넘는 소득을 얻는 경우에는 급여의 일부가 지급되지 않는다.

2. 급여의 유형과 지급 기준

1) 급여의 유형 비교[3]

모든 사회적 애로 요인에 대처하기 위해 사회보장제도들은 다양한 종류의 급여 프로그램을 개발하여 국민에게 제공하여야 하는 과제를 가지고 있다. 이 경우 해당 급여를 어떠한 형태로 제공할 것인가 하는 의사결정의 문제가 제기될 수 있다. 즉, 이러한 문제는 급여를 현금 형태 또는 현물 형태로 제공할 것인가 하는 사안과 관련이 있다.

(1) 현금급여

현금급여란 개인이 사회적으로 애로 요인을 극복할 수 있는 경제적 능력을 갖출 수 있도록 소득 형태로 제공하게 되는 급여를 의미한다. 이에 따

3 이정우(2005), 『사회복지정책』, 학지사, pp. 263~285에서 발췌하여 요약함.

라 개인은 시장에서 적절한 상품이나 서비스를 구입하여 자신의 복지 문제를 해결할 수 있다. 사회보장 급여의 형태로서 현금급여는 다음과 같은 장점을 가지고 있다.

첫째, 현금급여는 개인이 시장에서 제공하는 다양한 종류의 복지상품이나 서비스를 임의로 선택할 수 있는 권리를 최대한 보장할 수 있는 장점을 가지고 있다. 그리고 이러한 소비자의 주권(consumer sovereignty)은 당사자의 복지 수준을 증진시키는 효과도 가져다줄 수 있다. 왜냐하면 일반적으로 개인적 차원의 욕구에 대한 정보는 국가나 사회보다 당사자인 자신이 더 많이 가지고 있기 때문이다.

둘째, 현금급여는 개인이 시장에서 생산되는 상품을 소비할 수 있도록 함으로써 자본주의의 경제원리에 적합하게 운영할 수 있는 장점이 있다.

셋째, 사회복지기관의 경우 현금급여는 관리비용의 절감 효과와 행정적 편의를 가져다줄 수 있다. 왜냐하면 현금급여의 경우 복지상품이나 서비스의 생산과 유통이 별도로 시장의 기능을 통하여 이루어지기 때문이다.

반면 현금급여는 다음과 같은 차원에서 문제점을 보이고 있다.

첫째, 현금급여는 수급자의 부당한 소비 행위를 통제할 수 있는 수단을 결여하고 있다는 점에서 문제가 있다. 일례로 현금급여는 일부 계층에게 알코올이나 마약 등의 구매력을 지원하게 되는 부정적인 결과를 가져다줄 수 있다.

둘째, 개인이 현금급여를 통하여 확보하게 되는 구매력이 실제로 시장에서 요구하고 있는 복지상품의 가격과 괴리되는 현상이 발생할 수 있다. 이에 따라 현금급여는 종종 급여 수준의 과부족 문제를 초래하게 된다.

(2) 현물급여

현물급여는 현금이 아니라 상품이나 서비스 형태로 제공되는 급여이다. 일반적으로 이러한 현물급여는 사회복지기관이 직접적으로 생산·공급하는 방법과 시장의 기능을 토대로 생산된 복지상품을 개인이 소비하도록 하고 그 비용을 대신 지원하는 방법이 있을 수 있다. 여기서 후자의 경우와 관련한 대표적인 사례로서 의료보험제도를 들 수 있다. 가령 질병의 발생 시 환자는 의사로부터 의료상품이나 서비스를 제공받게 되고, 이러한 과정에서 발생하게 되는 비용은 의료보험제도가 부담하게 된다.

오늘날 세계적인 추세로서 현물급여의 역할 비중이 점차 높아지는 경향을 보이고 있다. 그 중요한 이유는 주로 현물급여의 형태로 이루어지게 되는 재활사업과 예방사업에 대한 사회적 관심이 높아지고 있기 때문인 것으로 생각된다. 나아가 국민들의 복지 수준 향상은 단순히 현금급여뿐만 아니라 별도로 사회복지 서비스 등 각종 현물급여가 충분히 제공될 경우에만 비로소 실현될 수 있기 때문이다.

현물급여는 다음과 같은 장점을 가지고 있다.

첫째, 현물급여는 문제의 극복을 위해 필요로 하는 상품이나 서비스를 직접적으로 제공함으로써 개인의 부적절한 소비 행위를 통제할 수 있다.

둘째, 현물급여는 가장 경제적인 방법으로 복지상품을 생산할 수 있는 여건을 갖추고 있다. 구체적으로 사회복지기관이 복지상품을 직접적으로 생산할 경우 대량생산의 방법으로 비용절감의 효과가 발생할 수 있을 뿐만 아니라, 시장의 기능을 통해 생산하게 될 경우에도 사회복지기관(일례로 의료보험제도)은 상품의 가격이나 질을 적절히 조절할 수 있는 능력을 가지게 된다.

셋째, 현물급여의 경우 현금급여에 비해 재분배 효과가 상대적으로 높게 나타나게 되는 장점이 있다. 왜냐하면 현물급여는 그 특성상 동일한 피해현상에 대하여 동일한 내용이나 수준의 급여를 제공하게 되기 때문이다.

반면 현물급여는 다음과 같은 측면에서 기능적 한계를 보이게 된다.

첫째, 현물급여의 경우 국가나 사회복지기관이 급여의 종류와 수준을 결정하게 되므로, 급여는 종종 개개인의 실제적인 복지 욕구와 차이를 보일 수 있다.

둘째, 국가나 사회복지기관 주도의 생산 방식은 복지상품을 표준화·규격화·획일화시켜 다양하고 전문적인 사회적 욕구에 적절하게 대처할 수 없는 한계를 보이게 된다.

셋째, 국가나 사회복지기관이 복지상품의 직접적인 생산자가 될 경우 시장원리의 부재에 따른 각종 비효율성 문제와 관료화 문제가 발생할 수 있다. 그리고 간접적인 방식으로 시장을 통한 복지상품의 거래 과정에서 발생하게 되는 비용을 국가나 사회복지기관이 부담하게 될 경우에도 상품의 공급과 수요 그리고 가격의 결정 과정에서 상당한 왜곡현상이 발생할 수 있다. 일례로 우리나라 의료보험제도에서 종종 발견하게 되는 과잉진료 또는 진료의 왜곡현상, 과도한 의료수요 그리고 의료수가 결정과 곤란한 이해갈등 등이 대표적인 문제점으로 지적될 수 있다.

넷째, 현물급여는 종종 상품의 생산을 위해 사전적으로 요구되는 설비투자 비용이 과다하게 나타나는 문제를 가지고 있다. 대표적으로 복지상품의 생산과 유통을 위해서는 사전적으로 복지 인프라(일례로 공공의료 시설 및 장비, 복지시설 등)의 구축 그리고 관리기구 및 인력의 운영 등을 위한 막대한 비용 투자가 필요로 하게 된다.

(3) 현물급여로서 사회 서비스의 재조명[4]

기본적 사회보호를 위하여 서구 복지국가에서는 현금 지원이 중심이 된 공공 부조(범주별 소득 지원 포함)와 현물 지원이 중심을 이루는 사회 서비스라는 두 축의 복지제도를 구축하여 왔다고 할 수 있다. 소득-성장 중심의 패러다임에서는 최저소득 보장을 위한 현금 지원의 복지제도가 압도적일 수밖에 없고, 이러한 점은 서구 복지국가의 발전 과정에서도 확인되고

4 석재은 외(2008), 「한국 장기요양서비스의 복지혼합: OECD 국가들과의 비교적 접근」, 『사회보장연구』, 제24권 제4호, 한국사회복지학회.

있다. 그러나 인간의 삶을 영위하는 데는 화폐소득으로 구매하거나 공급될 수 없는 비화폐적-비물질적 요소가 많으며 이에 따라 결핍의 축소는 화폐 빈곤의 감축으로만 이루어지지 않는다. 이에 따라 서구 복지국가들은 화폐 소득의 보장 이외에도 교육, 보건, 주거, 보육, 돌봄 등 각종 사회 서비스의 대상과 지원 규모를 확대하여 왔다. 이러한 의미에서 사회 서비스는 사회 구성원의 실현 능력과 기능(capability and functioning)을 제고함으로써 삶의 질(복지)과 일상적인 참여의 기회를 높이기 위한 사회보호 중 소득보장 지원을 제외한 사회보호, 즉 사회의 집합적이고 관계 지향적이며 비이윤추구적인 개입 활동으로 규정될 수 있다.[5] 이에는 보건의료, 교육, 주거, 돌봄(아동, 청소년, 노인 및 장애인, 범죄인, 소외계층 등), 문화, 스포츠, 오락 등 비화폐적-비물질적 사회적 욕구에 대한 재화 및 인간 서비스 지원 등이 있다. 사회 서비스는 이와 같이 인간 안전과 관련하여 광의의 의미가 있지만 이 중 보건의료와 교육은 서구 복지국가에서 근대적 국가 성립과 함께 각각 개별적으로 발달하였고 문화, 스포츠, 오락 등은 역사적으로 복지와 관련된 사회 서비스로 분류되지 않고 있다. 주거 지원은 빈곤과 관련되어 복지 지원의 중요한 항목으로 별도로 취급되는 경우가 많다.

소득 지원 중심의 사회정책 아래에서는 일반적으로 사회 서비스는 사람과 사람 간의 상호 작용에 의하여 비물질적인 사회관계나 역할상의 욕구에 초점을 두는 '개인 사회 서비스'로 정의된다. 최근 주목을 받는 사회 케어로서의 돌봄은 이 분야에 포함되고 있다. 인간의 실현 능력의 확장을 위한 인간 발전의 개념에서 교육, 주거, 보건의료는 포함된다. 사회 서비스는 제도의 구축이라는 특징을 갖고 있는데 이는 사회적 문제로 규정되고, 합법성을 가지며, 서비스 전달 체계 등 역할에 대한 규정, 자원의 배분, 사회적

5 사회 서비스는 사회복지 서비스, 대인사회 서비스, 사회적 보호 등 용어와 혼용되고 있는데, 광의로는 공공행정, 국방, 의료 서비스, 교육 서비스, 사회복지 서비스를 포함하는 개념이며, 협의로는 사회적 보호와 유사한 개념으로서 지역사회에 거주하고 있는 장애, 질병 또는 취약성을 가진 사람들에 대한 원조를 의미하기도 한다. 광의의 개념에서 공공행정과 국방을 제외한 범위가 될 것이다.

[그림 4-1] OECD 국가별 사회 지출의 구성

(단위: GDP 비중 %)

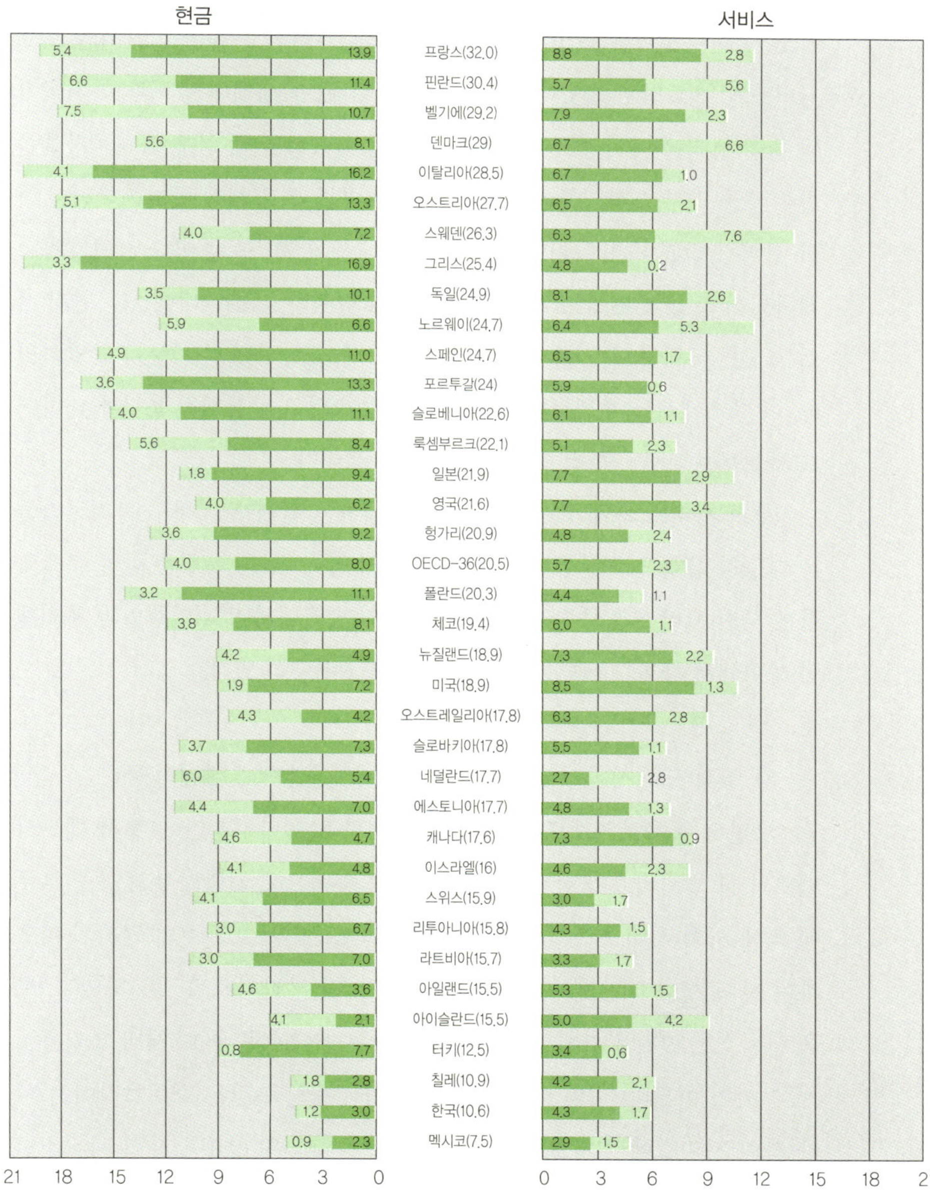

자료: OECD, Social Expenditure Database(SOCX).

통제를 구성요소로 하고 있다.

서구 복지국가의 사회복지 역사에서 초기에는 일정 소득 이하의 특정 범주 사회 구성원에 대한 공공 부조가 기본 축이었고 물질적 급여와 보호 서비스가 분화되지 않았다. 사회 서비스는 제2차 세계대전 이후 복지국가의 핵심 영역은 아니었으나 완만한 발전을 지속하였다. 서구 복지국가들은 범주적 공공 부조 형태를 탈피하여 보편적 공공 부조 체제로 변화하면서 사회 서비스의 분화가 일어났는데 서비스 대상이 저소득층이나 요보호자로 제한되어 공공 부조의 보완적 성격을 갖고 있었다. 1980년대를 거치면서 사회 서비스는 확충되어 전 소득계층으로 확대되고, 예방적 기능이 발달하였다. 이 단계에서는 재원보다는 욕구가 초점이 되고 비경제적 욕구에 대하여도 사회보호로서 사회적 책임을 인정하는 점이다.

사회 서비스 체제를 공공 부조와 연계하여 살펴보면 서구 복지국가들은 다양한 유형으로 분류된다. 이 유형에서 볼 수 있는 특징은 공공 부조와 함께 사회 서비스의 보편적 제공은 사회 위험에 대하여 개인책임과 사회책임 사이에서 사회가 어떠한 선택을 하였느냐에 달려 있다.

가. 공적 사회 서비스 모델(스웨덴, 덴마크, 핀란드, 노르웨이 등)

보편적 공공부조제도이나 이에 대한 강조가 약하지만 보편적 데모그란트와 사회 서비스가 함께 통합되어 욕구 중심으로 지방정부의 공공 부문에 의해 사회 서비스가 개인 단위로 지원되고 있다. 보편주의 원리에 기초하여 사회 서비스는 제2차 세계대전 이후부터 본격적으로 발전하였고, 보육 서비스는 1970년 이후부터 발전되어 왔는데 GDP 중 사회 서비스 지출이 6% 가까이 이른다. 이에 따라 북유럽 복지국가의 특징은 소득보장이 아니라 사회 서비스에 있다고 평가된다. 특히 스웨덴은 1981년 사회 서비스법 제정으로 공공 부조와 사회 서비스를 통합하면서 공공 부조 수급자는 욕구에 따른 추가 지출에 대한 지원을 받으며 모두 접근성에 제한이 없다. 이들 국가에서는 사회 구성원의 욕구에 대한 사회책임의 수용이 높고, 사회적 연대가 강조되어 가족 기능의 상당 부분을 국가가 담당하고 있다.

나. 가족주의 모델(이탈리아, 그리스, 스페인, 포르투갈 등)

사회보험이 발달되어 있지만 공공부조제도는 매우 취약하고 사회 서비스는 가족에 주로 의존하며 국가 또는 교회가 제공하는 사회 서비스가 지배적이나 분절되어 있다. 고소득자들은 영리적 서비스를 이용하고 있다. 이탈리아는 공적 사회 서비스의 비중이 다른 국가들보다도 상대적으로 높다. GDP 중 사회 서비스 지출 비중이 1%에도 미치지 않는다. 전반적으로 복지 수준이 낮다.

다. 보충주의 모델(독일, 오스트리아, 네델란드 등 유럽 대륙)

사회보험의 비중이 전통적으로 강하여 공공 부조와 사회 서비스가 그리 발전하지 않고 있다. 보편적 공공부조제도와 함께 사회 서비스는 저소득층을 주 대상으로 하고 있다. 특히 독일에서는 공공 부조와 사회 서비스의 연계가 긴밀하고 저소득층의 욕구에 대하여 탄력적으로 이루어지고 있다. 복지 지출 중에서 현금급여의 비중이 높고, 사회 서비스 지출은 상대적으로 비중이 작다. 사회 서비스는 국가가 재정을 지원하고 민간 비영리 부문이 서비스를 제공하여 정부는 보충적 역할을 한다. 프랑스와 벨기에는 이 유형에서 다소 상이한 특징을 보이는데, 이들 국가에서는 아동을 중심으로 공공 부문의 사회 서비스가 비영리 부문을 압도한다. 이들 국가는 개인책임 후 국가 개입이라는 원칙이 지켜지고 있다.

라. 자산조사-시장의존 모델(영국, 아일랜드, 미국 등)

영국은 보편적 공공 부조에 의해 급여 수준이 다소 높지만 사회 서비스는 보편화되지 않았다. 돌봄은 개인책임으로서 국가가 가족에 합법적인 개입은 학대 등 역기능적 문제가 있거나 빈곤 등을 가진 표적 집단에 대한 경우이다. 제2차 세계대전 이후 비영리기구가 수행하던 서비스 전달의 중요한 역할을 지방의 공공 부문으로 이전하였고, 1990년 국가 건강 서비스와 지역케어법을 제정하면서 지역사회와 영리 민간 부문을 중심으로 사회 서비스의 확충을 추진하고 있지만 중앙정부가 자원을 통제하는 체제하에서 사회 서비스 지출 비중은 여전히 크지 않다. 워크페어정책에 따라 공공 부조와 근로 강화 등 사회 서비스가 연결되어 제공되고 있다. 사회보험 우선 적용 후 이에 누락된 삶들에 대한 사회책임은 수용하되 데모그란트와 사회 서비스보다는 공공 부조 중심이라고 할 수 있다. 미국은 영국의 자유주의적 유형이 극단화된 사례로 본다. 공공 부조는 범주적이며 급여 수준이 낮고, 사회 서비스는 개인 부담 원칙이 고수되어 민간 부문이 사회 서비스를 주로 제공하고 있다. 전통적으로 비영리 부문이 사회 서비스 제공을 주도하였으나 1970년대 이후 신자유주의 경향 속에서 영리 부문이 급성장하였다. 1990년대 이후 지방정부의 자율성이 커지면서 복지재정이 축소되기도 하였다. 미국은 개인책임 중심의 국가라 하겠다.

서구 복지국가들은 1980년대 이후 복지재정 부담에 대한 우려가 가중되고 공적 사회 서비스에 대한 대중적 신뢰가 저하하는 가운데 노령, 실업, 질병, 장애 등 전통적 사회 위험의 심화와 최근 고령화, 세계화와 노동시장의 변화, 가족 구성의 변화 등 새로운 사회 위험으로 인하여 사회 서비스 수요가 증대하여 사회 서비스 체제의 변화가 불가피하였다. 사회 서비스 체제의 재편에는 민영화와 탈집중화 추세가 뚜렷하다고 주장되기도 하지만 전체적으로 살펴보면 재편의 내용은 매우 복잡하다고 할 수 있다.

즉, 복지재정의 압박 가운데서도 사회 서비스 지출은 복지 욕구의 변화에 따라 지속적으로 증가하였고, 증가 요인으로는 보육, 교육, 적극적 노동시장정책 등으로 인적 자본에 대하여 적극 지원하는 사회 투자 지출이 주도하였다. 이러한 과정에서 복지 지출 감축을 위한 민영화와 탈집중화는 중앙정부의 개입 축소와 복지다원화를 의미하는 것은 아니었다. 영국의 경우에는 시장 메커니즘의 도입과 탈집중화를 추진하였지만 재원 공급에 대한 주도권이 공공 부문에 여전히 남아 있고, 중앙정부에 권한이 집중되어 있으며, 비영리 및 영리기구들의 시장 비중은 늘어났지만 공적 서비스 체제와 긴밀하게 연결되어 있다. 그리고 사회 서비스 공급에서도 서비스 질과 다양화보다 비용 관리적 측면이 강하다. 프랑스에서는 1980년대 중반의 개혁으로 중앙정부에서 지방정부로 탈집중화가 일어났고 동시에 비영리기구들이 발달하였으나 지방정부가 재원을 관리·통제하는 가운데 공적 사회 서비스 체제에 통합되는 수준은 약하다. 스웨덴에서의 민영화는 유연한 서비스의 확대와 이용자 선택의 폭 확대를 목적으로 비영리기구의 역할이 확대된 것이고, 독일과 이탈리아에서는 공공 부문의 직접 서비스가 늘어나 복지 혼합의 수준이 높아졌다. 국가별 상황과 복지 수요의 증대에 따라 중앙정부로부터 지방정부로 사회 서비스와 관련된 권한과 의무가 이관되고, 중앙정부의 감독, 규제와 지방정부의 자원통제는 더욱 강화되는 모습을 보였다. 독일과 이탈리아와 같이 공공 부문이 오히려 확대 추세를 보인 국가도 있다.

3. 선진 각국의 사회보험 급여 수준

1) 노령연금 급여 수준

OECD 국가의 공적 연금의 총소득대체율을 보면, 평균소득자는 49.0% 수준이며, 소득계층별로 0.5배 소득계층은 60.0% 수준이며, 1.5배 소득계층은 44.7% 수준으로 나타났다. 국가별로 보면 차이가 상당히 크게 나타나고 있다. 오스트리아, 포르투갈과 같이 70%대 국가가 있는가 하면, 영국, 리투

[표 4-1] 각국 공적 연금의 총소득대체율

	소득(평균의 배수, 남성 기준)																
	연금수급 개시 연령		0.5		1		1.5			연금수급 개시 연령		0.5		1		1.5	
오스트레일리아	67		64.8	(62.1)	30.8	(28.1)	30.9	(28.1)	뉴질랜드	65		79.3		39.7		26.4	
오스트리아	65		76.5		76.5		76.5		노르웨이	67		50.4		45.4		36.3	
벨기에	67		57.3		46.8		33.7		폴란드	65	(60)	29.4	(29.8)	29.4	(22.5)	29.4	(22.5)
캐나다	65		50.9		39.0		29.8		포르투갈	68		75.8		74.4		73.1	
칠레	65		35.2	(34.6)	31.2	(28.8)	31.2	(28.8)	슬로바키아	64		59.5		49.6		47.0	
체코	65		75.0		45.9		35.2		슬로베니아	62		47.8	(50.0)	38.8	(40.7)	36.0	(37.9)
덴마크	74		113.8		74.4		64.0		스페인	65		72.3		72.3		72.3	
에스토니아	71		61.4		47.1		42.3		스웨덴	65		54.1		54.1		55.3	
핀란드	68		55.5		56.5		55.5		스위스	65	(60)	53.0	(51.8)	42.4	(41.3)	29.2	(28.5)
프랑스	66		60.2		60.1		54.0		터키	62	(60)	67.4	(64.3)	67.4	(64.3)	67.4	(64.3)
독일	67		38.7		38.7		38.7		영국	68		43.5		21.7		14.5	
그리스	62		63.1		49.9		45.5		미국	67		50.1		39.4		33.1	
헝가리	65	(62)	55.1	(52.2)	56.1	(52.2)	55.1	(52.2)	OECD	66.1	(65.7)	60.0	(59.4)	49.0	(48.2)	44.7	(44.0)
아이슬란드	67		75.3		56.1		65.1										
아일랜드	68		54.1		27.0		18.0		아르헨티나	65	(60)	83.7	(76.9)	71.2	(64.4)	67.1	
이스라엘	67	(62)	77.4	(66.7)	50.1	(41.8)	33.4	(27.9)	브라질	57	(52)	92.1	(92.1)	58.9	(46.1)	58.9	(60.3)
이탈리아	71		79.5		79.5		79.5		중국	60	(55)	90.6	(77.3)	71.6	(60.8)	65.2	(46.0)
일본	65		42.5		32.0		32.0		인도	58		83.4	(80.4)	83.4	(80.4)	83.4	(55.3)
한국	65		55.6		37.3		37.3		인도네시아	65		55.3	(53.0)	55.3	(53.0)	55.3	(80.4)
라트비아	65		44.6		44.6		44.6		러시아	64	(58)	62.3	(57.9)	49.6	(45.2)	44.9	(53.0)
리투아니아	65		35.8		23.6		23.6		사우디아라비아	47		59.6		59.6		59.6	(48.5)
룩셈부르크	62		91.5		78.8		78.8		남아프리카공화국	60		34.5		17.2		11.5	
멕시코	65		35.1		25.7	(24.0)	25.7	(23.0)	EU 28	65.3	(65.9)	60.3		52.0	(51.7)	48.8	
네덜란드	71		73.5		70.9		70.9										(48.5)

자료: OECD pension models.

[표 4-2] 각국 공적 연금의 순소득대체율

	소득(평균의 배수, 남성 기준)																
	연금수급 개시 연령		0.5		1		1.5			연금수급 개시 연령		0.5		1		1.5	
오스트레일리아	67		75.5	(72.2)	41.0	(37.3)	43.8	(39.8)	뉴질랜드	65		79.8		42.8		30.3	
오스트리아	65		89.7		89.9		89.6		노르웨이	67		57.0		51.6		43.0	
벨기에	67		70.7		66.2		48.3		폴란드	65	(50)	35.9	(36.3)	35.1	(27.3)	34.7	(25.8)
캐나다	65		58.3		50.7		39.7		포르투갈	68		58.0		89.6		89.0	
칠레	65		44.6	(42.6)	37.3	(34.4)	37.9	(34.9)	슬로바키아	64		71.7		65.1		63.3	
체코	65		91.6		60.3		47.9		슬로베니아	62		62.8	(65.8)	57.5	(60.0)	53.7	(53.5)
덴마크	74		104.5		70.9		63.3		스페인	65		78.6		83.4		82.8	
에스토니아	71		65.6		53.1		49.0		스웨덴	65		60.7		53.4		68.9	
핀란드	68		65.1		64.2		54.9		스위스	65	(54)	54.3	(52.8)	44.3	(43.0)	31.7	(30.8)
프랑스	66		71.4		73.5		59.0		터키	62	(50)	86.2	(82.3)	93.8	(89.6)	98.7	(94.2)
독일	57		55.1		51.9		51.4		영국	68		51.0		28.4		20.2	
그리스	62		57.6		51.1		50.3		미국	67		61.2		49.4		42.7	
헝가리	65	(62)	84.3	(78.4)	84.3	(78.4)	84.3	(78.4)	OECD	56.1	(55.7)	68.3	(67.6)	53.6	(57.6)	54.7	(53.7)
아이슬란드	67		80.5		69.8		51.8										
아일랜드	68		60.5		35.9		26.7		아르헨티나	65	(60)	102.8	(95.5)	92.8	(85.2)		
이스라엘	67	(62)	81.1	(69.2)	57.8	(49.0)	42.4	(35.9)	브라질	57	(52)	100.1		64.8	(60.6)	88.8	(81.4)
이탈리아	71		92.0		91.8		94.4		중국	60	(55)	98.5	(84.0)	79.4	(67.7)	64.8	(50.5)
일본	65		45.9		36.8		33.3		인도	58		94.8	(91.3)	94.8	(91.3)	73.6	(63.2)
한국	65		60.8		43.4		32.6		인도네시아	65		58.2	(55.8)	59.0	(56.7)	94.8	(91.3)
라트비아	65		55.2		54.3		52.2		러시아	64	(58)	71.7	(65.6)	57.0	(52.0)	58.6	(55.3)
리투아니아	65		48.4		31.0		25.3		사우디아라비아	47		65.4		65.4		51.6	(45.6)
룩셈부르크	62		99.0		90.1		55.9		남아프리카공화국	60		34.5		18.5		65.4	
멕시코	65		35.6		28.6	(26.7)	28.6	(26.7)	EU 28	65.3	(65.9)	68.8		63.5	(63.0)	12.9	
네덜란드	71		78.0		80.2		78.5									60.4	(59.9)

주: 순소득대체율 = (연금급여-조세 및 사회보험료 부담)/(소득-조세 및 사회보험료 부담).
한국의 최대기여기간은 18~59세까지 42년으로.

자료: OECD pension models.

아니아와 같이 20%대 국가도 있다. 공적 연금의 구조나 사적 연금의 기능 차이가 있으므로 단순히 비교하기 어려운 측면이 있다.

OECD 국가의 공적연금의 순소득대체율[6]을 보면, 평균소득자는 58.6% 수준이며, 소득계층별로 0.5배 소득계층은 68.3% 수준이며, 1.5배 소득계층은 54.7% 수준으로 나타났다. 총소득대체율보다는 순소득대체율 개념이 더 중요할 수 있다. 근로 기간 중 세금과 사회보험료 부담이 많은 국가의 경우 순소득대체율과 총소득대체율의 차이가 더 크게 나타날 수 있다. 우리나라의 경우도 평균소득자 기준으로 총소득대체율은 37.3%이지만 순소득대체율은 43.4%로 순소득대체율이 높게 나타난다.

2) 실업급여 수준

실업급여 소득대체율은 국가별로 상이하다. 소득 수준에 따라 상한선, 하한선이 존재하여 소득계층별 실업급여의 절대적 수준을 평준화시키는 대표적인 사례로 한국이 제시되고 있다. 실업급여는 실업 기간에 따라 급여 수준이 다르게 나타날 수도 있다. 실업보험에 의한 급여와 별도로 실업부조에 의한 급여도 존재한다.

6 소득대체율(income replacement ratio)이란 총소득에서 세금, 사회보험료 등의 비용을 공제한 금액을 의미한다.

[그림 4-2] 실업급여 소득대체율

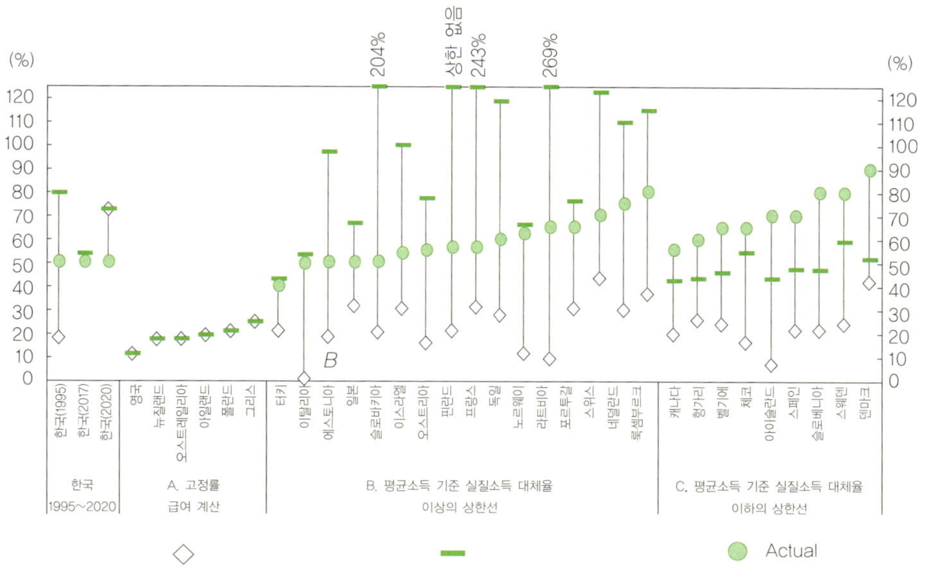

[표 4-3] 한국의 최저임금

구분	시급	월급
2021년	8,720원(2020 대비 1.5% 인상)	1,822,480원
2020년	8,590원(2019 대비 2.9% 인상)	1,795,310원
2019년	8,350원	1,745,150원
2018년	7,530원	1,573,770원
2017년	6,470원	1,352,230원
2016년	5,030원	1,260,270원

자료: 고용노동부(2021).

[표 4-4] 기준 중위소득(2021년)

(단위: 원/월)

가구원 수		1인	2인	3인	4인	5인	6인
기준 중위소득	2020년	175만 7,194	299만 1,980	387만 577	474만 9,174	562만 7,771	650만 6,368
	2021년	182만 7,831	308만 8,079	398만 3,950	487만 6,290	575만 7,373	622만 8,603

자료: 보건복지부(2021).

[표 4-5] 국민기초생활보장 급여 지급 기준 소득

(단위: 원/월)

가구원 수		1인	2인	3인	4인	5인	6인
교육급여	2020년	87만 8,597	149만 5,990	193만 5,289	237만 4,587	281만 3,886	325만 3,184
(중위 50%)	2021년	91만 3,916	154만 4,040	199만 1,975	243만 8,145	287만 8,687	331만 4,302
주거급여	2020년	78만 737	134만 6,391	174만 1,760	213만 7,128	253만 2,497	292만 7,866
(중위 45%)	2021년	82만 2,524	138만 9,636	179만 2,778	219만 4,331	259만 818	298만 2,871
의료급여	2020년	70만 2,878	119만 6,792	154만 8,231	189만 9,670	225만 1,108	260만 2,547
(중위 40%)	2021년	73만 1,132	123만 5,232	159만 3,580	195만 516	230만 2,949	265만 1,441
생계급여	2020년	52만 7,158	89만 7,594	116만 1,173	142만 4,752	168만 8,331	195만 1,910
(중위 30%)	2021년	54만 8,349	92만 6,424	119만 5,185	146만 2,887	172만 7,212	198만 8,581

자료: 보건복지부(2021).

참고자료

■ 한국의 2008년, 2009년 최저임금

최저임금위원회는 2021년도 최저임금은 전년 대비 1.5%로 인상된 8,720원으로 결정하였다. 2021년 최저임금의 월 환산액은 8,720원에 209시간을 곱한 182만 2,480원으로, 2020년의 179만 5,310원보다 2만 7,170원 인상되었다. 내년도 산입 제외 금액은 상여금 27만 3,372원과 복리수당 5만 4,674원이다. 최저임금은 국가가 임금의 최저 수준을 정하고, 사용자에게 이 수준 이상의 임금을 지급하도록 강제함으로써 저임금 근로자를 보호하는 제도이다. 대상은 1인 이상 근로자를 사용하는 모든 사업 또는 사업장이다. 이를 위반하면 3년 이하의 징역 또는 2,000만 원 이하의 벌금 부과, 병과 가능하다.

■ 한국의 2021년 최저생계비

보건복지부 제60차 중앙생활보장위원회를 열고 2021년도 기준 중위소득과 급여별 선정 기준 및 최저보장 수준을 심의·의결했다. 기준 중위소득은 보건복지부 장관이 중앙생활보장위원회의 심의·의결을 거쳐 고시하는 국민 가구 소득의 중간값이다. 2015년 기초생활보장제도가 맞춤형 급여로 개편되면서 기존에 사용하던 절대적 빈곤선인 최저생계비를 대체하는 상대적 빈곤선의 기준으로서 도입되었다.

기준 중위소득은 차상위계층, 생계급여, 의료급여 등 저소득층 지원의 기준이 될 뿐만 아니라 국가장학금, 난임 부부 시술비, 치매 치료관리비, 아이돌봄 서비스, 산모 · 신생아 건강 관리 지원 사업 등 각종 서비스 제공의 기준이 된다. 현재 기초생활보장제도를 비롯해 12개 부처 73개 복지사업에서 선정 기준으로 활용하고 있다. 2015년 이후 전년도 대비 기준 중위소득 인상률은 2016년 4.00%, 2017년 1.73%, 2018년 1.16%, 2019년 2.09%, 2020년 2.94%, 2021년 2.68%다. 내년도 인상률은 올해 인상률 2.94%보다 0.26%포인트 감소했다. 2021년도 기준 중위소득은 4인 가구 기준으로 하면 487만 6,290원이다. 올해 4인 가구 기준 중위 소득은 474만 9,174원이었다. 가구원별로 기준 중위소득은 1인 기준 182만 7,831원, 2인 기준 308만 8,079원, 3인 기준 398만 3,950원, 4인 기준 487만 6,290원, 5인 기준 575만 7,373원, 6인 기준 662만 8,603원 등이다.

Chapter 5

사회보험료와 재정

학습목표

1. 보험료의 산정 원칙은 어떤 것이 있는가?
2. 조세 원칙의 변화 과정을 살펴보자.
3. 사회보험료 징수의 문제점을 알아보자.
4. 책임준비금의 개념을 정리해 보자.
5. 재정 방식을 정리해 보자.

1. 보험료의 산정 원칙

1) 보험요율 산정의 기본적 요건

요율 산정에 대한 법적 규제는 보험사업의 건전성을 확보하는 한편 사회적인 배려로서 보험계약자의 이익을 보호하기 위한 것이다.

대부분의 국가에서 요율의 법적 규제로서의 요건은, 요율은 충분하여야 하고(adequacy), 지나치게 높지 않아야 하며(not excessiveness), 부당하게 차별적(not unfairly discriminatory)이어서는 안 된다는 것이다.

(1) 충분성

보험요율은 충분하여야 한다는 원칙은 보험사업의 건전성을 확보하기 위한 요건이다. 이 요건은 보험회사 간의 무책임한 요율경쟁을 방지하여 보험회사의 지급불능을 회피하도록 하기 위한 것이다.

보험회사의 파산을 가져오는 원인은 자산운용의 실패 등 다른 조건도 많으므로 요율이 충분하다고 하여 반드시 그 회사의 지급여력이 보증된다고 할 수 없지만, 불충분한 요율이 장기간 계속된다면 그 회사는 확실히 지급불능 사태에 직면할 것이다. 일반적으로 각 보험종목마다 발생될 손해와 경비를 부담하기에 충분할 때 요율은 충분한 것으로 간주하고 있다.

요율이 충분하다는 것은 보험회사의 지급불능을 방지하고 또 자산상 우위에 있는 보험회사가 열세의 보험회사를 시장에서 축출하는 과당요율 경쟁을 방지하는 기능을 한다.

보험요율의 충분성(adequacy)을 다음과 같이 규정할 수도 있다.

① 요율이 보험회사에 따라 부당하게 낮지 않으며,

② 이를 계속적으로 사용하여도 보험회사의 지급능력을 위기에 빠뜨리지 않고,

③ 이 요율을 사용함에 있어 경쟁관계가 확보되어 독점 상태를 만들지 않을 때 요율은 충분하다고 할 수 있다.

(2) 비과도성(not excessiveness)

보험요율이 지나치게 높지 않아야 한다는 원칙은 보험계약자가 부당하게 높은 보험요율을 적용받지 않도록 보험계약자를 보호하기 위하여 설정된 규제이다.

일반적인 사업 활동에서 공동 행위는 독금법상 인정되지 않지만 보험요율은 보험업법상 요율 산출 단체의 인정과 보험회사의 요율 산정상 공동행위가 인정되므로 이 원칙은 중요한 의미를 갖는 것이다.

자유경쟁요율제도가 유지되고 다수의 보험회사가 존재하는 미국에서는 이 요건은 다음과 같이 규정되고 있다.

① 요율이 보험회사에 따라 부당하게 높지 않고,

② 이 요율이 적용되는 요율 구분에 관하여 지역적으로 어느 정도의 경쟁관계가 존재할 때 요율은 지나치게 높지 않다고 할 수 있다.

즉, 이 정의에 따르면 요율이 상당히 높은 이윤을 생기게 하여도 적당한 경쟁관계가 성립하는 한 요율은 지나치게 높다고 말할 수 없는 것이 된다. 여기에서 적당한 경쟁관계가 존재하는가에 대한 판단 기준으로서는

① 그 지역에서 해당 담보상품을 적극적으로 판매하고 있는 보험회사의 수,

② 경쟁관계에 있는 회사의 가격다양화 정도,

③ 이들 보험회사 간의 시장점유율 등이 고려될 수 있다.

따라서 극히 일부 보험회사만이 해당 시장에서 판매 활동을 하고 있다든지, 판매 활동을 행하는 전 보험회사가 동일가격으로 영업하고 있거나, 또는 1개사가 시장을 독점하고 있는 상태일 때는 충분한 경쟁관계가 존재한다고 말할 수 없을 것이다.

우리나라의 경우 보험회사 수도 미국에 비하여 적고, 주요 종목인 화재보험, 자동차보험, 상해보험 등의 요율 산정과 금융위원회의 인가는 보험개발원에 의하여 행하여지고, 보험회사들은 그 요율을 사용하고 있다. 따라서 보험요율의 과부족성(adequacy and excessiveness)의 평가는 대부분이 감독당국의 판단에 위임되어 있다고 말할 수 있다. 그러나 현재 진행 중인 요율 자유가 상당히 진전될 경우에는 상황이 달라질 수 있다.

(3) 비차별성(not unifairly discriminatory)

보험요율은 그 성격상 차별적일 수밖에 없다. 즉, 이 원칙은 부당하게 차별적이라는 것만을 금지하고 있다는 것에 유의할 필요가 있다. 요율 산정에서 합리적인 이유가 있는 차별은 인정되고 있다. 부당하게 차별적인지의 여부는 보험수리상의 공평성에 관한 것이며, 각자가 부담할 보험료가 각각의 위험도에 적합한 것인지의 여부에 관한 것이다.

예를 들면, 상해보험이나 근로자 재해보상보험에서 빌딩 유리창 청소에 종사하는 자가 일반사무직 종사자에 비하여 상해 위험이 높으므로 높은 요율이 부과되고 있을 때 양자의 요율격차가 각각의 위험도를 정확히 반영하고 있다고 한다면, 그 요율 간에 격차를 두는 것은 합리적이며 합법적이라고 할 수 있다. 부당하게 차별적이라는 것은 양자 간에 예정손해 및 경비에 명확한 차이를 보이지 않는데도 불구하고 양자의 요율에 차이가 있을 때 부당히 차별적이라고 말할 수 있다. 한편, 위험도가 동일하여도 이에 부가

하는 경비가 다르거나 반대로 부가할 경비가 동일하여도 위험도가 달라서 양자의 요율격차가 상당히 정확하게 설정되어 있는 경우에는 부당하게 차별적이라고 말할 수 없다. 또한 동일 집단 내거나 포괄 계약상 가입 구성원 간에 요율을 넓게 평균화한 경우에도 요율이 부당하게 차별적이라고는 말하지 않는다.

2) 보험요율 산정의 부수적 요건

보험사업을 영위하는 관점에서 보면, 요율은 다음과 같은 요건을 만족하여야 한다.

① 적절히 안정되어 있을 것
② 손해의 변화에 대하여 적정하게 대응 가능하도록 유연성이 있을 것
③ 손해방지를 촉진할 수 있을 것
④ 불확실한 사태에 대해서도 충분한 대비가 있을 것
⑤ 간단하고 쉽게 이해할 수 있을 것

이들 요건 중에는 상호 상반되는 관계에 있는 것도 있다. 예를 들면, 안정성을 중시하면 손해 변화에 대한 적응성이 충분히 발휘될 수 없는 것이다. 따라서 요율산정제도에서는 몇 가지 요건들을 절충하고 있다.

(1) 안정성

소비자를 만족시키기 위해서는 요율이 안정되어 있는 것이 필요하다. 보험요율이 항상 변하거나 또는 급격히 변한다면 소비자는 보험제도 자체에 불만과 불신을 갖게 되어 요율을 엄격히 규제하도록 행정당국에 요청할 수 있을 것이다.

요율의 안정성을 높이기 위하여 몇 가지 기법이 사용되고 있다.

첫째, 소비자의 보험료 부담상의 영향을 고려하여 한 번에 일정 비율을 초과한 요율의 인상을 행하지 않는 방법이 일반적으로 채택되고 있다.

둘째, 요율의 안정성을 높이기 위하여 사용되는 다른 하나의 방법은 요율 산정 시에 사용되는 통계자료에서 이상 위험을 제외하는 것이다. 예를 들어, 화재보험에서 풍수해 보험의 경우 한 번의 대형 태풍으로 합계손해액이 수천억 원에 달하는 경우를 가정하여 이 손해액 전부를 요율 산정 시에 감안한다면 대형 태풍이 있었던 다음 해의 요율은 상승하고 반대로 태풍이 없다면 요율은 하락하게 된다. 물론 요율 산정 시에 이상 손해를 제거한다고 하여 완전히 이것을 무시하지는 않는다. 즉, 장기 관찰에 기초한 이상 손해에 대하여는 어떤 소정액을 초과하는 부분을 합계하여 이를 관찰 기간으로 나누어 각 연도에 배분하는 방법을 채택할 수 있다.

셋째, 요율안정성을 확보하는 다른 하나의 방법은 자료를 장기적으로 관찰하여 요율을 산정하는 방법이다. 관찰 기간을 길게 하여 요율을 산정할 때 몇 가지의 문제를 야기시킬 수 있다. 예를 들면, 관찰 기간 중의 인플레이션이나 요율 개정에 의한 영향을 고려하기 위하여 지급보험금 및 보험료를 현행 수준으로 수정해야만 하는 필요성이 발생한다.

넷째, 후에 자세히 설명이 되겠지만 신뢰도 이론을 이용한 기법을 이용하는 것도 요율의 안정성을 높일 수 있는 방법이다.

(2) 시장성

적응성의 문제는 요율은 충분하여야 하지만 경쟁에 뒤지지 않도록 지나치게 높아서는 안 된다는 요율 산정의 기본 요건에서 발생하는 것이다. 이 요건을 충족시키기 위해서는 위험도가 증가하면 요율을 인상하고 감소하면 요율을 인하하여야 한다.

예를 들면, 인플레이션에 의하여 배상책임 금액이나 클레임 코스트가 증가하는 경우에는 요율도 이 증가분에 따라서 인상하지 않으면 안 된다. 또 도시화가 진전됨에 따라서 교통량이 증가하여 교통사고가 많이 발생하면 자동차보험 요율은 손해의 증가분을 반영할 수 있도록 인상되지 않으면 안 된다. 그러나 재물보험의 경우에는 인플레이션에 의하여 재물의 손해액도 상승하지만 부보 비율이 충분하다면 보험금액도 연동하여 상승하므로 어느 정도 이에 따른 영향이 상쇄될 것이다.

추세율을 이용하는 것은 요율의 적응성을 높이는 하나의 유효한 방법이 될 것이다. 요율 산출 시 장래의 사고 빈도나 1건당 평균손해액을 예측하는 경우 과거의 추세에 기초한 추세율이 사용된다. 또 최근 통계일수록 현상을 정확하게 반영할 수 있기 때문에 요율의 적응성을 높이기 위해서는 가능한 한 관찰 기간을 짧게 하는 것도 중요하다.

(3) 보험사고 방지 노력 유인

손해방지는 보험계약자와 보험회사에 대하여 중요한 의미를 갖는다. 손해방지는 사고 빈도를 감소하게 하는 동시에 1건당 평균손해액을 감소하게 하는 효과가 있다. 보험은 보험가입자 전원에게 경제적 손해를 평균하여 부담하게 하는 기능을 가지고 있으므로 손해방지는 보험계약자가 부담할 보험료를 감소시킨다. 따라서 손해방지에 의하여 보험계약자가 구입하기 쉬운 요율 수준을 확보할 수 있으므로 보험의 보급을 촉진하여 보험회사의 수익을 안정시킨다. 이러한 이유에서 요율 체계는 손해방지를 촉진할 수 있는 구조를 가지고 있어야 한다.

요율 체계가 손해방지를 촉진하기 위한 구체적인 예를 들어 보면 다음과 같다. 화재보험에서는 건물 요율이 해당 건물의 화재위험도에 기초하여 정해지고 있다. 즉, 화재가 발생하기 어려운 건물구조는 그만큼 보험요율이 저렴하게 되어 있다. 또한 스프링클러 장치나 옥내 소화전 등의 소화설비를 구비하고 있다든가 또 손해를 감소시키는 시설이 설치되어 있는 경우에는 요율이 할인되고 있다. 자동차보험에서도 보험계약자가 사고경력에 따라 익년도의 적용요율에 소정의 할인·할증을 부과하는 소위 merit-demerit 요율 체계를 가지고 있다.

또 예정요율, 경험요율 및 무사고보너스 요율제도는 각각 방재 노력 또는 실적에 기초하여 요율 조정을 행하고 있다. 즉, 예정요율제도에서는 보험계약자의 방재대책이 사고발생 또는 손해액의 감소효과가 있다고 인정되는 경우에 요율의 할인을 행하고 있다. 한편, 경험요율이나 우량할인제도는 보험계약자의 방재 노력이 실제로 손해 감소라는 형태로 나타날 때 요율이 할인된다.

(4) 신축성

보험요율 산정이란 과거 통계자료를 이용하여 장래의 클레임이나 경비를 예측하는 행위이다. 완벽한 통계자료에 기초하여 완벽한 요율 산정 기법을 사용하여도 다음의 두 가지 이유로 이 같은 장래 예측이 반드시 정확하다고 할 수는 없다.

첫째, 시간이 흐름에 따라 상황이 변화하고 이것이 사고 빈도 및 1건당 평균손해액에 영향을 미치기 때문이다. 예를 들면, 인플레이션에 의한 평균 클레임액의 상승, 또한 법 개정에 의한 배상책임 클레임 건수 및 금액의 증가 등에 영향을 받는다.

둘째, 장래 예측을 행하기 위하여 과거 통계자료를 사용한다고 할 때 이는 대수의 법칙에 기초한 것이다. 대수의 법칙이란 손해에 영향을 미치는 요인에 전혀 변화가 없는 것으로 할 때, 위험집단 규모가 크게 될수록 장래 발생하는 실제의 손해가 과거의 경험치에 의하여 구하여진 예정손해에 근접하게 된다는 것이다. 요율 산정에서 대수의 법칙은 가장 유익한 법칙이지만 위험집단 규모가 커짐에 따라 실제의 손해가 예정손해에 근접한다고 할지라도 양자가 완전히 일치되지는 않는다.

손해발생에는 항상 우연적인 요인이 있으므로 실제손해가 예정손해와 일치될 정도의 대규모 위험집단은 존재하기가 힘들다. 또 요율 산정자가 장래손해를 예측하여 완전하게 신뢰할 수 있을 정도로 요율 산정에 이용되고 있는 통계량이 충분하다고 할 수는 없다.

신뢰도 이론은 이같이 불충분한 통계자료에서 생기는 불확실성을 조정하는 기법이지만 완전한 조정기법은 아니다.

즉, 손해의 발생에는 우연성이 작용되므로 실적손해를 예정손해와 완전히 일치시킬 수는 없다. 따라서 요율 산출 시에는 이윤에 대한 계산과 병행하여 손해의 예측 불가능 부분 및 우연성에 의한 평균치로부터의 이탈에 대비할 수 있도록 불확실한 사태도 고려하여야 한다.

(5) 간명성

요율 체계는 가능한 한 간명한 것이 바람직하다. 요율 체계가 간명하면 계약을 직접 모집하는 대리점에서는 요율 적용 시 편하며 경비도 줄어들 수 있다. 특히 가계보험 분야에서는 보험료 단가가 비교적 저렴하여 보험료 계산에 많은 시간과 노력이 드는 것은 바람직하지 않다. 또한 보험가입자 입장에서 볼 때 요율 체계가 간명하면 보험료가 어떻게 결정되고 있으며 어떤 조치를 강구하면 보험료가 감소되는지를 이해할 수 있다.

3) 보험요율 산정방법의 종류

(1) 등급요율

등급요율(class rate)은 광범위한 동일 위험집단별로 동일한 요율을 적용하는 요율 체계로서 주로 가계성 보험에 많이 사용되는 요율 형태이다. 등급분류의 기본은 손해 빈도 및 손해 규모에 영향을 미치는 일정한 특성에 따라 분명하게 정의가 내려져야 하고 또한 각 등급의 특성들도 쉽게 확인될 수 있어야 한다.

등급요율은 요율 적용이 간편하며 언더라이팅에 덜 숙련된 사람도 쉽게 사용할 수 있고, 또 적은 비용으로 요율을 사용할 수 있는 장점이 있는 반면, 요율 체계의 단순성·경직성으로 인하여 동일 등급에 해당하는 모든 계약자에게 정확히 평준화될 수 없는 단점이 있다.

(2) 개별요율

개별요율(individual rate)은 다수의 동질위험이 존재하지 않거나 또는 특수한 위험을 가지고 있는 물건에 대해서 사용하는 요율 체계로서 결과적으로 매 위험등급에 단지 하나만의 보험목적물이 있는 것으로 볼 수 있다.

일부 위험들에 대하여는 손해발생 빈도와 심도에 영향을 미치는 특성을 어느 정도 알 수 있고, 그 결과에 대해서도 합리적인 정확성을 갖고 추정할 수 있으며, 또한 이러한 위험들에 대하여 매 위험별로 요율을 산출하는 데 사용되는 요율산출표(rating schedule)를 작성하는 것이 가능하다. 그러나 요율산출표를 사용하기에는 너무 가변성이 많을 경우에는 언더라이터의 판단에 따라 요율을 결정하는 판단요율(judgement rate)을 사용하기도 한다.

개별요율 중 판단요율은 언더라이터의 판단에 따라 요율이 신속히 변경될 수 있는 유연성이 있다. 요율산출표에 근거를 둔 요율은 유연성은 적으나 개별요율을 결정하는 데 통일성이 있으며 또 요율이 어떻게 결정되며 어떠한 조치를 취하면 보험료를 할인받을 수 있는가를 피보험자가 쉽게 알 수 있는 장점이 있다. 그러나 개별요율 계산에는 숙련된 언더라이터 및 기능직 전문요원이 필요하므로 많은 비용과 시간이 소요되는 단점이 있다.

가. 경험요율

경험요율(experience rate)은 등급요율(또는 manual 요율)을 기초로 경험 기간(통상 3년) 동안 피보험자의 손해실적에 따라 상향 또는 하향 조정되는 요율이다. 경험요율제도의 목적은 손해방지의 권장 및 피보험물건에 대하여 보다 정확한 보험료를 부과할 수 있도록 하는 데 있으며 권재보험, 배상책임보험 중 일부에서 사용되고 있다.

이 요율은 판단 기준이 되는 실적의 기간, 범위, 자료의 한계성 등에 따라 안전율을 부가하여 산출되는 경우가 많으며, 이 요율제도와 유사한 소급요율(retrospective rate)과 구별하기 위해 'prospective experience rating'이라고도 한다.

나. 소급요율

소급요율(retrospective rate)은 손해실적을 반영하여 할인·할증을 부가하는 면에서는 경험요율과 유사하나 손해실적을 적용하는 기간이 근본적으로 다른 것이 특징이다.

소급요율제도에서의 최종보험료는 보험 기간 동안의 손해를 근거로 산출하며, 일정한 최저보험료 및 최고보험료 범위 내에서 조정된다. 이 요율제도는 요율의 안전성보다는 적응성에 더 중점을 두는 경향이 있으며 관리자에게는 상당히 복잡하고 비용이 많이 소요되지만 공정성이란 견지에서 볼 때는 합리적인 요율제도로 알려지고 있다. 그러나 현재는 거의 사용되지 않고 있다.

다. 예정요율

예정요율(schedule rate)은 기준요율(base rate or key rate)을 기초로 정형화된 Check List에 따라 할증·할인을 부가하여 적용요율을 산출하는 요율제도이다. 이 요율을 적용하기 위해서는 피보험물건에 대한 사전점검(underwriting survey)이 반드시 수행되어야 하기 때문에 점검요율이라고도 부르고 있으며, 화재보험 및 기계보험에서 가장 많이 활용되고 있다. 이 요율 방식의 장점은 정형화된 요율산출표를 사용하므로 동일한 특성을 가진 보험 목적에 대해 동일한 요율을 적용할 수 있기 때문에 요율의 통일성 및 공평성을 촉진하게 되며 피보험자는 요율 산출 과정을 쉽게 이해할 수 있고 손해방지 조치를 통하여 요율이 어떻게 감소되는지 알 수 있다. 그러나 예정요율은 요율 산출에 많은 비용이 들고, 점검요원의 주관적 판단에 따라 신축성이 있으며, 기계적 안전도에만 중점을 둠으로써 인적 안전도를 무시하는 단점이 있다.

2. 조세 원칙

세금은 왜, 어떠한 이유로 내야 하는가에 대한 이론을 조세의 근거론이라고 한다면, 세금을 어떻게 할당할 것인가를 정하는 원칙을 조세 원칙이라고 한다. 이와 같은 조세 원칙은 애덤 스미스와 아돌프 바그너, 그리고 머스그레이브의 조세 원칙 등이 있으며, 그 외에도 국세기본법상의 조세 원칙이 있으므로 이들을 중심으로 살펴보기로 한다.

1) 애덤 스미스의 조세 원칙

애덤 스미스(Adam Smith)는 1776년 그의 유명한 저서 『국부론』에서, 자유주의 경제학설을 전제로, 조세에 관하여 다음의 4가지 원칙을 들고 있다.

(1) 평등의 원칙

특권계급을 인정하지 않고, 국민은 누구나 능력에 따라 비례적으로, 즉 국민은 국가의 보호에 의하여 얻는 수입에 비례하여 세금을 내야 한다는 원칙으로, 그 당시 사회사상의 기초였던 자유·평등의 관념을 그대로 조세 이론에 인용한 것이다. 여기에서 스미스가 말하는 평등이란 소득의 많고 적음에 관계없이 세율이 같아야 한다는 비례세적인 평등이었다.

(2) 확실의 원칙

세금의 납세방법·시기·금액 등이 납세자는 물론 모든 사람들이 알 수 있도록 간단하고 명료하여야 하며, 징세자의 의사에 따라 이와 같은 사실들이 좌우되어서는 아니 된다는 원칙이다.

(3) 편의의 원칙

세금은 납세자에게 가장 편리한 시기에, 가장 편리한 장소에서, 가장 편리한 방법으로 징수되어야 한다는 원칙이다.

(4) 징세비 최소의 원칙

모든 세금은 그 세금을 징수하는 비용이 가장 적게 들도록 하여야 한다는 원칙이다.

2) 아돌프 바그너의 조세 원칙

아돌프 바그너(Adolf Wagner)는 사회정책적 이론을 재정학에 도입하여, 스미스의 4원칙을 포함한 다음과 같은 4개의 대원칙과 9개의 소원칙을 주장하였다.

(1) 재정정책상의 원칙

세금의 국고적 목적을 강조한 원칙으로, 세금수입은 재정수요를 충족할 수 있어야 한다는 충분성의 원칙과, 재정수요가 증대하는 경우에 이에 탄력적으로 적응할 수 있어야 한다는 탄력성의 원칙으로 나누어진다.

(2) 국민경제상의 원칙

세금이 국민경제의 발전을 저해하여서는 아니 된다는 원칙으로 세금에 의하여 국민경제가 저해되지 않는 세원(稅源)을 선택하여야 한다는 세원 선택의 원칙과, 국가가 세금을 부담시키려고 하는 사람에게 그 부담이 반드시 돌아가도록 세금의 종류를 잘 선택해야 한다는 세종(稅種) 선택의 원칙으로 나누어진다. 세원 선택의 원칙이란 세금을 내기 위하여 세원이 되는 재산 원본을 처분하지 않으면 안 될 세금이 생겨서는 안 된다는 것이다. 즉, 세원에는 소득이나 재산 또는 자본이 있는데, 이 가운데서 재산이나 자본에 과세하게 되면 끝에 가서는 세원이 고갈되어, 더 이상 세금을 받을 수 없을 때가 오게 된다. 1618년에 보닛츠(J. Bornitz)가 "암탉을 아예 잡아먹어 없애면 달걀은 영영 맛볼 수 없을 것이다."라고 한 말은 여기에 꼭 들어맞는 말이라 할 수 있다. 따라서 원칙적으로 세원은 소득으로 하여야 한다고 볼 수 있다.

(3) 공정의 원칙

경제적 불평등의 시정 또는 각 개인의 능력에 비례하여 과세해야 한다는 원칙으로, 모든 사람은 그 나라의 국적을 가진 이상 신분과 특권에 관계없이 세금을 부담해야 한다는 보편성의 원칙과, 부담 능력이 있는 사람은 누구를 막론하고 납세의무를 가지며 그 부담이 평등해야 된다는 평등성의 원칙으로 나누어진다. 그러나 사회정책적인 배려에서 비례세에 의한 평등보다는 누진세의 의한 평등을, 최저생활비에 대해서는 면세를, 그리고 재산소득보다는 근로소득에 대한 경감 등이 고려되어야 한다는 것이다.

(4) 세무행정상의 원칙

세무행정을 가장 합리적으로 실시하려는 원칙으로, 세금은 확실해야 한다는 확실성의 원칙과, 세금납부의 절차가 편리하여야 한다는 편의성의 원칙 및 세금을 거두는 비용이 적게 들어야 한다는 최소징세비의 원칙으로 나누어진다.

3) 머스그레이브의 조세 원칙

머스그레이브(R. A. Musgrave)는 현대의 혼합경제하에서 갖추어야 할 조세 원칙으로 6가지를 들고 있다.

(1) 조세 부담의 공정성 원칙

세금 부담의 배분은 공평해야 하며, 모든 납세자는 그 공정한 몫만큼 세금을 부담해야 한다는 원칙이다.

(2) 조세의 중립성 원칙

세금은 효율적 시장에서 이루어지고 있는 자원배분에 대하여 중립적이어야 한다는 원칙이다. 그러나 세금이 부과되면 세금액만큼 민간 부문에서 정부 부문으로 자원이 이전된다는 것 이외에도, 세금 부담액 이상으로 민간 부문의 경제적 의사결정에 영향을 주게 되므로, 이로 인하여 세금액 이상의 부담, 즉 초과 부담이 발생하게 된다. 그런데 이러한 초과 부담은 자산의 보유, 소득의 획득, 재화나 서비스 구입에 대한 의사결정에 영향을 미치게 하여 사람들의 행동을 최적의 상황에서 이탈시키게 된다. 따라서 세금은 초과 부담이 영(0)이 되도록, 즉 자원배분에 대하여 완전히 중립적이 되도록 세금간섭을 최소로 해야 한다는 원칙이다.

(3) 조세정책의 공평성 원칙

세금은 투자 촉진을 유인하기 위한 경제정책 기타 사회정책 등의 정책수단으로 이용되기도 하는데, 이 경우에도 전체적인 세금 체계에서 공평성이 교란되지 않도록 해야 한다는 원칙이다.

(4) 조세구조의 재정정책 탄력성 원칙

세금은 경제안정과 성장을 위하여 재정정책 수단으로도 이용되므로, 조세구조는 이러한 재정정책을 적용하는 데 용이하게 대응할 수 있게 해야 한다는 원칙이다.

(5) 세무행정상의 원칙

조세 체계는 공정하고 자의성이 없는 세무행정을 할 수 있도록 해야 하며, 납세자가 이해할 수 있게 해야 한다는 원칙이다. 이를 위해서는 조세의 명확성·확실성·납세의 편의성 등이 전제되어야 한다는 것이다.

(6) 최소징세비의 원칙

세무행정비와 납세이행비는 다른 목적과 양립할 수 있도록 가능한 한 적어야 한다는 원칙이다. 세무행정비는 과세관청에서 세금을 징수하는 데 따른 인건비·물건비를 말하며, 납세이행비는 납세자가 자기의 세금을 신고·납부하는 데 따른 납세협력비이다. 그런데 납세자가 과세당국의 징수업무를 협력하는 데 따른 비용, 즉 납세이행비(납세협력비)는 과거의 애덤 스미스나 아돌프 바그너의 징세비 최소의 원칙에는 없던 것으로, 이것을 머스그레이브가 이 원칙에 포함시킨 것은 의의가 매우 크다고 할 수 있다.

4) 국세 기본법상의 조세 원칙

우리나라의 국세 기본법에서는 크게 국세 부과의 원칙과 세법 적용의 원칙 등 2가지의 조세 원칙을 규정하고 있다.

(1) 국세 부과의 원칙

국세 부과의 원칙은 실질과세의 원칙, 신의·성실의 원칙, 근거과세의 원칙, 조세감면의 사후 관리 원칙의 4가지 원칙으로 구분된다.

가. 실질과세의 원칙

과세 대상이 되는 소득·수익·재산·행위 또는 거래의 귀속이 명의일 뿐이고 사실상 귀속되는 자가 따로 있는 때에는 사실상 귀속되는 자를 납세의무자로 하여 세법을 적용하여야 한다는 원칙이다(제14조).

나. 신의·성실의 원칙

납세자가 그 의무를 이행함에 있어서는 신의에 좇아 성실히 하여야 할 뿐만 아니라, 세무공무원도 그 직무를 수행함에 있어서 신의에 좇아 성실히 하여야 한다는 원칙이다.

다. 근거과세의 원칙

납세의무자가 세법에 의하여 장부를 비치·기장하고 있는 때에는 당해 국세의 과세표준의 조사와 결정은 그 비치·기장한 장부와 이에 관계되는 증빙자료에 의하여야 한다는 원칙이다(제16조).

라. 조세감면의 사후 관리 원칙

정부가 국세를 감면한 경우에 그 감면의 취지를 성취시키거나 국가정책을 수행하기 위하여 필요하다고 인정하는 때에는 세법이 정하는 바에 의하여 감면한 세액에 상당하는 자금 또는 자산의 운용 범위를 정할 수 있도록 하는 원칙이다(제17조).

(2) 세법 적용의 원칙

세법 적용의 원칙은 세법 해석의 기준, 소급과세의 금지, 세무공무원 재량의 한계, 기업회계의 존중 원칙의 4가지 원칙으로 구분된다.

가. 세법 해석의 기준

세법의 해석·적용에 있어서는 과세의 형평과 당해 조항의 합목적성에 비추어 납세자의 재산권이 부당히 침해되지 아니하도록 하여야 한다는 원칙이다(제18조 ①).

나. 소급과세의 금지 원칙

국세를 납부할 의무가 성립한 소득·수익·재산·행위 또는 거래에 대하여는 그 성립 후의 새로운 세법에 의하여 소급하여 과세하지 아니한다는 원칙이다(제18조 ②).

다. 세무공무원 재량의 한계 원칙

세무공무원이 재량에 의하여 직무를 수행함에 있어서는 과세의 형평과 당해 세법의 목적에 비추어 일반적으로 적당하다고 인정되는 한계를 엄수하여야 한다는 원칙이다(제19조).

라. 기업회계 존중의 원칙

국세의 과세표준을 조사·결정함에 있어서 당해 납세의무자가 계속하여 적용하고 있는 기업회계의 기준 또는 관행으로서 일반적으로 공정·타당하다고 인정되는 것은 이를 존중하여야 한다는 원칙이다(제20조).

3. 사회보험료의 부과

1) 소득 파악 및 부과 체계의 문제점

(1) 과세 대상 소득의 종류 및 관리 현황

소득세법에서 소득세가 과세되는 소득은 종합소득(이자소득, 배당소득, 부동산임대소득, 사업소득, 근로소득, 일시재산소득, 연금소득, 기타소득의 합계), 퇴직소득, 양도소득과 산림소득으로 구분된다.

가) 이자소득과 배당소득(금융소득 4,000만 원 초과 시 종합과세): 소득세법에서는 이자 및 배당소득을 종합소득과세표준에 합산하여 종합과세하는 것을 원칙으로 하고 있으며, 국내에서 이자소득 또는 배당소득을 지급하는 자는 원천징수 의무자가 되어 동소득을 지급하는 때에 세액을 원천징수함과 동시 원천징수 영수증을 교부하고 국세청에 제출함.

나) 부동산임대소득: 토지나 건물 등 부동산과 부동산상의 권리를 대여함으로써 발생하는 소득이며, 부동산임대소득자는 세법상 사업자로서 "사업자등록의무, 과세표준과 세액의 신고납부의무" 등 기타 제반 의무를 이행하여야 함.

다) 사업소득: 개인이 독립적인 지위에서 영리를 목적으로 계속·반복적으로 행하는 사회적 활동에서 발생하는 소득이 사업소득이며, 원천징수 의무가 있는 일부 사업소득을 제외한 모든 사업소득자는 "사업자등록, 과세표준과 세액의 신고납부 의무" 등 기타 제반 의무를 이행해야 함.

라) 근로소득: 노동력을 제공한 반대급부로 받는 대가로서 그 명칭에 관계없이 고용관계 기타 이와 유사한 계약에 의하여 근로를 제공하고 지급받는 봉급·상여·수당 등 모든 대가를 의미하며, 다른 소득이 없는 근로소득자는 연말정산을 통하여 납세의무가 종결되고, 원천징수 의무자는 원천

징수 영수증을 교부하고 국세청에 제출함.

마) 일시재산소득: 광업권이나 산업재산권 등과 같은 특정한 재산이나 권리를 일시적 또는 비반복적으로 양도함으로써 얻는 소득이며 이는 예외 없이 종합소득과세표준에 합산됨.

바) 연금소득: 질병·노령·사망 등 특정 사유가 있는 경우 그 당사자 및 유족의 생활보장을 위하여 매년 일정액으로 지급되는 금액을 의미하고, 2002년부터 단계적으로 과세소득화되었으며 연금소득을 지급하는 자는 원천징수 영수증을 교부하고 국세청에 제출함.

사) 기타소득: 이자, 배당, 부동산임대, 사업, 근로, 일시재산, 연금, 퇴직, 양도, 산림소득 외의 소득을 의미하고 일시·우발적으로 발생하는 소득들로 이루어져 있으며, 기타소득을 지급하는 자는 원천징수 영수증을 교부하고 국세청에 제출함.

아) 퇴직소득 및 산림소득: 퇴직소득 및 산림소득은 장기간에 걸쳐 형성된 소득이므로 이를 한 해에 과세하게 될 때는 높은 누진세율을 적용받아 일시에 과중한 조세를 부담하게 되는바, 종합소득과는 별도로 분류하여 소득세를 과세함.

자) 양도소득: 양도소득은 자산소득이며 불로소득에 해당되고 양도 차익의 발생 요인이 물가 상승에 기인하므로 일반과세 소득과는 별도로 구분(분류)하여 양도자산의 종류, 보유 기간, 양도차익의 크기, 투기성(등기 여부 등)에 따라 정하여진 별도세율을 적용함.

(2) 근로소득

2018년 기준으로 우리나라의 경제활동인구는 27,895천 명이고, 이 중 취업자는 26,822천 명이었다. 임금근로자는 20,084천 명이고, 비임금근로자는 6,739천 명이고, 이 중 자영자는 5,638천 명이었다. 그런데 2018년 기준 근로소득을 신고한 사람의 수는 18,578천 명으로 통계상으로 잡히는 임금근로

[표 5-1] 국세청 소득분위별 근로소득과 결정세액(2018년)

소득분위	소득금액	구성비	결정세액	구성비
상위 10%	214,061,734	0.316	28,245,489	0.737
상위 20%	119,098,670	0.176	5,623,646	0.147
상위 30%	88,155,724	0.130	2,500,993	0.065
상위 40%	68,792,397	0.102	1,105,441	0.029
상위 50%	55,257,963	0.082	461,340	0.012
상위 60%	44,910,233	0.066	217,561	0.006
상위 70%	36,964,732	0.055	121,984	0.003
상위 80%	28,363,717	0.042	31,225	0.001
상위 90%	16,859,631	0.025	56	0.000
상위 100%	5,023,815	0.007	32	0.000
18,577,885	677,488,616	1	38,307,767	1

자 수의 92.5%에 해당한다. 국세청의 근로소득으로 잡힌 금액은 677.5조 원이고, 이들이 납입한 근로소득세는 38.3조 원이었다. 소득분위별로 보면, 상위 10% 소득자가 전체 근로소득세의 73.7%, 그 이하 상위 20% 소득자가 14.7%를 납입하여 총근로소득세의 88.4%를 상위 20% 소득자가 납부하는 것으로 나타났다.

(3) 종합소득

2018년 기준으로 종합소득을 납부한 사람의 수는 6,911천 명이다. 이 중 사업소득 납부자가 5,022천 명이고, 근로소득 납부자가 2,108천 명, 임대소득 납부자가 993천 명이다. 종합소득 신고자의 소득의 총액은 213.7조 원이고, 이 중 사업소득이 107.3조 원, 근로소득이 68.3조 원, 임대소득이 19.6조 원 등으로 나타났다. 고용통계상 자영자는 5,638천 명임을 감안하면 이 중 89.1%가 사업소득을 신고한 것으로 나타났다. 이렇게 볼 때 통계상 임금근로자 중 근로소득 신고자 비율이 92.5%보다는 낮지만 크게 차이가 나는 것

[그림 5-1] 국세청 종합소득의 항목별 구성

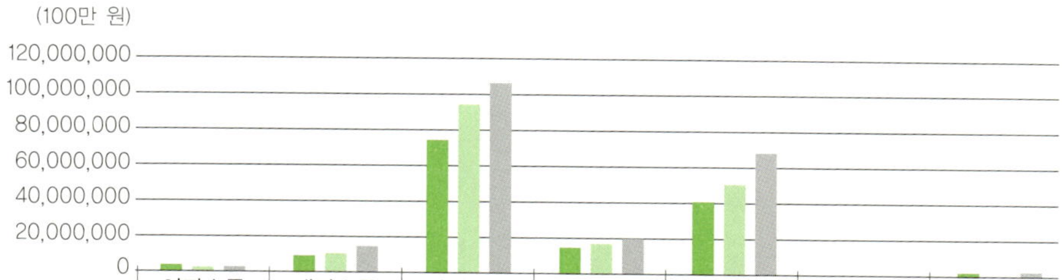

	이자소득	배당소득	사업소득	임대소득	근로소득	연금소득	기타소득
2014	3,082,472	9,139,371	74,860,193	15,096,095	40,879,491	118,870	1,606,225
2016	2,008,598	10,287,546	95,015,741	17,837,590	51,571,789	245,053	1,431,844
2018	2,525,983	15,252,253	107,251,802	19,572,375	68,338,200	732,149	2,574,250

[그림 5-2] 국세청 종합소득의 항목별 구성(납세자 수/명)

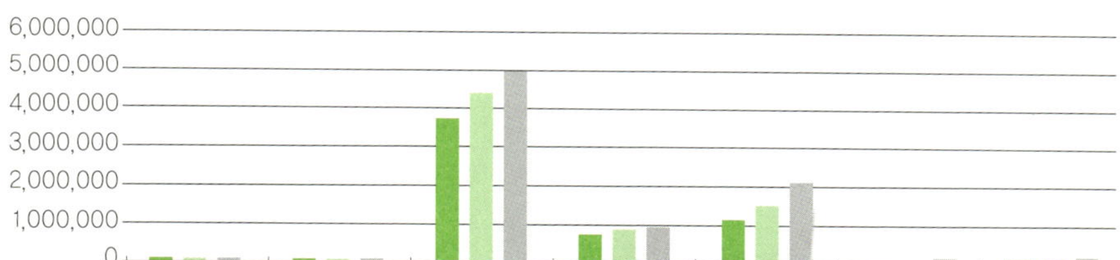

	이자소득	배당소득	사업소득	임대소득	근로소득	연금소득	기타소득
2014	105,303	96,022	3,749,202	824,862	1,197,341	43,502	233,895
2016	86,537	84,228	4,391,998	897,801	1,569,336	72,476	217,706
2018	121,770	118,367	5,021,807	993,005	2,108,239	208,768	289,644

은 아니다.

(4) 자영자에 대한 소득 파악

자영업자는 근로자에 비해서 상대적으로 소득 파악이 어려운 것으로 알려져 있다. 근로소득은 상당 부분 원천과세를 하는 반면에 사업소득은 신고소득에 의존하기 때문이다. 2016년의 언론 보도 자료에 따르면, 근로자

[그림 5-3] 국세청 소득파악률(2014년 기준)

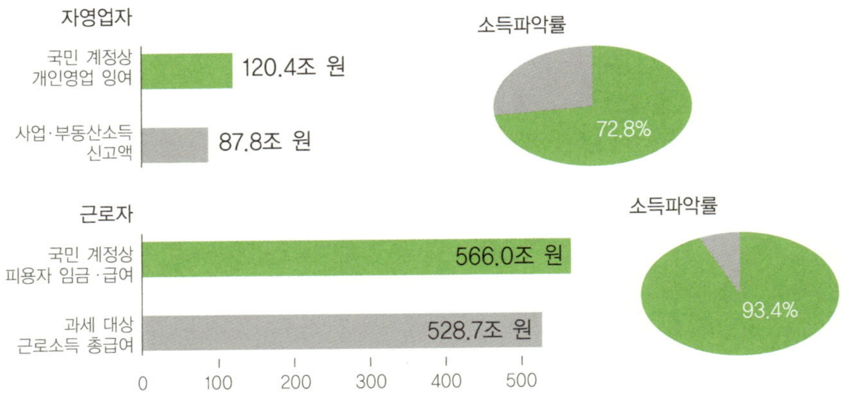

자료: 국세청, 한국은행.

의 소득파악률은 93.4%인 반면에 자영업자의 소득파악률은 72.8%로 보도되었다.

자영업자 소득 파악의 어려움은 다음과 같다. 첫째, 추계신고(미기장신고)가 많아 근거과세 기반 확립이 필요하다. 지속적인 기장 확대 업무 추진으로 연도별 추계신고 비율이 감소하는 추세이지만, 귀속 종합소득세 확정신고 사업자 중 기장신고자가 신고인원 대비 50.5%를 점유하고 있어 근거과세 기반 확립이 시급하다. 37.3%를 점하는 추계신고자의 소득금액은 장부 또는 기타 증빙서류에 의하여 계산하지 아니하고, 동종업체의 평균적인 경비율인 단순경비율(기준경비율)을 수입금액에 적용하여 산출한 소득금액이므로 납세자의 실지 소득금액으로 볼 수 없다.

둘째, 수입금액 현실화가 시급하다. 소득금액 1,000만 원 이하 신고자가 신고인원 대비 58.4%로 높은 비중을 차지하고 있다. 산출세액은 전체 산출세액 대비 미미하여 실제 세수에 미치는 영향이 극히 미미하다.

셋째, 노점상에 대한 소득 파악이 어렵다. 노점상은 도심의 번화가 등에서 특정한 사업장을 가지지 아니하여 현행 세법에 규정한 사업자등록을 하지 않고, 부가가치세 과세 대상 재화를 공급하는 사업자가 대부분으로, 정확한 실태(종사자 수, 수입금액 등)가 파악되지 않고 있는 세원 관리의 사각 지대이다.

넷째, 농어업종사자 소득 파악 문제이다. 농업소득세는 지방세로서 과세가 유예되며, 농업소득세 납부인원은 극소수에 불과하여 농가소득을 구체적으로 파악할 수 있는 자료가 없다.

(5) 직장가입자의 갑종근로소득세와 직장근로자의 부과 대상 소득의 차이

건강보험은 원칙적으로 갑종근로소득세의 부과소득 기준과 동일하지만 일부 항목에서만 다르다. 갑종근로소득세 체계를 따르고 있는 건강보험은 국외근로소득은 전액 보험료 산정 대상 소득에 포함하고 있다는 점에서 차이를 나타내고 있다. 이는 갑근세에서는 해외근로소득에 대해서 세제혜택을 주고 있는 반면에 건강보험은 전액 과세 대상 소득으로 하고 있다. 야간근로수당의 경우, 4대 사회보험에서 부과 대상 기준으로 잡고 있지만 갑근세에서는 조세혜택을 부여하고 있다는 점에서 발생하는 차이점이다. 그러나 조세혜택을 주기 위한 특정 소득 기준의 차이는 앞에서 설명하였듯이

[표 5-2] 갑근세 과세 대상과 건강보험의 부과 기준 비교표

(2005년 기준. 색 부분은 부과 기준 포함, 흰색은 불포함)

<table>
<tr><th colspan="3">갑근세
(당년도 과세 대상 소득 기준)</th><th>건강보험
(당년도 보수총액 기준)</th></tr>
<tr><td rowspan="6">부과범위</td><td rowspan="3">과세 대상 소득</td><td>특정 상여금</td><td></td></tr>
<tr><td>고용보험기금에서 지원되는 산전후 휴가 급여 및 육아휴직수당</td><td></td></tr>
<tr><td>봉급, 급료, 보수, 세비, 임금, 상여 등</td><td></td></tr>
<tr><td rowspan="3">비과세소득</td><td>⑰ 국외근로소득(월 150만 원 불포함)</td><td>국외근로소득(전액 포함)</td></tr>
<tr><td>⑱ 야간근로수당 등(1년 240만 원까지 불포함)</td><td>야간근로수당(1년 240만 원까지 불포함)</td></tr>
<tr><td>⑲ 기타 비과세</td><td></td></tr>
</table>

극히 제한적이다.

4. 책임준비금

1) 책임준비금의 개념

책임준비금이란 연금제도의 운영주체인 보험자가 사망확률 및 예정이율 등을 기초로 하여 산정한 가입자 및 연금수급자의 탈퇴 시 지급해야 되는 예상부채액으로서 보유해야만 되는 금액을 말한다.

민영보험 및 기업연금 등 적립 방식을 기초로 운영된 연금제도는 수지상등의 원칙이 관철되어야 한다. 즉, 급여예상액의 현가가 보험료 수입예상액의 현가와 일치하여야 된다. 책임준비금의 계산방법은 크게 두 가지 방법이 있는데, 하나는 장래 급여예상액의 현가에서 장래 보험료 수입예상액을 차감한 금액을 계산하는 방식인 장래법에 의한 책임준비금이며, 다른 하나는 과거의 보험료 수입의 원리합계에 의해서 이미 지급한 급여액의 원리합계를 차감한 금액을 계산하는 방식인 과거법에 의한 책임준비금이다. 과거법에 의한 책임준비금은 장래법에 의한 책임준비금과 원칙적으로 동일하다. 앞에서 펠드슈타인(Feldstein)의 사회보장자산의 계산 방식은 장래법에 기초한 계산 방식에 가깝고, 넥타리오스(Nektarios)의 사회보장자산 계산 방식은 과거법에 기초한 계산 방식에 가깝다고 할 수 있다. 한편, FAS87의 연금채무 개념들은 모두 장래법에 의한 책임준비금 계산 방식이다.

여기서 문제가 되는 것은 민영보험의 경우 수지상등의 원칙하에서 연금보험료와 연금급여액이 계산되므로 과거법에 의하여 계산하든지, 장래법에 의하여 계산하든지 책임준비금이 원칙적으로 동일하다. 그러나 공적 연금 특히 부과 방식을 기초로 하여 운영되는 제도의 경우에는 수지상등의 원칙하에서 연금제도가 설계되어 있지 않기 때문에 과거법에 의한 책임준비금과 장래법에 의한 책임준비금이 동일할 수 없고, 과거법에 의한 책임준비금은 산정 자체가 곤란하다. 수지상등의 원칙을 적용하여 공적연금제도의 급여 수준에 상응하는 수리적 연금보험료를 산정하고, 이를 기초로 과거의 보험료 수준을 역추산하여 책임준비금을 계산할 수는 있다. 그러나 이 경우 공적연금제도의 급여 수준이 세대별로 변동하지 않을 때는 쉽게 계산할 수 있으나, 급여 수준이 세대별로 변동하였을 경우에는 이를 적용하여 계산하는 것이 상당히 어려워진다.

2) 책임준비금의 성격

책임준비금의 성격은 채무이행적 측면, 보험계리적 측면, 이익분기 측면, 재무건전성 측면으로 나누어 볼 수 있다.

(1) 채무이행적 측면

책임준비금은 보험회사가 보험계약에 대한 장래의 보험금 지급을 완전히 이행할 수 있도록 가입자로부터 매년 받는 보험료 중에서 적립해야 할 금액, 즉 '계약자를 대상으로 채무를 이행하기 위한 적립금액', 즉 쌍무계약적 성격을 지니고 있다. 그러므로 보험계약법상 반대급부적 성격을 지니고 있으며 B/S상 부채계정, 즉 타인자본적 성격으로 보고 있다.

(2) 보험계리적 측면

수지상등의 원칙하에서 평준보험료 방식에 의해 산정된 보험료로 계약 후 기보험금 지급의 부족 부분을 충당하기 위해서 적립해야 하는 금액(과거법, 장래법)으로서 이는 객관적인 통계적·수리적 기법, 즉 Actuarial

Priniciple에 입각하여 산정된다.

(3) 이익분기 측면

현재와 미래 계약자의 공평한 이익배분과 생보사의 경영 상태를 판단하는 중요한 기준이 되며, 준비금 산정방법과 결정손익 산출 기간에는 밀접한 관계가 존재한다. 즉, 결정손익은 총수지차에서 보험계약준비금 증가액을 뺀 것으로써 준비금 적립방법과 준비의 차이는 계약자 및 주주의 이익, 계약자 배당 그리고 회사의 자산운용 능력 등에 지대한 영향을 미치게 된다.

(4) 재무건전성 측면

책임준비금은 생보사의 Risk Financing 측면에서 계산기초율 범위 안의 리스크에 대응하기 위해 담보되어야 하는 최고한의 지급 능력 개념이라 할 수 있다. 따라서 책임준비금 이외에 금리조정준비금(interest maintenance reserve: IMR), 자산평가준비금(asset valution reserve: AVR), 가격변동준비금, 위험준비금, 97조 준비금 등의 제 준비금 등은 리스크 관리 및 지급여력 측면에서 고려되어야 할 것이다.

(5) 연금채무(年金債務)

'FAS87'이라고 불리는 미국의 재무회계 기준(financial accounting standard)의 연금채무 기준은 재무회계기준위원회(Financial Accounting Standard Board: FASB)가 기업회계의 연금비용(pension cost)을 파악하기 위해 제정한 기준으로, 3종류의 연금채무가 정해져 있으나 여기에서는 Bodie(1989)[1]가 제시하는 채무기준을 추가로 제시하고 있다.

1 Zvi Bodie(1989), "Pension Funds and Financial Innovation," NBER Working Paper 3101.

가. 수급확정부 급여채무

수급확정부 급여채무(vested benefit obligation: VBO)는 현재의 급여를 기준으로 계산 기준 시점까지 연금수급권이 확정된 급여만을 대상으로 산출한 연금액의 현재가치액으로 계산된다.

나. 누적급여채무

누적급여채무(accumulated benefit obligation: ABO)는 현재의 급여를 기준으로 과거와 장래의 가입 기간을 포함하는 전체 가입 기간에 기초하여 산출한 연금액의 현재가치로 계산된다. 따라서 누적급여채무는 VBO에서 연금수급권이 확정된 급여 이외의 부분도 연금채무 산정 시 포함하는 개념이다.

다. 예측급여채무

예측급여채무(project benefit obligation: PBO)는 장래의 임금 상승을 예측한 퇴직 시의 급여를 기준으로 과거와 장래의 가입 기간을 포함하는 전체 가입 기간에 기초하여 산출한 연금액의 현재가치로 계산된다. 따라서 예측급여채무는 ABO에서 예상되는 임금 상승분을 반영하여 계산하는 연금채무 산정 방식이다.

라. 지수급여채무

지수급여채무(indexed benefit obligation: IBO)는 급여 산정 시 퇴직 이전뿐만 아니라 퇴직 이후의 연금급여 상승률을 지수화하여 반영한 연금부채의 개념이다. 따라서 지수급여채무는 예측급여채무에서 반영하지 않는 퇴직 이후의 연금액의 실질가치까지 반영한 연금채무 계산 방식으로 가장 연금채무를 정확히 반영하는 개념이다. 지수급여채무는 FAS87 기준에는 포함되어 있지 않다.

(6) 연금비용

연금비용(pension expense)은 연금제도가 갖는 여러 측면을 고려한 요소로 구성된다. 그 구성요소는 다음과 같이 4가지로 크게 구분된다.

① 종업원이 근무 대상으로서 당기간에 획득한 연금급여
② 종업원이 전 기간까지 획득한 급여에 대한 이자
③ 제도자산으로부터의 수익
④ 그 외 요인에 의한 손익

이들 중, ①은 근무비용, ②는 이자비용으로서 연금채무의 변동을 초래하고, ③은 제도자산의 변동을 초래하는 것이다. ④는 보험수리적 손익, 과거 근무비용 및 이행 시 순채무(또는 순자산)로서 연금채무 및 제도자산의 양쪽에 영향을 주는 것이다.

가. 근무비용의 측정

근무비용 측정 프로세스는 전술한 연금채무 측정과 거의 같은 프로세스에 의한다.

연금채무에서는 대차대조표에서 인식되는 채무를 측정하기 위해, 대차대조표일 이전에 종업원이 제공한 근무의 모든 것을 계산 대상으로 하는 것에 대해, 근무비용은 '당기'에 종업원이 제공한 근무만을 계산 대상으로 하는 점이 다를 뿐이다.

따라서 근무비용 측정 프로세스는 다음과 같이 정리된다.

① 보험수리상 가정을 사용하여 종업원이 장래 받아들일 예측연금 급여총액을 어림잡고, 그 예측연금 급여총액을 할인하여 퇴직 시점의 급여현가액을 측정한다.

② 퇴직 시점 급여현가액을 제도 급여 산정식에 따라 종업원의 각 기간 근무에 할당한다.

③ 당기에 할당된 급여를 대차대조표일 시점의 현재가치로 할인한다.

나. 이자비용의 측정

연금채무 및 근무비용은 대차대조표일 시점의 현재가치에 할인되어 측정되어 있기 때문에 전기 이전에 인식된 연금채무에 대해서는 당기간에 이자가 발생한다. 또 이자 상당분도 연금비용의 일부를 구성하는 것으로 연금회계에서는 이자비용이라 한다. 이상의 설명을 산식으로 나타내면 다음과 같이 된다.

이자비용 = 당기 초의 연금채무 × 이자율(할인율)

다. 자산운용수익의 측정

전기까지 적립된 제도자산에서는 당기의 운용에 의해 이자, 배당 등의 수익이 발생한다. 연금제도에서는 적립된 할당금과 이 운용수익이 종업원 급여를 처리하는 재원이 되며, 장기계획에 근거하여 제도자산을 운용한다. 따라서 회계상은 장기적 시점에서 일정 기대수익률을 가정하는 것으로 하고 있다. 그리고 당기 초의 제도자산 잔고에 이 기대수익률을 곱하여 당기 기대수익이 계산된다. 제도자산의 기대수익은 다음 산식에 의해 계산된다. 이 식에서 계산된 기대수익이 연금비용의 일부를 구성하게 된다.

제도자산의 기대수익 = 제도자산의 당기 초 평가액(IAS 19호는 적정가치, SFAS 87호는 시장 관련 가치) × 기대수익률

제도자산 운용에서 생긴 실제 수익이 상기 산식에 의한 기대수익과 일

치한다고는 단정할 수 없다. 또 제도자산이라는 것은 외부에 적립되어 채권이나 주식 등에서 운용되고 있는 자산이므로 제도자산 그것의 적정가치도 하루하루 변동하고 있다. 이 제도자산의 운용에서 생긴 이자, 배당수입과 제도자산 그것의 적정가치 변동이 실제수익에 포함된다. 즉, 제도자산의 실제이익이라는 것은 기간 중 현금의 움직임인 할당금의 갹출과 급여의 지불을 가감한 후의 적정가치를 기초로 하여 제도자산의 증감을 고려한 다음 산식으로 나타낼 수 있다.

제도자산의 실제수익 = 제도자산의 당기 말 적정가치
− (당기의 할당금 갹출액 − 당기의 급여지불액)
− 제도자산의 당기 초 적정가치

제도자산의 기대수익과 실제수익이 일치하지 않으면 그 차액을 조정하는 것이 필요하게 된다. 연금회계에서는 이 차액을 보험수리적 손익에 포함하여 처리하는 것으로 하고 지연인식을 인정하고 있다. 기대수익을 연금비용의 구성요소로 인정하고 기대수익과 실제수익의 차액에 대해 지연인식을 인정하는 이유는, 실제수익을 직접 인식하는 것에서 생긴 변동을 피한다는 실무 측면의 배려에서라고 설명되어 있다.

(7) 부가보험료를 고려한 책임준비금의 유형

가. 순보험료식

보험회사와 동일 보험종류, 동일 연령이 많은 피보험자 사이에 어느 시점에서 일시순보험료(여기에서는 순보험료라 한다)를 받았던 경우를 가정하면, 회사는 일시순보험료를 수입한 시점부터 이식을 계속하여 수입금을 증가해 감과 동시에 기간 도중의 보험금 등의 지급사유(사망 등)의 발생이 있을 때 수입금 중에서 사망보험금 등을 지급하고, 만기 시에 월액을 만기보험금 등으로 지급하면 보험계약 관계가 종료된다.

또한 연순보험료 또는 분할순보험료로 계약이 되어 있는 경우에는, 정기적으로 들어오는 보험료와 그것에 대한 이자수입이 있는 반면에, 기간 도중에 보험금 등의 지급이 있게 된다. 통상 기간 도중에서는 그때까지의 수입이 지출보다 크게 되어 회사는 차액을 유보시키고 있다.

이와 같이 보험 기간 도중에 회사가 소유하여야 할 이론적인 금액의 존재를 예상할 수 있는데, 이것을 책임준비금이라 부르고 있다. 순보험료와 부가보험료를 계산하는 두 계산기초에 근거하여, 즉 순보험료식 책임준비금을 고려해 보고자 한다.

계산에 다음과 같은 가정을 두기로 한다.

① 책임준비금의 이식이나 보험금 등의 지급은 순보험료를 계산할 때의 예정이율 및 예정사망률대로 실현되는 것으로 한다.

② 책임준비금을 계산하는 시점에서 계약자에의 지급에 대해서는, 사망보험금 등 사망에 관련된 것은 지급되어진 것으로 보고, 한편 생존급부금 등 생존자에 관련된 것은 지급되지 않은 상태로 보고 계산을 한다.

③ 책임준비금을 계산하는 시점에서 수입되어야 할 보험료가 존재하면, 보험료가 수입되지 않은 상태에서 계산을 한다(생존급부금 등의 지급 및 보험료 수입은 책임준비금 계산 시점 직후에 행하는 것으로 본다).

이와 같은 가정에 입각하여, 본 장에서는 주로 양로보험에 대한 책임준비금 계산을 취급하고자 하는데 그 이외의 보험종류에 대해서도 계산원리는 완전히 동일하다. 계산에는 과거법 및 장래법이라고 하는 두 방법이 이용되고 있다. 과거법에 의한 책임준비금은 책임준비금 계산 시점까지의 과거 수입의 총종가로부터 과거 지출의 총종가를 차감한 잔액을 생존자 1인당으로 구한 금액이다. 장래법에 의한 책임준비금은 장래의 지출에 대비하여 담보하여 둔 금액, 즉 장래 지출의 총현가로부터 장래 수입의 총현가를 차감한 잔액을 생존자 1인당으로 구한 금액이다. 어떻게 계산하더라도 결과가 동일하게 된다는 사실은 다음 이하의 사례에서 자주 검증된다.

나. 전기 zillmer식[2]

순보험료식 책임준비금의 계산에서는 매년도의 순보험료는 일정액의 평준보험료로 생각했다. 이때에는 당연히 부가보험료(영립보험료–순보험료)도 매년 일정액(평준)이라고 가정하고 있다.

그러나 보험계약에서는 계약의 초년도에 다액의 신계약비가 소요된다. 이를 보전하기 위하여 제1년도의 부가보험료를 평준의 경우보다 크게 하고(따라서 순보험료를 평준보다 작게 하고) 대신에 제2년도부터는 부가보험료를 평준의 경우보다 작게 하는(따라서 순보험료는 평준보다 크게 하는) 방법을 생각할 수 있다. 이때에 영업보험료는 평준이고 순보험료와 부가보험료는 평준이 아니다. 평준순보험료가 아닌 앞에서 설명한 순보험료를 Zillmer식 순보험료라고 한다.

Zillmer식 순보험료의 특징은 초년도 순보험료가 적으므로 적립할 금액이 적어진다. 따라서 책임준비금도 적어지게 된다. 그러나 제2보험료 연도부터는 순보험료가 많아지기 때문에 책임준비금의 증가가 빠르다. 이와 같은 책임준비금을 Zillmer식 책임준비금이라고 한다. 이에 대해 책임준비금은 순보험료가 평준이라고 생각하고 계산한 것이므로 이를 평준순보험료식 책임준비금(net level reserve)이라고 한다. 전기납입 보험료인 경우 시간이 경과할수록 Zillmer식 책임준비금은 순보험료식 책임준비금에 근접하게 되어 만기 시에는 양자가 일치하게 된다. 단기 납입 보험료인 경우에는 보험료가 납입완료(완료)되면 양자가 일치한다. 이와 같은 경우를 전기 Zillmer식

2 오창수·김경희 공저(2015), 『최신보험수리학』, 박영사, pp. 532~540 참조.

이라고 한다.

다. 해약금 환급금식

보험계약자가 보험에 가입한 후 보험료의 납입이 일정한 유예 기간을 경과하고도 이루어지지 않거나 또는 보험계약자가 해약을 청구한 때 보험자가 보험계약자에게 지급하는 금액을 해약환급금(cash surrender value, surrender value)이라고 한다. 이 해약환급금은 계약시점에서 명확히 결정되어야 한다.

해약환급금의 기본이 되는 것은 책임준비금인데, 책임준비금 전부를 해약환급금으로 하지 않고 보통 책임준비금으로부터 어느 정도를 공제하는 것이 일반적이다. 이 공제액을 해약공제(surrender charge)라고 한다.

해약공제의 이유는 여러 가지가 있을 수 있으나 중요한 것은 다음과 같다.

① 신계약비에 사용되는 비용은 통상 초년도의 부가보험료보다 많기 때문에 신계약비의 미상각 부분을 공제액 속에 포함시키지 않으면 안 된다.

② 해약자는 건강한 사람이 많으므로 잔존 계약 집단의 사망률이 높아질 가능성이 있다(해약에 의한 역선택).

③ 해약은 수시로 행하여지므로 해약환급금의 지급에 대비하기 위하여 보험회사는 자산의 일부를 현금화하거나 환금이 용이한 자산의 형태로 보유하여야 한다. 이것은 수익률을 떨어뜨릴 수 있으므로 그 대가로 공제액이 필요하다.

④ 중도해약으로 인한 사무처리에 특별한 경비가 필요하다.

현재 우리나라에서 보험료적립금은 순보험료식 준비금과 해약환급금식 준비금의 혼합비례적립 방식(K 방식)을 채택하고 있다. 이때 보험료책임금의 최고한도는 순보험료식 준비금으로 하고, 최저한도는 해약환급금식 준비금으로 한다.

5. 재정 방식

1) 부과 방식

부과 방식(pay-as-you-go)은 급여를 지불할 때마다 그 비용을 기여금 형태로 가입자로부터 갹출하는 방식이다. 따라서 이 경우에는 적립금을 전혀 보유하지 않지만 위험준비적인 자금은 보유할 필요가 있다. 그러나 실제 연금제도 운영에서는 급여 지급과 그에 대응하는 보험료 부과를 동시에 하는 것은 불가능하기 때문에 일정 기간 내에서 수지의 균형을 꾀하는 것이 보통이다.

2) 연금현가적립 방식

연금현가적립 방식(terminal funding)은 가입자가 연금제도로부터 탈퇴했을 때 그 탈퇴자가 장래에 받는 연금의 현가 상당액을 일시에 적립하는 방식이다. 이 재정 방식하에서는 탈퇴자가 장래에 받을 연금 현가의 총액에 상당하는 금액을 적립금으로 보유하게 된다. 따라서 이 방식은 업무상의 재해나 불의의 사고에 대한 급여와 같이 가입 기간과의 대응관계가 약한 제도에서 이용되고 있다.

3) 단위적립 방식

단위적립 방식(unit credit method)은 일시불 적증 방식(一時拂 積增方式)이라고도 한다. 가입 기간이 경과할 때마다 그 기간에 대해 발생하는 연금액의 거치연금 현가 상당액을 적립해 가는 방법이다. 연금제도에의 가입 시에서 탈퇴 시까지의 가입 기간을 일정 단위(예를 들면, 1년 단위)로 세분하여 탈퇴했을 때 지급되는 연금액을 이 가입 기간에 맞춰 세분하고, 이것을 각 가입 기간 단위로 할당하여, 가입자는 단위 기간이 경과할 때마다 그 기간에 할당된 연금액의 거치연금 현가 상당액을 적립해 가는 방법이다.

이 방식을 단체를 대상으로 적용하였을 때에는 가입자의 연령구성이 변하지 않으면 집단 전체로서는 보험료가 평준적인 값이 된다. 한편, 급여 상승을 예상하고 보험료를 산정하는 방식인 예정단위적립 방식(projected unit credit method)이 있다. 이 방식은 미국의 기업회계상의 연금채무 계산방법으로 채택되고 있다.

4) 평준적립 방식

평준적립 방식은 가능한 보험료가 변화하지 않도록 하는 것을 목표로 한 방법이다. 적립 방식이라고 부르는 가입연령 방식, 개별평준보험료 방식, 종합보험료 방식, 도달연령 방식 등이 여기에 분류된다. 이들 재정 방식은 모두 정상 상태에 도달하면 동일액의 적립금을 보유하게 되고, 보험료도 동일한 금액이 된다. 다만, 정상 상태 도달 과정에서 어떤 방법으로 제도 발족 시의 적립 부족을 상각해 갈 것인가에 따라 차이가 있다.

(1) 가입연령 방식

가입연령 방식(entry age normal cost method)은 연금제도에 새로 가입하는 자를 표준으로 하여 그 사람의 가입 시부터 탈퇴 시까지 평준적인 보험료를 부과함으로써 수지의 균형을 취할 수 있도록 계산된 보험료를 표준보험료라 하고, 가입자 전원에게 이것을 적용하는 방법이다.

(2) 개별평준보험료 방식

개별평준보험료 방식(individual level premium funding)은 가입연령 방식 경우와 같이 연금제도 가입자 전체에 동일하게 표준보험료를 정하는 것이 아니라, 각 가입자의 연령에 맞춰 그 연령에서 탈퇴 시까지의 기간에 연금급여에 필요한 원금을 평준적으로 적립하는 방법이다. 따라서 정상 상태에 도달하면 제도 발족 시에 비교적 고연령으로 가입한 자는 없어지기 때문에 모두 신규 가입자와 동일한 보험료가 되고, 가입연령 방식의 경우와 일치하게 된다.

(3) 종합보험료 방식

종합보험료 방식(aggregate cost method)은 연금제도에 가입해 있는 자 전체에 대해 장래 지불되는 급여에 맞는 원금을 가입자 전부가 탈퇴할 때까지 적립하도록 계획하는 방법이다. 따라서 보험료는 가입자 전체를 통해 하나의 값이 되고, 과거의 적립 부족에 대해서도 구분하지 않는다.

(4) 도달연령 방식

도달연령 방식(attained age normal method)은 각 연령의 가입자마다 과거의 가입 기간을 생각하지 않고 장래의 기간에 대해 할당되는 연금액의 지급에 필요한 원금을 평준적인 보험료로 갹출하는 방법이다.

(5) 가입 시 연금현가적립 방식

가입 시 연금현가적립 방식(initial funding)은 연금제도에 가입했을 때 그 사람이 장래에 지급받을 연금의 연금 현가 상당액을 일시에 적립하는 방법이다. 일괄 지불하는 개인연금은 이 방식에 기초하여 설계되어 있다.

(6) 즉시적립 방식

즉시적립 방식(complete funding)은 매년 연금급여의 지급에 필요한 비용을 적립금의 이자에서 얻을 수 있도록 일시에 적립금을 만드는 방법이다.

(7) 개방형 종합보험료 방식

마지막으로 개방형 종합보험료 방식은 앞에서 설명한 종합보험료 방식이 현재 가입자만을 대상으로 '수지상등의 원칙'이 성립하도록 재정을 계획하는 데 반해, 장래의 제도에 가입할 것으로 생각되는 자도 포함하여 수지상등의 원칙을 관철시킨다는 데 특징이 있다.

따라서 장래의 가입자 규모를 어떻게 가정하느냐에 따라 수지균형보험료가 변동하게 된다. 현재의 가입자 규모가 미래에도 계속 유지된다는 가정하에서 보험료를 설계하는 것이 일반적이다. 종합보험료 방식에서는 과거 누적채무를 현재 가입자가 모두 탈퇴할 때까지 상각하도록 계획하는 반면, 개방형 종합보험료 방식에서는 과거의 누적부채를 현재의 가입자 규모가 영속적으로 계속된다는 가정하에서 상각시킨다. 이 방식이 단순한 부과방식과 근본적으로 다른 점은 부과 방식에서는 적립기금이 없이 운영되는 데 비하여 이 방식하에서는 적어도 현재 이후 가입자 및 가입 기간에 대하여서는 수지균형 보험요율을 적용하고 과거에 누적된 채무에 대해서는 현재 및 장래 가입자가 상각하여 나가는 방식이라는 점이다. 물론 과거에 누적된 부채가 일정한 기간 내에서 완전히 상각되지는 않으나 누적된 부채가 절대액 규모에서 증가되지 않으므로 사실상 감소되는 효과를 갖게 되고, 계산 기준 시점 이후의 추가적인 가입 기간분에 대해서는 수지균형보험료를 받게 되므로 적립기금은 계속하여 증가되게 된다.

개방형 종합보험료 방식은 위와 같은 특징 때문에 과거에 누적된 부채를 일시에 상각하기 어려운 공적 연금 재정 방식에 적용되기 용이한 제도라 고 할 수 있다.

6. 우리나라 복지재정 지출 추이[3]

2000년대 들어 우리나라의 복지재정 지출은 정부 총지출 증가율보다

[표 5-3] 복지재정 지출 규모, 2010~2019년

(단위: 조 원, %)

구분	2010년		2014년		2018년		2019년		연평균 증가율		
	금액	비중	금액	비중	금액	비중	금액	비중	'09~'13	'14~'17	'18~'19
총지출	292.8	100.0	355.8	100.0	428.8	100.0	470.5	100.0	5.2	4.0	9.7
보건·복지·고용	81.2	27.7	106.4	29.9	144.6	33.7	162.2	34.5	7.4	6.8	12.2
-복지부	31.0	10.6	46.9	13.2	63.2	14.7	72.4	15.4	9.9	7.6	14.6
-일자리	8.9	3.0	13.2	3.7	19.2	4.5	23.5	5.0	9.1	9.0	22.4
교육	38.3	13.1	50.7	14.2	64.2	15.0	70.9	15.1	6.9	4.2	10.4
-지방교육재정교부금	32.3	11.0	40.9	11.5	49.5	11.5	55.7	11.8	8.4	1.6	12.5
문화·체육·관광	3.9	1.3	5.4	1.5	6.5	1.5	7.1	1.5	9.9	8.5	9.2
환경	5.4	1.8	6.5	1.8	6.9	1.6	7.1	1.5	6.3	2.0	2.9
R&D	13.7	4.7	17.8	5.0	19.7	4.6	20.4	4.3	8.6	3.1	3.6
산업·중소기업·에너지	15.1	5.2	15.4	4.3	16.3	3.8	18.6	4.0	0.8	1.3	14.1
SOC	25.1	8.6	23.7	6.7	19.0	4.4	18.5	3.9	0.3	-2.3	-2.6
농림·수산·식품	17.3	5.9	18.7	5.3	19.7	4.6	19.9	4.2	2.8	1.6	1.0
국방	29.6	10.1	35.7	10.0	43.2	10.1	46.7	9.9	4.9	4.1	8.1
외교·통일	3.3	1.1	4.2	1.2	4.7	1.1	5.1	1.1	8.1	3.1	8.5
공공질서·안전	12.9	4.4	15.8	4.4	19.1	4.5	20.0	4.3	5.4	4.6	4.7
일반·지방행정	48.7	16.6	57.2	16.1	69.0	16.1	77.9	16.6	3.7	3.4	12.9
-지방교부세	27.4	9.4	35.7	10.0	46.0	10.7	52.8	11.2	9.0	4.5	14.8

자료: 기획재정부, 각 연도 예산안 개요.

3 박인화·이덕만(2007), 「법정지출 예산의 생산성 제고를 위한 국회의 역할: 복지분야 법정지출을 중심으로」, 한국의정연구회, pp. 35~61.

[표 5-4] 보건복지 부문 재정 지출 구성, 2019년

(단위: 억 원, %)

		2018년 예산	2019년 예산안	증감	증감률
총지출(예산+기금)		631,554	723,758	92,204	14.6
회계별	예산	376,546	447,001	70,455	18.7
	기금	255,008	276,757	21,749	8.5
기능별	사회복지	525,306	607,895	82,589	15.7
	기초생활보장	97,588	109,000	11,412	11.7
	취약계층 지원	23,067	28,228	5,161	22.4
	공적 연금	218,790	240,281	21,491	9.8
	사회복지일반	10,979	12,707	1,728	15.7
	아동·보육	64,589	78,546	13,957	21.6
	노인	110,293	139,133	28,840	26.1
	보건	106,248	115,863	9,615	9.0
	보건의료	24,081	25,643	1,562	6.5
	건강보험	82,167	90,220	8,053	9.8

자료: 보건복지부(2018), 「사람 중심의 포용적 복지국가 구현을 위한 '19년 복지부 예산 편성」.

빠른 속도로 늘어나고 있다. '총지출' 개념의 재정통계를 사용하여 2010~2019년간의 복지재정 지출 추이를 살펴보면 [표 5-3]에 제시된 바와 같다.

복지재정 지출 추이와 주요 특징을 보면, 첫째 복지재정 지출은 2010년 81.2조 원에서 2019년 162.2조 원으로 증가했다. 이에 따라 정부 총지출에서 복지재정 지출이 차지하는 비중은 2010년 27.7%에서 2019년에는 34.5%로 늘어났다. 여기서 복지재정 지출은 보건, 복지, 고용 관련 예산을 총합한 것이다. 즉, 보건복지 예산에 일자리 예산이 포함되어 있는데, 여기서 일자리 예산은 경제개발의 개념이라기보다는 노인일자리 등 복지성 일자리 예산이기 때문에 넓은 의미의 복지예산으로 포괄할 수 있다.

둘째, 2010~2019년간 복지재정 지출의 연평균 증가율은 8.0% 수준이다. 이는 같은 기간 중 정부 총지출 증가율 5.4%와 비교할 때, 1.5배에 이르는 빠른 속도이다. 분야별로는 보건복지부 예산이 2010년 31.0조 원에서 2019년

72.4조 원으로 기간 중 연평균 9.9%의 증가율을 기록했다. 2019년 기준으로 공적 연금 예산이 24.0조 원, 기초보장예산이 10.9조 원이고, 주로 기초연금 예산인 노인예산은 13.9조 원, 아동수당 등 아동 보육 관련 예산이 7.9조 원이다. 반면에 보건 관련 예산은 건강보험을 포함하여 11.6조 원에 불과한데, 이는 건강보험 예산의 대부분은 별도 회계로 산정되어 국가예산에는 포함되지 않기 때문이다. 이는 국민건강보험과 노인장기요양보험은 다른 사회보험제도와는 달리 국가기금이 아니기 때문이다. 즉, 두 제도에 대한 국고 지원 금액만 국가예산에 포함된다.

Chapter 6

사회보험 관리운영

학습목표

1. 사회보험의 관리 대상을 정리해 보자.
2. 사회보험 관리를 범주별로 비교해 보자.
3. 사회보험 관리 현황을 비교해 보자.
4. 외국에는 사회보험의 관리운영이 어떻게 이루어지고 있는가?

1. 사회보험 관리의 범주

1) 수직적 범주

사회보험 행정은 정책결정단계, 제도관리단계, 업무수행단계로 구분될 수 있다. 정책결정은 보건복지부와 고용노동부가 담당하고 있는바 정책결정단계의 통합은 부처의 통합을 의미한다(ⓒ). 제도 관리는 각 사회보험공단의 본부에서 담당하고 있으며 제도관리단계의 통합은 5대 사회보험관리공단 조직의 통합을 의미한다(ⓑ). 업무수행은 각 사회보험관리공단의 지부·지사에서 수행하고 있으며, 이 단계의 통합은 일선 하부 관리운영조직의 통합을 의미한다(ⓐ). 정책결정단계의 통합(ⓒ)은 보다 큰 차원의 결단이 요구되어 현실적으로 불가능하며 제도관리단계의 통합(ⓑ)은 개별 제도의 고유한 성격을 유지하기 어렵게 만들 우려가 있고, 관리효율성 제고 및 가입자의 접근성 측면에서는 하부 관리운영조직 중심(ⓐ)의 통합도 유의미하다.

[그림 6-1] 수직적 범주

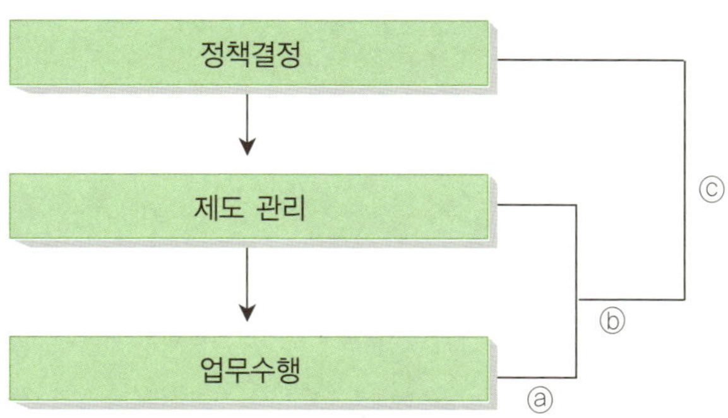

2) 수평적 범주

2 : 2 통합방안은 소관부처별로 복지보험(국민연금, 건강보험, 노인장기요양보험)과 노동보험(산재보험, 고용보험)으로 각각 통합하는 방안이다(ⓐ). 1 : 3 통합방안은 비용부담 및 보험료 산정 측면에서 다소 다른 성격을 가진 산재보험을 제외한 국민연금, 건강보험, 고용보험만 통합하는 방안이고(ⓑ), (ⓒ)는 사회보험 통합방안이다.

장기적으로 산재보험도 근로자 개별 관리를 하여야 한다는 점과 5인 미만 사업장도 효과적으로 관리하여야 한다는 점에서 산재보험제도를 별도로 관리하는 안은 비효율적이다. 관리 운영 측면에서의 4대 사회보험 간의 유사성으로 볼 때 2 : 2 통합보다는 사회보험 통합(ⓒ안)이 훨씬 효과적이다.

한편, 공무원연금공단 등 3개 특수직역연금제도의 관리 운영 문제는 별도로 논의하는 것이 바람직하다. 왜냐하면 이들 특수직역연금제도의 관리는 대상 집단이 명확히 구분되어 관리 대상이 중복되지 않고, 공무원연금공단 등의 주요 업무로 연금제도 관리 업무 외에도 각종의 복지사업이 있기

[그림 6-2] 수평적 범주

때문이다. 또한 현시점에서는 관리 운영 문제보다는 공적 연금 간 제도적 상호 접근 문제에 대한 협의가 보다 중요하며, 이것이 전제되어야 관리 운영의 조정 문제가 논의 가능하기 때문이다.

3) 기능적 범주

4대 사회보험의 업무는 크게 기금·재정 관리, 적용·자격 관리, 소득파악·징수 관리, 전산·정보·통계, 보상·급여 관리로 나눌 수 있으며 이는 다시 적용·징수·정보·현금급여를 일원화하는 (ⓐ안)과, 적용·징수·정보·급여(현금·현물)를 일원화하는 (ⓑ안), 적용·징수·정보·급여(현금·현물)·재정을 일원화하는 (ⓒ안)으로 구분할 수 있다.

대체로 ⓐ안까지는 의견이 일치하고 있으며 ⓒ안은 현재 배제되고 있

[그림 6-3] 기능적 범주

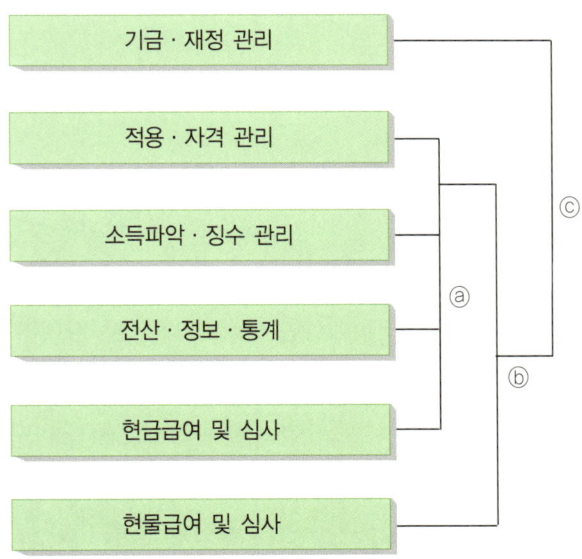

다. 따라서 ⓐ안과 ⓑ안이 선택으로 좁혀지고 있는바, 현물급여 업무의 통합 필요성에 대한 검토가 주요 쟁점이 되고 있다. 사회보험 현금급여의 경우 그 성격상 큰 차이가 없으므로 업무 통합에 이론이 거의 없는 반면, 현물급여의 경우 건강보험과 산재보험의 요양급여, 고용보험의 고용안정 및 능력개발 서비스 등으로 현금급여에 비하여 전문성이 요구되는 분야이므로 통합의 적절성 측면에서 논쟁의 여지가 있다.

그러나 요양급여 서비스의 경우 건강보험과 산재보험의 업무 성격이 동일하고, 일선 사무소에서의 업무보다는 중앙에서의 일괄적 집중 관리가 필요하므로 통합을 통한 효율성 제고가 기대될 수 있다. 또한 고용보험 서비스도 현금급여만 통합되고 현물급여가 별도로 운영될 경우 현금급여와 현물급여 간에 유기적 통제장치가 상실될 우려가 있어 제도의 효과성이 저하될 가능성이 있다. 또한 고용보험의 현물 서비스의 경우 요양급여와 달리 전문성의 유지 필요성이 다소 낮다고 볼 수 있으므로 현물 서비스의 별도 관리는 필요치 않다고 판단된다. 따라서 적용·징수·정보·급여를 일원화하는 (ⓑ안)이 바람직하다고 생각한다.

4) 사회보험의 배분구조

사회보험제도는 근로자를 대상으로 발달된 소득보장 및 분배제도이다. 사용자와 근로자가 비용을 분담하여 근로자가 직면하고 있는 각종 사회적 위험을 대처한다. 보장 대상은 원칙적으로 근로자이지만 사용자가 비용을 분담하는 것은 노사 간의 대립구조를 화해구조로 전환하기 위한 정치적 수단으로 발전되어 왔다. 노사 간의 분배제도로 시작된 사회보험제도는 사회적인 약자인 자영자에게까지 보호 범주를 확대함으로써 보장제도로서 역할을 재정립하게 된 것이다. 이 과정에서 국가는 제도의 중재자, 관리자, 후원자로서의 역할을 수행하여 왔다. 따라서 처음에는 관리비용의 일부를 지원하다가 점차적으로 급여비용의 일부를 지원하는 식으로 역할을 확대하여 왔다.

이렇게 볼 때 국민연금, 건강보험, 노인장기요양보험, 산재보험, 고용보험은 근본적으로 동일한 배분구조를 가지고 있다고 할 수 있다. 적용 범주상으로 국민연금과 건강보험이 전 국민을, 산재보험과 고용보험이 주로 근로자를 대상으로 하고 있다는 점에서 다르지만, 최근 고용보험에서 고용부조제도의 필요성이 강조되고 있고 산재보험에서도 농어민 재해 보상제도, 영세사업의 재해보상제도가 도입되는 등 더 이상 적용 범위를 근로자로만 한정하기 어려운 환경이 조성되고 있다.

4대 사회보험은 대상으로 하는 사회적 위험이 다르다. 그러나 이들 위험이 국민들의 일생주기적으로 누구나 직면하게 될 수 있는 사회적 위험이라는 측면 역선택(adverse selection)과 도덕적 위험(moral hazard) 등 보험시장 실패(market failure)가 발생할 소지가 있어 강제적인 적용의 필요성이 큰 제도라

[그림 6-4] 국민연금의 배분구조

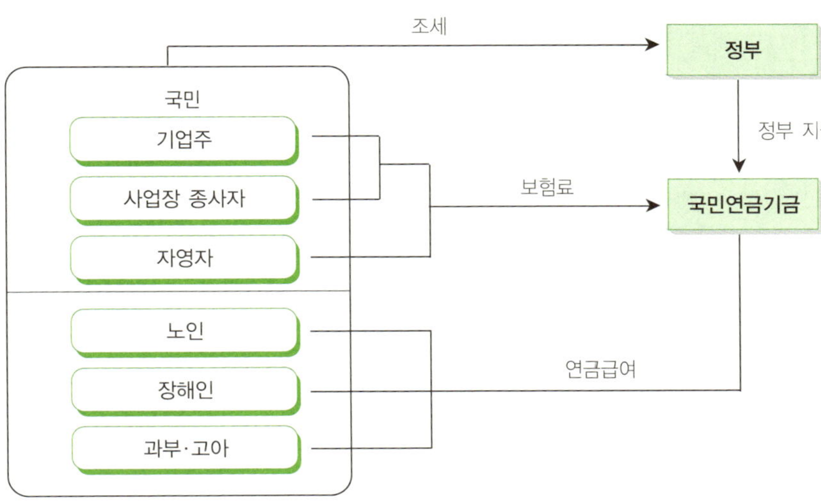

[그림 6-5] 국민건강보험과 노인장기요양보험의 배분구조

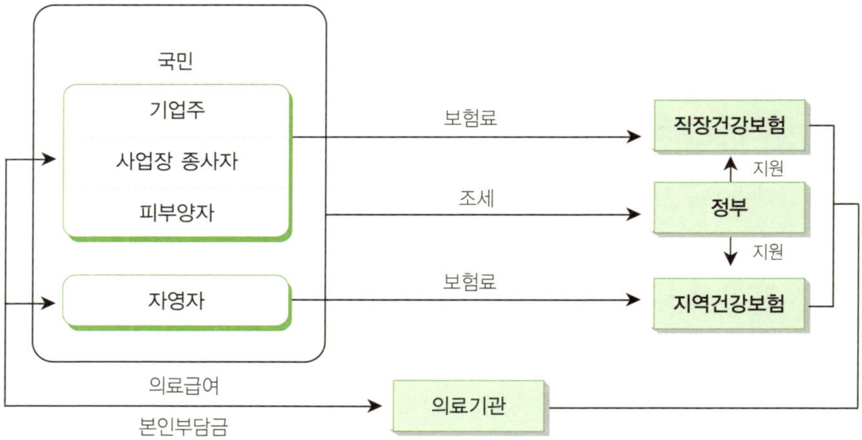

[그림 6-6] 산재보험의 배분구조

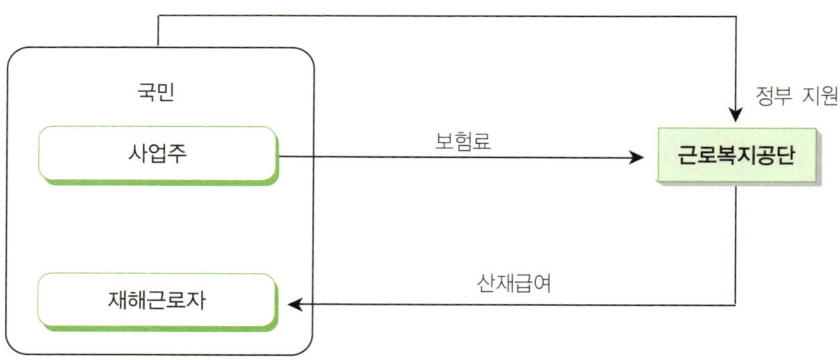

는 측면에서도 동질성을 가진다. 물론 사회보험은 국가에 따라서 통합 관리하는 국가도 있고 분리하여 관리하는 국가도 있다. 영국은 통합 관리하는 국가의 전형이고 독일과 프랑스는 분리 관리하는 국가의 전형이다. 영국의

[그림 6-7] 고용보험의 배분구조

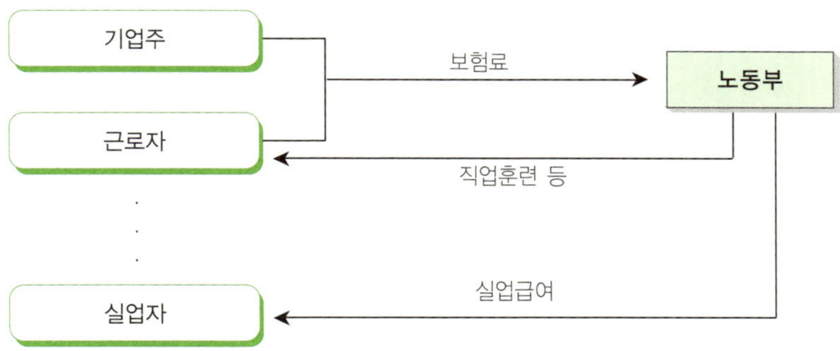

경우는 중앙정부 중심의 통합 사회보험 전통을 제도화한 국가이고 독일과 프랑스의 경우는 조합주의적 자치원리에 기초하여 업종별·지역별로 분립의 전통이 이어진 국가이다. 우리나라의 경우는 정부 주도로 제도가 도입 운영되면서도 독일과 프랑스의 재정독립적 분립주의를 선택하였다는 점에서 특징을 가지고 있다. 최근 분립주의를 채택하였던 국가들도 제도별 위험관리의 한계가 노출되면서 통합의 방향으로 움직이고 있는 경향이다.

2. 사회보험 관리 현황

1) 사회보험 관리 대상

국민연금은 2,222만 명의 대상자를 관리하고 있다. 근로자와 자영자를 모두 대상으로 하고 있다. 실제 납부예외자 등을 제외하면 1,894만 명 내외가 관리 대상이다. 건강보험은 국민기초생활보장 대상자 등을 제외하고 전

국민을 대상으로 한다. 4대 사회보험 중 가장 관리 대상이 넓다. 산재보험과 고용보험은 모두 근로자를 주로 대상으로 하고 있다. 산재보험과 고용보험의 관리 대상 인원의 차이는 임시직 근로자 상당수가 고용보험에서는 사실상 적용되지 않기 때문이다. 사회보험 각 제도의 급여 업무의 상이성을 인정한다고 하더라도 가입자 관리 및 보험료의 부과징수는 사업장가입자는 사업장 가입자대로, 지역가입자는 지역가입자대로 거의 동일한 대상임에도 불구하고 중복 관리함으로써 비효율성과 함께 형평성의 문제도 동시에 제기되고 있다.

2) 사회보험 관리조직

5대 사회보험은 3개의 관리공단과 고용노동부의 고용복지센터로 운영되고 있다. 국민연금은 109개의 지사조직으로, 건강보험은 178개 지사조직으로, 근로복지공단은 55개의 지사조직으로, 고용보험 서비스 업무를 담당하고 있는 고용복지센터는 100개의 센터가 있다. 관리 대상 인력이 많은 공단일수록 많은 지사조직을 거느리고 있는 것으로 나타나고 있다. 자영자 등 지역가입자를 관리하고 있는 국민연금과 건강보험의 조직은 매우 방대하게 나타나고 있다. 직원 수를 보면, 국민건강보험공단이 16,235명이고 보험급여 심사를 위한 건강보험심사평가원은 3,716명이다. 국민연금관리공단이 7,466명, 근로복지공단은 산재병원을 포함하여 9,574명이 종사하고 있다. 직원 1인당 관리 대상 인력은 국민연금공단은 2,976명, 건강보험공단은 2,650명, 근로복지공단은 1,956명, 고용복지센터는 2,626명으로 나타난다. 직원 1인당 가입자 수가 많을수록 효율적인 것으로 볼 수 있지만, 공단의 고유업무 이외에 부가 업무가 증가하고 있기 때문에 단순 비교하기는 어렵다. 건강보험공단은 5대 보험 통합징수 업무를 하고 있고, 노인장기요양보험도 함께 관리하고 있다. 근로복지공단은 산재보험 관리 업무 이외에 근로복지

[표 6-1] 사회보험 적용 현황(2019년)

	국민연금	건강보험	노인장기요양보험	산재보험	고용보험
가입자 수(만 명)	2,221.6	5,288.0	5,288.0	1,872.5	1,386.4
보험료율(%)	9.00	6.46(직장)	0.55(직장)	1.50	1.3 → 1.6 +(0.25~0.85)
징수율(%)	97.5	99.2	99.2	91.6	89.1
보험료 수입(억 원)	397,800	587,428	48,506	70,487	113,000

[표 6-2] 사회보험제도의 관리 운영 현황(2020. 6. 30)

	국민연금공단	국민건강보험공단	건강보험심사평가원	근로복지공단	고용복지센터
직원 수	7,466	16,235	3,716	9,574	5,279
조직 현황	지역본부(7) 지사(109) 콜센터(5)	지역본부(6) 지사(178)	지원(10)	지역본부(6) 지사(55) 10병원	고용복지센터(100)

자료: 각 기관 홈페이지.

[그림 6-8] 직원 1인당 가입자 수

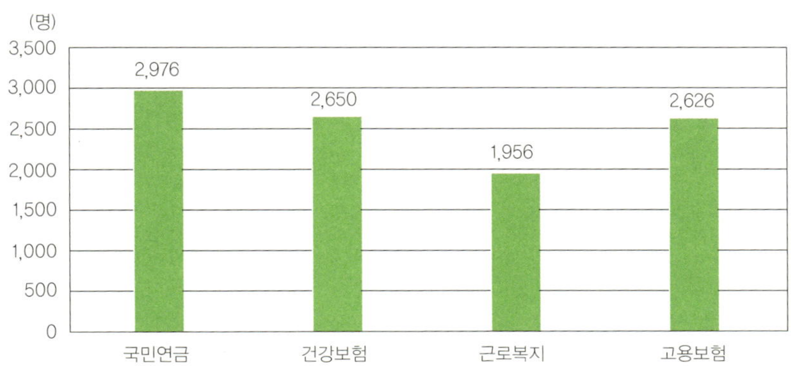

관련 업무가 증가하고 있다. 그리고 여기에는 중앙정부의 관리인력을 제외하고 있다.

국민연금과 건강보험은 보건복지부 내에 각각 1개 국이 있고, 산재보험과 고용보험도 고용노동부 내 별개의 조직이 있다. 한편, 산재예방 업무를 담당하는 한국산업안전보건공단은 주로 산재보험료로 운영되고 있지만 포함하지 않았다.

3) 사회보험 관련 비용

다음은 2005년 예산 기준으로 사회보험 관련 비용을 요약한 것이다. 건강보험은 보험료 약 16조 원, 급여 지출 18조 원을 관리하기 위하여 10,474명이 8,413억 원을 사용하고 있다. 국민연금 보험료 약 21조 원, 급여 지출 4조 원을 관리하기 위하여 4,790명이 4,021억 원을 사용하고 있다. 고용·산재보험은 보험료 7조 원, 급여 지출 6조 원을 관리하기 위하여 2,782명이 6,575억 원을 사용하고 있다. 사회보험 전체로는 43조 원의 보험료 징수, 28조 원의 급여 지출을 위하여 18,045명이 1조 9,009억 원의 예산을 사용하고 있다.

사회보험의 관리비용을 몇 가지 지표를 사용하여 비교해 보면 다음과 같다. 직원 1인당 관리비는 국민건강보험공단이 1.121억 원으로 가장 높고, 국민연금이 1.072억 원, 근로복지공단이 0.635억 원, 고용복지센터가 0.089억 원으로 차이가 있다. 이러한 차이는 직원 구성의 차이로 판단된다. 정규직 비중이 높을수록 비용이 많이 소요된다. 고용복지센터는 고임금을 받는 중앙조직이 없고 비정규직 비중이 높은 결과로 추정된다. 그렇지만 제도별로 업무 성격이 다르기 때문에 일률적으로 관리비용을 양적으로 비교하는 것은 매우 한계가 있다. 관리비용의 정확한 비교를 위해서는 제도별로 필요 업무들에 대하여 과학적인 직무 조사가 전제되어야 한다. 우리나라의 경우 아직 객관적인 직무 조사에 기초한 인력관리 평가가 제대로 되지 않고 있다.

보험료 대비 관리비 비율을 계산하여 보면, 국민연금이 2.01%, 건강보험이 3.52%, 산재보험이 8.63%, 고용보험이 0.41%로 산정된다. 국민연금의 경우 보험료가 매우 높은 반면, 업무 내용은 주로 현금급여 및 기금 관리 비

[표 6-3] 사회보험 관련 비용 비교, 2020년

(단위: 명, 억 원)

	국민연금	국민건강보험	노인장기요양보험	산재보험	고용보험	사회보험
보험료	397,800	587,428	48,506	70,487	113,000	1,217,221
급여비	266,034	849,471		60,000	109,000	1,045,075
직원 수	7,466	19,951		9,574	5,279	42,270
관리비	8,004	22,366		6,080	468	36,918

[그림 6-9] 직원 1인당 관리비

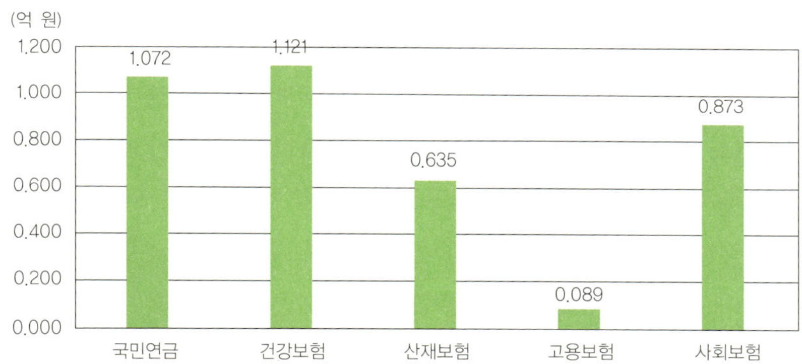

[그림 6-10] 보험료 대비 관리비 비중

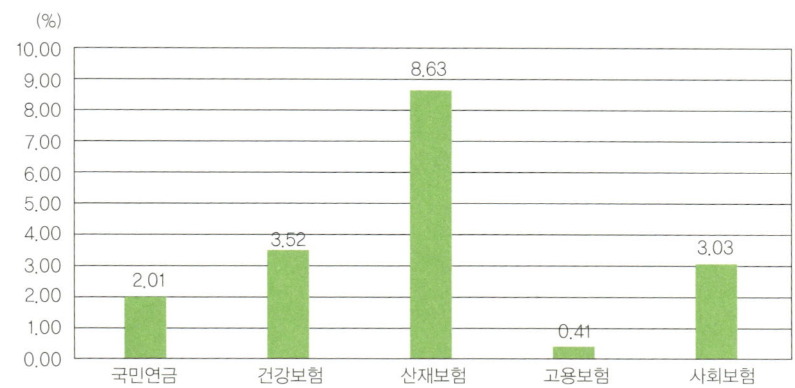

[그림 6-11] 급여 지출 대비 관리비 비중

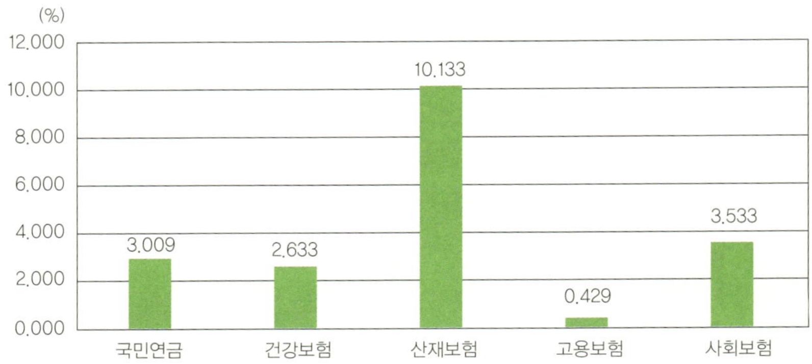

용이기 때문에 상대적으로 낮다. 건강보험이 국민연금보다 높은 것은 사회보험 통합징수 업무를 담당하고 있기 때문인 것으로 추정할 수 있다. 고용보험이 낮은 것은 일선 조직 센터 관리비만을 국한해서 산정하였기 때문이다.

한편, 급여 지출 대비 관리비 비중을 보면, 국민연금이 3.01%, 건강보험이 가장 낮은 2.63%, 산재보험이 10.13%, 고용보험이 0.43%로 계산되고, 사회보험 평균으로 3.53%였다. 국민연금과 건강보험에 비하여 산재보험이 높고, 고용보험이 매우 낮은 것은 위에서 설명한 것과 동일하다.

3. 사회보험 관리 운영 연계와 통합

1) 사회보험 관리 운영 통합

사회보험 통합은, 첫째 완전 통합급여 및 재정의 일원화, 둘째 관리 운영 통합, 셋째 제도의 연계로 나눌 수 있다. 첫째의 경우는 사실상 사회보험 제도의 통합에 가까운 개념으로서 관리 운영 체계 통합 논의의 한계를 벗어나는 개념이다. 셋째의 제도 연계의 경우는 관리 운영 통합의 전 단계로 제도 간 정보공유 및 일부 업무의 연계를 의미하는 것이다. 이는 현재의 제도와 관리 운영의 틀을 그대로 유지하면서 현행 관리 운영 체계를 보완하는 개념으로 장기적 관점에서 너무 협소한 개념이라 할 수 있다. 따라서 현재 논의되고 있는 사회보험 통합의 개념은 정확한 의미에서 두 번째의 사회보험 관리 운영 체계의 통합을 의미한다고 할 수 있다. 즉, 현재 대 사회보험 제도의 틀은 그대로 유지하면서 관리 운영 체계의 개선에 초점을 두는 것이다.

사회보험 통합 논의는 주로 관리의 효율성 제고에 초점을 두고 진행되어 왔으나 이러한 논의에서 반드시 전제되어야 할 것은 사회보험이 본래 가지고 있는 목적을 충실히 실현하는 데 도움이 되는 방향으로 이루어져야 한다는 것이다. 현재 사회보험제도가 지니고 있는 가장 큰 정책과제는 사회보험제도의 포괄성 문제, 즉 사회보험제도의 적용 범위가 전 국민에게 확대되어 있지 못하다는 것이다. 건강보험제도만이 전 국민에게 확대되어 있을 뿐 국민연금제도는 자영자 중 상당수가 사각지대에 있고, 산재보험의 경우도 보기에 따라서는 재해에 무방비한 상당수의 사람이 존재한다고 볼 수 있다. 고용보험은 1인 이상 사업장에까지 적용 확대되었으나 일용직근로자 등 취약계층은 여전히 사각지대에 있다. 이러한 사각지대 해소에 가장 큰 걸림돌은 관리 능력의 부재에 있으나 현재의 관리 운영의 틀에서는 현재보다 훨씬 많은 관리비의 투입이 있어야 이들 대상자에 대한 적용 확대가 이루어질 수 있지만 예산의 제약 등으로 현시점에서는 불가능한 상태이다. 따라서 현재의 예산제약하에서 사회보험의 전 국민 확대를 통한 사회안전망 구축을 위해서는 사회보험제도 내에서의 내적 효율성 제고를 통한 제도 확대를 시도할 수밖에 없다. 사회보험의 통합 논의 핵심은 사회보험의 기본적 목적의 충실화에 있는 것이다. 따라서 사회보험 관리 운영 효율성 제고는 사회보험 본래의 목적 달성을 위한 수단적 개념으로 인식되어야 한다.

사회보험 통합방안은 개별 사회보험 조직, 사회단체 그리고 학계의 주장에 따라 다양하게 만들어질 수 있다. 1999년 김대중 정부 당시 만들어진 사회보험통합추진기획단에서는 통합 정도에 따라 세 가지 통합대안 모형을 설정하였다. 세 가지의 통합대안 모형은 크게, 첫째 통합방안, 둘째 완전 통합, 2 : 2 통합방안, 셋째 일선 조직의 통합방안이다.

사회보험통합추진기획단에서 검토되었던 통합대안 모형은 첫 번째의 통합방안, 부처별로 2 : 2 사회보험을 통합 운영하는 것이다. 세 번째의 일선 조직 통합방안은 본부조직은 그냥 두고 지사조직만 통합하여 대본부조직에 통괄하는 방안이다. 두 번째의 사회보험 완전 통합을 의미하는 것으로 본부조직과 지사조직을 모두 통합하여 일원화하는 방안이다. 사회보험통합추진기획단에서 논의된 통합대안은 [표 6-4]와 같다.

제1안은 2 : 2 통합방안으로 보건복지부와 고용노동부로 나뉘어 있는 사회보험 감독부서별로 제도를 통합하는 방안이다. 국민연금과 건강보험을 통합하고, 산재보험과 고용보험을 통합하는 방식이다. 제2안은 완전 통

[표 6-4] 사회보험통합추진기획단의 통합방안(1999년)

	1안(2 : 2 통합)	2안(완전 통합)	3안(일선 조직 통합)
통합방안 및 정도	• 부처별 기능, 조직 통합 • 연금·건강보험/산재·고용보험	• 4대 보험 기능, 조직 통합	• 4대 보험 일선 조직 통합 • 자격·징수·일부 급여 통합 관리
부과 기준	사업장가입자 부과 기준 일원화		
자격·징수	4대 보험 통합 또는 2 : 2 통합	4대 보험 통합	4대 보험 통합
급여	2 : 2 분리 관리	4대 급여 통합 관리	4대 급여 분리 관리
재정(기금)	4대 기금 분리 관리	기금통합 관리, 단 회계상 분리	4대 기금 분리 관리
조직	• 국민보험공단, 근로복지공단, 국민보험공단이 적용, 징수 통합 관리 가능	사회보험공단 또는 사회보험청(본부, 지사조직 통합)	• 기존 공단 본부는 유지, 일선 조직을 사회보험사무소로 전환 • 일선 조직 업무를 통합 관리하는 사회보험공단 설립

합방안이다. 4대 사회보험을 전부 하나로 통합하는 방안이다. 제3안은 일선 조직을 통합하는 방안이다. 각 제도의 고유 업무를 중심으로 상부 중앙조직은 별개로 운영하고, 각 지역의 지부 지사를 통합하여 운영하는 방안이다.

이러한 사회보험 통합 관련 논의는 거의 무산되었으나 사회보험통합 추진기획단의 출범 자체는 획기적인 것이었다고 할 수 있다. 개별적으로 발전하여 왔던 제도의 벽을 원점의 상태에서 허물어 보려는 개혁의 시도였다. 그러나 거창하였던 시작에 비하여 끝은 왜소했다. 기획단의 최종보고서에서 제안되었던 안의 일부는 타협의 산물이었고, 일부는 임시방편적인 것이었다. 태풍이 지나가고 난 후 남은 것이 있다면 국민건강보험공단을 중심으로 하는 4대 사회보험 징수 통합과 사회보험 정보 연계 서비스 사이트의 구축 정도라고 할 수 있다. 기획단에서 제안되었던 나머지 제안들은 유야무야 상태가 되었다. 이렇게 된 원인은 무엇일까. 첫째는 기획단의 권고안 자체가 강제성이 없는 것이었다. 권고안의 효과는 임의의 연구자의 연구보고서로 취급된 듯하다. 참으로 투입된 노력에 비하여 결과 반영은 미미했다. 둘째는 기획단의 제안을 추진할 후속 기구나 절차가 거의 없었다는 점이다. 제도 개선의 추진주체가 되었어야 할 보건복지부와 고용노동부를 비롯하여 공단들이 제안된 내용에 대하여 일관되게 소극적으로 대응하였다. 셋째는 기획단 논의 과정 자체가 최선의 대안을 찾고자 하는 것이 아니라 먹느냐 먹히느냐 식의 조직 간 쟁탈전으로 전화되어 구체적인 연구 검토보다는 논리를 위한 논리 싸움에 머물렀다는 것이다.

이에 비하여 빈부격차별시정위원회의 사회보험 적용 징수 효율화 추진은 비교적 조용하게 이루어졌다. 필요한 연구와 논의가 준비된 이후 부처와 공단의 실무자 차원의 논의가 진행되었다. 기존의 외형적인 조직은 그대로 둔다는 전제하에서 내용적인 측면에서 부과 징수 관련 업무의 일원화 작업에 대한 논의가 이루어졌다. 보험료 부과 기준이나 부과방법 등에서 일원화 방안에 대한 중요한 진전이 있었다. 이러한 제도 개선은 사회보험의 관리비용 측면에서는 거의 효과가 없지만 사업주의 사회보험 순응비용을 낮추는 효과는 클 것으로 판단된다. 더욱이 중장기적으로 조직의 구조개선을 위한 장애물이 제거되었다는 점에서 의의가 크다고 할 수 있다.

기획단의 조직 개편과 관련한 제안들은 이러한 단계 구조개선 작업에 중요한 참고자료가 될 수 있다. 각 제안의 구체적인 내용보다는 큰 방향성이 중요하다고 생각한다. 제안 내용들에 대하여 년이라는 시점에서 재정리 될 필요가 있다. 첫째, 기획단 논의에서 국세청과의 관계 부분에 대해서는 원칙적으로 배제하고 진행되었다. 그러나 선진국들의 사회보험료 징수구조를 보면 상당수 국가는 징수 자체를 국세청에 위탁하는 경우가 많다. 사회보험료 자체가 그 성격상 조세와 크게 다르지 않다는 점에서 사회보험료 징수와 조세 징수를 독립적인 것으로 전제할 필요성은 점차 없어지고 있다. 물론 현행의 국세청 조직과 기능 측면에서는 사회보험료 징수에 역부족이라고 할 수 있지만 그러한 한계점이 보완된다면 국세청이 일괄적으로 보험료를 부과·징수하는 것이 효율성 측면에서 우월하다는 점을 부정하기 어려울 것이다.

둘째, 디지털화에 대한 고려가 부족하였다는 점이다. 이제 민영 금융시장에서도 대부분의 거래가 디지털로 이루어지고 있고 사회보험에서도 가입자의 적용 관리 보험료의 부과·징수 및 납입 급여의 신청 및 지급 등의 디지털화가 빠르게 진행되고 있다. 대규모의 현금급여 지급처리가 디지털로 신속하고 간편하게 처리되고 있다. 반면에 서비스가 제공되어야 할 영역들에 대해서는 보다 밀착된 고급 서비스의 제공 필요성이 증가되고 있다. 따라서 현재의 사회보험 서비스 전달 체계는 전면적으로 재검토되어야 한다. 현재의 사회보험 관리 운영 체계로 전문화된 서비스를 제공하기에는 미흡하고, 과거의 서비스를 제공하기에는 비대하다. 이러한 문제점을 개선하기 위한 발전적인 재구조화 작업이 요구된다.

셋째, 기존 사회보험제도의 구조적인 틀 자체에 대한 논의가 필요하다.

사회보험은 근로자를 대상으로 시작하였지만 자영자의 제도 내 편입으로 사회보험제도의 성격이 모든 국민의 기본생활보장 방향으로 진화되고 있다. 더욱이 우리나라의 경우는 비정규직과 영세자영자의 비중이 크게 증가하고 있고, 인구구조의 고령화와 저출산으로 폭발적으로 증가하고 있는 복지 수요에 비하여 재정여건 취약성 등 전통적인 사회보험의 틀로는 새로운 경제사회적 요구를 담아 내기 어려워지고 있다. 세부적으로는 급여의 누락과 중복 문제를 현재의 구조하에서는 효과적으로 대응하기 곤란한 점이 많다. 따라서 사회보장제도의 재구조화와 조세와 사회보험료의 역할 분담 등이 새롭게 논의되어야 하고 새로운 틀에 적합한 관리 운영 체계가 만들어져야 한다. 사회보험 제도든 조직이든 새로운 환경 변화에 적극적으로 대응하여 진화되어야 생존이 가능하다. 이러한 측면에서 변화는 필연이지 선택사항이 아니다.

2) 사회보험 통합징수 포털

사회보험 통합징수 포털[1]은 5대 사회보험료의 납부와 그에 따른 부가서비스를 이용할 수 있도록 특화된 사이트로 통합징수를 시행한 2011년부터 국민건강보험공단에서 운영하고 있다. 통합징수란, 국민건강보험공단, 국민연금공단, 근로복지공단에서 따로 수행하던 건강보험, 국민연금, 고용·산재보험료의 업무 중 유사 중복성이 높은 징수 업무를 국민건강보험공단으로 통합하여 운영하는 제도를 말한다.

사회·경제적으로 사회보험에 대한 국민의 새로운 서비스에 대한 요구가 커졌고, 동일한 납부자에게 각 공단에서 중복되는 행정 행위를 하는 비효율성을 줄이기 위해 정부 논의를 거쳐 국민건강보험공단이 2011년 1월 1

1 https://si4n.nhis.or.kr/jpca/JpCaa00101.do(2020. 9. 25) 인용.

일부터 통합징수 업무를 수행하도록 결정되었다. 국민건강보험공단으로 통합하게 된 이유는, 첫째 기존 인프라(조직, 인력 등)를 그대로 활용하여 통합의 실현 가능성이 높고, 둘째 국민건강보험공단이 전 국민 대상으로 징수 업무를 운영하는 점, 셋째 타 보험에 비해 전국적인 조직으로 대국민 접근성이 편리하고, 넷째 건강보험 통합(2000년) 경험과 노인장기요양보험사업 도입(2008년 7월) 등 여러 차례 통합 및 신규 사업에 대한 풍부한 경험과 성공적인 사례가 많은 점 등을 고려하여 통합징수제도의 조기 연착륙을 기대할 수 있었기 때문이다. 사회보험 통합징수의 연혁은 다음과 같다.

- 2008년 4월 22일: 기획재정부, 보건복지부, 고용노동부 장관 등이 참여하는 정부관계 장관회의 징수 업무 위탁 결정
- 2008년 8월 11일: 정부의 1차 공기업 선진화 방안에 통합징수를 포함함.
- 2009년 12월 30일: 사회보험 통합징수 관련 6개 법률 개정 완료
  ※ 6개 법률: 보건복지부 소관 국민건강보험법과 국민연금법, 고용노동부 소관 고용보험법, 산업재해보상보험법, 고용보험 및 산업재해보상보험의 보험료 징수 등에 관한 법률, 임금채권보장법
- 2011년 1월 1일: 국민건강보험공단에서 사회보험 통합징수 업무 시행

통합징수 업무 시행(2011. 1. 1) 이전에는 건강보험, 노인장기요양보험, 국민연금, 고용·산재보험료의 고지 및 수납 업무가 개별 처리되어 보험료 납부에 불편함이 있었다. 5대 사회보험 통합징수로 보험료 고지 방식, 납부 방법 및 창구가 일원화되어 가입자가 보다 편리하게 사회보험료를 납부할 수 있게 되고, 사업장은 보험사무가 간소화되어 사무처리 비용이 절감되는 효과를 얻을 수 있다. 또한 각 공단의 중복 업무를 효율화하여 인건비, 고지서 발송비용 그 밖의 행정비용을 절감할 수 있으며, 절감된 인력과 비용을

[그림 6-12] 사회보험 통합징수 포털의 주요 업무

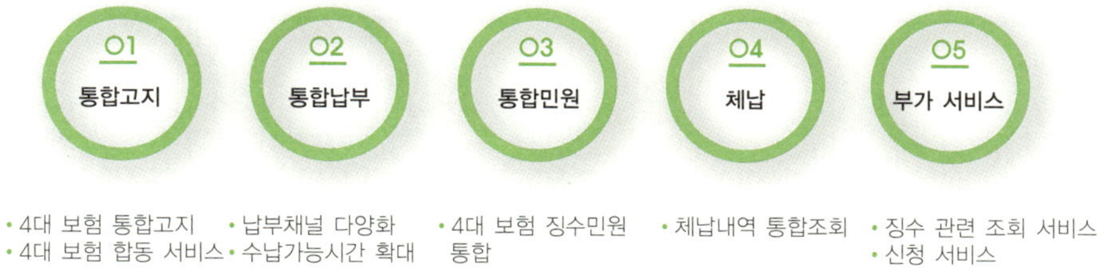

사회보험 서비스 확대에 활용할 수 있는 장점이 있다.

4대 보험 징수 창구를 일원화하여 보험료 고지, 수납 업무 및 그에 따른 징수 관련 민원처리를 건강보험공단에서 처리하여 고객이 신속·간편하게 4대 보험 업무를 처리할 수 있으며, 각종 부가적인 서비스를 이용할 수 있다.

3) 4대 사회보험 정보연계센터

4대 사회보험 정보연계센터[2]는 사회보험 각 기관 정보 시스템 간 정보자원을 상호 연계하여 대국민 민원 서비스의 질적 향상을 도모하기 위한 사업이라 할 수 있다.

사회보험제도 중 1개 제도의 가입 대상이 되면 대부분의 경우 다른 사회보험제도에도 가입해야 하는데, 5개 제도에 개별적으로 가입, 변경, 탈퇴를 할 때 발생할 수 있는 가입자의 불편을 줄이기 위하여 포털은 매우 중요한 기능을 수행한다.

2 https://www.4insure.or.kr/ins4/ptl/guid/cntr/SoclltdnLayout.do(2020. 9. 25) 인용.

[그림 6-13] 4대 사회보험 정보연계센터의 기능

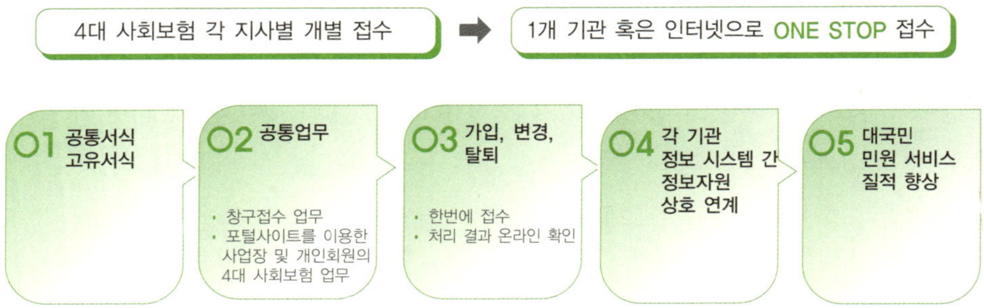

[그림 6-14] 4대 사회보험 포털 서비스 업무 처리 흐름도

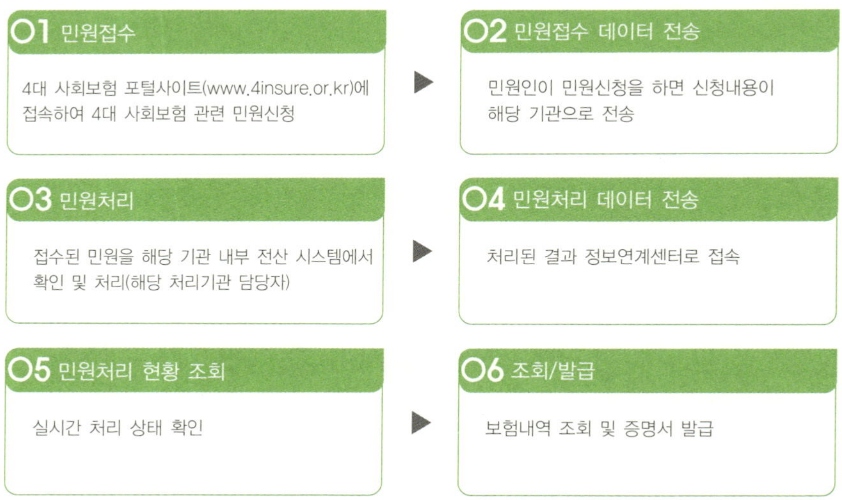

4. OECD 회원국 사회보험 운영기구 비교

사회보험 관리 운영 체계는 국가별로 제도 도입 당시의 정치·사회적 배경과 확대·발전 과정에서의 복지 이념과 관련이 있다. 대체로 영국형과 독일형의 관리 운영 체계 구분이 가능하다. 영국은 국민보험제도라는 단일 사회보장제도하에서 관리 운영되고 있는가 하면, 독일은 각 사회보험이 직역별 조합으로 다원화되어 관리 운영되고 있다. 영국과 같은 유형의 국가는 제2차 세계대전 이후 베버리지의 영향으로 영국 사회보장제도가 통합적인 단일 체계가 되었다. 이러한 기본 골격하에 현재까지 적용 및 급여 대상자 자격 관리, 부과 및 징수 업무 관리, 보험급여 지급 등의 사회보험과 관련된 모든 업무가 사회보장성 산하조직인 사회보장사무소를 통하여 일괄 관리되고 있다. 독일과 같은 유형의 사회보장제도는 수공업자의 지위 상승과 함께 성원들이 상호 부조하는 길드(Guild) 형태로 발전되었다. 동업에 종사하고 있는 자들까지 상부상조하는 전통을 이어오던 독일 국민들은 강제성을 띤 사회보험제도를 확립하면서도 자신들이 선임한 대표위원이 참여하여 보험 업무를 관리 운영할 수 있는 자치적이고 독립적인 제도를 요구하였다. 이에 따라 독일의 사회보험은 전통적인 조합주의의 다원적 관리 운영 체계를 취하게 되었다. [표 6-5]는 선진국의 사회보험 관리 운영기구를 정리한 표를 인용한 것이다.

[표 6-5] 주요국의 사회보험 관리 운영기구

국가명		산재보험	고용보험	건강보험	국민연금
그리스	징수	사회보험원 (www.ika.gr)	사회보험원 (www.ika.gr)	사회보험원 (www.ika.gr)	사회보험원 (www.ika.gr)
	보상	사회보험원 (www.ika.gr)	인력고용기구 (www.oaed.gr)	사회보험원 (www.ika.gr)	사회보험원 (www.ika.gr)

[표 6-5] 계속

국가명		산재보험	고용보험	건강보험	국민연금
네덜란드	징수	해당 제도 없음	근로자급여제도기구 (www.uwv.nl)	근로자급여제도기구 (www.uwv.nl)	국세청 (www.belastingdienst.nl)
	보상	해당 제도 없음	근로자급여제도기구 (www.uwv.nl)	근로자급여제도기구 (www.uwv.nl)	사회보험은행 (www.svb.nl)
노르웨이	징수	국세청 (www.skatteetaten.no)	국세청 (www.skatteetaten.no)	국세청 (www.skatteetaten.no)	국세청 (www.skatteetaten.no)
	보상	국민보험청 (www.trygdeetaten.no)	노동위원회 (www.aetat.no)	국민보험청 (www.trygdeetaten.no)	국민보험청 (www.trygdeetaten.no)
뉴질랜드	징수	재해보상공단 (www.acc.co.nz)	내입국세청 (www.ird.govt.nz)	내입국세청 (www.ird.govt.nz) 사보험회사	내입국세청 (www.ird.govt.nz) 사보험회사
	보상	재해보상공단 (www.acc.co.nz)	사회개발부 (www.msd.govt.nz)	현금급여-사회개발부 사보험회사 (www.msd.govt.nz 현물급여-보건부 (www.moh.govt.nz)	사회개발부 사보험회사 (www.msd.govt.nz)
룩셈부르크	징수	사회보장일반센터 (www.ccss.lu)	사회보장일반센터 (www.ccss.lu)	사회보장일반센터 (www.ccss.lu)	사회보장일반센터 (www.ccss.lu)
	보상	재해보험협회 (www.aaa.lu)	고용청 (www.adem.public.lu)	질병금고연합 및 질병금고(9개) (www.ucm.lu)	노령및장해보험기구 (www.avi.lu) 민간근로자연기금 (www.cpep.lu)
멕시코	징수	사회보장기구 (www.imss.gob.mx)	사회보장기구 (www.imss.gob.mx)	사회보장기구 (www.imss.gob.mx)	사회보장기구 (www.imss.gob.mx)
	보상	사회보장기구 (www.imss.gob.mx)	사회보장기구 (www.imss.gob.mx)	사회보장기구 (www.imss.gob.mx)	사회보장기구 (www.imss.gob.mx)
미국	징수	주정부 산재보상국 및 사보험회사	내입국세청 및 주정부 노동사무소(SWA)	내입국세청 및 사보험회사	내입국세청 (www.treasury.gov)
	보상	주정부 산재보상국 및 사보험회사	주정부 노동사무소(SWA)	메디케어·의료서비스센터 (www.cms.hhs.gov) 사보험회사	사회보장청 (www.socialsecurity.gov)
벨기에	징수	전국사회보장사무소 (www.rsz.fgov.be)	전국사회보장사무소 (www.rsz.fgov.be)	전국사회보장사무소 (www.rsz.fgov.be)	전국사회보장사무소 (www.rsz.fgov.be)
	보상	산재보험기금(FAT) (socialsecurity.fgov.be/faofat) 직업병기금(FMP) (www.fmp-fbz.fgov.be)	전국고용사무소 (www.onem.fgov.be)	전국질병 및 장애보험기구 (inami.fgov.be)	전국사회보장사무소 (www.rsz.fgov.be)

[표 6-5] 계속

국가명		산재보험	고용보험	건강보험	국민연금
스웨덴	징수	국세청 (www.skatteverket.se)	실업보험위원회 및 실업보험기금(38개) (www.iaf.se)	국세청 (www.skatteverket.se)	국세청 (www.skatteverket.se)
	보상	사회보험청 (www.forsakringskassan.se)	실업보험위원회 및 실업보험기금(38개) (www.iaf.se)	현금급여-사회보험청 (www.forsakringskassan.se) 현물급여-전국보건복지위원회 (www.sos.se)	사회보험청 (www.forsakringskassan.se)
스위스	징수	재해보험원(SUVA) 및 사보험회사 (www.suva.ch)	지역별 실업금고	질병보험금고 및 사보험회사	지역별 및 산업별 보상금고
	보상	재해보험원(SUVA) 및 사보험회사 (www.suva.ch)	지역별 실업금고	질병보험금고 및 사보험회사	지역별 및 산업별 보상금고
스페인	징수	사회보장일반금고 (www.seg-social.es)	사회보장일반금고 (www.seg-social.es)	사회보장일반금고 (www.seg-social.es)	사회보장일반금고 (www.seg-social.es)
	보상	전국사회보장기구 (www.seg-social.es)	전국고용기구 (www.inem.es)	현금급여-전국사회보장기구 (www.seg-social.es) 현물급여-지방자치단체	현금급여-전국사회보장기구 (www.seg-social.es) 현물급여-이주및 사회서비스기구
아이슬란드	징수	국세청 (www.skattrann.is)	국세청 (www.skattrann.is)	국세청 (www.skattrann.is)	국세청 (www.skattrann.is)
	보상	국가사회보장기구 (www.tr.is)	노동위원회 (www.vinnumalastofnun.is)	국가사회보장기구 (www.tr.is)	일반연금-국가사회보장기구 (www.tr.is) 강제직장연금-아이슬란드 연기금협회 및 56개 독립연금기금 (www.ll.is)
아일랜드	징수	내국세입청 (www.revenue.ie)	내국세입청 (www.revenue.ie)	내국세입청 (www.revenue.ie)	내국세입청 (www.revenue.ie)
	보상	현금급여-사회가정복지부 (www.welfare.ie) 현물급여-아동보건부 (www.dohc.ie)	사회가정복지부 (www.welfare.ie)	현금급여-사회가정복지부 (www.welfare.ie) 현물급여-아동보건부 (www.dohc.ie)	사회가정복지부 (www.welfare.ie)
영국	징수	국세청(HMRC) (www.hmrc.gov.uk)	국세청(HMRC) (www.hmrc.gov.uk)	국세청(HMRC) (www.hmrc.gov.uk)	국세청(HMRC) (www.hmrc.gov.uk)
	보상	노동연금부 및 Jobcentre Plus (www.jobcentreplus.gov.uk)	노동연금부 및 Jobcentre Plus (www.jobcentreplus.gov.uk)	현금급여-Jobcentre Plus 현물급여-보건부	노동연금부 및 Jobcentre Plus (www.jobcentreplus.gov.uk)

[표 6-5] 계속

국가명		산재보험	고용보험	건강보험	국민연금
오스트리아	징수	질병보험금고 (www.bgkk.at)	질병보험금고 (www.bgkk.at)	질병보험금고 (www.bgkk.at)	질병보험금고 (www.bgkk.at)
	보상	재해보험원(AUVA) (www.auva.at)	공공고용서비스 (www.ams.at)	질병보험금고 (www.bgkk.at)	연금보험공단 (www.pensionsversicherung.at)
이탈리아	징수	국세청 (www.dt.tesero.it)	국세청 (www.dt.tesero.it)	국세청 (www.dt.tesero.it)	국세청 (www.dt.tesero.it)
	보상	전국산재보험공사 (www.inail.it)	전국사회보험기구 (www.inps.it)	전국사회보험기구 (www.inps.it)	전국사회보험기구 (www.inps.it)
일본	징수	후생노동성 및 지방노동관서 (www.mhlw.go.jp)	후생노동성 및 지방노동관서 (www.mhlw.go.jp)	지역-국민건강보험중앙회 직장-사회보험청 (www.sia.go.jp) 건강보험조합연합회 (www.kenporen.com)	후생노동성 및 사회보험청 (www.sia.go.jp)
	보상	후생노동성 및 지방노동관서 (www.mhlw.go.jp)	후생노동성 및 공공직업안정소 (www.mhlw.go.jp)	위와 동일	후생노동성 및 사회보험청 (www.sia.go.jp)
캐나다	징수	주정부 산재보상국	국세청 (www.cra-arc.gc.ca)	지방자치단체	국세청 (www.cra-arc.gc.ca)
	보상	주정부 산재보상국	인력자원및기술개발부 (www.canadabenefits.gc.ca)	현금급여-인력자원및 기술개발부	사회개발부 (www.sdg.ca)
터키	징수	사회보험기구 (www.ssk.gov.tr)	사회보험기구 (www.ssk.gov.tr)	사회보험기구 (www.ssk.gov.tr)	사회보험기구 (www.ssk.gov.tr)
	보상	사회보험기구 (www.ssk.gov.tr)	고용청 (www.iskur.gov.tr)	사회보험기구 (www.ssk.gov.tr)	사회보험기구 (www.ssk.gov.tr)
체코	징수	사회보장청 (www.cssz.cz)	사회보장청 (www.cssz.cz)	사회보장청 (www.cssz.cz)	사회보장청 (www.cssz.cz)
	보상	사회보장청 (www.cssz.cz)	노동사회보장부 및 노동사무소 (www.mpsv.cz)	현금급여-사회보장청 (www.cssz.cz) 현물급여-보험회사	사회보장청 (www.cssz.cz)
폴란드	징수	사회보험기구 (www.zus.pl)	사회보험기구 (www.zus.pl)	사회보험기구 (www.zus.pl)	사회보험기구 (www.zus.pl)
	보상	현금급여-사회보험기구 (www.zus.pl) 현물급여-전국질병기금 (www.nfz.gov.pl)	전국 및 지방노동사무소 (www.up.gov.pl)	현금급여-사회보험기구 (www.zus.pl) 현물급여-전국질병기금 (www.nfz.gov.pl)	사회보험기구 (www.zus.pl)

[표 6-5] 계속

국가명		산재보험	고용보험	건강보험	국민연금
프랑스	징수	가족수당및사회보장 분담금징수연합(URSSAF) (www.urssaf.fr)	상공업고용협회 (ASSEDIC) (www.assedic.fr)	가족수당및사회보장 분담금징수연합(URSSAF) (www.urssaf.fr)	가족수당및사회보장 분담금징수연합(URSSAF) (www.urssaf.fr)
	보상	전국질병보험금고 (CNAMTS) (www.ameli.fr)	상공업고용협회 (ASSEDIC) (www.assedic.fr)	전국질병보험금고 (CNAMTS) (www.ameli.fr)	전국노령보험금고 (CNAV) (www.cnav.fr)
독일	징수	상공업산재보험조합(BG) (www.hvbg.de)	건강보험조합	건강보험조합	건강보험조합
	보상	상공업산재보험조합(BG) (www.hvbg.de)	고용안정청	건강보험조합	연금공단
핀란드	징수	재해보험기구연합 및 사보험회사 (www.tvl.fi)	실업기금 (www.tvr.fi)	국세청 (www.vero.fi)	국세청 및 지방자치단체 연금센터(www.etk.fi)
	보상	재해보험기구연합 및 사보험회사 (www.tvl.fi)	사회보험원 (www.kela.fi) 업종별 실업기금	사회보험원 (www.kela.fi)	사회보험원 (www.kela.fi) 연금센터(www.etk.fi)
헝가리	징수	국세청 (www.apeh.hu)	국세청 (www.apeh.hu)	국세청 (www.apeh.hu)	국세청 (www.apeh.hu)
	보상	전국건강보험금고 (www.oep.hu)	공공고용서비스 (www.afsz.hu)	전국건강보험금고 (www.oep.hu)	전국연금보험중앙기구 (www.onyf.hu)
호주	징수	주정부 산재보상국 및 사보험회사	국세청 (www.ato.gov.au)	국세청 (www.ato.gov.au) 사보험회사	국세청 (www.ato.gov.au) 산업별 연기금 (www.superannuation.asn.au)
	보상	주정부 산재보상국 및 사보험회사	센터링크 (www.centrelink.gov.au)	현금급여-센터링크, 사보험회사 (www.centrelink.gov.au) 현물급여-건강보험위원회 (www.hic.gov.au)	센터링크 (www.centrelink.gov.au) 산업별 연기금 (www.superannuation.asn.au)

Chapter 7

연금보험

학습목표

1. 연금과 자본축적의 관계를 알아보자.
2. 최적 연금 급부의 개념을 정리해 보자.
3. 재정 방식별로 연금의 유·불리를 비교해 보자.
4. 재정 방식이 경제에 미치는 영향을 정리해 보자.

펠드슈타인은 "Social security, Induced Retirement, and Aggregate Capital Accumulation"(1974)에서 공적 연금은 가계저축을 반감(半減)시킨다고 하였다. 그는 공적 연금의 저축저해 효과와 그로부터 파생한 자본축적에 대한 마이너스 효과를 역설하였다.

그는 연금의 경제효과에 관한 실증 내지 실태적인 연구에 이어, '최적 연금급부'에 대하여도 다음의 두 논문에서 정리하였다.

"The Optical Level of Social Security Benefits"(1985)
"Should Social Security Benefits be Means Tested?"(1987)

여기서는 먼저, 부과 방식에 의한 공적 연금에 강제적으로 가입되어진다고 함에 따라 사람들이 얻을 수 있는 연금의 수익률이, 같은 금액을 자본시장에서 운용한 경우 얻어지는 수익률보다 상당히 밑돌 수 있음을 지적한다. 나아가, 공적 연금의 존재의의를 묻는다.

연금, 특히 공적 연금의 중요한 역할의 하나는, 사람들이 나이를 먹음에 따라 생기는 다양한 리스크를 사회 전체에서 공유하는 것이다. 최근 이 기능을 사적 연금이 어느 정도 역할을 할 수 있는지 논의가 활발히 이루어지고 있다. 펠드슈타인도 다음 두 논문에서 이 '불확실성과 연금'을 주제로 다루고 있다.

"Imperfect Annuity Markets, Unintended Bequests, and the Optimal Age Structure of Social Security Benefits"(1990)
"Should Private Pensions be Indexed?"(1983)

불확실성과 연금이라고 하더라도, 이 두 논문이 대상으로 하는 불확실성은 달라, 제1논문 "Imperfect Annuity Markets…"에서는 사망시기가 불확실한 경우, "Should Private Pensions…" 에서는 사적 연금의 수익률이 불확실한 경우를 생각한다.

앞의 논문은 노후의 소득보험으로서의 공적 연금의 역할을 연구한 것이고, 뒤의 논문은 자산선택이론을 사적 연금의 운용에 적용하고, 공적 연금과 사적 연금이 동시에 존재할 경우, 공적 연금에 더하여 사적 연금도 물가 변동에 대해 인덱스시켜, 사적 연금의 리스크를 경감해야 하는지 검토하고 있다.

본 장에서는 펠드슈타인의 연구 결과를 중심으로 공적 연금의 경제적 효과를 분석한 다음, 공적 연금 재정 방식과 소득 재분배 문제를 검토하여 보고자 한다.

1. 연금과 자본축적

1) 연금의 저축저해 효과

여기서는 "Social Security, Induced Retirement, and Aggregate Capital Accumulation"(1974)을 들어, 부과 방식에 의한 공적 연금이 가계저축에 미치는 마이너스 효과에 대해 살펴보고자 한다. 이 논문에서는, 먼저 부과 방식에 의한 공적 연금이 가계의 저축을 줄일 가능성이 있다는 것은, 이미 이 논문 이전에 지적되었다고 서술하고 있다. 예를 들면, 밀튼 프리드먼도 『소비함수 이론』(1957)에서, "연금은 가계의 예금준비의 필요성을 줄이고, 그 결과 저축을 감소시킨다."고 주장하고 있었다. 그러나 어느 정도 감소시키는가에 대한 구체적인 지적은 없었다. 또한 라이프사이클 가설에 의한 저축함수를 주장한 모딜리아니도 연금의 가계저축에 미치는 효과를 무시하고 있었다.

이에 대해 당시, 연금은 가계저축에 대한 마이너스 효과를 갖지 않는다는 연구도 있었던 것 같다. 그 이유로 거론되는 한 가지는 '인식효과'라고도 할 수 있는 것으로, 한번 연금에 강제가입이 되면, 사람들은 처음으로 노후저축의 중요성을 인식한다는 것이었다. 그 외에 심리학에서 사용하는 '목적경사(goal gradient) 효과'라는 개념을 적용하여, 저축목적이 달성됨에 따라, 사람들은 더욱더 저축을 하려고 한다고 생각되었다.

연금과 저축에 관한 이러한 상황 속에서 펠드슈타인의 논점은, 먼저 '인식효과'와 '목적경사 효과'라는 생각을 부정한다. 어떠한 제도로 가입함에 따라 사람들의 저축 태도가 변화한다는 것은, 사람들의 선호(preferences)가 제도에 의해 결정된다는 것을 의미하고, 그것은 선호가 주어진 것으로써 논의를 전개하는 경제분석과 상이한 것이기 때문이다. 펠드슈타인은 가계의 합리적인 저축 결정을 전제로 하여 연금이 저축에 미치는 효과를 분명히 해야 한다는 것을 주장한다. 이 점이 프리드먼 등의 연구에서는 불충분하고, 이론/실증의 양 측면에서 새로운 연구의 필요성이 있다고 지적한다.

펠드슈타인의 이러한 생각은, 이하에 번역된 논문의 모두에 좀 더 선명하게 표현되어 있다. 즉, "미국의 대다수의 사람들에게 있어 가장 중요한 가계의 자산은 공적 연금의 장래 급부액이다. 1971년에 그 총액은 약 2조 달러이고, 연금을 제외한 가계자산의 약 60%에 달한다. 그러나 지금까지 이러한 연금의 존재와 그 증대의 결과, 가계소비가 어떠한 영향을 받는지에 대한 이론적·실증적 연구가 충분히 이루어지지 않아 왔다."

그러면 펠드슈타인이 주장하는 연금과 저축에 관한 경제이론이란 무엇인가. 그것은 다음의 두 가지 요인을 통하여 연금이 저축에 영향을 미친다고 하는 것이다. 먼저, 자산대체 효과(asset-substitution effect)가 있다. 이는 사람들은 노후의 소비를 위해 약년기에 저축을 하지만, 강제가입의 결과 지불된 연금보험료분만큼 자발적인 저축을 줄인다고 하는 효과이다. 그리고 연금이 부과 방식으로 운용되고 있다면, 연금보험료는 그해 연금급부의 자원으로 사용되어 버리기 때문에 연금 수급자가 어떠한 이유로 받은 연금을 저축하지 않는 한, 경제 전체로 보아도 저축의 감소가 발생하게 된다.

연금과 저축을 링크시키는 제2의 효과는 '퇴직유인 효과'(inducement-to-retire effect)이다. 연금을 수급하고 싶으나 조기 퇴직을 한 경우, 일정한 소득을 얻고 있다면 연금은 감액된다. 그래서 조기 퇴직을 하여도 노후의 소비가 줄지 않도록 저축을 '늘리는' 인센티브가 움직인다. 이론적으로는 이 두 가지 효과가 상쇄되어 연금이 저축을 늘리는지 줄이는지 모른다는 것이 펠드슈타인의 주장이다. 가계가 합리적인 행동을 선택하고 있어도, 연금이 저축에 대해 플러스 효과를 갖는지, 마이너스 효과를 갖는지는 선험적으로는 알 수 없다는 것이다. 거기서 실증연구에 의해 이 문제에 대한 답이 보인다. 라이프사이클 가설에 기초한 검증방법은 놀라울 정도로 간단하다. 가계의 '총소비액'을 그 가처분소득과 연금을 제외한 가계자산 및 연금자산액에 회귀시킨다. 그리고 연금자산액이 총소비에 미치는 효과를 조사하여, 만일 그것이 마이너스라면, 위의 두 가지 효과 중 '퇴직유인 효과'가 우위에 있는 것으로 생각된다. 만일 그렇지 않다면 '자산대체 효과'가 '퇴직유인 효과'를 압도하여, 연금은 저축을 줄이고 있다고 결론지을 수 있다.

여기서 연금자산액이라는 개념이 약간 알기 어려우나, 이는 어떤 시점에서 연금에 갹출하고 있는 사람들과 이미 연금을 수급한 사람들이, 그 시점 이후 장래에 수급할 예정인 연금액을 깎아(그 시점의) 현재가치로 고친 것이다. 1971년 시점에서 이 자산액은 GNP의 거의 2배에 달하고 있다. 사람들은 장래에 수급할 수 있는 자산을 전제로 현재의 소비, 저축 행동을 할 것이라는 것이 여기서의 사고방식이다.

계측은 1929년부터 1971년까지, 중간의 전쟁기인 1941~1946년을 뺀 것이다. 연금자산의 정의, 회귀식의 특정화 등의 면에서 여러 가지 계측이 시도되었으나, 계측 결과는 다음과 같았다. 예측대로, 가처분소득과 연금 이외 자산은 소비를 증대시키는 효과를 갖고 있었다. 문제의 연금자산은, 소비에 대한 플러스 효과를 갖고(따라서 연금은 저축에는 마이너스 효과를 가짐), '자산대체 효과'가 '조기퇴직 효과'를 압도하고 있다는 것을 알게 되었다.

그렇다면 연금은 어느 정도 저축을 감소시키는가. 1971년에 그 효과는 다음과 같이 추계되었다. 그해에 연금 갹출에 따라 가처분소득은 510억 달러 감소했으며, 그에 따른 저축 감소는 180억 달러이다. 한편, 연금자산 잔고는 이해에 2조 달러였으나, 이 자산효과에 의한 저축 감소는 430억 달러였다. 합계 610억 달러의 저축 감소였다.

이해의 가계저축의 총액도 또한 610억 달러였다. 따라서 1971년에 저축액과 동액이 연금에 의해 없어졌다는 것이 된다. 연금제도가 없다면, 저축액은 2배가 되었을 것을 생각하면 연금은 저축을 반으로 만든 것이 된다. 이 결과에 대해서는 다양한 비판이 이루어졌으나, 이 연구를 계기로 연금의 경제분석이 경제학의 한 분야로까지 끌어올려졌다.

그런데 이 결과를 기초로 펠드슈타인은 저축 감소의 경제효과를 보고 있다. 저축의 감소에 따라 1인당 자본축적액이 감소함으로 인해, 임금이 감소하고 이자율이 올라간다. 극히 대략적인 추측이긴 하나, 만일 공적 연금액이 없었다면 임금은 15% 높고 이자율은 28% 낮았을 것이라고 논하고 있다. 그 결과, 부과 방식에 기초한 연금의 급부액도 감소한다. 노후소득을 보장하는 것을 목적으로 하는 연금은, 피상적인 것이나 경제성장을 저해하고 보장소득 자신도 감소시킨다고 하는 효과를 갖게 된다.

2) 연금의 후생효과

연금의 저축 저해가 초래한 경제효과 검토가 "The Welfare Cost of Social Security's Impact on Private Saving"(1987) 논문에서 이루어졌다. 논문은 연금보험료 1달러의 갹출에 대해 '잃어버린 소득'을 규명한 것으로, 이 금액이 4배가까이 이른다고 주장하고 있다. 여기서도 부과 방식에 의한 공적 연금을 전제로 단순화를 위한 연금갹출액과 동액의 가계저축이 감소한다고 가정한다. 이 경우 사회 전체로 비교해야 하는 '수익률'은 1달러를 연금에 갹출한 경우의 수익률 ρ이다. 만일 ρ가 r보다 크다면, 연금에 대한 갹출에 의한 수익률은 그 기회적 비용보다 작은 것이 되어 그 차액분, 후생성의 비용이 발생하게 된다. 즉, 기타 투자처에 대신하여 연금이라는 특별한 '자산'에 투자한 결과 잃어버린 소득이 연금에 의한 후생비용이 된다.

여기서 연금에 의한 수익률이란, 약년기의 연금 갹출에 대한 연금의 이율을 가리키고 있다. 부과 방식의 경우, 이 이율은 연금의 갹출을 행한 새로운 세대의 인구와 임금 수준이 높아질수록 수급자의 수취액은 커진다. 한편, 연금에 대신한 투자처로부터의 수익률이란 미국의 비금융법인 기업의 자본수익률이 사용되고 있다. 또한 실제 계산에서는 부과 방식의 경우, 연금수급의 제1세대는 그 세대가 부담해야 하는 수급자가 없기 때문에, 이 세대는 편익만을 누리게 된다는 점도 고려되고 있다. 추계 결과를 표현할 경우, 이 후생비용의 금액을 보여도 금액 자체로는 의미하는 것을 알기 어렵다. 그래서 후생비용을 연금갹출액으로 나눈 비율을 구하고 있다. 다만, 분모인 연금갹출액 V도, 분자인 후생비용 N도, 모두 연금제도 창설 이후 각 금액의 현재가치를 취하고 있다. 추계상의 기타 가정과 계산 과정을 생략하지만, 여기서 정의한 비율로 나타나는 연금의 후생비용은 다음과 같다.

$$N = \tau\rho$$

$$V = 1 + (1 - \tau)\rho$$

여기서, τ는 자본수익률 ρ에 대해 법인단계와 개인단계에서 부과되는 세율이다. 이 식의 분자는 저축 감소에 의한 세수의 감소액을 나타내고 있고, 분모는 세금을 뺀 후의 자본수익률이다. 따라서 연금 갹출의 후생비용은 저축 감소에 의한 세수 손실을 가계단계의 자본수익률로 되돌린 것이 된다. 펠드슈타인은 1세대 기간을 30년으로 하고, 1950년 이후 30년간의 실적치에 기초하여 각 파라미터 값을 추측하고 있다. 먼저, 연금의 수익률은 $r=(1.037)^{30}-1=1.97$, 자본수익률은 $\rho=(1.114)^{30}-1=24.5$로 추계되어 있다. 따라서 자본수익률에 비하여, 연금의 수익률은 상당히 작다. 또한 자본수익률에 관련한 종합세율 τ(법인 및 가계에 대한 과세 합계)는 0.825로 추계되고 있다. 이러한 파라미터 추계치를 상기 식에 대입함에 따라, 연금의 후생비용은 갹출액 1달러당 3.83달러에 달한다는 것을 알 수 있다. 이렇게 부과 방식에 의한 저축 저해가 발생한 결과, 연금은 사회적으로 보아 막대한 손실을 낳고 있다고 주장되고 있다.

2. 최적 연금 급부

1) 연금의 규범분석

연금의 저축에 미치는 영향과 그 결과 생기는 후생비용의 검토에 이어, 펠드슈타인은 연금의 규범적 측면의 분석을 하고 있다. 여기서의 문제 설정은 다음과 같다.

사람들은 다양한 생애소비를 하고 있다. 근로기에 많은 소비를 하는 사람도, 또한 노년기를 위해 저축에 열심인 사람도 있을 것이다. 정부가 아무리 고령화 문제에 대해 사람들에게 정보를 제공해 주어도, 노후의 생애에 힘든 사람이 생기는 것을 피할 수 없을 것이다. 이때에 가난한 고령자에게 근로기의 저축을 위한 노력 부족에 대해 추궁해도 소용이 없다. 정부로서는 국민 중에는 저축 부족으로 인해 노후의 생활이 곤란한 사람이 나올 것이라고 처음부터 상정하여 정책을 세울 수밖에 없을 것이다. 국민 전체의 후생을 생각하는 이상, 정부로서는 이러한 부권적(Paternalistic) 관점에 설 수밖에 없을 것이다.

그렇다면 정부로서는 근로기에 어느 정도 연금으로 갹출을 해야 하는 것일까. 이것이 연금의 규범분석의 제1과제이다. 펠드슈타인은 이 문제에 이어, '연금 수급을 위한 자산 조사'(Means Test)에 대해 다루고 있다.

국민 중에서 노후생활이 곤란한 사람도 생기는 것을 피할 수 없지만, 모두가 근시안적인 생활을 하는 것은 아니고, 노후생활을 위해 철저히 준비하고 있는 사람도 많다. 문제는 이러한 사람들도 강제적으로 나라의 연금에 들어오지 않으면 안 되는가 하는 것이다. 부과 방식에 의한 연금의 수익률이 시장에서의 자본수익률보다도 상당히 낮을 때, 생애 계획을 제대로 세운 사람들까지 강제적인 연금에 가입을 시킨다는 것은, 개인적으로도 사회적으로도 바람직하지 않다. 그러나 공적 연금은 국민 모두가 가입하여야 비로소 노후의 소득보장을 위한 필요한 자원이 확보될 수 있다.

그래서 펠드슈타인은 국민 전원에게 공적 연금으로의 가입을 요구하는 동시에, 노후의 생활을 자기자신이 뒷받침할 수 있는 사람들에게 연금수급을 인정하지 않는 것을 제안한다.

이는 일견, 생애소비계획을 확실히 세우고 있는 사람들에게는 불리한 것 같지만, 꼭 그렇지만은 않다. 만일 수급액이 줄어든다면 필요한 연금갹출액도 줄고, 그만큼 수익률로 보아 불리한 자금에 투자하지 않아도 되기 때문이다.

이러한 연금을 현실 제도로 하는 하나의 방법이 자산 조사이고, 저축이든 기타 자산이 일정액 이상인지 아닌지에 따라 생애소비계획을 하고 있는지 아닌지(연금의 수급자격)를 판단하는 것이다. 그리고 그 제도는 실질적으로는, 생애소비계획을 세우고 있는 사람들로부터 그렇지 않은 사람들에게로 소득전이의 구조로 기능하는 것이다.

모든 연금갹출자에 대한 급부를 전제로 한 일률연금제도의 경우 최적인 연금 갹출과 급부가 어떻게 정해지는지, 자산 조사에 의한 연금은 일률제도의 경우보다 사회적으로 보아 바람직한지 아닌지, 이 두 가지 문제에 대하여 펠드슈타인은 문제를 제기하였다.

2) 일률연금과 자산 조사

먼저, 일률연금제도의 기초에 둘 수 있는 최적의 연금 갹출과 급부에 대하여 보고자 한다.

개인의 인생을 근로기와 노년기의 두 개의 기간으로 나눠, 근로기에 가득소득을 ω 얻는다로 한다. 이 개인은 근로기에 소비를 C_1, 노년기에 소비를 C_2 한다고 한다. 연금의 수익률은 r 로 표기하고, 자본수익을 ρ로 표기한다. 문제의 소재를 명백하게 하기 위해, 먼저 $r=\rho$라고 가정한다.

그런데 이상과 같은 가정하에 근로기의 소득에서 어느 정도 연금 갹출을 해야 하는지 문제이다. 근로기의 소득 ω에 대한 그 갹출 비율을 θ로 하면, 최적인 θ를 구하는 것이 여기서의 과제이다.

[그림 7-1]에 개인과 정보의 소비 선택을 나타낸다. 횡축에 근로기의 소비 C_1, 종축에 노년기의 소비 C_2를 표기했다. 근로기의 가득소득은 그림의 점 A로 표시하고 있다. 만일 개인이 노후의 소비를 위한 저축을 자본시장에서 운용한다면, 그 예산은 AB가 된다. 정부가 연금 갹출을 부과하고, $\theta\omega$만 갹출이 이루어졌다고 한다. 그 경우 그림의 AE에 상당하는 금액이 갹출되어, 그에 따른 급부는 FE가 된다. 그러나 여기서는 $r=\rho$를 가정하고 있기 때문에 연금이 있는 경우의 예산제약은 없는 경우의 제약과 동일해진다.

이상의 제약을 기초로, 개인은 점 C를 선택한다고 한다. 그에 대해 정부는 노년기에 보다 큰 소비가 필요하다고 보고 점 D가 바람직하다고 생각한다. 개인의 최적 선택점인 점 C는 정부에게는 예산선 AB상에서 최적이

[그림 7-1] 최적의 연금 갹출과 급부(연금수익률=자본수익률)

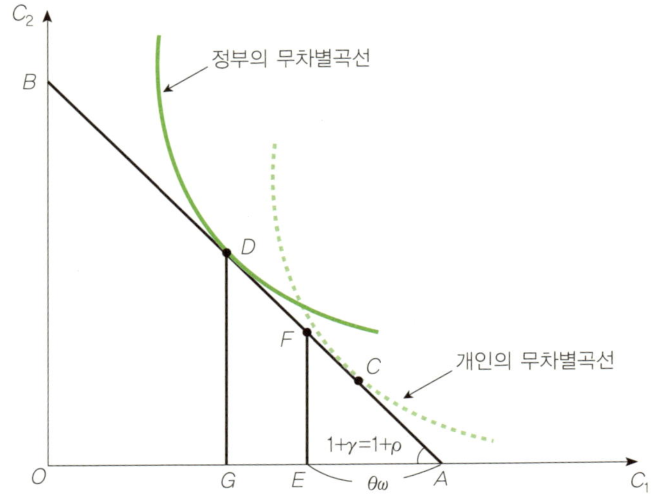

주: 최적연금공급: 연금의 수익률(γ)=자본수익률(ρ)의 경우
이 경우, 제1기의 소득을 자본시장에서 운용한 경우의 예산선은 *AB*이고, 연금으로 운용한 경우는 *AE*이다. 이때 그림과 같이 개인의 선호점 *C*가 정부의 선호점 *D*보다 충분히 '윗쪽'에 있는 경우, 사회적으로 보아 연금제도를 도입할 필요성은 생기지 않는다. 연금제도가 필요시 되는 것은 가계의 저축 성향이 극히 작고, 그림의 점 *F*와 같이 점 *D*를 통한 정부의 무차별곡선보다 더욱 아래쪽의 점을 선호하는 경우이다.

아니다. 이것이 부권적인 정부의 판단이고, 이 경우 그림에서 표시한 *AG*의 연금 갹출이 최적이 된다. 그에 따른 급부액은 *DG*가 된다.

여기서 알 수 있듯이, 연금의 수익률과 자본수익률에 차이가 없는 경우에는 개인의 저축이 사회적으로 보아 부족한 경우에 한하여 강제적인 연금이 정당화된다. 그런데 부과 방식 연금이 갖는 문제의 하나는, 연금의 수익률이 자본시장의 수익률보다도 작다는 것이다. 즉, $r<\rho$이다. 이 경우 사회적으로 보아 저축에 부족이 발생하고 있다고 하여 연금제도가 반드시 필요해지는 것은 아니다. 이 점을 [그림 7-2]에서 살펴보고자 한다.

그림의 점 *A*는 [그림 7-1]과 동일하게 근로기의 소득을 나타내고 있다. 저축이 자본시장에서 운용된 경우의 예산선은 이 경우 *AB*로 나타나고 있

[그림 7-2] 최적의 연금 갹출과 급부(연금수익률<자본수익률)

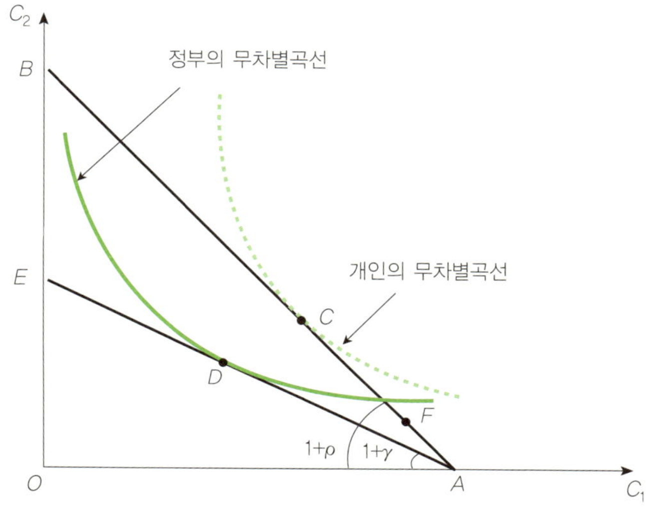

주: 최적연금공급: 연금의 수익률(γ)<자본의 수익률(ρ)인 경우
이 경우 제1기의 소득을 자본시장에서 운용한 경우의 예산선은 *AB*이고, 연금으로 운용한 경우는 *AE*이다. 이때 그림과 같이 개인의 선호점 *C*가 정부의 선호점 *D*보다 충분히 '윗쪽'에 있는 경우, 사회적으로 보아 연금제도를 도입할 필요성은 생기지 않는다. 연금제도가 필요시 되는 것은 가계의 저축 성향이 극히 작고, 그림의 점 *F*와 같이 점 *D*를 통하는 정부의 무차별곡선보다 상당히 아래의 점을 선호하는 경우이다.

다. 그런데 정부가 강제적으로 연금 갹출을 추구할 경우, 연금의 수익률이 자본수익률보다도 낮기 때문에 예산선은 *AE*가 된다.

개인은 연금이 없다면 점 *C*를 선택한다고 본다. 한편, 정부는 연금제도를 전제로 한다면 점 *D*가 최적이라고 생각한다. 정부는 여기서도 개인의 저축이 부족하다고 생각하고 있는 것이다. 그러나 [그림 7-1]과 크게 다른 점은, 점 *C*가 점 *D*보다도 '윗쪽'에 있다는 것이다. 그림에서는 점 *C*의 근로기 소비도, 노년기 소비도 점 *D*보다 크다. 이는 실로 연금의 수익률이 자본수익률보다도 낮기 때문이지만, 이러한 경우에는 연금이라는 저이율 자산의 보유를 개인에게 강제하는 것을 사회적으로 보아도 합리적이지 않다. 펠드슈타인은 r과 ρ에는 12배의 격차가 있다는 것을 언급하고, 여기에서는 극히 현실적이라고 결론짓고 있다.

이것이 연금의 최적급부에 관한 펠드슈타인의 제1의 논점이다. 펠드슈타인은 이 논점을 더욱 나아가, 자산 조사에 의한 연금급부가 일률연금보다 바람직해진다는 것을 주장하고 있다. [그림 7-2]로 분명하듯이, 연금이 정당화되는 것은 개인이 거의 저축을 하지 않는 경우이다([그림 7-2]의 점 C보다 더 오른쪽 아래로 소비하고, 점 D를 통한 정부의 무차별곡선보다 아래의 점, 예를 들면 점 F를 선택하는 케이스). 사회적으로는 이러한 개인에 대해서만 연금을 적용하면 된다.

거기서 갹출은 근로세대 전원에 대하여 행하나, 급부는 저축 성향이 극히 낮은 사람만 인정한다고 하는 ('자력 테스트에 의한 연금') 제도를 생각한다. 이로써는 수급을 받지 않는 사람은 손해를 보게 되어 버리는 것 같지만, 급부가 한정됨에 따라 부담의 삭감도 있다. 결국, 일부러 저축을 이율이 나쁜 자산으로 운용하는 부담이 없어진다. 이 '급부의 삭감'과 '부담의 경감'이라는 두 가지 득실을 비교하면, 급부가 삭감되어도 일률적으로 연금에 가입함에 따라, 자력 테스트에 의한 연금 쪽이 현실적으로는 바람직하다고 생각된다. 바꿔 말하면, 그 정도로 부과 방식에 의한 연금수익률이 자본수익률과 비교해 낮은 것이다.

3. 불확실성과 연금

1) 불확실성하에서의 연금급부

저축과 연금 및 연금의 최적급부에 이어, 불확실성하의 연금의 역할을 보자. 펠드슈타인의 논문 "Imperfect Annuity Markets, Unintended Bequests, and the Optimal Age Structure of Social Security Benefits"를 기초로, 불확실성하의 연금급부를 알아보고 "Should Private Pensions be Indexed?"를 기초로 사적 연금의 물가 슬라이드(indexation)의 시비에 대해 알아보자.

개인의 생애에는 다양한 불확실성이 있다. 그중에서도 노후에 어느 정도까지 살 것인가 하는 불확실성만큼 사람들을 괴롭히는 것은 없다. 물론, 나이가 들게 됨에 따라 병에 걸리기 쉬워지는 등 현실에서의 불확실성은 더욱 복잡하나, 여기서는 수명에 불확실성이 있는 경우에 연금의 역할을 생각해 본다.

지금, 가령 사람들은 근로기에 일하고, 두 개 기간으로 이루어진 퇴직기를 보낸다고 하자. 이를 퇴직 전기 및 후기라고 할 때, 퇴직 전기까지는 확실히 살아 있으나 후기까지 살아 있을지 아닐지는 불확실하고, 살아 있을 확률은 p라고 한다. 지금까지는 '소득보장' 측면에서 연금을 생각해 왔으나, 여기서 '보험'으로서의 기능이 중요해진다. 만일 연금이 없다면 사람들은 퇴직 후기의 소비 전액을 예측하여 저축을 해두지 않으면 안 되기 때문이다.

그러나 보험이 있다면 어떨까. 가령, 생존확률 p가 0.5이고 둘 중 한 사람이 퇴직 후기까지 생존한다고 가정한다. 보험은 공정하고, 지불된 보험료의 총액은 지급된 급부의 총액(정확히는 그 기대치)과 동일하다고 한다. 그때에 퇴직 후기의 소비로 1억 원이 필요하다고 한다. 만일 보험이 없다면 이 전액을 준비하지 않으면 안 되나, 보험이 있다면 둘이서 한 사람의 소비를 부담하는 것이 되기 때문에, 준비하지 않으면 안 되는 금액은 5,000만 원이 된다. 이것이 보험의 역할로, 수명의 불확실성을 보험 가입원 전체가 나누어 부담함에 따라, 그렇지 않을 때와 비교하여 적은 부담으로 노후의 소비를 준비할 수 있다.

그러나 현실에서는 이러한 공정한 보험이 언제나 있는 것은 아니며, 보험회사가 독점적인 이윤을 갖거나, 보험에 가입한 사람의 생존확률이 평균보다도 상당히 높다면 보험료는 올라가 버린다.

위의 예를 계속해 보면, 1억 원의 보장에 대해 5,000만 원의 지불로는 부족해져 버리는 것이다. 그래서 사적인 보장에 의해 연금제도를 운영해 가는 것에는 곤란해질 수 있는 가능성이 있다.

그래서 펠드슈타인은 공정한 연금의 존재를 배제하고 부과 방식 연금의 보험 기능을 조사하고 있다. 구체적으로는, 두 노후 기간의 소득보장을 어떻게 하면 좋을지 검토하고 있다. 만일 공정한 연금이 존재하고 있다면 (장래 소비를 적당하게 깎은 후) 노후의 두 개 기간을 통하여 동일한 소비를 보장하게 되나, 부과 방식하에서는 그것은 실현 불가능하다. 그렇다고 하면 퇴직 전기와 후기의 소비는 어떻게 보장되는 것일까.

여기서도 다시 연금의 수익률과 자본이익률의 격차가 핵심이다. 퇴직했을 때에 그 후의 전 기간분의 연금을 급부해 버리는 경우의 연금 수익률은 지금까지의 기호를 사용하면 r이다. 이에 대해 자본시장에서의 수익률은 ρ이나, 여기서 퇴직 후기의 생존확률은 p이기 때문에 자본시장에서의 기대수익률은 $p\rho$이다. 따라서 $1+r < p(1+\rho)$이라면, 연금을 전액 퇴직 전기에 받는 쪽이 좋은 것이다.

그리고 ρ는 r보다 상당히 크기 때문에, ρ에 생존확률 p를 곱해도 그 대소는 바뀌지 않을 것으로 생각된다. 결국, 연금은 불확실성이 생기는 퇴직 후기가 아닌, 생존을 가정한 퇴직 전기에 모두 급부하는 편이 바람직하다는 것이 된다. 이것 또한 펠드슈타인다운 의외성이 있는 결론이나, 그 근거는 지금까지의 논의와 동일하게 공적 연금의 낮은 수익률에 있다.

지금까지 유산에 대해 서술하였으나, 퇴직 후기에는 예기치 않게 유산을 남길 가능성이 있다. 유산은 다음 세대가 받는 것이기 때문에 이 점도 고려할 필요성이 있다는 것이 펠드슈타인의 논점이다. 결론적으로는, 이 경우는 퇴직 전기에 연금을 전액 급부하는 편이 좋다고 하는 것이 더욱 강화되었다. 따라서 정부로서는 불확실성이 생기는 시기에 충분한 급부를 하지 않아도, 연금의 사용 방식은 개인에게 맡겨 두면 된다고 하는 것이 된다.

2) 사적 연금의 지수연동(indexation)

많은 나라의 공적 연금의 급부에는 물가 슬라이드(indexation)가 이루어지고 있어 받은 연금의 실질가치의 저하를 막고 있다. 그런데 기업연금과 개인연금 등의 사적인 연금에는 물가 슬라이드가 대부분 설치되어 있지 않다. 급부액의 실질가치를 유지하고자 한다면 사적 연금에도 물가 슬라이드를 적용해야 하는 것일까.

이 문제에 대해 펠드슈타인은 기업금융 등에서 사용하는 자산선택의 이론을 응용하여 답하고 있다. 먼저, 자본시장에서는 두 가지의 자산이 있다고 한다. 한 가지는 안전자산이고 그 실질수익률은 일정하다. 그러나 수익률의 수준은 극히 낮다(간단히 제로라고 한다). 제2의 자산은 수익에 변동성이 있어 위험자산으로 보고 있으나 기대수익률은 상당히 높다. 이에 대해 공적 연금의 수익률은 실질가치로 보아 일정하고, 그 가치는 자본시장의 안전자산 수익률보다도 높다고 한다. 지금까지 자본시장의 수익이 되어 온 것은 자본시장의 평균적인 수익률이고, 안전자산만을 추려 내면 자본시장의 안전자산 수익률은 정부가 리스크를 가지는 연금의 수익률보다도 낮다고 생각해도 좋을 것이다.

공적 연금은 강제가입을 의무화하기 때문에 가계의 자산선택에 있어 자산의 일정 비율은 연금에 '투자'된다. 가계로서는 보유를 의무화한 공적 연금자산과 기타 자산의 조합을 생각하게 된다. 이 경우 사적 연금은 안전자산과 위험자산 중 어느 쪽에 투자하는 것이 바람직한 것일까.

수익 리스크를 줄이는 것이 유일한 목적이라면 사적 연금도 안전자산에 투자하는 편이 좋지만, 보다 높은 기대수익도 얻고 싶어 한다. 이 이율배

반적인 상황 속에서 일정 정도의 자산을 위험자산에 투자하는 편이 바람직하다는 것이 자산선택의 이론이고, 그를 위한 최적투자 방법도 보여 주고 있다. 따라서 여기서의 답도 사적 연금에서 일정 정도의 위험자산을 구입하는 것이 된다.

만일 공적 연금도 자유롭게 구매 가능하다면, 가계로서는 안전자산으로서 뒤떨어지는 자본시장의 안전자산을 구입할 필요가 없다. 그리고 안전자산인 공적 연금과 위험자산을 조합시키는 것이 최적이다. 그러나 가계는 일정액의 공적 연금 '구입'을 의무화하고 있다. 그 결과, 전 자산을 안전자산으로 운용하는 경우 공적 연금보다 수익률이 낮은 자본시장에서의 안전자산을 구입하지 않으면 안 되어, 안전자산의 수익률은 저하한다. 그러므로 가계자산 전체의 기대수익률을 올리기 위해서는, 공적 연금을 자유롭게 살 수 있는 경우보다, 전 자산의 '보다 많은' 비율을 위험자산 구입에 둘 필요가 생긴다. 자본시장의 안전자산 수익률이 제로와 같은 경우에는, 사적 연금자산은 모두 위험자산으로 운용할 수도 있다는 것이 펠드슈타인의 주장이다. 따라서 사적 연금의 물가 슬라이드는 불필요하다는 것이 펠드슈타인의 주장이다.

4. 재정 방식과 소득 재분배[1]

t기에 2개의 연령계층이 존재하는 2세대의 세대교차 모형을 가정하자(L_t : 근로계층, L_t-1: 퇴직계층). 인구 증가는 $L_t = bL_{t-1}$이 된다.

1 Verbon(1988), *The Evolution of Public Pension Schemes*, Springer-Verlag, pp. 45~47.

i그룹의 소득: $w_{ti} = \rho_i w_i$

근로자의 평균소득: $w_t = \sum_i \mu_i w_{ti}$

w_{ti}소득의 근로자 비율: $\mu_i = \frac{L_{ti}}{L_t}$

평균소득 증가율: g_{t-1}

제약식: $\sum_i \mu_i \rho_i = 1$

i 그룹의 연금갹출료: $\tau_i w_{ti}$

퇴직자의 연금급부액: $\eta_i \sigma_{t+1} w_{t+1} (\eta_i \omega_{t+1} w_{t+1})$

따라서 재분배요소인 η가 두 개의 재정 방식하에서 동일한 것으로 가정된다. 그러나 급부 수준을 결정하는 요소인 ω와 σ는 재정 방식에 의존한다. 또한 ρ, τ, η가 연금제도의 성격을 규정하게 된다.

연금지불을 재정하기 위하여 적립 방식이 운용된다고 하자. 공적 연금제도에 세대 내 재분배가 도입되었다면 적립 방식은 모든 개인에게 공정하다고 할 수 없다. 왜냐하면 가입자는 자신의 연금급부만을 위하여 갹출하지 않기 때문이다. 즉, 적립 방식하에서는 자신이 납입한 갹출료가 자신이 받을 연금급부액이 동일할 때 정당하다고 할 수 있다. 일반급부율 ω은 추계상의 공정성 조건에서 유도될 수 있다.

$$\sum_i \tau_i w_i L_{ti} r_{t+1} = \sum_i \eta_i \omega_{t+1} w_{t+1} L_{ti}$$

$$\tau = \sum_i \tau_i \rho_i \mu_i$$

$$\eta = \sum_i \eta_i \mu_i \qquad (7\text{-}1)$$

$$\omega_{t+1} = \frac{\tau}{\eta}, \frac{r_{t+1}}{g_{t+1}} \qquad (7\text{-}2)$$

공적 연금제도의 세대 내 재분배의 영향을 측정하면,

$$R_i = \frac{\eta_i \omega_{t+1} w_{t+1} - \tau_i w_{ti} r_{t+1}}{\tau_i w_{ti} r_{t+1}}$$

$$= \frac{\tau}{\eta} \{\eta_i / (\tau_i \rho_i)\} - 1 \qquad (7\text{-}3)$$

식 (7-3)에서 연금급부액의 값은 근로 기간 동안의 축적된 갹출료와 비교된다. R의 측정은 공적 연금하에서 근로소득에 대비한 근로자의 상대잉여를 나타낸다. 즉, 모든 i 에 대하여 $\tau_i = \frac{\tau}{\eta}\frac{\eta_i}{\rho_i}$가 성립하면 기간별 재분배가 발생하지 않는다. 만약 $\tau_i < \frac{\tau}{\eta}\frac{\eta_i}{\rho_i}$ 이면 i 그룹은 생애의 관점에서 양의 소득이전을 받는다. 연금급부가 일정률로 고정되어 있는 경우를 가정하여 보자($\eta_i = \eta$). 이때 갹출료율도 $\tau_i = \tau$이다. 근로 기간이 모든 i 에 대하여 일정하다는 가정이 주어지면 높은 소득자로부터 낮은 소득자로의 세대 내 소득재분배가 일어날 것이다. 특히 $w_{ti} < w_t$ 인 i그룹은 이익을 얻을 것이다.

적립 방식하에서는 세대 간 소득 재분배가 발생하지 않는다. 한 세대 내에서는 총소득이익이 총소득손실과 일치한다. 부과 방식하에서는 한 세대 내에 총소득이익이 총소득손실을 초과할 수 있다. 이 경우 L_t 세대가 t+1기에 받게 될 급부율 (σ_{t+1})은 당기 연금급부액과 당기 경상갹출액이 일치하는 점에서 결정된다.

$$\sum_i \tau_i w_{t+1i} L_{t+1i} = \sum \eta_i \sigma_{t+1} w_{t+1} L_{ti} \qquad (7\text{-}4)$$

σ_{t+1}는 τ, η를 이용하여 다음과 같이 쓸 수 있다.

$$\sigma_{t+1} = \frac{\tau}{\eta} b_{t+1} \qquad (7\text{-}5)$$

부과 방식하에서는 i 소득계급의 한 개인의 생애소득은 식 (7-6)과 같이 쓸 수 있다.

$$l_{ti} = (1-\tau_i)w_{ti} + \eta_i \sigma_{t+1} w_{t+1}/r_{t+1}$$

$$= w_{ti} + (a_{t+1}\eta_i - \tau_i \rho_i \frac{\eta}{\tau})\sigma_{t+1} \frac{w_t}{b_{t+1}} \qquad (7\text{-}6)$$

식 (7-6)에서 공적 연금제도가 동세대 간 개인들 사이의 소득을 재분배할지라도 모든 개인은 a_{t+1}가 충분히 크다면 $\left(a_{t+1} > \tau_i \rho_i \frac{\eta}{\tau\eta_i}\right)$, 공적 연금제도로부터 이익을 얻을 수 있다. 보다 일반적으로 표현하면 비록 일부 그룹이 부과 방식하에서 손실을 입는다 하여도 전체로서의 그 세대는 이익을 얻을 수 있다. L_t세대의 이익은 다음의 식과 같이 쓸 수 있다.

$$R^t = \frac{(\sum_i \eta_i \sigma_{t+1} w_{t+1} L_{ti} - \sum \tau_i w_{ti} L_{ti} r_{t+1})}{(\sum \tau_i w_{ti} L_{ti} r_{t+1})} = a_{t+1} - 1 \qquad (7\text{-}7)$$

즉, 부과 방식의 결과로써 Aaron의 조건($a_{t+1} > 1$)이 성립한다면 한 세대는 이익을 얻을 것이다. 더욱이 $a_{t+1} > 1$이 영원히 성립하게 되면 단 한 세대도 부과 방식하에서 손실을 보지 않을 것이다. 따라서 R^t는 세대 간 재분배의 기준이 될 것이다. 이러한 형태의 재분배는 부과 방식하에서만 발생할 것이다.

따라서 부과 방식이 운용된다면 세대 간 재분배에 대한 공식 내에서의 계산은 제도의 기간 간 효율성에 대하여 고려되어야 한다. 다음의 식에서 미래의 연금급부를 a_{t+1}로 나누어 세대 간 소득 재분배의 효과를 제거할 수 있다. 부과 방식하에서의 세대 내 재분배 정도는 다음과 같이 측정 가능하다.

$$R_i = \frac{\eta_i \sigma_{t+1} \frac{w_{t+1}}{a_{t+1}} - \tau_i w_{ti} r_{t+1}}{\tau_i w_{ti} r_{t+1}}$$

$$= \frac{\tau}{\eta} \frac{\eta_i}{\tau_i \rho_i} - 1 \qquad (7\text{-}8)$$

이 식은 적립 방식하의 소득 재분배의 영향과 같다고 할 수 있다.

5. 세대 간 소득이전과 에런(Aaron)의 조건

이제 인구증가율, 임금상승률, 이자율이 변동하는 상태하에서 재정 방식별 세대 간 소득 재분배가 어떤 차이를 보이는지 살펴보자. 시계열적인 경제변수의 변화에 의해서는 동일세대 내 재분배 문제는 일어나지 않고 세대 간 재분배의 문제가 중심 논제가 된다.

Aaron[2]은 적립기금이 없는 연금제도하에서 퇴직한 근로자가 근로 기간 동안 갹출한 갹출금의 총합(PVT)보다 퇴직 기간 동안 수급할 연금액의 총합(PVB)이 크기 위해서는 인구증가율과 임금상승률의 합이 이자율보다 커야 함(Aaron의 조건)을 수학적으로 증명하였다. 즉, 인구증가율과 임금상승률의 합이 이자율보다 큰 경제 상태하에서 연금가입자가 연금제도에서 이득을 보기 위해서는 연금적립기금이 없어야 한다고 주장하였다. 이는 연금제도가 부과 방식에 의하여 운영되어야 함을 의미한다. 그는 또한 만약 인구증가율의 합이 이자율보다 작다면 사회보험제도는 필요치 않다는 주장을 하였다.

공적 연금제도를 수립함에 있어 인구증가율 $(n-1)$과 임금상승률 $(g-1)$의 총합이 실질이자율 $(r-1)$보다 크다면 정부는 부과 방식을 선택해야 함을 시사하는 Aaron의 조건은 인구증가율, 임금상승률, 실질이자율이 모두 고정되어 있고 외생적이라고 가정하였다는 점에서 그 한계를 지니고 있다. 이러한 제한된 Aaron의 조건을 일반화시켜 보자.[3]

2 Aaron(1966), "The Social Insurance Paradox," *Canadian Journal of. Economics and Political Science*, vol. 32.
3 Verbon(1988), *The Evolution of Public Pension Schemes*, Springer-Verlag.

t기의 인구는 두 개의 연령집단, 즉 근로계층 L_t와 노령계층 L_t-1로 구성되어 있고, 인구증가율은 $L_t = n_t L_{t-1}$이라고 가정하자. 여기에서 n_t-1은 인구증가율이며 시간에 따라 변동한다. t기의 근로계층 소득은 w_t이고 g_t-1의 비율로 증가한다고 가정한다. 따라서 $w_t = g_t w_{t-1}$이다.

퇴직자들이 받게 될 연금급여는 근로소득의 일정률이다. 따라서 연금급여는 근로계층의 임금증가율에 연동된다. 부과 방식(적립 방식)에서 t+1기에 받게 될 L_t 세대의 급여율은 $\sigma_{t+1}(p_{t+1})$로 표시된다. 실제로 운영되는 재정방식에 관계없이 근로계층의 모든 구성원은 t기에 w_t만큼을 갹출금으로 지불한다. 두 개의 재정 방식하에서 연금갹출료율이 동일하다고 하면 퇴직 기간 동안 받게 될 연금급여율로 재정 방식을 비교할 수 있다. 연금급여율은 다음과 같이 계산될 수 있다. 적립 방식하에서 p_{t+1}은 t기에 갹출한 근로자의 연금기여의 t+1기에서의 가치가 이 세대에 대한 연금급여와 같다는 조건으로부터 도출된다.

$$\tau w_t L_t r_{t+1} = \omega_{t+1} w_{t+1} L_t \tag{7-9}$$

여기서 r_{t+1}- 1은 t+1기의 실질이자율이며 다음과 같은 식으로 변형될 수 있다.

$$\omega_{t+1} = \tau r_{t+1} / g_{t+1} \tag{7-10}$$

부과 방식하에서 L_t 세대의 급여율 σ_{t+1}은 t+1기의 연금급여와 t+1기의 갹출료율(premium contribution)이 일치한다는 것으로부터 도출된다. 즉,

$$\tau w_{t+1} L_{t+1} = \sigma_{t+1} w_{t+1} L_t \tag{7-11}$$

이고, 이 식으로부터 σ_{t+1}은 다음과 같이 풀 수 있다.

$$\sigma_{t+1} = \tau n_{t+1} \tag{7-12}$$

t기의 근로자는 보험료가 동일할 때 부과 방식하의 급여율이 높다면 적립 방식보다 부과 방식을 선호할 것이다. 따라서 $\sigma_{t+1} > p_{t+1}$이고, 이 식으로부터 식 (7-13)을 구할 수 있다.

$$a_{t+1} > 1 \tag{7-13}$$

여기에서 $a_{t+1} = n_{t+1} g_{t+1} / r_{t+1}$이다. 식 (7-13)의 조건은 Aaron 조건의 일반화된 해석이다. 이 조건이 성립한다면 부과 방식은 적립 방식과 비교해 볼 때 생애소득을 증가시킨다. 앞에서 설명했던 것처럼 Aaron은 모든 t에 대해 $a_t = a$라고 가정했다. 그러므로 자비롭고 전지전능한 정부는 모든 세대에 대하여 단 한 번의 최적 선택을 할 수 있다. 따라서 $a > 1$이라면 부과 방식이 수립되어야 한다. 그러나 a가 일정하지 않은 경우에는 어떤 세대에 대해서는 $a_{t+1} > 1$인 반면 다른 세대에 대해서는 $a_{t+1} < 1$이라는 문제가 발생할 수 있다.

서구 선진국의 경험은 실제로 Aaron 조건이 영구히 적용될 수는 없음을 보여주고 있다. 대부분의 서구 제국에 있어 최근의 출생률은 극적으로 감소하고 있다. 게다가 1970년대 중반기 동안 근로자당 실질임금증가율 (g_t−1)은 점차 감소하는 반면 실질이자율은 증가하고 있는 추세이다. 이런 추세가 지속된다면 현재의 근로세대에게 있어서 부과 방식은 적립 방식이 초기부터 운영되어 왔을 경우에 발생할 급여율보다 더 낮은 급여율을 받게될 것임을 의미한다.

Aaron의 조건은 인구증가율, 임금상승률, 이자율의 상대적인 크기가 재정 방식의 유불리성을 판단하는 기준이 됨을 밝혔다고 할 수 있다. 이러한

Aaron의 조건은 Samuelson(1958)[4]의 사회보험에 대한 주장과 맥을 같이하고 있다. 새뮤얼슨(Samuelson)은 사회 구성원 중 근로인구가 퇴직인구의 부양비용을 지원하고, 그 근로인구가 다시 퇴직하면 후세대 근로인구로부터 부양받는 사회보험제도는 사회후생을 증진시킨다고 하였는바, 세대에서 세대로 이어지는 이러한 형태의 저축으로부터의 수입이 이자율을 초과할 수 있다는 그의 주장은 부과 방식의 연금제도를 옹호한 것이라고 볼 수 있다.

Samuelson(1958)과 Aaron(1966)이 보였듯이 부과 방식하에서 모든 세대의 근로자가 보다 나은 내부수익률을 가질 조건으로는 인구증가율과 노동소득상승률의 합이 생산적 투자에 의한 이자율보다 높을 때 가능하다. Aaron의 조건이라고 불리는 이러한 조건은 재정 방식의 효율성에 대한 평가라고 볼 수 있다.

Aaron의 조건은 세 가지 점에서 의문이 제기될 수 있다.[5] 첫째, 새뮤얼슨과 에런은 외생적 임금과 외생적 이자율을 가정하였으므로 위에 언급된 결과는 소규모 개방경제하에서만 적용 가능하다. 둘째, 완전 적립 방식과 완전 부과 방식을 일정 갹출료의 가정하에서 비교하였기 때문에 혼합 방식이나 변동하는 갹출료하의 파레토(Pareto) 개선의 가능성을 배제하고 있다. 셋째, 이들은 성숙된 제도를 고려하고 있으므로 부과 방식 도입 초기의 세대에게 발생한 무갹출급부라는 상태를 논의하지 않고 있다.

4 Samuelson(1958), "An Exact Consumption Loan Model of Interest with or without the Social Contrivance of Money," *Journal of Political Economy*, vol. 66.

5 Breyer(1989), "On the Intergenerational Pareto Efficiency of pay-as-you-go Financed Pension Systems," Jr. of Institutional and Theoretical Economics, 145, 1989, pp. 643~658.

6. 전환정책과 소득이전

부과 방식의 연금제도에 대한 의문이 제기되면서 부과 방식에서 적립 방식으로 이행 문제 혹은 부과 방식의 공적 연금의 폐지 문제에 대한 연구가 진행되고 있다. 즉, 현재와 같이 인구증가율의 감소 상태하에서의 부과 방식은 세대 간의 소득이전을 불공평하게 만듦이 밝혀졌기 때문이다. 그러나 부과 방식의 전환은 또 다른 세대 간 소득이전의 문제를 발생시킨다. 즉, 부과 방식을 폐기할 경우 기존의 노령계층(앞 세대의 연금급부를 담당하였던)에 대한 부양 문제가 발생한다. 만약 이들에 대한 부양을 계속할 경우 이들을 부양하는 현 근로계층은 누가 부양할 것인가. 만약 적립 방식으로 이행할 경우 현재의 근로계층은 이중의 부담을 안게 된다. 즉, 현재의 근로계층은 자신의 노후를 위해 갹출하여야 할 뿐만 아니라 현재의 노령계층을 위해서 사회보장세를 납부하여야 하는 문제가 발생한다.

먼저 부과 방식 연금제도를 도입하지 않음으로 하여 발생하는 손실분을 최초의 연금수급자에게 보상할 가능성에 대한 연구의 하나로서, Townley(1981)[6]는 불변임금과 인구증가율보다 높은 외생적인 불변이자율을 가진 경제하에서 퇴직세대가 새로운 부과 방식하에서 그들이 받을 것과 동일한 연금급부를 받는 보상 체계를 제시하고 있다. 이때 근로세대는 적립 방식하의 갹출부담을 하는데 정부는 연금재정수지상의 차액을 메우기 위해서 국공채를 발행한다. 다음 기의 적립 방식하에서의 갹출은 이자율보다는 인구증가율만큼의 수익을 얻는다. 그 차액은 정부의 국공채 상환에 지불된다. 따라서 모든 세대는 국공채가 완전히 상환될 때까지 부과 방식하에서와 같은 후생 상태에 있게 된다. 모든 후속 세대는 연금기금에 따른 이자수

6 Townley(1981), "Public Choice and the Social Insurance Paradox: a note," *Canadian Journal of Economics*, vol. 14.

익을 얻을 수 있으며, 부과 방식하에서 보다 후생이 개선된다는 것이다. 타운리(Townley)의 모형에서는 자신이 가정한 매개변수 값에 기초하여 최초의 부채를 상환하는 데 필요한 기간을 제시하고 있으나 일반화된 증명으로 보기 힘든 점이 있다.

Aaron의 조건과 관련시켜 재정 방식의 전환정책(conversion policies)을 보다 구체적으로 설명한 것이 Verbon(1988)의 연구이다. Aaron의 조건이 미래의 모든 세대에 적용되지 않는 상태하에서 부과 방식이 운영된다고 가정해 보자. 그 체계가 파레토 열위(Pareto-inferior)라면, 부과 방식의 구조개선에 대해 일반적인 합의를 구할 수 있는 제도적인 방법과 수단이 존재할 것이다. 따라서 이때에는 어떤 세대도 나빠짐이 없이 최소한 한 세대는 좋아질 수 있는 방법으로 변화를 이루는 것이 가능하다. 현 조건하에서 생존하는 세대의 요구는 존중되어야 하고, 갹출요율은 미래 세대에 대하여 부과 방식의 수준보다 높아져서는 안 된다. 현존하는 부과 방식이 파레토 효율적인 점을 찾는 데 있어서, 그 체계를 초기부터 적립 방식을 선택한 연금계획과 비교하는 것은 적당하지 않다. 재정조달 방식만을 고려하여 어떤 재정조달 방식이 최상의 급여율(똑같은 갹출료율이 주어진다면)을 발생시킬 수 있는가 하는 것이 중요한 것이 아니라, 어떠한 방식이 복지비용 없이 다른 방식으로 전환될 수 있는가 하는 것이 중요하다.

위에서 검토했던 것처럼 Aaron은 암묵적으로 실질이자율이 연금기금에 의한 외생변수로 여겨질 수 있다고 가정하고 있다. 이 가정은 소규모 개방경제의 경우에 적용된다. 국제자본의 자유로운 이동으로 인해 이자율은 외생적으로 결정되고, 이런 경우에 국내 경제발전과는 별개이다. 이는 개방경제에 있어 정부 부채를 포함한 자본수요가 반드시 저축의 공급과 일치하지 않기 때문이다. 경제는 장기 대부에 대한 수요를 충족시킬 수 있는 외부적인 부채를 도입할 수 있다. 결국 국제무역은 특수한 경우에 적립 방식을 부과 방식으로 전환하는 것을 포함하는 정책비용을 최소한 일시적으로 피하는 것을 가능하게 한다. 그러나 폐쇄경제에서는 명백히 국제무역이 존재하지 않기 때문에 폐쇄경제와 개방경제를 구분하는 것이 필요하다. 따라서 폐쇄경제에서의 전환정책과 개방경제에서의 경우를 나누어 논의하여 보자.

먼저 폐쇄경제하의 전환정책을 보자. 재정 방식의 파레토 최적과 관련하여 부과 방식의 공적연금제도는 잠재적으로 적자재정에 귀착된다. 채무(debt)는 현재 세대가 은퇴했을 때 받게 될 연금급여로 구성된다. 따라서 파레토 최적성의 문제는 공채정책의 문제가 된다. 재정적자에 대한 문헌에서는 폐쇄경제의 가정이 지배적이다. Aaron의 조건이 성립하지 않는다고 가정하면 현 근로세대의 갹출률은 감소하고 정부의 적자는 공채에 의해 조달된다. 갹출률의 감소 때문에 근로자들은 더 많이 저축하게 된다. 따라서 정책 수단으로서 부과 방식에서 적립 방식으로의 전환이라는 정책이 고려될 수 있다.

이러한 전환으로 현재의 젊은 세대는 이득을 볼 수 있다. 그러나 이러한 이득은 몇몇 혹은 미래의 모든 세대의 복지손실을 대가로 가능한 것이다. 이는 폐쇄경제에서 저축은 정부 부채를 포함한 전체적인 자본수요를 조달하는 데 쓰여지기 때문이다. 한계저축률이 1보다 작다고 가정한다면 갹출료의 감소에 의해 발생되는 젊은 세대에 의한 새로운 저축은 갹출료 감소를 조달하기 위해 필요한 정부의 부채보다 적을 것이다. 이는 이자율 상승과 자본시장의 초과수요를 의미한다. 결과적으로 자본-노동비는 떨어지고, 따라서 임금률은 떨어진다. 요소소득에 있어서의 이러한 변화 때문에 최소한 한 세대의 생애효용은 현재 상태와 비교할 때 떨어지게 된다. 따라서 이러한 연구에 따르면 폐쇄경제에서는 위에서 서술한 것처럼 파레토 최적의 점으로 이동하는 것이 불가능하다.

일단 신고전학파 모형에서 적립 방식에서 부과 방식으로 전환하면 다른 세대의 이해를 침해함이 없이 현재 상태를 벗어날 방도는 없게 된다는 것이다. 이러한 불가능성은 전환정책으로 이자율과 임금률이 변화한 결과이다.

다음으로 소규모 개방경제에서의 전환정책을 보자. 폐쇄경제하에서는 전환정책이 이자율 변화를 초래하여 파레토 최적점으로의 이동을 가로막음을 보았다. 소규모 개방경제에서 이자율은 외생적이고 세계 자본시장이 완전하다면 세계 자본시장에 의해 결정된다. 그리고 경제 내에 한 재화만이 생산되고, 이 단일재에 대한 완전한 세계시장이 존재한다고 가정하면, 이 재화는 규모에 대한 수익불변의 생산함수, 즉 $q = h(k)$로 표시된다. 여기에서 k는 근로자당 실질자본의 양을 나타낸다. 이러한 가정에 따라 자본–근로비와 임금률은 외생적으로 결정된다. 이에 따라 r_{t-1}이 주어지기 때문에 그것을 일정하다고 가정할 수 있고, 즉 $r-1$과 같다고 할 수 있다. 또한 단순화를 위해 기술 변화가 없다고 가정하면, 즉 $g=1$이라고 가정하면 임금률 역시 일정하고, 이에 따라 $w_t=w$라고 할 수 있다. 마지막으로 정부의 역할은 공적 연금제도의 유지와 전환정책하에서 적자정책을 보증하는 것으로 한다.

이제 적립 방식이 적용되는 것보다 부과 방식이 더 낮은 급여율을 초래할 수 있는 상황을 고려해 보자. 모든 $j \geq 1$에 대해 $a_{t+j}<1$이 된다. 이러한 조건이 주어진다면 적립 방식은 $t-1$기 이후에 태어난 모든 세대에 대해 더 높은 급여율을 제공할 것이다. 그러나 부과 방식이 운영된다고 가정해 보자. Townley(1981)에 의해 주장된 것처럼 부과 방식이 적립 방식으로 전환될 때마다 현재와 미래의 근로세대가 얻게 될 이득 부분이 퇴직자들에게 보상하는 데 쓰일 것이라고 직관적으로 생각할 수 있다. 그러나 이는 사실이 아닐 수도 있다. 적립 방식이 앞의 모든 시간에 대해 효율적인 상태로 유지된다면 파레토 최적인 전환정책은 가능하지 않다. 한편, $p_{t+1} > \sigma_{t+1}$이 단지 마지막 시점에만 적용된다면 소규모 개방경제의 경우에 전환정책 비용은 일시적으로 경제의 경상수지상 적자를 냄으로써 회피될 수 있다.

이러한 논의를 정리하여 볼 때, 폐쇄경제하에서는 부과 방식에서 적립 방식으로의 전환이 불가능하지만 소규모 개방경제하에서는 가능함을 알 수 있다. 또한 적립 방식이 부과 방식으로 이행되고 나면 다시 적립 방식으로 이행하는 데는 많은 문제점이 따른다는 것도 알 수 있다. 따라서 만약 아직 수정 적립 방식의 형태일지라도 적립기금이 존재한다면 현재의 조건하에서의 최선은 적립 방식이 부과 방식으로 이행되는 것을 막는 것이라고 할 수 있다.

7. 재정 방식과 경제에 대한 순기능성

적립 방식의 무의미성에 대한 주장이 있다. 경제적으로 적립 방식이란 존재할 수 없으며 부과 방식만이 존재 가능하다는 것이다. 이러한 주장은 Mackenroth(1952)[7]에 의하여 제기되었다. 여기에서는 이러한 주장을 재정리하여 이 주장이 함축하는 의미를 찾아보고자 한다. 결론부터 이야기하자면 Mackenroth의 주장은 적립기금이 이자율에 미치는 영향 정도에 대한 것이고, 영향의 정도는 개방경제하에서 미미하다는 것이다.

먼저 Mackenroth 명제에 대하여 살펴보자.

"모든 사회보장에 대한 지출은 현재 국민소득으로 보전되어야 한다."는 말로 정리되는 Mackenroth 명제의 핵심은 단지 생산되는 것만이 소비될 수 있다는 진부한 표현이 아니다. 이것이 암시적으로 주장하고 있는 보다 중요한 사항은 적립 방식과 부과 방식의 배분이 동등하다는 것이다. Mackenroth의 이러한 주장은 다음과 같은 그의 글에 잘 드러나 있다.

"이제 모든 사회보장에 대한 지출(Sozialaufwand)이 항시 일정 기간의 국

7 Mackenroth(1952), "Die Reformder Sozialpolitik durch einen deutschen Sozialplan," *Schriften der Verreins fur Socalpolitik*, vol. 4.

민소득으로 보전되어야 한다는 단순하고도 분명한 조항만이 타당하며, 사회보장에 대한 지출이 생길 수 있는 다른 원천은 없으며 또한 없었다. 기금의 축적도, 한 기간에서 다른 기간으로의 소득 양도도 없고, 민간 경제적 의미에서의 저축도 없다. … 이것은 언제나 그러했으며 변화할 수 없는 것이다. 나는 사회정책을 곡물창고 등의 시설을 통해 수행하던 산업화 이전의 자연경제의 경우를 제외하고는 아마 이러한 것이 항시 적용된다고 믿는다."

"그러므로 적립 방식과 부과 방식은 근본적으로 전혀 다른 것이 아니라 국민경제적으로 항시 부과 방식만이 있을 뿐이다."

여기서 '경제학적으로 항시 부과 방식만이 있다'라는 표현이 의미하는 바는 무엇인가? 첫째로, 만일 부족한 소비가 경상수지 적자로 충당된다면, 국민경제 수요는 아마도 사회 생산을 능가할 수 있을 것이다. 개개의 사람들이 대부를 받아 일시적으로 소득을 상회하는 소비를 해결할 수 있듯이 국민경제도 외국으로부터의 차입을 통해 일시적 과잉소비를 충족시킬 가능성이 있다. 그러므로 Mackenroth 명제는 개방경제하에서는 부적당하다는 것을 지적할 수 있다.

둘째로, Mackenroth의 말은 국민소득(사회순생산)이 아니라 국민총생산(사회총생산)이 사회보장 지출을 포함한 소비의 상한선을 형성하는 경우에는 잘못된 것이다. 즉, 보충 투자의 중단으로 소비가 폐쇄경제하에서도 감가상각분만큼 소득을 능가할 수 있을 것이며, 이 경우 총투자는 '0'이 되고 순투자는 음이 된다. 이를 수정한 이론이 Neumann(1986)[8]의 수정된 Mackenroth 명제인데, 이 수정 Mackenroth 명제에 따르면 폐쇄경제하의 모든 사회 지출은 국민총생산으로 충당될 수 있다는 것이다. 따라서 "한번 형성된 자본은 다시 사회보장 지출, 즉 소비재로 전환될 수 없다. 공장과 시설

8 Neumann(1986), *Moeglichkeiten zur Entlastung der Gesetzlichen Rentenversicherung durch Kapitalbil den de Vorsorgemassnahmen*.

기계도 더 이상 소비할 수 없다."라는 Mackenroth의 말은 수정되어야 한다. 물론 실제로 기계가 소비되지 않고 이에 따라 단기적 관점에서 저축 과정이 변화되지 않는다고 하여도 인구 변화와 같은 장기적 관점에서 보면 이는 다르다. 즉, 자본재의 평균수명이 10년이라고 가정한다면, 재투자의 중단으로 상당히 짧은 시간 내에 자본형성이 완전히 축소될 수도 있을 것이다. 그렇지만 더 나아가서 Neumamm(1986)이 주장했듯이 인구 감소로 인한 자본형성의 감축은 만일 기술진보의 속도가 인구 감소에 따른 손실을 상쇄시킨다면 발생하지 않을 것이다.

이러한 기본적인 사항을 살펴봄으로써 이제 우리는 Mackenroth 명제에 대한 기본 시각을 얻을 수 있다. Mackenroth 명제의 평가에 있어서 중요한 것은 Mackenroth의 말이 틀렸다라는 것이 아니라, 이 말이 사회 생산의 크기에 대한 규정을 하지 않는 한 오류로 이끌 수 있다는 것이다. 이러한 관점을 보다 명확히 하기 위해서 인구가 감소하나 기술 수준은 변화하지 않는다는 가정하에서 부과 방식과 적립 방식을 비교해 보자. 적립 방식에서는 각 세대 간의 차이율에 따라 부과 방식보다 많은 자본이 형성되거나 유지된다. 이에 따르면 자본생산성 증대의 가정하에서는 다음 기간에 있어서 사회 생산은 어쨌든 증대하게 된다. 그리고 만일 적립 방식에서 수익이 사회 생산으로부터 생긴다면 이는 사회 생산이 보다 클 경우 수익을 높이기가 훨씬 수월하다는 것이다. 그러므로 이에 따르면 적립 방식과 부과 방식은 부가금과 수익의 크기에 대하여 전혀 다른 작용을 미칠 수 있다. 그리고 이러한 가정하에서 보면 적립 방식이 부과 방식보다 매력적으로 보인다.

또한 적립 방식이 부과 방식보다 인구 변화에 따른 노령안정화 면에서 어느 정도의 완충성이 있다는 장점이 있다. 보다 정확히 말해서 적립 방식의 수익이 인구 변화 시 부과 방식보다 수익이 안정적이다. 이러한 기초적 논거는 우선적으로 부과 방식의 수익에 대한 식 (7-14)에 의존하고 있다.

$$1+i_t=(1+n_{t+1})(1+g_{t+1}) \tag{7-14}$$

이러한 식에 따르면 한 세대의 평생소득이 인구 감소($n_{t+1}<1$)로 악화될 수 있음을 알 수 있다. 장기적으로 이는 임금총액(g_{t+1})의 성장률이 영구균형의 상태에서 기술진보(tech)와 상응하기 때문에 이론의 여지가 없다. 그리고 tech가 n과 독립적인 한에 있어서 인구성장의 감소는 부과 방식하에서 내부수익을 감소시킨다.

이제 적립 방식의 수익, 즉 자본수익률이 인구성장률과 독립적인지 혹은 이 두 변수 사이에 상호 종속관계가 존재하는지의 문제가 제기된다. 임의적인 경제 상황을 가정할 때 이자는 인구성장률에 따라 변화한다. 그러므로 Homburg는 적립 방식이 인구 변화 시 노령안정에 완충성이 있다고 할 수 없다고 주장한다.[9] 적립 방식은 인구 변화에 대응하는 완충성을 가지는 장점이 있으나, 거시경제적으로 적립 방식은 환상이며, 인구 감소에 의해 자본의 가치가 급격히 하락해 부과 방식과 별 차이가 존재하지 않게 된다. Mackenroth 명제에 대한 모든 논문은 거의 '재정기술' 현상으로서 자본의 가치가 실제적으로는 기본적인 실질적립금에 의해 구속되지 않는다는 것을 암시하는 두 번째 주장을 포함하고 있다. 인구 감소에 의해 유가증권 혹은 부동산 가격이 감소한다는 것은 적립 방식의 이익이 인구 감소 시 줄어든다는 것을 의미한다. 인구 감소에 의한 자본수익 감소는 명확하지만 기술적으로 생각할 수 있는 모든 생산우회가 고갈되지 않는 한 자본수익률은 확실히 양이 될 것이다.

이러한 Homburg의 주장은 Mackenroth의 명제를 보다 현실적으로 수정한 것이다. 그러나 Homburg가 생각하는 이자율의 변동은 폐쇄경제하에서만 완벽히 실현 가능한 것이다. 개방경제하에서는 이자율은 외생적으로 결

9 Homburg(1990), "The Efficiency of Unfunded Pension Schemes," *Jounal of Institutional and Theoretical Economics*, vol. 146.

정된다. 따라서 적립기금의 존재가 이자율을 무한히 하락시킬 수 있다는 그의 주장은 타당하지 않다. 적립 방식은 거시경제적으로 환상이라는 주장은 적립 방식에 의하여 자본스톡이 커지고 자본스톡의 증가가 음의 이자율을 실현시킨다는 근거에서 출발한다. 그러나 실제로 적립 방식하에서 적립기금은 자본스톡을 증가시키지 않는다. 미래의 소비를 위한 개인저축이 적립기금 형태로 존재할 뿐이고 국민 전체의 저축은 변동하지 않는다. 오히려 부과 방식이 현재의 소비를 위하여 저축을 감소시킬 뿐이다.

Chapter 8

국민연금

학습목표

1. 인구 고령화의 심각성을 생각해 보자.
2. 국민연금 급여의 종류를 정리해 보자.
3. 기본연금 산식의 변화 과정을 알아보자.
4. 최근의 국민연금법 개정을 정리해 보자.

1. 인구 고령화와 소득보장

1) 인구 고령화[1]

2020년 65세 이상 고령인구는 우리나라 전체 인구의 15.7%인 812만 5,000명이다. 고령인구 비중은 계속 증가하여 2025년에는 20.3%에 이르러 우리나라가 초고령사회에 진입할 것으로 전망된다. 이후에도 계속 증가하여 2036년에는 30%를 넘어서고, 40년 후인 2060년에는 43.9%에 이를 것으로 전망된다. 생산연령인구 100명이 부양하는 고령인구를 뜻하는 노년부양비는 2020년 21.7명이나 2036년에는 50명을 넘고, 2060년에는 91.4명이 될 것으로 전망된다.

[그림 8-1] 노년부양비 및 노령화지수

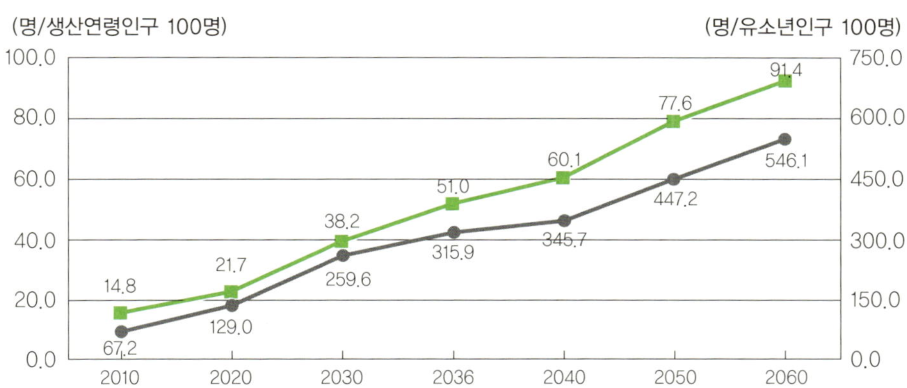

주: 1) 구성비 = (고령인구(65세 이상) ÷ 총인구) × 100.
2) 노년부양비 = 고령인구(65세 이상) ÷ 생산연령인구(15~64세) × 100.
3) 노령화지수 = 고령인구(65세 이상) ÷ 유소년인구(0~14세) × 100.
자료: 통계청, 「장래인구특별추계: 2017~2067」.

1 통계청, 「장래인구특별추계: 2017~2067」.

[표 8-1] 인구구조 노령화 추이 및 전망

(단위: 천 명, %, 명/생산연령인구 100명, 명/유소년인구 100명)

	총인구	65세 이상	구성비[1)	노년부양비[2)	노령화지수[3)
2000	47,008	3,395	7.2	10.1	34.3
2010	49,554	5,366	10.8	14.8	67.2
2018	51,607	7,372	14.3	19.6	111.9
2019	51,709	7,685	14.9	20.4	119.4
2020	51,781	8,125	15.7	21.7	129.0
2025	51,905	10,511	20.3	29.3	189.7
2030	51,927	12,980	25.0	38.2	259.6
2036	51,516	15,712	30.5	51.0	315.9
2040	50,855	17,224	33.9	60.1	345.7
2050	47,745	19,007	39.8	77.6	447.2
2060	42,838	18,815	43.9	91.4	546.1

자료: [그림 8-1]과 동일.

고령화 정도를 성별로 살펴보면, 여자가 17.9%, 남자가 13.5%로 여자의 고령인구 비중이 남자보다 4.4%p 높다. 65세 이상 여자 고령인구 100명당 남자 고령인구는 2020년 76.2명에서 계속 증가하여 2060년 91.3명이 될 것으로 보인다. 전체 인구의 15.7%인 65세 이상 고령인구의 연령대별 구성비를 보면, 65~69세 5.1%, 70~74세 3.8%, 75세 이상이 6.7%로 나타난다. 2020년 65~74세 인구는 465만 1,000명으로 75세 이상 인구보다 117만 6,000명 더 많으나, 2038년부터는 75세 이상 인구가 더 많아질 것으로 전망된다.

2020년 가구주 연령이 65세 이상인 고령자 가구는 464만 2,000가구로 전체 가구의 22.8%를 차지한다. 고령자 가구가 차지하는 비중은 계속 늘어나 2047년에는 우리나라 전체 가구의 약 절반(49.6%)이 고령자 가구가 될 것으로 전망된다. 가구유형별로 보면, 1인 가구(34.2%), 부부(33.1%), 부부+미혼자녀(9.7%), 부(모)+미혼자녀(5.5%) 순으로 높게 나타난다. 이러한 인구 고령화의 1차적 원인은 평균수명의 연장이다. 2018년 65세 생존자의 기대여명은 20.8년, 75세 인구의 기대여명은 12.7년이고, 65세 여자의 기대여명은 22.8년으

[그림 8-2] 고령자 가구 비중 및 가구유형별 구성

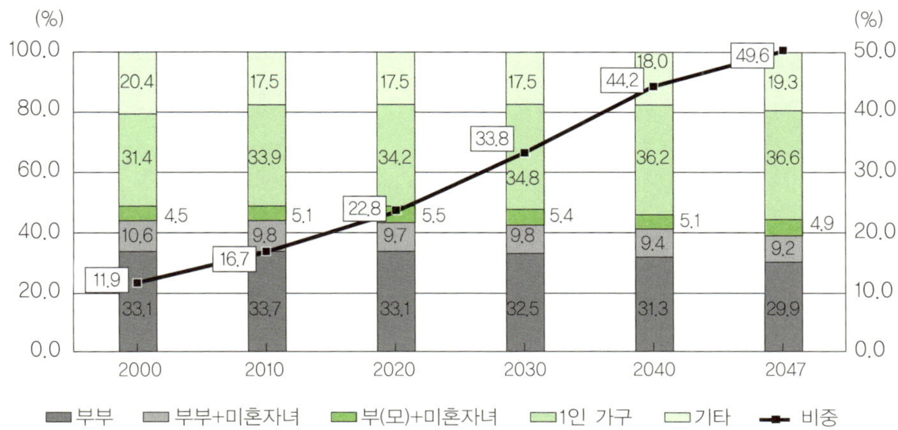

자료: 통계청, 「장래가구특별추계: 2017~2047」.

[그림 8-3] 기대수명의 변화 추이(1970~2018)

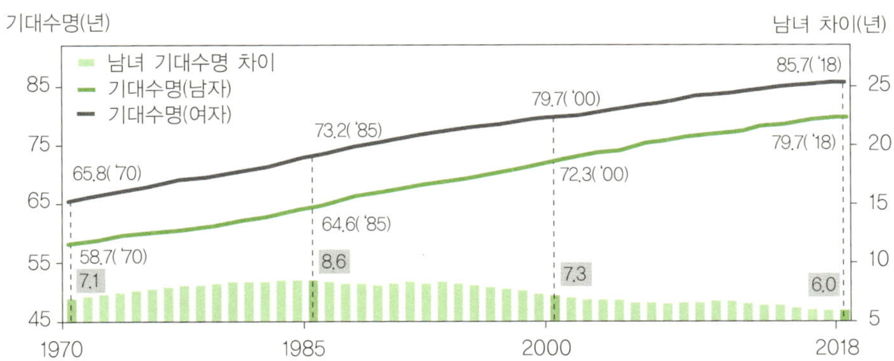

자료: 통계청, 2018년 생명표.

로 남자보다 4.2년 더 높고, 75세 여자의 기대여명은 14.1년으로 남자보다 2.9년 더 높다. 2018년 우리나라 65세 생존자의 기대여명은 경제협력개발기구(OECD) 평균보다 높은 수준이다. 성별로 보면, 65세 여자의 기대여명은

[그림 8-4] 출생아 수 및 합계출산율 추이

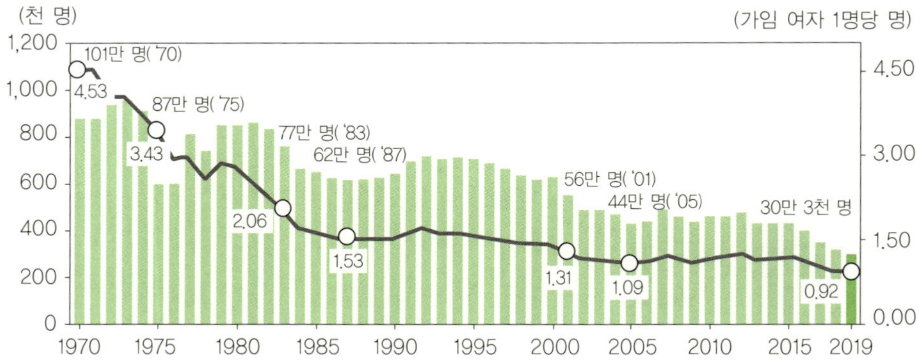

자료: 통계청(2020), 「2019년 출생통계」.

OECD 평균보다 1.5년 높으며, 남자는 0.5년 높다.

우리나라의 노인인구 비율이 외국에 비하여 높은 두 번째 원인은 합계출산율이 매우 낮기 때문이다. 1970년에는 101만 명이 태어났고 합계출산율은 4.53명이었으나, 1983년에는 77만 명이 태어났고 합계출산율은 2.06이었다. 이후 계속하여 출산율이 하락해 2019년에는 0.92로 떨어졌고, 출생아 수는 30만 3,000명으로 감소하였다. 이는 총인구의 감소와 노인인구 비율의 상승을 초래하였다.

2) 은퇴 후 노후준비

2019년 60세 이상 고령자 가구의 순자산액은 3억 6,804만 원으로 전년 대비 446만 원 증가하였다. 연령대별로 보면, 60세 이상 고령자는 50대(4억 24만 원) 다음으로 많은 순자산액을 보유하고 있다. 고령자는 다른 연령대와 비교하여 자산 중 부동산(77.2%) 비중이 가장 높으며, 부동산 이외 자산 비중

[표 8-2] 가구주 연령대별 가구 자산(2019)

(단위: 만 원, %)

구분		자산	금융자산			실물자산				
				저축액	전·월세 보증금		구성비	부동산	거주주택	기타
전체		43,191	10,570	7,873	2,697	32,621	75.5	30,379	17,933	2,242
가구주 연령대별	30세 미만	10,994	6,631	2,747	3,884	4,363	39.7	3,692	2,522	671
	30~39세	32,638	10,707	5,560	5,147	21,931	67.2	19,897	13,558	2,034
	40~49세	46,967	12,973	9,045	3,928	33,994	72.4	31,264	19,540	2,730
	50~59세	49,345	12,643	10,147	2,495	36,702	74.4	33,798	19,354	2,905
	60세 이상	42,026	7,912	6,692	1,220	34,114	81.2	32,454	18,288	1,659

자료: 통계청·한국은행·금융감독원, 「가계금융복지조사」.

[그림 8-5] 가구주 연령대별 순자산(2019)

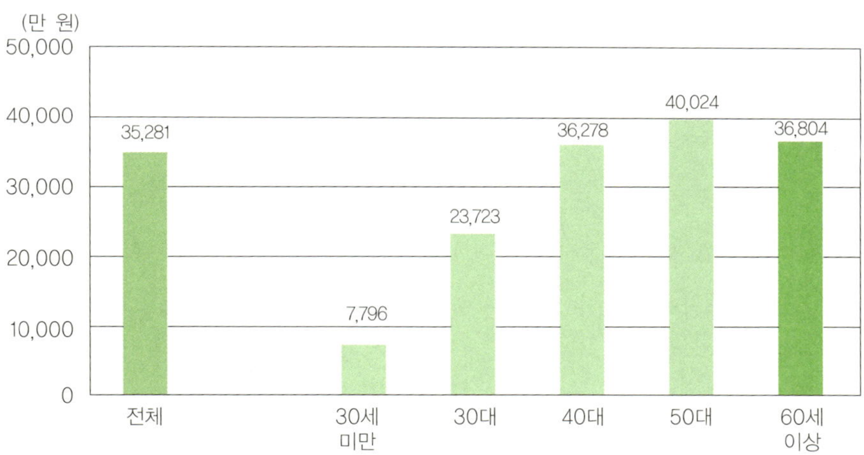

자료: 통계청·한국은행·금융감독원, 「가계금융복지조사」.

은 상대적으로 낮게 나타난다.

2018년 66세 이상 은퇴연령층의 소득분배 지표는 상대적 빈곤율 43.4%, 지니계수 0.406, 소득 5분위 배율 7.94배로 2016년 이후 모든 지표에서 소득분배 정도가 개선되고 있으나, 2017년 기준 우리나라 은퇴연령층(66세 이상)

[표 8-3] 우리나라의 노인빈곤율 추이

(단위: %, 배)

	상대적 빈곤율 (중위소득 50% 이하)2)		지니계수3)		소득 5분위 배율4)	
	18~65세 (근로연령인구)	66세 이상 (은퇴연령인구)	18~65세 (근로연령인구)	66세 이상 (은퇴연령인구)	18~65세 (근로연령인구)	66세 이상 (은퇴연령인구)
2011	14.0	47.8	0.370	0.460	7.19	11.43
2012	13.9	47.0	0.369	0.458	7.13	11.48
2013	13.8	47.7	0.357	0.453	6.74	11.23
2014	13.7	46.0	0.348	0.450	6.49	10.73
2015	12.9	44.3	0.337	0.427	6.09	9.27
2016	12.9	45.0	0.338	0.425	6.12	9.05
2017	12.6	44.0	0.337	0.419	6.09	8.82
2018	11.8	43.4	0.325	0.406	5.67	7.94

주: 1) 균등화 처분가능소득 기준.
균등화 처분가능소득 = 처분가능소득(시장소득 + 공적 이전소득* − 공적 이전 지출**)을 균등화한 소득.
* 공적 이전 소득: 공적 연금(국민연금 등), 기초연금, 양육수당, 장애수당 등
** 공적 이전 지출: 세금, 공적 연금 기여금 · 사회보험료 등
2) 중위소득 50%(빈곤선) 이하인 인구가 차지하는 비율.
3) 소득불평등도를 나타내는 지표로 '0'이면 완전 평등, '1'이면 완전 불평등을 의미함.
4) 소득 상위 20% 계층의 평균소득을 소득 하위 20% 계층의 평균소득으로 나눈 값.
자료: 통계청·한국은행·금융감독원, 「가계금융복지조사」.

의 상대적 빈곤율은 경제협력개발기구(OECD) 가입국 중 가장 높은 수준으로 나타나고 있다. 2017년 기준 우리나라의 노인빈곤율은 44.0%로 독일은 10.2%, 스웨덴 11.3%, 영국 15.3%, 미국 23.1% 등과 비교된다.

2019년 65세 이상 고령자의 48.6%는 본인의 노후 준비를 하고 있거나 준비가 되어 있으며, 그 비중은 남자(60.9%)가 여자(39.3%)보다 높다. 우리나라의 노후를 준비하는 고령자 비중은 계속 증가하여 10년 전보다 9.6%p 늘어나고 있다. 주요 노후 준비 방법은 국민연금이 31.1%로 가장 높은 비중을 차지하고 있으며, 그 다음은 예금·적금·저축성보험(27.9%), 부동산 운용(14.6%), 기타 공적 연금(13.0%), 사적 연금(8.1%), 퇴직급여(4.7%) 순으로 높다. 65세 이상 고령자의 공적 연금 수급률은 매년 증가하여, 2019년에는 전체 고령자의 절반 이상(50.9%)이 공적 연금을 받고 있다. 여자의 공적 연금 수급률은

[표 8-4] 우리나라의 노후준비율

(단위: %)

	준비하고 있음	국민연금	기타 공적 연금	사적 연금	퇴직급여	예금·적금·저축성보험	부동산 운용	주식, 채권[1]	기타[1]
2007	34.7	17.2	14.6	8.2	5.3	34.8	19.1	0.4	0.4
2009	39.0	29.6	11.4	11.5	4.1	28.0	14.1	0.3	0.9
2011	40.1	31.8	11.1	10.8	3.4	27.5	13.6	0.1	1.7
2013	42.4	32.6	12.4	5.2	5.1	27.4	14.8	0.2	2.3
2015	46.9	28.7	13.5	7.5	5.0	28.9	15.1	0.2	1.0
2017	48.0	29.9	14.7	8.3	4.3	27.4	15.2	0.2	0.0
2019	48.6	31.1	13.0	8.1	4.7	27.9	14.6	0.3	0.3
남	60.9	37.4	13.7	6.4	5.6	23.3	13.1	0.2	0.2
여	39.3	23.7	12.1	10.0	3.8	33.4	16.3	0.4	0.4

주: 1) 상대표준오차(RSE) 값이 커 신뢰도가 낮을 수 있으므로 해석 시 유의 필요.
자료: 통계청, 「사회조사」.

35.9%로 남자(71.0%)의 약 절반 수준이다. 연령대별로 보면, 70~74세의 연금 수급률이 61.8%로 가장 높았으며, 그 다음은 65~69세(59.1%), 75~79세(52.9%), 80세 이상(26.1%) 순으로 나타난다.

2019년 65세 이상 고령자의 고용률은 32.9%로 전년(31.3%)보다 1.6%p 상승하였다. 고령자의 고용률은 15세 이상 인구 전체 고용률(63.3%)의 절반 남짓 수준이나, 2015년 이후 상승 추세에 있다. 고령자의 실업률은 2018년까지 3% 미만을 유지하였으나, 2019년 전년(2.9%) 대비 0.3%p 상승한 3.2%를 기록하고 있다. 2019년 65세 이상 고령자의 산업별 취업자 비중은 사업·개인·공공 서비스 및 기타(42.8%), 농림어업(25.6%), 도소매·음식숙박업(14.6%) 순이다. 전체 취업자보다 고령층의 종사 비중이 높은 산업은 농림어업, 사업·개인·공공 서비스 및 기타이다. 2019년 65세 이상 고령자의 직업별 취업자 비중은 단순노무 종사자(35.8%), 농림어업 숙련종사자(24.6%), 서비스·판매 종사자(17.7%), 기능·기계조작 종사자(13.5%) 순으로 나타나고 있다. 전체 취업자와 비교하면, 단순노무 종사자와 농림어업 숙련종사자의 비중이 매우 높

[표 8-5] 우리나라의 공적 연금 수급률(65세 이상)

(단위: %, 명)

	공적 연금 수급률[1]	공적 연금 수급자 수[2]	국민연금	구성비	공무원 연금	구성비	사학연금	구성비	군인연금	구성비
2015	42.8	2,802,065	2,473,690	88.3	240,041	8.6	37,737	1.3	50,597	1.8
2016	44.6	3,015,710	2,664,358	88.3	256,695	8.5	41,736	1.4	52,921	1.8
2017	46.9	3,313,618	2,936,683	88.6	279,524	8.4	42,508	1.3	54,903	1.7
2018	48.6	3,584,900	3,180,045	88.7	300,037	8.4	47,084	1.3	57,734	1.6
2019	50.9	3,914,457	3,478,558	88.9	323,430	8.3	52,326	1.3	60,143	1.5
남자	71.0	2,342,364	2,027,985	86.6	233,796	10.0	39,385	1.7	41,198	1.8
여자	35.9	1,572,093	1,450,573	92.3	89,634	5.7	12,941	0.8	18,945	1.2
65~69세	59.1	1,448,630	1,303,375	90.0	110,512	7.6	20,152	1.4	14,591	1.0
70~74세	61.8	1,166,237	1,055,874	90.5	84,965	7.3	13,848	1.2	11,550	1.0
75~79세	52.9	840,121	755,901	90.0	63,167	7.5	9,731	1.2	11,322	1.3
80세 이상	26.1	459,469	363,408	79.1	64,786	14.1	8,595	1.9	22,680	4.9

주: 1) 공적 연금 수급률 = 공적 연금 수급자 수(65세 이상)÷고령 인구(65세 이상)×100. 고령 인구는 2017년 기준.
2) 연금별 노령(퇴직, 퇴역)연금 및 장애(장해, 상이)연금, 유족(퇴직 유족)연금 수급자 수의 합계임.

자료: 국민연금공단, 『국민연금통계연보』; 공무원연금공단, 『공무원연금통계집』; 사립학교교직원연금공단, 『사학연금통계연보』; 국방부, 『군인연금통계연보』.

[그림 8-6] 우리나라 노인의 취업 현황

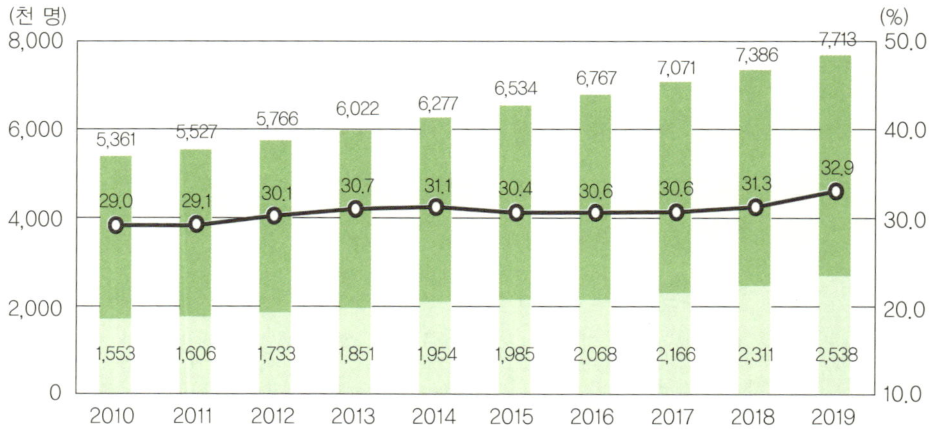

자료: 통계청, 「경제활동인구조사」, 각 연도.

으며, 관리자·전문가 및 사무 종사자의 비중은 상대적으로 낮다.

2. 국민연금제도

1) 제도의 목적 및 연혁

국민연금은 가입자인 국민이 노령, 장애 또는 사망으로 소득능력이 상실 또는 감퇴된 경우 본인이나 그 유족에게 일정액의 급부를 행하여 안정된 생활을 할 수 있도록 국가가 운영하는 장기적인 소득보장제도이다.

1960년대 추진된 경제성장 추진계획으로 산업화, 도시화, 핵가족화, 노령화의 진전으로 발생된 사회 문제의 해결방안으로 1973년 「국민복지연금법」이 제정·공포되어 1974년 1월부터 시행 예정이었던 국민연금제도가 1973년 석유파동에 의한 경제불황으로 무기한 연기되다가 1988년 1월부터 시행(10인 이상 사업장 근로자 대상)되었다. 우리나라의 공적 연금제도는 국민연금 외에 특수직역연금으로 불리는 공무원연금(1960년), 군인연금(1963년), 사립학교공무원 등 연금(1975년), 별정우체국직원연금(1992년)이 있다. 국민연금제도는 1992년부터 상시 근로자 5~9인 사업장의 근로자와 사용자에 확대되었고, 1995년 7월부터 농어촌지역(군지역)으로 제도가 확대되었다. 1999년 4월부터는 도시지역에 확대 적용으로 전 국민 연금시대에 진입하였다. 이후 재정안정화를 위한 논의와 사각지대 해소를 위한 개혁안이 2007년 7월 국회를 통과하였다.

2) 가입 대상 및 가입자

국민연금 가입자는 사업장가입자, 지역가입자, 임의가입자, 임의계속가입자로 구분된다. 사업장가입자(「국민연금법」 제8조)는 국민연금에 가입된 사업장의 18세 이상 60세 미만의 사용자 및 근로자로서 국민연금에 가입된 자를 말한다. 1인 이상의 근로자를 사용하는 사업장 또는 주한외국기관으로서 1인 이상의 대한민국 국민인 근로자를 사용하는 사업장에서 근무하는 18세 이상 60세 미만의 사용자와 근로자는 당연히 사업장가입자가 된다. 따라서 지역가입자가 사업장에 취업하면 자동적으로 사업장가입자가 되고, 지역가입자 자격은 상실된다.

지역가입자(「국민연금법」 제9조)는 국내에 거주하는 18세 이상 60세 미만의 국민으로서 사업장가입자가 아닌 사람을 말한다. 다만, 다른 공적 연금에서 퇴직연금(일시금), 장애연금을 받는 퇴직연금 등 수급권자, 「국민기초생활보장법」에 의한 수급자 중 생계급여 또는 의료급여 또는 보장시설 수급자, 소득 활동에 종사하지 않는 사업장가입자 등의 배우자 및 보험료를 납부한 사실이 없고 소득 활동에 종사하지 않는 27세 미만인 자는 지역가입자가 될 수 없다.

임의가입자(「국민연금법」 제10조)는 사업장가입자와 지역가입자가 될 수 없는 사람도 60세 이전에 본인의 희망에 의해 가입신청을 한 사람이다. 즉, 다른 공적 연금에서 퇴직연금(일시금), 장애연금을 받는 퇴직연금 등 수급권자, 「국민기초생활보장법」에 의한 수급자 중 생계급여 또는 의료급여 또는 보장시설 수급자, 소득 활동에 종사하지 않는 사업장가입자 등의 배우자 및 보험료를 납부한 사실이 없고 소득 활동에 종사하지 않는 27세 미만인 자는 가입을 희망하는 경우 임의가입자가 될 수 있다.

임의계속가입자(「국민연금법」 제13조)는 납부한 국민연금 보험료가 있는 가입자 또는 가입자였던 자로서 60세에 달한 자가 가입 기간이 부족하여 연

[표 8-6] 국민연금 가입자 종류별 추이(2020. 5. 31 기준)

(단위: 명)

	계	사업장가입자	지역가입자	임의가입자	임의계속가입자
1988. 12. 31	4,432,695	4,431,039	–	1,370	286
1992. 12. 31	5,021,159	4,977,441	–	32,238	11,480
1995. 12. 31	7,496,623	5,541,966	1,890,187	48,710	15,760
1996. 12. 31	7,829,353	5,677,631	2,085,568	50,514	15,640
1999. 12. 31	16,261,889	5,238,149	10,822,302	32,868	168,570
2006. 12. 31	17,739,939	8,604,823	9,086,368	26,991	21,757
2007. 12. 31	18,266,742	9,149,209	9,063,143	27,242	27,148
2008. 12. 31	18,335,409	9,493,444	8,781,483	27,614	32,868
2009. 12. 31	18,623,845	9,866,681	8,679,861	36,368	40,935
2010. 12. 31	19,228,875	10,414,780	8,674,492	90,222	49,381
2011. 12. 31	19,885,911	10,976,501	8,675,430	171,134	62,846
2012. 12. 31	20,329,060	11,464,198	8,568,396	207,890	88,576
2013. 12. 31	20,744,780	11,935,759	8,514,434	177,569	117,018
2014. 12. 31	21,125,135	12,309,856	8,444,710	202,536	168,033
2015. 12. 31	21,568,354	12,805,852	8,302,809	240,582	219,111
2016. 12. 31	21,832,524	13,192,436	8,060,199	296,757	283,132
2017. 12. 31	21,824,172	13,459,240	7,691,917	327,723	345,292
2018. 12. 31	22,313,869	13,817,963	7,694,885	330,422	470,599
2019. 12. 31	22,216,229	14,157,574	7,232,063	328,727	497,865
2020. 5. 31	22,145,225	14,094,298	7,190,542	335,764	524,621

자료: 국민연금공단(2020. 9), 「국민연금 공표통계(2020년 5월 말 기준)」.

금을 받지 못하거나 가입 기간을 연장해 더 많은 연금을 받기를 원할 경우는 65세에 달할 때까지 신청에 의하여 임의계속 가입자가 될 수 있다.

국민연금 가입자 수는 1988년 제도가 시행된 이후 지속적으로 증가하였으나 2019년부터 취업자 수의 감소로 감소세로 전환되고 있다. 1988년 10인 이상 사업장 근로자를 대상으로 443만 명으로 시작되었고, 1992년 5인 이상 사업장 확대, 1995년 농어촌지역 확대, 1999년 도시지역 확대 조치로 가입자가 증가하였다. 국민연금의 필요성에 대한 인식이 높아지면서 임의가입자와 임의계속가입자도 꾸준히 증가하고 있다. 한편, 1인 이상 근로자 고용 사업장은 사업장가입자로 전환되면서 사업장 가입자 수를 중심으로 증가하고 있다.

3) 급여 구조와 수급자

연금급여란 가입자가 노령, 장애 또는 사망으로 인하여 소득이 중단, 상실 또는 감소되었을 때 기본적인 생활을 보장하기 위한 금전급부를 말하며, 급여 수급 요건에 해당하는 자의 청구에 의하여 수급 요건을 심사·결정하고 급여를 지급하며 수급권자 내역을 지속적으로 관리하는 것을 말한다.

국민연금은 기본연금과 부양가족연금으로 구성되어 있다. 기본연금은 사업장가입자 및 지역가입자의 평균소득을 기초로 하여 산출되는 균등 부분과 가입자 개인의 가입 기간 동안의 소득 수준에 의하여 산출되는 소득비례 부분으로 구성되며, 기본연금액에 대한 연금종별 해당 지급률에 따라 실제로 지급될 연금액을 산출한다. 부양가족연금은 수급권자가 권리를 취득할 당시 그 자(유족연금에 있어서는 가입자 또는 가입자이었던 자)에 의하여 생계를 유지하고 있거나 노령·장애연금 수급권자가 그 권리를 취득한 이후 생계를 유지하게 된 자에 대하여도 지급하는 일종의 가족수당 성격의 부가급여이다.

국민연금은 나이가 들거나 장애 또는 사망으로 인해 소득이 감소할 경

[표 8-7] 국민연금 급여의 종류

연금급여(매월 지급)		일시금 급여	
노령연금	노후 소득보장을 위한 급여 - 국민연금의 기초가 되는 급여	반환 일시금	연금을 받지 못하거나 더 이상 가입할 수 없는 경우 청산적 성격으로 지급하는 급여
장애연금	장애로 인한 소득 감소에 대비한 급여	사망 일시금	유족연금 및 반환일시금을 받지 못할 경우 장제비적 성격으로 지급하는 급여
유족연금	가입자의 사망으로 인한 유족의 생계 보호를 위한 급여		

[표 8-8] 국민연금 수급자 현황(2020년 5월 말)

(단위: 명)

	계	연금수급자				일시금수급자			
		소계	노령	장애	유족	소계	장애	반환	사망
1988. 1. 1~ 2020. 5. 31	16,387,618	5,898,967	4,808,282	174,666	916,019	10,488,651	80,574	10,209,656	198,421

주: 1988. 1. 1~2020. 5. 31 기간 중 누적한 수.
자료: 국민연금공단(2020. 9), 「국민연금 공표통계(2020년 5월 말 기준)」.

우 일정한 급여를 지급하여 소득을 보장하는 종합보험 성격의 사회보험으로서, 받게 되는 급여의 종류는 노령연금(분할연금), 장애연금, 유족연금, 반환일시금, 사망일시금이 있다.

(1) 국민연금 수급자

제도가 1988년 1월 처음 실시된 이후 1993년 1월 특례노령연금 지급을 시작으로 제도 시행 19년째인 2007년 10월 말에는 수급자가 206만 명을 넘어섰다.

(2) 노령연금

가입 기간(연금보험료 납부 기간)이 10년 이상이면 60세(수급연령 연차적으로 상향 조정) 이후부터 평생 매월 지급받을 수 있으며(법 제61조 제1항), 국민연금의 기초가 되는 급여이다. 노령연금, 조기노령연금, 분할연금이 있다. 수급개시연령에 도달하여 노령연금을 받는 사람이 소득이 있는 업무('월평균소득금액'이 최근 '3년간의 국민연금 전체 가입자의 평균소득월액의 (A값)'을 초과하는 경우를 말하며 이 금액은 매년 변동됨)에 종사하는 경우, 수급개시연령부터 5년 동안은 소득구간별 감액률을 적용한 금액으로 지급되며 부양가족연금은 지급되지 않는다.

노령연금 수급자가 희망하는 경우 1회에 한하여 연금 수급권을 취득한

[표 8-9] 노령연금 지급개시연령

출생연도	수급개시연령		
	노령연금	조기노령연금	분할연금
1952년생 이전	60세	55세	60세
1953~1956년생	61세	56세	61세
1957~1960년생	62세	57세	62세
1961~1964년생	63세	58세	63세
1965~1968년생	64세	59세	64세
1969년생 이후	65세	60세	65세

이후부터 65세(수급연령 상향 적용)가 될 때까지의 기간 동안(최대 5년) 연금액의 전부 또는 일부에 대해 지급의 연기를 신청할 수 있다. 연기 비율은 50%, 60%, 70%, 80%, 90%, 전부 중 수급권자가 선택할 수 있다. 연금을 다시 받게 될 때에는 지급 연기를 신청한 금액에 대하여 연기된 매 1년당 7.2%(월 0.6%)의 연금액을 더 올려서 지급한다(법 제62조, 법률 제11143호 부칙 제6조).

조기노령연금은 가입 기간이 10년 이상이고 55세(수급연령 상향규정 적용: 55~60세) 이상인 사람이 소득 있는 업무에 종사하지 않는 경우에 본인이 신청하면 60세(노령연금 수급개시연령) 전이라도 지급받을 수 있다. 이 경우 가입 기간 및 처음 연금을 받는 연령에 따라 일정률의 기본연금액에 부양가족연금액을 합산하여 평생 동안 지급받게 된다(55세 70%, 56세 76%, 57세 82%, 58세 88%, 59세 94% 지급: 55세 수급연령 개시 기준).

한편, 혼인 기간 동안 배우자의 정신적·물질적 기여를 인정하고 그 기여분을 분할하여 지급하는 분할연금제도가 있다. 배우자의 가입 기간 중 혼인 기간이 5년 이상인 자가 아래의 요건을 모두 갖추면 분할연금을 지급한다(분할금 수급권자 본인이 60세가 되어야 한다(수급연령 상향규정 적용)). 이때 배우자였던 자의 노령연금액(부양가족연금액 제외) 중 혼인 기간에 해당하는 연금액의 1/2을 지급한다.

노령연금을 받을 수 있는 연령은 현재 60세(조기노령연금은 55세)이나 2013년부터 5년마다 단계적으로 1세씩 연장되어 2033년 이후에는 65세(조기노령연금은 60세)가 된다. 오래전부터 노령화가 시작된 미국, 일본, 독일, 영국, 스웨덴 등 많은 선진국들은 노령연금 수급개시연령 상향조정 개혁을 1980년대부터 시행하고 있다. 평균수명이 연장되고 노령화가 지속적으로 심화되는 사회에서 연금재정의 건전화를 위한 불가피한 선택이다.

(3) 장애연금

가입 중에 발생한 질병 또는 부상으로 인해 완치된 후에도 장애가 남았을 때 장애 정도(1~4급)에 따라 급여를 지급한다. 장애로 인한 소득 감소 부분을 보전함으로써 자신과 가족의 안정된 생활을 보장하기 위한 급여이다.

완치일을 기준으로 노동력 손실 또는 감소 정도에 따라 1~4급으로 결정하며, 완치되지 않은 경우에는 초진일로부터 1년 6개월이 경과된 날을 기준으로 장애등급을 결정한다. 만약, 1년 6개월이 경과된 시점에서 장애가 경미하여 장애등급(1~4급)에 해당되지 않았으나 그 장애가 악화되어 60세가 되기 전에 장애등급에 해당되면 청구한 날을 기준으로 장애등급을 결정한다. 또한 한 사람에게 여러 부위에 장애가 발생하면 장애 정도를 합하여 장애등급을 결정하며, 장애등급 결정 후에 장애가 악화되거나 호전된 경우에는 장애등급을 변경한다. 완치란 부상 또는 질병이 의학적으로 치유되었을 때 또는 더 이상의 치료효과를 기대할 수 없는 상태로서 그 증상이 안정되고 장기간에 걸쳐서 그 장애의 고정성이 인정되는 최종 상태를 말한다.

(4) 유족연금

국민연금 가입자 또는 연금을 지급받던 사람이 사망할 경우 그에 의해 생계를 유지하던 유족에게 급여를 지급하여 안정된 삶을 살아갈 수 있도록 하기 위한 급여이다. 수급요건은 다음과 같다.

[표 8-10] 유족의 범위

지급 대상	요건	
자녀	18세 미만	또는 장애등급 2급 이상
부모(배우자의 부모 포함)	60세 이상	
손자녀	18세 미만	
조부모(배우자의 조부모 포함)	60세 이상	

- 노령연금 수급권자가 사망한 경우
- 가입자가 사망한 경우(단, 가입 기간이 1년 미만인 경우에는 가입 중에 발생한 질병이나 부상으로 사망한 경우)
- 장애등급 2급 이상의 장애연금 수급권자가 사망한 경우
- 가입 기간 10년 이상 가입자이었던 자가 사망한 경우
- 가입 기간 10년 미만의 가입자이었던 자가 가입 중에 발생한 질병이나 부상으로 가입 중 초진일 또는 가입자 자격상실 후 1년 이내의 초진일로부터 2년 이내에 사망한 경우

사망자에 의하여 생계를 유지하고 있던 가족으로 배우자, [표 8-10]의 요건을 충족하는 자녀, 부모, 손자녀, 조부모 순위 중 최우선 순위자에게 유족연금을 지급한다.

(5) 반환일시금과 사망일시금

반환일시금은 연금급여를 받을 수 있는 요건을 충족하지 못하였거나 국외 이주 등으로 더 이상 국민연금의 보호가 필요하지 않을 경우 납부한 연금보험료에 이자를 더해 일시에 지급받을 수 있는 급여이다. 반환일시금을 지급받은 경우 가입 기간이 소멸되므로 다른 연금을 받을 수 없다. 다만, 다시 국민연금 가입자가 된 경우 일정한 이자를 더하여 반납함으로써 가입 기간이 복원될 수 있다.

- 가입 기간 10년 미만인 사람이 60세가 된 경우
  – 단, 특례노령연금수급권자는 해당되지 않음.
- 가입자 또는 가입자이었던 자가 사망하였으나 유족연금에 해당되지 않는 경우
- 국적을 상실하거나 국외에 이주한 경우
- 1999년 4월 1일 전에 공무원퇴직연금 등 다른 공적 연금을 받았거나 받고 있는 사람이 사업장 또는 지역가입자 자격을 상실한 경우

사망일시금은 가입자 또는 가입자이었던 사람이 사망하였으나 유족연금 또는 반환일시금을 지급받을 수 있는 유족 범위에 해당하는 자가 없는 경우 배우자, 자녀, 부모, 손자녀, 조부모, 형제자매에게 장제부조비 성격으로 지급하는 급여이며, 배우자, 자녀, 부모, 손자녀, 조부모, 형제자매가 없는 경우에는 사망자에 의하여 생계를 유지하고 있던 4촌 이내의 방계혈족에게 지급한다.

4) 연금급여

(1) 연금급여액 구성

연금급여는 기본연금액과 부양가족연금액을 합산한 금액으로 받게 된다. 기본연금액이란 가입 기간(연금보험료 납부 기간)이 20년인 사람이 받을 수 있는 연금액을 말하며(지급률 100%), 20년 초과 시에는 1년마다 5%씩 지급률이 증가한다. 부양가족연금액이란 연금급여를 지급받는 수급자가 일정한 가족을 부양하고 있는 경우 가족수당 성격으로 지급하는 부가급여를 말한다.

(2) 연금급여액 수준

급여 수준은 전체 가입자의 평균소득에 해당하는 사람이 40년의 가입

기간(현행 보험요율은 소득의 9% 기준)이 있는 경우 가입 기간이 속한 연도에 따라 종전 소득의 70~40%를 받게 된다.

가. 기본연금액

기본연금액 산출 방식은 고소득자와 저소득자 간 급여 수준 격차를 줄여 주며, 물가변동률과 임금상승률을 반영하여 항상 실질가치를 보장해 주는 특징이 있다. 사업장가입자 및 지역가입자의 평균소득을 기초로 하여 산출되는 균등 부분과 가입자 개인의 가입 기간 동안의 소득 수준에 의하여 산출되는 소득비례 부분으로 구성되며, 기본연금액에 대한 연금종별 해당 지급률에 따라 실제로 지급될 연금액을 산출한다.

수급권자가 권리를 취득할 당시 그 자(유족연금에서는 가입자 또는 가입자이었던 자)에 의하여 생계를 유지하고 있거나 노령·장애연금 수급권자(2급 이상)가 그 권리를 취득한 이후 생계를 유지하게 된 자에 대하여도 지급하는 일종의 가족수당 성격의 부양가족연금액이 지급된다. 부양가족연금액은 배우자일 경우는 월 21,400원, 자녀, 부모일 경우에는 월 14,260원이다(소비자물가상승률에 연동된다).

[2.4(A+0.75B)×P1/P+1.8(A+B)×P2/P+1.5(A+B)×P3/P…+1.2(A+B)P23/P]×(1+0.05n/12)

A: 연금수급 전 3년간의 평균소득월액의 평균액
B: 가입자 개인의 가입 기간 중 기준소득월액의 평균액
n: 20년 초과 가입월수(1년 미만의 매 1월은 12분의 1년으로 계산)
P: 전체 가입월수
P1: 1998. 12. 31 이전 가입월수, P2: 1999. 1. 1~2007. 12. 31 가입월수
P3: 2008년 가입월수, P23: 2028년 이후 가입월수

※ A, B, n값이 클수록 연금액이 많아짐.

(3) 급여종류별 급여액

가. 노령연금액

가입 기간에 비례하여 가입 기간이 20년 이상인 사람은 기본연금액에 부양가족연금액을 합산한 금액을 받게 되며, 가입 기간이 20년 미만인 사람은 기본연금액에서 일정 비율로 감액된 금액에 부양가족연금액을 합산한 금액을 받게 된다.

[표 8-11] 노령연금 종류별 급여액

구분	급여 수준
완전노령연금	• 가입 기간이 20년 이상인 경우 – 기본연금액 100% + 부양가족연금액
조기노령연금	• 가입 기간이 10년, 55세인 경우 – 기본연금액 50%×70%+부양가족연금액 * 가입 기간 1년 증가 시 지급률 5%씩 증가 * 수급개시연령 1개월 초과 시마다 지급률 0.5%씩 증가
분할연금	• 배우자이었던 자의 노령연금액(부양가족연금액 제외) 중 가입 기간 중 혼인 기간(5년 이상)에 해당하는 연금액의 1/2

[표 8-12] 노령연금 예상월액

(단위: 원)

가입 기간 중 평균소득월액(B값)	연금 보험료	가입 기간				
		10년	15년	20년	30년	40년
310,000	27,900	143,610	212,330	281,050	310,000	310,000
1,200,000	108,000	190,120	281,080	372,050	553,980	735,920
2,400,000	216,000	252,820	373,780	494,750	736,680	978,620
3,600,000	324,000	315,520	466,480	617,450	919,380	1,221,310
5,030,000	452,700	389,790	576,510	763,230	1,323,390	1,510,110

주: 2020년 1월 최초 가입한 것으로 가정하여 현재의 A값(2020년도 2,438,679원)을 적용하였으며, 실제 연금수급월액은 연금수급 당시의 'A' 값 및 재평가율로 산정함.

나. 장애연금액

장애등급에 따라 1~3급까지는 기본연금액의 일정률에 부양가족연금액이 더해져 매월 연금으로 지급되며 장애 4급의 경우는 일시금으로 지급된다.

[표 8-13] 장애등급별 급여 수준

장애 1급	장애 2급	장애 3급	장애 4급(일시보상금)
기본연금액의 100% + 부양가족연금액	기본연금액의 80% + 부양가족연금액	기본연금액의 60% + 부양가족연금액	기본연금액의 225%

[표 8-14] 장애연금 예상월액

(단위: 원)

가입 기간 중 평균소득월액(B값)	연금 보험료	장애등급			장애일시보상금
		1급	2급	3급	40년
310,000	27,900	302,350	241,880	181,410	8,163,570
1,200,000	108,000	400,250	320,200	240,150	10,806,870
2,400,000	216,000	532,250	425,800	319,350	14,370,870
3,600,000	324,000	664,250	531,400	398,550	16,449,870
5,030,000	452,700	821,500	657,240	492,930	22,181,970

주: 2020년 1월 최초 가입한 것으로 가정하여 현재의 A값(2020년도 2,438,679원)을 적용하였으며, 실제 연금수급월액은 연금수급 당시의 'A' 값 및 재평가율로 산정함(가입 기간이 20년 미만인 자 기준이며, 20년 초과 시 연금액 증가.

다. 유족연금액

사망자의 가입 기간에 따라 기본연금액의 일정률에 부양가족연금액이 더해져 매월 연금으로 지급된다.

[표 8-15] 가입 기간별 유족연금액

10년 미만	10년 이상~20년 미만	20년 이상
기본연금액의 40% + 부양가족연금액	기본연금액의 50% + 부양가족연금액	기본연금액의 60% + 부양가족연금액

주: 다만, 노령연금 수급권자의 사망으로 인한 유족연금액은 사망한 자가 지급받던 노령연금액을 초과할 수 없음.

[표 8-16] 유족연금 예상월액

(단위: 원)

가입 기간 중 평균소득월액(B값)	연금 보험료	가입 기간		
		10년 미만	10~20년	20년
310,000	27,900	120,940	171,730	220,860
1,200,000	108,000	160,100	238,270	313,580
2,400,000	216,000	212,900	327,990	438,600
3,600,000	324,000	265,700	417,710	563,610
5,030,000	452,700	318,620	524,620	712,590

주: 2020년 1월 최초 가입한 것으로 가정하여 현재의 A값(2020년도 2,438,679원)을 적용하였으며, 실제 연금수급월액은 연금수급 당시의 'A' 값 및 재평가율로 산정함(10년 미만은 2020년 1월 가입, 10~20년 미만은 2006~2020년(15년), 20년은 2001~2020년(20년)에 가입한 것으로 가정).

라. 반환일시금액과 사망일시금액

본인이 납부한 연금보험료에 이자를 더하여 지급하며, 이자율은 가입 기간 중에는 3년 만기 정기예금 이자율을 적용하고 상실 후부터 지급사유 발생일까지는 1년 만기 정기예금 이자율을 적용한다. 사망일시금액은 반환일시금 상당금액으로 하지만 최종소득 또는 가입 기간 동안의 평균소득 중 많은 금액의 4배를 초과할 수 없다.

마. 외국인에 대한 급여

외국인도 우리 국민과 동일하게 노령연금, 유족연금, 장애연금을 수급할 수 있는 요건에 해당되는 경우 「국민연금법」상의 연금급여는 모두 지급받을 수 있다. 사회보장협정이나 상호주의가 적용되지 않은 국가의 외국인 가입자에게는 본국 귀환 시 반환일시금을 지급하지 않았으나, E-8(연수취업), E-9(비전문취업), H-2(방문취업)에 해당하는 체류자격으로 국민연금에 가입한 외국인에 대하여는 2007년 5월 11일 이후 반환일시금을 지급한다. 외국인이 본국 귀환을 사유로 반환일시금을 청구하는 경우 2007년 8월 29일부터는 출국이 확인된 경우에 한해 반환일시금을 지급한다.

5) 수급 기간 및 수급방법

(1) 수급 기간

연금급여는 수급사유가 발생한 날이 속하는 달의 다음 달부터 수급권이 소멸한 날이 속하는 달까지 지급받을 수 있다. 노령연금의 경우 수급사유 발생일은 60세 생일이며(조기노령연금의 경우 청구일), 장애연금의 경우 완치일 또는 1년 6개월 경과일, 유족연금의 경우 사망일이다. 연금급여 수급권은 수급권자의 사망으로 소멸하며, 유족연금의 경우 배우자인 수급권자의 재혼, 자녀 또는 손자녀인 수급권자의 입양 또는 파양, 18세 도달, 장애2급 이상 미해당 등으로 소멸한다.

(2) 수급일

연금급여는 매월 말일에 그 달의 연금액을 지급받게 된다. 다만, 말일이 토요일 또는 공휴일이면 그 전일에 지급받게 된다. 반환일시금(사망일시금)의 경우에는 수급요건이 확인되고 구비서류 등이 갖추어진 경우 청구 즉시 지급받을 수 있다. 다만, 외국인이 본국 귀환(국외 이주)을 사유로 출국 전 반환일시금 청구 시 출국이 확인된 경우에 한해 반환일시금을 지급받을 수 있다.

(3) 수급방법

수급권자가 희망하는 금융기관 또는 체신관서의 예금계좌로 지급받게 된다.

6) 재원조달

「국민연금법」상의 각종 연금급여의 지급 등 국민연금사업에 소요되는 비용에 충당하기 위하여 가입자 및 사용자로부터 가입 기간 동안 가입자의 소득에 비례하여 일정 비율의 연금보험료를 징수한다. 연금보험료는 가입자 자격취득 시의 신고 또는 정기결정에 의한 표준소득월액(등급)을 기준으로 '연금보험요율'에 의하여 징수한다.

연금보험료 = 가입자의 표준소득월액×연금보험요율

[표 8-17] 연도별 연금보험료 부담 수준

(단위: %)

구분		1988~1992	1993~1997	1998~1999. 3	1999. 4 이후
사업장 가입자	계	3.0	6.0	9.0	9.0
	근로자	1.5	2.0	3.0	4.5
	사용자	1.5	2.0	3.0	4.5
	퇴직금전환금	–	2.0	3.0	–
사업장 임의계속가입자		3.0	6.0	9.0	9.0

지역/임의 및 기타 임의계속가입자	1995. 7~2000. 6	2000. 7~2005. 6	2005. 7 이후
	3.0	4.0~8.0	9.0

3. 국민연금 장기 재정추계

1) 연금급여율의 변화와 재정효과

2007년 7월에 「국민연금법」을 개정하였으며 국민연금 보험료율은 현행 9%로 유지하되 급여율은 2007년 평균소득의 60%에서 2008년에는 50%로 낮춘 뒤 2009년부터 매년 1%p씩 낮춰 2028년에 40%가 되도록 하였다.

2018년에 발표된 국민연금재정추계위원회의 국민연금 장기 재정전망

[표 8-18] 국민연금 장기 재정전망

(단위: 십억 원)

연도	적립기금	수입			지출		수지차	적립배율	보험료율	적립기금 (20107년 불변가격)
		총수입	보험료 수입	투자 수입	총지출	연금 급여				
2018	671,383	73,386	43,704	29,682	23,645	23,009	49,741	26.3	9.0	659,512
2020	780,610	84,745	48,028	36,717	29,190	28,500	55,556	24.8	9.0	737,031
2025	1,078,656	107,458	59,620	47,838	48,264	47,835	59,194	21.1	9.0	922,431
2030	1,378,515	132,884	71,537	61,347	73,509	72,985	59,375	17.9	9.0	1,067,730
2035	1,641,860	156,078	83,537	72,541	109,643	109,003	46,435	14.6	9.0	1,151,822
2040	1,776,319	174,861	95,926	78,934	163,722	162,941	11,139	10.8	9.0	1,128,676
2041	1,777,883	177,213	98,183	79,029	175,649	174,837	1,564	10.1	9.0	1,107,519
2042	1,768,941	179,062	100,426	78,635	188,003	187,158	−8,942	9.5	9.0	1,080,342
2045	1,673,943	183,658	108,758	74,899	227,237	226,286	−43,580	7.6	9.0	963,359
2050	1,244,339	182,881	125,396	57,485	298,884	297,728	−116,004	4.6	9.0	648,613
2055	384,976	162,463	140,908	21,555	377,053	375,651	−214,590	1.6	9.0	181,752
2057	−123,881	147,200	147,200	−	415,992	414,477	−268,791	0.3	9.0	−56,215
2060	−	157,690	157,690	−	485,289	483,593	−327,599	−	9.0	−
2070	−	208,618	208,618	−	713,127	710,663	−504,509	−	9.0	−
2080	−	274,085	274,085	−	931,141	927,604	−567,056	−	9.0	−
2088	−	337,382	337,382	−	1,119,935	1,115,234	−782,553	−	9.0	−

자료: 국민연금재정추계위원회 등, 국민연금 제도개선 방향에 관한 공청회, 2018.

결과에 따르면, 현행「국민연금법」에 의한 제도를 그대로 유지할 경우에는 국민연금 적립기금 고갈시점이 2057년으로 2007년 법 개정 당시 예상보다 고갈시점이 3년 정도 앞당겨지는 것으로 나타났다. 그러나 이는 2018년 이후 나타나고 있는 초저출산 기조를 반영하지 않은 것으로, 이를 반영하면 재정수지는 더 악화될 것으로 예상된다.

적립기금이 고갈되면, 연금급여의 지급을 위한 예산은 당년도 연금가입자의 보험료로 조달하여야 하기 때문에 연금보험료율이 급속히 상승되어 그 당시 세대가 부담 가능한 수준을 넘어서는 것이 가장 큰 문제라고 할 수 있다. 즉, 현재의 국민연금 보험료율 9%에서 2060년에는 26.8%, 2070년에는 29.7%로 거의 3배 수준으로 인상하여야 연금을 계속하여 지급할 수 있다.

적립기금의 고갈을 막기 위해서는 연금보험료율을 17% 내외 수준으로 조기에 연차적으로 인상하고 연금수급개시연령도 2033년에 65세로 상향조정하도록 되어 있는 것을 68세(2048년)로 단계적으로 높여야 한다.

2) 기초연금

(1) 제도 개요

2007년 국민연금 급여 수준을 삭감하면서 제도 도입 이후 지속적으로 해결되지 못했던 무연금 문제와 저연금 문제를 보완하는 차원에서 기초노령연금 도입 방안이 마련되었다. 2008년에는 만 65세 이상 노인 중 60% 소득하위에 해당하는 자를 대상으로 하였으나 2009년부터 65세 이상 70% 대상으로 확대하였다. 기초노령연금제도에서는 국민연금 전체 가입자의 연금수급 전년도 평균소득월액인 A값의 5% 수준인 월 10만 원을 매월 지급했다. 2014년 7월, 기초노령연금을 개편하여 기초연금으로 하고, 연금 지급액을 20만 원 수준으로 상향조정하는(A값의 5%) 개선이 이루어졌다. 지급 대상은 기초노령연금과 동일하지만, 국민연금과 연계하여 연금액을 제한하는 내

[표 8-19] 기초연금 도입과 발전

	시행일	관련법	제정 및 개정 내역
노인수당	1989. 12. 30	노인복지법 개정	- 노령수당 지급 법적 근거 마련
경로연금	1997. 8. 22	노인복지법 개정	- 노령수당 명칭 변경 및 지급시기 대상자 선정 기준 명시
	1999. 2. 8	노인복지법 개정	- 생활보호법 보호대상자 타 연금 중복 허용 및 부부감액
기초노령연금	2007. 4. 25	기초노령연금법 제정	- 기초노령연금제도 도입
	2007. 7. 27	기초노령연금법 개정	- 소득역전 방지 위한 감액
	2008. 2. 29	기초노령연금법 개정	- 연금수급자와 배우자 개인정보 제공 의무화
기초연금	2014. 5. 20	기초연금법 제정	- 기초연금제도 도입
	2018. 3. 27	기초연금법 개정	- 기준연금액 상향 조정(25만 원)

용이 추가되었다. 2018년부터는 연금액이 25만 원으로 인상되었고, 2021년까지 30만 원 수준으로 인상될 예정이다.

(2) 지급 대상

기초연금은 만 65세 이상이고 대한민국 국적을 가지고 있으며 국내에 거주(「주민등록법」 제6조 1, 2호에 따른 주민등록자)하는 어르신 중 가구의 소득인정액이 선정기준액 이하인 사람들에게 지급된다.

[표 8-20] 기초연금 지급 기준

(선정 기준액(2020년))

구분	단독가구	부부가구
일반수급자	1,480,000원	2,368,000원
저소득수급자	380,000원	608,000원

주: '소득인정액'이란 소득평가액과 재산의 월 소득환산액을 합산한 금액을 말한다.

(2) 급여 수준

2021년 1월부터는 월 최대 300,000원이 지급된다. 부부가 수급할 경우 20% 감액된다. 다만, 국민연금 급여 수준에 따라 조정되는데 조정 방식은 다음과 같다. 즉, 국민연금 균등급여 수준(A)에 연동된다.

'A급여액'에 따른 기초연금액 = (기준연금액 −2/3×A급여)+부가연금액

※ 괄호의 계산 결과가 음(−)의 값일 경우는 '0'으로 처리

(3) 재원 부담

기초지자체별 노인인구 비율 및 재정자주도 기준, 40~90% 범위 내 국고는 차등보조한다. 기초연금 재정 지출은 노인인구 수의 증가에 따라 급속히 증가하고 있다. 2060년경이 되면 GDP의 3% 정도의 재정이 소요될 것으로 전망된다.

[표 8-21] 소요 재원

(단위: 조 원, %)

구분		2016	2017	2018	2019	2020	연평균증가율
기초연금 예산		10.3	10.6	11.8	14.7	16.8	13.0
	국비	7.9 (3.8)	8.1 (2.9)	9.1 (12.7)	11.5 (26.0)	13.2 (14.6)	13.7 -
	지방비	2.5	2.5	2.7	3.2	3.6	9.5
총지출		386.4 (2.9)	400.5 (3.7)	428.8 (7.1)	469.6 (9.5)	512.3 (9.1)	7.3
	사회복지 분야 예산	112.9 (7.2)	119.1 (5.5)	133.8 (12.3)	148.9 (11.3)	167.0 (12.2)	10.3

Chapter 9

특수직역연금

학습목표

1. 특수직역연금의 종류와 특징을 알아보자.
2. 특수직역연금과 국민연금의 산식을 비교해 보자.
3. 특수직역연금의 재정 현황을 알아보자.
4. 특수직역연금 개선의 쟁점사항을 정리해 보자.

1. 특수직역연금의 개요

1) 특수직역연금제도 개요

1960년 공무원연금제도가 시행된 이후 1963년 군인연금이 공무원연금에서 분리 독립하였고, 이후 사립학교교직원연금제도가 공무원연금 모형을 그대로 본떠서 1975년에 도입되었다. 1985년, 2000년, 2009년, 2015년에는 3개 특수직역연금제도의 개편이 있었다. 공무원연금과 군인연금은 인사혁신처장과 국방부 장관이 주체인 반면, 사립학교교직원연금은 사학연금교직원연금공단 이사장이 주체이다. 세 제도는 급여와 보험료 부담 수준 등이 거의 동일하였으나, 군인연금제도가 2009년 공무원연금 개편부터 공무원연금의 제도 개편을 따르지 않고 있다.

[표 9-1] 특수직역연금기금의 개요

구분	기금의 기능	도입	법률	부담 주체	기금관리 주체
공무원 연금	공무원연금 급여 충당을 위한 책임준비금	1960년	공무원 연금법	보험료율: 18% 공무원기여금(9.0%) 국가·지자체부담금(9.0%) 국고보전금	인사혁신처장 공무원연금공단
사학 연금	사립학교교직원연금 급여 충당을 위한 책임준비금	1975년	사립학교 교직원 연금법	보험료율: 18% 교직원기여금(9.0%) 법인(5.294%) 국가부담금(3.706%)	사립학교 교직원연금공단
군인 연금	군인연금 급여 충당을 위한 책임준비금	1963년	군인 연금법	보험료율: 14% 군인기여금(7.0%) 국가부담금(7.0%) 국고보전금	국방부

주: 1960년 「공무원연금법」의 일부로 운영되었으나, 1963년 「군인연금법」 제정으로 독립됨.

2) 특수직역연금 가입자 및 수급자 현황(2019년)

공무원연금은 120만 명, 사학연금은 32만 명, 군인연금은 19만 명 수준이다. 연금수급자 수는 꾸준히 증가되고 있어 재정불안의 원인이 되고 있다.

[표 9-2] 특수직역연금의 현황(2019년)

(단위: 명, %)

구분	공무원연금	사학연금	군인연금	합계
가입자 수(A)	1,195,051	323,697	186,000	1,704,748
(비중)	(4.4)	(1.2)	(0.7)	(6.3)
수급자 수(B)	535,922	83,176	95,281	714,379
총가입자 수 대비 수급자 수 비중(B/A)	44.8	25.7	51.2	41.9

주: 2019년 12월 말 기준.

2. 제도의 내용

1) 급여의 종류 및 내용

공무원연금(사학연금은 공무원연금제도를 준용하고 있음. 군인연금은 일부 다른 제도로 운영) 급여는 공무원연금 등 가입자의 퇴직, 폐질 및 사망 등의 사고에 대한 생활보장 성격의 장기급여와 직무상 질병·사고에 대한 치료 및 일시보상 성격의 단기급여로 대별할 수 있다. 장기급여로는 퇴직급여, 장해급여, 유족급여 및 퇴직수당 등이 있으며, 단기급여로는 직무상요양비, 직무상요양일시금, 재해부조금, 사망조위금 등이 있다. 또한 장기급여의 경우 연금지급의 기간요건(20년 이상 가입) 충족 여부 또는 본인의 선택에 의하여 연금 형태 및 일시금 형태, 그리고 이를 혼합한 방식인 연금공제일시금 형태 등의 다양한 급여 형태별로 다시 구분될 수 있다. 한편, 이들 급여는 보호 내용의 성격에 따라 퇴직·사망 시 소득보장적 성격의 퇴직급여 및 유족급여, 재해보상적 성격의 직무상 요양급여, 장해급여 및 유족보상금, 근로보상적 성격의 퇴직수당, 그리고 부조적 성격의 재해부조금 및 사망조위금으로 구분할 수 있다.

(1) 소득보장 급여

가. 퇴직급여

연금급여가 중심이 되는 소득보장적 성격의 퇴직급여와 유족급여는 공무원연금 등 가입자의 퇴직 또는 사망 시 공무원연금 등 가입자나 그 유족의 생활안전을 위해 지급하는 급여이다. 10년 이상 재직한 공무원연금 등 가입자에 대해서는 연령에 상관없이 퇴직 시부터 그가 사망할 때까지 퇴직연금을 지급하며, 퇴직연금 수급 도중 사망한 경우에는 그 유족에게 유족연금을 지급한다. 또한 10년 이상 재직한 공무원연금 등 가입자가 10년 이상의 기간 중 일정 기간은 연금으로, 그 잔여 기간은 일시금으로 지급받고자 할 때에는 퇴직연금공제일시금을, 퇴직연금에 갈음하여 이를 일시에 지급받고자 할 때에는 퇴직연금일시금을 지급한다. 그리고 10년 미만 재직자에 대하여는 퇴직 시에 일정액을 퇴직일시금으로 지급한다. 퇴직연금 지급액은 공무원연금 등 가입자 퇴직 당시의 직급·호봉에 의거한 보수월액에 재직연수에 따른 지급 비율을 곱한 금액으로 그 지급 비율은 연금급여율은 1년에 1.7%씩(2020년 1.79% → 2025년 1.74% → 2030년 1.72% → 2035년 1.7%) 최장 36년 가입 시 61.2%까지 지급한다.

이때 급여 산정의 기초가 되는 소득은 기준소득월액으로 소득세법상의 소득 기준과 거의 동일한 금액이다. 2000년 공무원연금 개혁 이전에는 소득의 보수월액은 봉급월액과 기말수당, 장기근속수당만 포함하는 개념

[그림 9-1] 급여의 종류

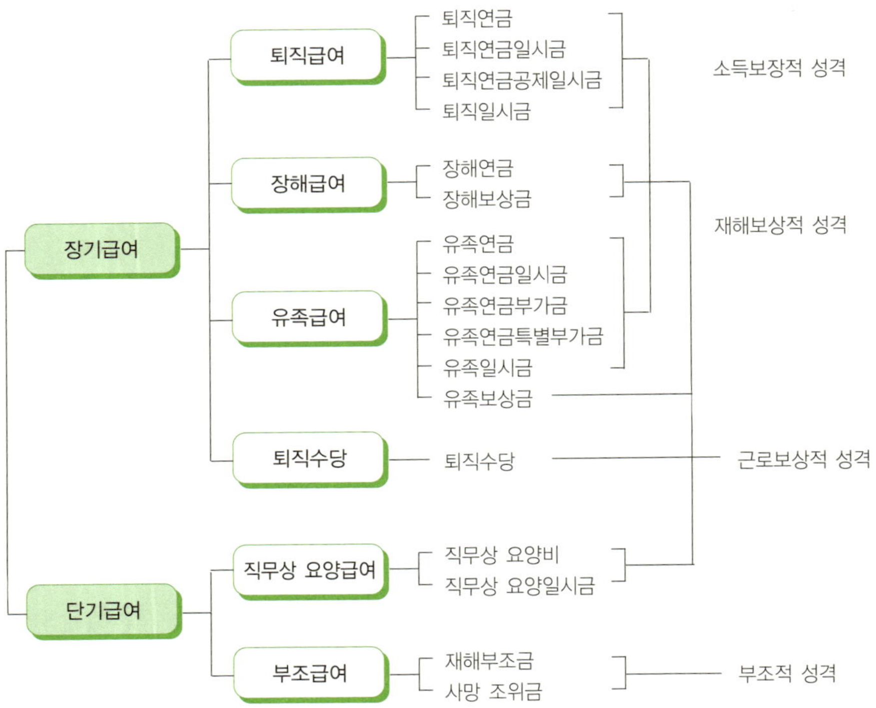

으로 기준소득월액의 70% 내외의 수준이었다. 급여 산정의 기준 시점 역시 2000년 법 개정 시 전 가입 기간 평균소득의 개념으로 정립되었으나 그 이전에는 퇴직 직전 최종보수월액을 원칙으로 적용하였다. 한편, 공무원연금 등 제도는 연금급여의 실질가치 보전을 위해 연금지급액을 국민연금과 동일하게 매년 소비자물가상승률 기준으로 조정하고 있으나 1995년 법 개정 이전에는 가입자의 보수인상률에 따라 조정하여 지급하는 임금변동 슬라이드제를 채용하고 있었다.

나. 유족급여

유족연금은 10년 이상 재직한 공무원연금 등 가입자가 재직 중 사망하거나 퇴직연금 또는 장해연금 수급권자가 사망한 때에 그 유족에게 지급되며, 지급액은 국민연금과 동일하게 퇴직 또는 장해연금액의 60/100이다. 또한 공무원이 재직 중 사망한 경우에는 유족연금 외에 퇴직연금일시금으로 받을 수 있는 금액의 1/4을 유족연금부가금으로 지급하고 있으며, 퇴직연금 수급권자가 퇴직 후 3년 이내에 사망한 경우에는 유족연금 외에 유족연금특별부가금을 별도로 지급한다. 한편, 유족연금에 갈음하여 이를 일시에 지급받고자 할 때에는 유족연금일시금을 지급하며, 10년 미만 재직자가 사망시에는 유족일시금을 지급한다.

ㄱ) 재해보상 급여: 직무상 요양급여, 장해급여, 유족보상금

재해보상 급여는 공무원연금 등 가입자의 근로재해에 대해 사용자인 국가나 지방자치단체가 보상적 차원에서 지급하는 급여로서 공무원연금 등 가입자가 직무상 질병·부상으로 인하여 요양을 하거나 폐질 상태로 된 때 또는 사망한 때에 지급된다. 재해보상제도의 내용은 공무원연금 등 가입자가 공무상 질병·부상으로 인하여 요양할 때에는 직무상요양비 및 직무상요양일시금을, 폐질 상태로 퇴직하거나 퇴직 후 그 질병·부상으로 폐질 상태가 되었을 경우에는 장해급여를, 사망한 때에는 그 유족에게 유족보상금을 지급한다.

직무상요양비는 공무상 질병 및 부상으로 인하여 요양을 할 경우에 지급되며, 이때 요양비 지급 기간은 2년 내로 제한하고 있다. 한편, 요양 기간이 2년이 경과하여도 완치되지 않았을 경우에 다음 1년 범위 안에서 요양에 소요될 예정비용을 일시에 지급하는 직무상요양일시금을 지급한다.

재해급여는 재직 기간에 상관없이 폐질 상태와 퇴직이라는 두 가지 사실이 충족되었을 때 그 지급요건이 성립하며, 급여사유가 발생 다음날부터 해당 공무원연금 등 가입자의 사망 시까지 매월 지급되고, 장해연금 수급권자가 사망했을 경우에는 그 유족에게 승계된다. 장해연금 지급액은 보수월액에 폐질등급에 따른 지급 비율을 곱한 금액이 지급되며, 그 지급 비율은 제1급 80%부터 제14급 15%까지로 구분된다. 또한 이를 일시에 지급받고자 할 경우에는 장해연금액의 5년분에 상당하는 장해보상금을 지급한다. 유족보상금은 공무상 질병 또는 부상으로 인하여 재직 중 사망하거나 퇴직 후 3년 이내에 그 질병 및 부상으로 사망한 때에 보수월액의 36배에 상당하는 금액을 그 유족에게 지급한다. 이때 퇴직급여나 유족급여와의 병급이 가능하다.

(2) 근로보상 급여: 퇴직수당

1991년 10월에 신설된 퇴직수당은 일반기업의 퇴직금제도에 상응하는 근로보상적 성격의 급여로서 1년 이상 재직하고, 퇴직 또는 사망한 공무원연금 등 가입자 및 그 유족에게 연금급여와는 별도로 사용자가 고용의 대가로 지급하는 성격의 급여이다. 이러한 급여의 성격상 사용자인 국가나 지방자치단체가 비용 전액을 부담하는 것을 원칙으로 하고 있다.

(3) 부조급여: 재해부조금, 사망조위금

재해부조금과 사망조위금은 부조금 성격의 급여로서, 재해부조금은 공무원연금 등 가입자가 화재, 수재, 기타 재해로 인하여 재산상의 손해를 입었을 때 지급하며, 사망조위금은 공무원연금 등 가입자 본인이나 배우자, 직계존속 등의 사망 시에 지급한다.

2) 재원조달

공무원연금 등의 재원은 개인·국가가 부담한다(사학연금은 법인 부담분에

[표 9-3] 주요 연금급여의 급여율

급여종류	급여내용 및 급여율	비고
퇴직연금	1+2+3 기간의 산정액을 합하여 연금월액이 산정됩니다. **1기간(2009년 이전)** • 20년 이상 시: (평균보수월액×50%)+(평균보수월액×20년 초과재직연수×2%) • 20년 미만 시: 평균보수월액×재직연수×2.5% **2기간(2010~2015년)** • 평균기준소득월액×재직기간별 적용 비율×재직 기간×1.9% **3기간(2016년 이후)** • 평균기준소득월액×재직 기간별 적용 비율×재직 기간×매년 지급률 중 1% 초과분 • 소득 재분배 반영 평균기준소득월액×재직 기간별 적용 비율×재직 기간×매년 지급률 중 1%	• 평균보수월액: 퇴직 직전 3년간 보수월액(봉급연액+기말수당연액+장기근속수당연액)을 보수상승률로 현가하여 평균함. • 급여 산정 기준 시점은 급여사유 발생일이 속한 달을 기준 • 퇴직 및 장해급여의 지급사유가 동시에 충족될 때 이의 병급 인정
유족연금	퇴직(장해)연금액의 60%+(특별)부가금	
장해연금	최종보수월액에 질환등급에 따른 지급 비율을 곱한 금액. 급여율은 폐질등급(1~14등급)에 따라 최종보수월액의 15~80%	

[표 9-4] 공무원연금 부담금의 종류 및 내용

부담금의 종류	부담자(납부자)	부감률
개인기여금	공무원	보수월액의 90/1,000
국가부담금	국가	보수월액의 90/1,000
재해보상부담금	국가	재해보상 지급액
퇴직수당부담금	국가	퇴직수당 지급액

주: 사학연금의 경우, 국가부담금은 보수월액의 3.705%, 법인부담금은 5.294%임.

대하여 국가가 일부 분담). 부담금의 종류로는 개인기여금, 국가부담금(사학연금은 법인부담금), 재해보상금 및 퇴직수당부담금이 있다. 개인기여금은 급여에 소요되는 비용으로 공무원 등이 부담하는 금억이며, 국가부담금은 급여에 소요되는 비용으로 국가가 부담하는 금액이다. 한편, 재해보상부담금은

[표 9-5] 사학연금 부담금과 급여의 관계

부담금		급여
연금기금	개인부담금 법인부담금 국가부담금	재해부조금, 사망조위금, 퇴직연금, 퇴직연금일시금, 퇴직연금공제일시금, 퇴직일시금, 유족연금, 유족연금일시금, 유족연금부가금, 유족연금특별부가금, 유족일시금
재해보상기금	재해보상부담금	직무상요양비, 직무상요양일시금, 장해연금, 장해보상금, 유족보상금
퇴직수당기금	퇴직수당부담금	퇴직수당

공무원 등의 직무상 질병·부상·폐질·사망에 대한 급여에 소요되는 비용에 충당하기 위해 국가가 부담하는 금액이며, 퇴직수당부담금은 당해 연도 퇴직수당 지급에 소요되는 비용으로 국가에서 부담하는 금액이다.

「사립학교교원연금법」상의 모든 급여는 공무원 등과 학교기관(법인) 그리고 국가가 부담하는 부담금과 그 운용수익금으로 충당하며 부담금과 급여와의 관계를 보면 [표 9-6]과 같다.

3. 급여구조

1) 퇴직연금 산식

공무원연금과 사학연금의 급여산식은 몇 차례의 제도 개편 과정에서 제도 개편 이전의 가입 기간에 대해서는 종전의 급여산식을 적용하도록 되어 있기 때문에 다소 복잡하지만, 연금과 일시금이 선택 가능하다는 점이 국민연금과 다른 점이고, 과거 가입 기간은 보수월액을 기준으로, 2010년 이후에는 기준소득월액으로 급여가 산정된다. 퇴직급여는 재직 기간과 기준소득월액을 기초로 산정하고 있어 재직 기간(최대 36년)이 늘어나거나 기준소득월액이 증가하면 퇴직급여도 증가한다.

- 퇴직연금: 10년 이상 재직하고 연금지급 조건이 되어 퇴직한 때 또는 퇴직 후 연금지급 조건에 도달한 때에는 사망 시까지 매월 연금을 지급한다.
  ※ 최초연금액: 평균기준소득월액×재직기간별 적용 비율(시행령 부칙 제10조 참고)×재직연수×1.7%
  (단계적 인하 2016년 1.878% → 2035년 1.7%)
  ※ 2016년 이후 재직 기간 30년까지 재직 기간 1년당 연금지급률 1.7% 중 1%에 대해 소득 재분배 적용
  (30년 초과분에 대한 연금액은 소득 재분배 없음)
  ※ 분할연금: 연금수급 개요 및 조정 참조
- 조기퇴직연금: 10년 이상 재직하고 퇴직하여 연금지급개시연령 전에 연금을 지급받고자 할 때는 감액된 연금액으로 사망 시까지 매월 지급한다.
  ※ 퇴직연금을 받을 수 있는 연령을 기준으로 미달연수 매 1년당 5%씩 감액하여 최대 5년까지 25% 감액
- 퇴직연금일시금: 퇴직연금에 갈음하여 일시금으로 지급한다.
  ※ 기준소득월액은 최종기준소득월액으로 산정
  ※ 퇴직연도에 승진·전직·보직변경 등으로 봉급월액이 증가한 경우에는 봉급월액 증가분을 승진월수에 비례하여 기준소득월액에 가산한다.
- 퇴직연금 공제일시금: 10년 이상의 재직 기간에 대하여는 퇴직연금을 지급받고, 나머지 기간에 대하여는 일시금으로 지급한다.
  ※ 기준소득월액 기준은 퇴직연금일시금과 등일
- 퇴직일시금: 10년 미만 재직하고 퇴직한 때 일시금으로 지급

[표 9-6] 퇴직급여 산식

<table>
<tr><th rowspan="2">구분</th><th>종전 기간</th><th colspan="2">이후 기간</th></tr>
<tr><th>1기간
(2009. 12. 31 이전)</th><th>2기간
(2010. 1. 1~2015. 12. 31)</th><th>3기간
(2016. 1. 1~)</th></tr>
<tr><td rowspan="2">퇴직연금</td><td>20년 미만:
평균보수월액 현가액×재직연수×2.5/100</td><td rowspan="2">(평균기준소득월액×이행률)×재직연수×1.9%</td><td>(개인 평균기준 소득월액×이행률)×매년 재직연수×매년 지급률</td></tr>
<tr><td>20년 이상:
(평균보수월액 현가액×50/100)+(평균보수월액 현가액×20년 초과 재직연수×2/100)</td><td>(소득 재분배 평균기준소득월액×이행률)×매년 재직연수×매년 지급률</td></tr>
<tr><td>조기퇴직연금</td><td colspan="3">퇴직연금의 95~75%
※ 미도래자의 경우 공무원보수인상률을 적용하여 연금지급 개시 시점까지 현재가치로 환산</td></tr>
<tr><td>퇴직연금 공제 일시금</td><td>{(보수월액 현가액×공제총재직연수×150/100)+(보수월액 현가액×공제총재직연수×공제총재직연수/100)}×종전 기간/총재직 기간</td><td colspan="2">{(기준소득월액×공제총재직연수×975/1,000)+(기준소득월액×공제총재직연수×공제총재직연수×65/10,000)}×이후 기간/총재직 기간</td></tr>
<tr><td>퇴직연금 일시금</td><td>{(보수월액 현가액×총재직연수×150/100)+(보수월액 현가액×총재직연수×5년 초과 재직연수/100)}×종전 기간/총재직 기간</td><td colspan="2">{(기준소득월액×총재직연수×975/1,000)+(기준소득월액×총재직연수×5년 초과 재직연수×65/10,000)}×이후 기간/총재직 기간</td></tr>
<tr><td rowspan="4">퇴직 일시금</td><td colspan="3">5년 미만</td></tr>
<tr><td>(보수월액 현가액×총재직연수×120/100)×종전 기간/총재직 기간</td><td>(기준소득월액×총재직연수×78/100)×2기간/총재직 기간</td><td>(기준소득월액×총재직연수×975/1,000)×3기간/총재직 기간</td></tr>
<tr><td colspan="3">5년 이상~10년 미만</td></tr>
<tr><td>{(보수월액 현가액×총재직연수×150/100) + (보수월액 현가액×총재직연수×5년 초과 재직연수/100)}×종전 기간/총재직 기간</td><td colspan="2">{(기준소득월액×총재직연수×975/1,000)+(기준소득월액×총재직연수×5년 초과 재직연수×65/10,000)}×이후 기간/총재직 기간</td></tr>
</table>

주: 퇴직연금액 산정 시 총재직 기간은 법 부칙(제15523호, 2018. 9. 21 시행) 제24조(재직 기간 상한 연장에 관한 경과조치)에 따른 재직 기간 상한 기간을 초과하지 못함.

한편, 퇴직연금은 퇴직한 날로부터 5년 이내에 신청하여야 하며, 퇴직한 공무원 본인이 공단에 직접 청구(인터넷, 모바일, 우편, 방문)할 수 있다.

2) 유족연금 산식

공무원 또는 공무원이었던 자(퇴직·조기퇴직연금 또는 장해연금 수급자 등)가 사망하였을 때 그 유족은 다음과 같은 유족급여의 지급 대상이 된다.

- 유족연금: 10년 이상 재직한 공무원이 재직 중에 사망하거나 퇴직·조기퇴직연금 또는 장해연금 수급자가 사망한 대 매월 지급한다.
  ※ 퇴직연금, 조기퇴직연금 또는 장해연금액의 60%(부부가 둘 다 퇴직연금 수급자인 경우 유족연금은 1/2 감액 지급)
  ※ 공무원 재직 중 혼인한 배우자만 유족연금 수급권이 있음.
- 유족연금일시금: 10년 이상 재직한 공무원이 재직 중에 사망한 때 유족이 원하는 경우 유족연금에 갈음하여 일시금으로 지급한다(퇴직연금일시금 산정 방식과 동일).
- 유족일시금: 10년 미만 재직한 공무원이 재직 중에 사망한 때 일시금으로 지급한다(퇴직일시금 산정 방식과 동일).
- 유족연금부가금: 10년 이상 재직한 공무원이 재직 중에 사망한 때 유족이 유족연금 신청 시 유족연금과는 별도로 일시금으로 추가 지급한다(퇴직연금일시금의 1/4 상당액).
- 유족연금특별부가금: 퇴직연금 또는 조기퇴직연금 수급자가 퇴직 후 3년 이내에 사망한 때 유족연금과는 별도로 일시금을 지급한다.
  ※ 퇴직 당시의 퇴직연금일시금 상당액×1/4×(36-퇴직연금 또는 조기퇴직연금을 지급 받을 수 있는 달수)×1/36

3) 퇴직수당

공무원이 1년 이상 재직하고 퇴직 또는 사망한 때에는 재직 기간에 따라 기준소득월액의 6.5~39%에 상당하는 금액을 퇴직급여 또는 유족급여와는 별도로 퇴직수당을 지급한다. 지급 산식은 [표 9-8]과 같다.

[표 9-7] 퇴직수당 지급 산식

2009년 이전 기간	재직연수	2010년 이후 기간
최종보수월액×재직연수 ×재직연수별 지급 비율	–	최종기준소득월액×재직연수× 재직연수별 지급 비율
10/100	1년 이상 5년 미만	650/10,000
35/100	5년 이상 10년 미만	2,275/10,000
45/100	10년 이상 15년 미만	2,925/10,000
50/100	15년 이상 20년 미만	3,250/10,000
60/100	20년 이상	3,900/10,000

주: 재직연수는 36년을 초과하지 못함.

4) 재해보상

재해보상제도는 공무원의 공무상 재해 또는 공무원 본인과 그 가족의 사망 등에 대하여 적정한 보상을 제공하여 공무원과 그 유족의 생활안정과 복리증진에 기여하는 제도를 말한다. 재해보상 급여는 공무원이 공무수행과 관련하여 부상·질병·장해·사망하였을 때 사용자인 국가 또는 지방자치단체가 보상적인 차원에서 지급하는 급여이고, 부조급여는 공무원 또는 그 가족의 사망과 재난으로 인한 주택피해 발생 시 사용자인 국가 또는 지방자치단체가 부조적 차원에서 지급하는 급여이다. 재원 부담은 국가 또는 지방자치단체가 비용 전액을 부담한다.

재해보상 급여는 요양급여, 재활급여, 장해연금, 장해일시금, 간병급여, 장해유족연금, 순직유족급여(순직유족연금, 순직유족보상금), 위험직무순직유족급여(위험직무순직유족연금, 위험직무순직유족보상금) 등이 있고, 부조급여에는 재난부조금과 사망조위금이 있다.

요양급여란 공무원이 공무수행과 관련하여 발생한 부상이나 질병으로 요양을 하는 때에 그에 소요되는 비용을 지급하는 급여이다. 공무상 부상·질병을 당한 공무원이 요양기관에서 요양을 하고자 할 때에는 공무상요양 승인 신청이 가능하며, 승인 이후 요양급여를 청구할 수 있다. 건강보험 급여 본인부담금은 의료비 영수증상에 '급여' 항목 별도의 청구절차 없이 공상공무원에게 자동 환급된다(공무상요양승인일로부터 3~4개월 소요). 비급여(산재보험 급여, 특수요양급여비용)는 의료비 영수증상에 비급여(산재 및 특수요양급여비용)는 공상공무원이 직접 공단에 청구해야 한다.

장해연금은 공무상 질병, 부상으로 인하여 장해 상태로 되어 퇴직한 때 또는 퇴직 후 그 질병 또는 부상으로 장해 상태로 된 때 지급한다. 장해일시금은 장해연금에 갈음하여 일시금으로 지급받고자 할 때 지급한다. 장해연금과 장해일시금 중 본인이 선택하여야 하며, 퇴직급여와 병급 가능하다. 한편, 장해연금 수급권자가 사망하면, 장해연금의 60%를 유족에게 지급한다.

> 장해연금의 경우: 기준소득월액×장해등급별 지급 비율
> 장해일시금의 경우: 기준소득월액×장해등급별 지급 비율×60개월
> (5년분 일시 지급)

[표 9-8] 장애등급별 지급 비율

(단위: %)

장애등급	제1급	제2급	제3급	제4급	제5급	제6급	제7급
지급 비율	52	48.75	45.5	42.25	39	35.75	32.5
장애등급	제8급	제9급	제10급	제11급	제12급	제13급	제14급
지급 비율	29.25	26	22.75	19.5	16.25	13	9.75

순직유족급여는 공무원이 공무상 부상 또는 질병으로 인하여 재직 중에 사망하거나 퇴직 후 그 질병 또는 부상으로 사망한 때 지급하는 급여이다. 순직유족보상금은 공무원 전체의 기준소득월액 평균액의 24배를, 순직유족연금은 공무원의 사망 당시(퇴직 후 사망한 경우에는 퇴직 당시) 기준소득월액의 38%에 해당하는 금액+유족 1인당 5% 가산(최대 20%) 지급한다. 순직유족연금을 선택할 경우 기 지급받은 퇴직유족급여(퇴직유족연금, 퇴직유족연금일시금, 퇴직유족일시금)는 공제하고 지급한다.

위험직무순직유족급여는 공무원이 고도의 위험을 무릅쓰고 직무수행 중 재해를 입고 그 재해가 직접적인 원인이 되어 사망한 때 지급하는 급여이다. 위험직무순직유족급여액은 공무원의 사망 당시(퇴직 후 사망한 경우에는 퇴직 당시) 기준소득월액의 43%에 해당하는 금액으로 유족 1인당 5% 가산(최대 20%)한다. 위험직무순직유족연금을 선택할 경우 기 지급받은 퇴직유족급여(퇴직유족연금, 퇴직유족연금일시금, 퇴직유족일시금)는 공제하고 지급한다. 위험직무순직유족보상금은 공무원 전체 기준소득월액 평균액의 45배, 대간첩작전 중 사망하면 공무원 전체 기준소득월액 평균액의 60배를 지급한다. 위험직무순직유족연금 및 위험직무순직유족보상금은 병급 지급된다. 위험직무순직유족연금 대신 퇴직유족급여(퇴직유족연금, 퇴직유족연금일시금, 퇴직유족일시금) 중 선택 가능하다.

5) 공적 연금 연계제도

공적 연금 연계제도는 국민연금과 직역연금의 연금을 수령하기 위한 최소 가입 기간을 채우지 못하고 이동하는 경우 종전에는 각각 일시금으로만 받던 것을 연계를 통해 연금을 받을 수 있도록 하여 국민의 노후생활을 보장하고자 하는 제도이다.

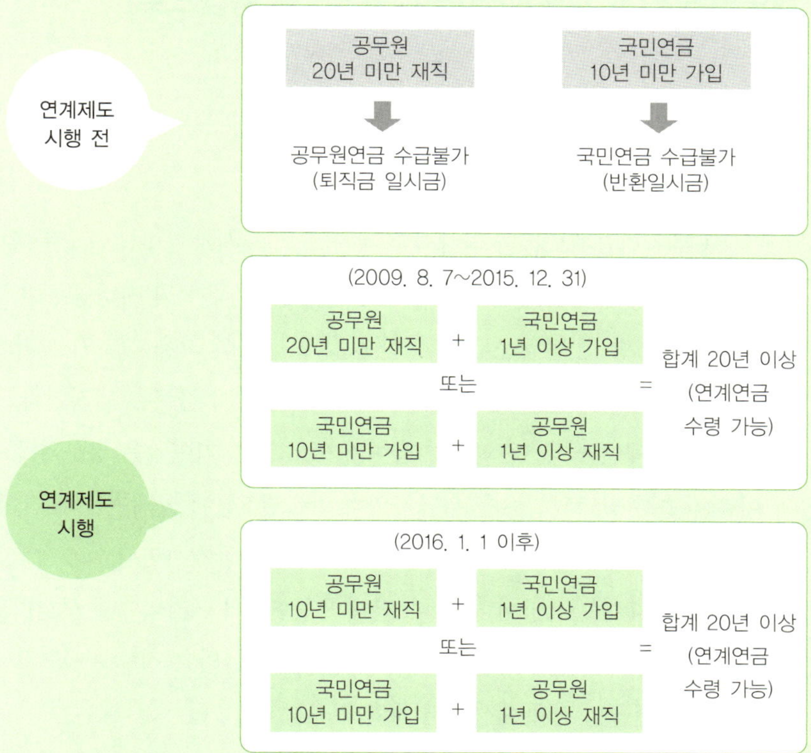

- '직역연금'이란 공무원연금, 사립학교교직원연금, 군인연금, 별정우체국직원연금을 말함.
- 연금 수급을 위한 최소 가입 기간: 국민연금 10년, 직역연금 10년(단, 군인연금 20년).

여기서 직역연금이란, 공무원연금, 사립학교교직원연금, 군인연금, 별정우체국직원연금을 말한다. 연금 수급을 위한 최소 가입 기간은 국민연금 10년, 직역연금 10년(단, 군인연금 20년)이다.

직역연금제도 간에는 통산제도가 별도로 있다. 합산제도는 이직한 직장의 연금제도에 과거 직장 가입 기간을 인정받고 연속하여 가입하도록 하는 제도이다. 이때 퇴직하는 직장에서 받은 일시금을 그대로 새로운 직장에 불입하여야 한다.

4. 제도의 도입과 개편 과정(공무원연금을 중심으로)

1) 제도의 성립

공무원연금제도는 우리나라 공적 연금의 효시로서 1960년 1월 1일 「공무원연금법」이 제정·공포됨으로써 시행되었다. 국가 및 지방공무원, 교육직, 경찰·소방직, 법원공무원, 군인 등을 포괄하여 적용하였고, 선거에 의하여 선출된 공무원은 제외하였다. 제도 도입 당시 급여는 퇴직연금, 유족일시금, 장해연금 등 5종의 장기급여가 있었으며, 기여금은 정부와 공무원이 각각 보수월액의 2.3%를 부담하였다. 1962년 8월에 「공무원연금법」을 전문 개정하여 공무원복지제도를 정비하고 연금지급개시연령(60세)제도를 폐지하였다. 그리고 요양비, 분만비, 장제비 등 5종의 단기급여를 신설하였고, 유족연금제도를 도입하였다. 한편, 「군인연금법」의 제정(1963년)으로 군인이 공무원연금법 적용 대상에서 제외되었다.

1966년 4월에는 「공무원연금특별회계법」을 개정하여 연금기금 운용방법에 큰 변화가 있었다. 당해 연도의 잉여금을 정부 예산상의 세입, 세출과 분리하여 독립적으로 적립 및 운영할 수 있는 특별기금이 설치된 것이다. 급여 측면에서는 1967년부터 퇴직연금 지급률이 40~50%에서 50~70%로 인상되었고, 퇴직일시금도 약 1.5배 인상되었다. 1973년에는 공무원의 가족요양비 지출을 위한 요양부조금, 재해복구비의 일부를 부조하는 재해부조금이 도입되었다. 1980년에는 급여가 늘어나는 방향으로 제도 개편이 있었는데 유족연금부가금이 신설되고, 기말수당이 급여 산정 시 포함되어 각종 수당이 보수에 포함되는 근거가 마련되었다. 1982년에 공무원연금기금의 효율적 운용 및 공무원 후생복지사업의 확대 등을 위하여 공무원연금관리공단이 설립되면서 공무원연금제도의 운영에 큰 변화가 있었다. 연금제도 측면에서도 공무원의 급여 및 복지 확대를 위해 급여 종류의 다양화 및 급여액 인상 등이 이루어졌다.

2) 제도의 개편

1990년대에 들어와서 연금수급자의 증가와 함께 연금재정 문제가 발생하기 시작하였다. 이에 따라 공무원 복지의 확대 정책을 중단하고 이를 축소하기 위한 공무원연금 개혁을 추진하게 되었고, 2019년 현재까지 크게 4차에 걸쳐 이루어졌다.

축소 기조의 정책으로 전환하면서 공무원연금, 사학연금, 군인연금을 대상으로 직역연금 개혁을 추진하였는데, 제1차(1996년) 및 제2차(2001년) 직역연금 개혁은 세 연금제도에 동일하게 적용되었다. 제3차(2010년)부터는 공무원연금과 사학연금은 2010년, 군인연금은 2013년에 적용하여 시간차가 있다.

[표 9-9] 제도 개편내용

시기	내용
1960. 01	「공무원연금법」 제정(적용 대상: 공무원 및 군인). 기여금 부담률: 보수월액의 2.3%
1962. 10	군인을 적용 대상에서 제외. 연금지급개시연령(60세)제도 폐지
1963. 03	소급통산제도 신설
1967. 01	합산제도 실시
1969. 01	기여금부담률 3.5%로 인상
1970. 01	기여금부담률 5.5%로 인상. 퇴직 및 유족연금일시금 신설
1973. 01	재해부조금 및 재직 기간 감축제도 신설
1975. 04	연금지급정지제도 신설. 재직 기간 상한 30년으로 제한
1980. 01	재직 기간 상한 33년으로 연장
1982. 02	공무원연금관리공단 설립
1985. 01	퇴직 및 유족급여가산금 신설. 사망조위금 신설
1988. 01	지방자치단체 공무원의 재해보상급여는 지방자치단체가 지급. 유족연금지급률 인상(50→70%)

자료: 최재식(2016), 「공무원연금제도 해설」을 바탕으로 국회예산정책처 재작성.

제1차 직역연금 개혁(1996년)의 주요 내용을 살펴보면, 기여금부담률을 5.5%에서 7%로 인상하고, 퇴직연금 등의 수급자가 유족연금 지급 대상자가 되는 경우에 유족연금을 50% 감액하여 지급하고, 유족연금 대상자에서 퇴직 후 혼인한 배우자, 출생·입양자녀를 제외하는 등 지출과 관련된 제도를 정교하게 만들었다.

제2차 직역연금 개혁(2001년)은 퇴직연금 산정 기준 보수를 퇴직 당시 보수월액에서 최종 3년간 평균보수월액으로 변경하였고, 기여금부담률을 8.5%로 인상하였다. 또한 연금액 인상 시 재직자 보수상승률이 아닌 전년도 소비자물가상승률을 적용하도록 하였고, 급여 지출을 공무원연금기금이 충당하지 못할 경우 그 부족분을 매년 국가가 전액 보전하도록 규정하였다.

제1차 및 제2차의 직역연금 개혁이 그동안 확대 기조의 정책을 축소 기조로 전환하는 것이었다면, 제3차부터는 '더 내고 덜 받는 구조'의 본격적인 연금개혁이라 할 수 있다.

제3차 직역연금 개혁(2010년)의 주요 내용은 기여금 및 연금 산정 기준 보수를 보수월액에서 기준소득월액으로 변경하고, 기여금부담률을 기준소득월액의 7%로 인상하며, 연금 산정 시 최종 3년간 평균보수월액이 아닌 전기간 평균기준소득월액으로 적용하는 것이다. 또한 재직 기간 1년당 연금지급률을 기존 2%에서 1.9%로 인하하고 연금지급개시연령을 신규 임용자부터 65세(기존 임용자는 60세)로 상향조정하였으며, 유족연금지급률은 신규 임용자부터 70%에서 60%로 하향조정하였다. 다만, 군인연금은 이와 같은 개혁안을 2013년 7월부터 적용하여 직역연금제도 간 개혁 시점에 차이가 있다.

제4차 직역연금 개혁(2015년)은 공무원연금과 사학연금에 적용되고 군인연금에는 적용되지 않은 내용이다. 기여금부담률 인상, 연금액의 한시적 동결, 유족연금지급률 인하, 연금지급개시연령 상향조정, 연금지급률 인하, 연금수급요건 조정이 있었다.

[표 9-10] 직역연금 개혁

	보험료율	연금지급률	수급개시연령	비고
1차 개혁 (1996년)	보수월액의 5.5→7.5% (단계적 인상)	변동 없음	60세(1996년 이후 임용자)	수급개시연령 제도 도입
2차 개혁 (2001년)	보수월액의 7.5→8.5%	변동 없음	60세(1995년 이전 임용자도 적용)	수급개시연령 제도 확대
3차 개혁 (2010년)	기준소득월액의 6.3→7%(단계적 인상)	2→1.9%	60→65세 (2010년 이후 임용자)	군인연금은 2013년부터 적용
4차 개혁 (2015년)	기준소득월액의 7→9% (단계적 인상)	1.9→1.7% (단계적 인하)	60→65세 (1996년 이후 임용자도 적용)	군인연금은 미적용

주: 보수월액은 봉급과 기말수당액의 연지급액을 12월로 평균한 금액 및 대통령령으로 정하는 수당액을 합한 금액이고, 기준소득월액은 일정 기간 재직하고 얻은 소득에서 비과세소득을 제외한 금액의 연지급 합계액을 12개월로 평균한 금액.
자료: 국회예산정책처.

2015년 제4차 직역연금 개혁은 재정건전성 강화와 공적 연금 간 형평성 제고를 위해 추진하였으며 주요 내용을 공무원연금을 중심으로 살펴보면 다음과 같다. 기여금부담률은 2015년 7%에서 2020년 9%까지 단계적으로 인상한다. 그리고 연금액을 소비자물가상승률만큼 인상해 왔으나, 2016년부터 2020년까지 5년 동안 동결하기로 합의하였다. 또한 유족연금지급률도 2010년 이전 임용자는 70%, 이후 임용자는 60%이었으나, 임용시기와 관계없이 일괄 60%를 적용하도록 변경하였다. 그리고 연금지급개시연령의 경우, 기존에는 2009년 이전 임용자 60세, 2010년 이후 임용자 65세였으나, 임용시기에 관계없이 모든 공무원이 65세부터 연금을 받도록 2033년까지 단계적으로 연장하기로 하였다. 또한 연금지급률도 재직 기간 1년당 2015년 1.9%에서 2035년 1.7%까지 단계적으로 인하하고, 연금수급요건을 종전의 재직 기간 20년 이상에서 10년 이상으로 조정하였다. 한편, 4차 개혁에서 도입된 중요 제도 중 하나는 국민연금과 같이 가입자 간에 소득 재분배 요소를 삽입한 것이다. 이전까지는 순수한 소득비례연금의 성격을 가지고 있었

[표 9-11] 4차 개혁의 내용

구분	종전	개정
기여금 부담률 인상	기준소득월액의 7%	기준소득월액의 9%(단계적 인상) * 2016년 8% → 2017년 8.25% → 2018년 8.5% → 2019년 8.75% → 2020년 9%
연금지급률 인하	재직 기간 1년당 1.9%	재직 기간 1년당 1.7%(단계적 인하) * 2020년 1.79% → 2025년 1.74% → 2030년 1.72% → 2035년 1.7%
연금수급요건 조정	20년	10년
연금지급개시 연령 연장	2009년 이전 임용자 60세 2010년 이후 임용자 65세	모든 공무원 65세로 단계적 연장 * 2020년 61세 → 2024년 62세 → 2027년 63세 → 2030년 64세 → 2033년 65세
유족연금 지급률 인하	2009년 이전 임용자 70% 2010년 이후 임용자 60%	모든 공무원 60% 적용 * 개정 이후 유족연금 사유발생자부터
연금액 한시동결	물가인상률 연동 조절	5년간 동결(2016~2020년)
연금정지제도 강화	공무원·군인·사학에 재임용 시 연금 전액 정지	선거직 공무원과 정부 전액 출자·출연기관 재취업 고소득자도 연금 전액 정지
	금로자 평균임금월액 기준으로 연금정지액 결정(2014년 338만 원)	연금수급자 평균연금월액 기준으로 연금정지액 결정(2014년 224만 원)
	부동산 임대소득은 정지 대상 소득에서 제외	부동산 임대소득도 정지 대상 소득에 포함
비공무상 장해연금 도입	없음	비공무상 장애로 퇴직 시 지급 (공무상 장해연금액의 1/2 수준)

자료: 공무원연금공단.

으나 4차 개혁으로 국민연금 내 가입자 간 소득 재분배 정도만큼 공무원연금도 소득 재분배가 이루어지도록 만들어졌다. 이에 따라 소득 상위자는 연금급여 개편의 효과를 가중하여 받고, 소득 하위자는 연금급여 개편의 효과를 경감하여 받게 되었다.

사학연금은 공무원연금과 동시에 개편이 이루어졌으나, 군인연금은 1

차 개혁의 내용 중 연금수급개시연령을 60세로 정하는 부분이 반영되지 않았고, 3차 개혁은 2013년에, 4차 개혁 내용은 이행되지 않고 있다.

5. 특수직역연금 현황과 재정 전망

1) 공무원연금

공무원연금 가입자 수는 최근 5년간(2015~2019년) 2015년 1,093,038명에서 연평균 2.3% 증가하여 2019년에는 1,195,051명을 기록하였다. 「공무원연금법」 개정(시간선택제 공무원의 공무원연금 가입, 2018. 9. 28)과 공무원 증원 등으로 2018년 이후에는 3% 이상의 증가율을 보이고 있다.

공무원연금 수급자 수는 2015년 426,068명에서 2019년 535,922명으로 연평균 5.9% 증가하였다. 연금급여별 수급자는 퇴직연금이 2015년 373,529명에서 2019년 467,143명으로 연평균 5.8% 증가하고 유족연금은 2015년 49,496명에서 2019년 65,498명으로 연평균 7.3% 증가하였다. 비공무상 장해연금은 다른 연금보다는 다소 낮은 연평균 2.4% 증가하여 2015년 3,043명에서 2019년 3,351명을 기록하였다.

공무원연금은 2000년에, 군인연금은 1975년 이후 수지적자가 발생하여

[표 9-12] 공무원연금 가입자 현황, 2015~2019년

(단위: 명, %)

2015	2016	2017	2018	2019	연평균증가율
1,093,038	1,107,972 (1.4)	1,120,458 (1.1)	1,160,586 (3.6)	1,195,051 (3.0)	2.3

주: ( )는 전년 대비 증가율.
자료: 공무원연금공단, 「2018년도 공무원연금통계」와 인사혁신처 결산보고서를 바탕으로 국회예산정책처 작성.

[표 9-13] 공무원연금 수급자 현황, 2015~2019년

(단위: 명, %)

구분	2015	2016	2017	2018	2019	연평균증가율
퇴직연금	373,529	396,743	419,968	442,241	467,143	5.8
유족연금	49,496	53,071	56,918	61,019	65,498	7.3
비공무상 장해연금	3,043	3,128	3,210	3,290	3,351	2.4
합계	426,068	452,942	480,096	506,550	535,922	5.9

자료: 공무원연금공단, 「2018년도 공무원연금통계」와 인사혁신처 결산보고서를 바탕으로 국회예산정책처 작성.

[표 9-14] 공무원연금의 재정수지 현황(2015~2019년 결산)

(단위: 억 원, %)

구분			2015	2016	2017	2018	2019	연평균증가율
수입 (A)		가입자 기여	38,186	44,692	48,676	53,376	57,107	10.6
		국가부담(사용자)	43,961	52,211	55,683	60,319	65,406	10.4
	보험료		82,147	96,903	104,359	113,695	122,513	10.5
	퇴직수당 국가부담금		22,479	19,302	20,441	20,715	23,350	1.0
	기타		1,416	809	1,200	150	2,674	17.2
	소계		106,042	117,014	126,000	134,560	148,537	8.8
지출(B)			136,769	140,203	148,820	157,366	169,100	5.4
재정수지(A-B)			-30,727	-23,189	-22,820	-22,806	-20,563	-9.6
국고지원(C)			30,727	23,189	22,820	22,806	20,563	-9.6
국고지원 후 당기수지(A-B+C)			-	-	-	-	-	-
연도 말 누적적립금			87,542	103,211	109,506	108,379	120,429	8.3

주: 1) 가입자 기여: 일반기여금, 소급기여금, 한삽기여금 포함.
2) 국가부담: 연금부담금과 연금이체부담금의 합이며, 재해보상부담금은 제외.
3) '기타'는 연금회계 사업수익으로 공무원연금기금전입금, 급여환수금, 잡수익 등임.
자료: 공무원연금공단.

국고보전을 받고 있다. 공무원연금은 2019년 16.9조 원의 지출이 발생하고 있으나, 연금보험료 수입은 12.3조 원이고, 2.3조 원의 퇴직수당에 대한 국가부담금 등의 수입을 합한 재정수입은 14.9조 원으로 적자가 발생하여 2.1조 원 국고보전금을 받아서 수지를 맞추고 있다. 적립기금 12조 원은 사실상 지급준비금 개념에 불과하고 책임준비금의 기능은 상실되었다.

[표 9-15] 공무원연금기금 재정수지 및 적립금 전망, 2020~2090년

(단위: 조 원, %)

	2020	2030	2040	2050	2060	2070	2080	2090	연평균증가율
수입	16.1	19.5	21.1	23.1	24.6	24.9	25.5	24.5	0.6
지출	18.2	26.3	33.3	40.3	45.9	49.9	53.3	56.6	1.6
재정수지 (GDP 대비 비율)	−2.1 (−0.11)	−6.8 (−0.28)	−12.2 (−0.43)	−17.2 (−0.55)	−21.4 (−0.63)	−25.0 (−0.68)	−27.8 (−0.71)	−32.1 (−0.78)	
적립금 (GDP 대비 비율)	12.4 (0.64)	14.9 (0.62)	17.5 (0.62)	20.3 (0.65)	23.3 (0.68)	26.5 (0.72)	29.6 (0.76)	32.8 (0.79)	

주: 전망액은 2020년 불변가격.
자료: 국회예산정책처.

공무원연금 재정수지는 전망 기간 동안 연금급여 지출 증가율이 보험료수입 증가율보다 1%p 높아 적자 규모가 지속적으로 증가할 전망이다. 공무원연금 재정수지는 2020년 −2.1조 원에서 2090년 −32.1조 원에 달하며, 재정수지 적자의 GDP 대비 비율도 2020년 0.11%에서 2090년 0.79%로 상승할 전망이다. 연금급여 지출에 사용하지 않고 별도로 운용되고 있는 공무원연금 적립금은 2020년 12.4조 원에서 2090년 32.8조 원으로 증가할 전망이다. 적립금의 GDP 대비 비율도 2020년 0.64%에서 2090년 0.79%로 유지될 전망이다.

2) 군인연금

군인연금의 가입자는 「군인연금법」 제2조에 따라 현역 또는 소집되어 복무하는 군인으로 부사관, 준사관, 장교가 해당한다. 군인연금의 가입자로서 기여금 납부 의무와 연금수급 권리를 갖게 되고, 지원에 의하지 아니하고 임용된 부사관은 제외한다. 가입자 현역 또는 소집하여 복무하는 군인은 제외된다. 가입자 수는 2019년 기준 186,000명이고, 군인연금 기여금부담률은 국가와 군인이 각각 7%(2020년 기준)이다.

20년 이상 복무하여야 연금수급권이 발생하고 연금지급률은 복무 기간 1년당 1.9%(2020년 기준)이다. 군인연금 급여는 연금으로 수급하는 퇴역연금, 상이연금, 유족연금과 일시금으로 수급하는 퇴역연금(공제)일시금, 퇴직일시금, 퇴직수당 등이 있다.

퇴역연금은 20년 이상 복무하고 퇴직한 경우에 지급하는 급여이다. 군인은 퇴직 후 다음 달부터 연금을 지급하므로 20년 이상 복무한 군인의 연금지급개시연령은 퇴직연령과 일치하고 「군인사법」 제8조에 근거하여 연령·계급·근속 등 다양한 정년이 적용된다. 연령정년은 부사관(하사·중사·상사) 40~53세, 위관장교(소위·중위·대위) 43세, 영관장교(소령·중령·대령) 45~56세, 장군(준장·소장·중장·대장) 58~63세로 규정하고, 계급정년은 준장 이상부터 중장까지 적용되며 4~6년으로 설정되어 있다. 그리고 임관 이후 해당 계급으로 진급한 군인이 최대로 복무할 수 있는 기간이 근속정년이며, 위관장교는 15년, 영관장교는 24~35년이다.

상이연금은 군인이 공무상 질병 또는 부상으로 인하여 장애 상태가 되어 퇴직한 때 또는 퇴직 후에 그 질병 또는 부상으로 인하여 장애 상태가 된 때에는 그때부터 사망할 때까지 지급하는 급여이다. 상이등급은 1급부터 7급으로 구분되며, 상이연금 금액은 기준소득월액에 상이등급별 지급 비율을 곱하여 산정한다. 상이연금 수급자는 이 외에도 장애보상금, 보훈연금을 별도로 지급받을 수 있다.

유족연금은 퇴역연금 또는 상이연금을 받을 권리가 있는 군인(퇴직자 포함)이 사망한 경우, 복무 중 공무를 수행하다가 사망하거나 공무상 질병 또는 부상으로 인하여 사망한 경우에 그 유족에게 지급하는 급여이다. 이때 퇴역연금 수급자의 사망에 따른 유족연금은 기여제로 부담되는 급여이고, 상이연금 수급자 사망에 따른 상이유족연금과 복무 중 공무로 사망한 경우 지급되는 순직유족연금은 비기여제로서 국가가 전액 부담하는 급여이다.

퇴역연금일시금은 20년 이상 복무하고 퇴직한 자가 연금에 갈음하여

일시금을 수령하기를 원할 때 퇴직 시점에 지급하는 급여이다. 퇴역연금공제일시금은 총복무기간 중 일부는 퇴역연금으로 받고 나머지 기간에 대해서 일시금을 받고자 할 때 지급하는 급여이다. 퇴직일시금은 퇴역연금을 수급할 수 있는 자격, 즉 20년 복무기간을 채우지 못하고 퇴직하는 군인에게 지급하는 급여이다.

군인연금은 제도 도입 이후 개혁을 거치고 퇴역연금액 지급산식도 바뀌면서 2013년 7월 이전 복무 기간, 2013년 7월 이후 복무 기간 등 두 구간별로 각각 연금액을 계산한 후 이를 더하여 총금액으로 산정하게 된다. 구간별 급여액을 결정하는 기준도 보수월액, 기준소득월액으로 다르다. 2013년 이전 복무 기간에 대해서는 보수월액을 적용하는데, 군인에게 지급되는 월 급여액으로 봉급과 기말수당액의 연지급액을 12개월로 평균한 금액 및 대통령령으로 정하는 수당액을 합한 금액을 말한다. 그리고 2013년 이후 기간에 대해서는 기준소득월액을 적용하며 일정 기간 재직하고 얻은 소득에서 비과세소득을 제외한 금액의 연지급 합계액을 12개월로 평균한 금액이다.

군인연금 가입자 수는 2015년 183,000명에서 2019년 186,000명으로 약간 증가하였다. 가입자 수에 큰 변화가 없는 것은 계급별로 정원이 일정하게 유지되도록 운영되는 특징에서 기인한다. 군인연금 수급자 수는 2015년 87,134명에서 2019년 95,281명으로 연평균 2.3% 증가하였다.

연금급여별 수급자 수는 퇴역연금이 2015년 66,250명에서 2019년 71,983명으로 연평균 2.1% 증가하고 유족연금은 2015년 19,718명에서 2019년 22,164명으로 연평균 3.0% 증가하였다. 상이연금은 다른 연금급여와 다르게

[표 9-16] 군인연금 가입자 현황, 2015~2019년

(단위: 명, %)

2015	2016	2017	2018	2019	연평균증가율
183,000	183,000	182,000	183,000	186,000	0.4

자료: 국방부 자료를 바탕으로 국회예산정책처 작성.

[표 9-17] 군인연금 수급자 현황, 2015~2019년

(단위: 명, %)

구분	2015	2016	2017	2018	2019	연평균증가율
퇴직연금	66,250	67,586	69,005	70,409	71,983	2.1
유족연금	19,718	20,358	20,919	21,573	22,164	3.0
상이연금	1,166	1,154	1,147	1,144	1,134	-0.7
합계	87,134	89,098	91,071	93,126	95,281	2.3

자료: 국방부 자료를 바탕으로 국회예산정책처 작성.

[표 9-18] 군인연금의 재정수지 현황(2015~2019년 결산)

(단위: 억 원, %)

구분			2015	2016	2017	2018	2019	연평균증가율
수입(A)		가입자 기여	5,151	5,511	5,878	6,145	6,397	6.0
		국가부담(사용자)	5,493	5,775	6,064	6,534	6,753	5.7
	보험료		10,644	11,286	11,942	12,679	13,150	5.9
	퇴직수당 국가부담금		4,403	4,553	4,325	4,442	4,784	2.2
	기타		78	76	87	106	138	19.2
	소계		15,125	15,915	16,354	17,227	18,073	4.9
지출(B)			28,690	29,566	30,660	32,208	33,646	4.3
재정수지(A-B)			-13,565	-13,651	-14,306	-14,980	-15,573	3.7
국고지원(C)			13,565	13,651	14,306	14,980	15,740	4.3
국고지원 후 당기수지(A-B+C)			-	-	-	-	167	-
연도말 누적적립금			10,425	11,042	11,676	11,623	12,444	-

주: 수입 기타 항목은 사업 외 수익(합산 및 연계 반납금, 환수금 등 기타 경상이전수입).
자료: 국방부.

연평균 0.7% 감소하여 2015년 1,166명에서 2019년 1,134명을 기록하였다.

군인연금은 2019년 3.4조 원의 지출이 발생하고 있으나, 연금보험료 수입은 1.3조 원이고, 0.5조 원의 퇴직수당에 대한 국가부담금 등의 수입을 합한 재정수입은 1.8조 원으로 적자가 발생하여 1.6조 원 국고보전금을 받아서 수지를 맞추고 있다. 군인연금의 적립기금 1.2조 원 역시 지급준비금 개념에 불과하고 책임준비금의 기능은 상실되었다.

군인연금 재정수지는 전망 기간 동안 연금급여 지출 증가율이 보험료

[표 9-19] 군인연금기금 재정수지 및 적립금 전망, 2020~2090년

(단위: 조 원, %)

	2020	2030	2040	2050	2060	2070	2080	2090	연평균증가율
수입	1.8	2.1	2.3	2.5	2.7	2.9	3.0	3.2	0.8
지출	3.5	4.6	5.7	6.7	7.7	8.7	9.2	9.8	1.5
재정수지 (GDP 대비 비율)	−1.7 (−0.10)	−2.5 (−0.11)	−3.4 (−0.12)	−4.2 (−0.14)	−5.0 (−0.15)	−5.8 (−0.16)	−6.2 (−0.16)	−6.7 (−0.16)	
적립금 (GDP 대비 비율)	1.3 (0.07)	1.4 (0.06)	1.5 (0.05)	1.6 (0.05)	1.7 (0.05)	1.9 (0.05)	2.0 (0.05)	2.2 (0.05)	

주: 1) 전망액은 2020년 불변가격.
2) ( )는 GDP 대비 비율.
자료: 국회예산정책처.

수입 증가율보다 높아 적자 규모가 지속적으로 확대될 것으로 전망된다. 군인연금 재정수지는 2020년 −1.7조 원에서 2090년 −6.7조 원에 달하며 재정수지 적자의 GDP 대비 비율도 2020년 0.10%에서 2090년 0.16%로 상승할 전망이다. 군인연금 적립금은 연금급여 지출에 사용하지 않고 별도로 운용되고 있으며, 2020년 1.3조 원에서 2090년 2.2조 원으로 증가할 전망이다. 다만, 적립금의 GDP 대비 비율은 2020년 0.07%에서 2040년경 0.05%로 하락한 이후 2090년까지 동일한 수준을 유지하는 것으로 전망되었다.

3) 사학연금

사립학교교직원연금(이하 '사학연금') 가입자는 「사립학교법」 제3조에 따른 사립학교 및 이를 설치·경영하는 학교경영기관과 「초·중등교육법」 제2조의 특수학교 중 사립학교 및 이를 설치·경영하는 학교경영기관에 근무하는 교원 및 사무직원이다. 다만, 교육부 장관이 지정하는 사립학교(유치원)의 교원 및 사무직원, 법률에 따라 고등학교 과정 이하의 학교 또는 대학원을 설치·운영하는 연구기관의 교수요원, 연구요원 및 교직원 등이 특례적용 대상으로 사학연금에 가입할 수 있다. 2016년부터는 서울대학교 병원,

[표 9-20] 사학연금 가입자 및 퇴직자 현황, 2015~2019년

(단위: 명, %)

구분		2015	2016	2017	2018	2019	연평균증가율
가입자	교원	174,454	174,397	173,115	169,093	163,245	-1.6
	직원	108,013	138,759	144,487	151,233	160,452	10.8
합계		282,467	313,156	317,602	320,326	323,697	3.5
퇴직자	교원	13,457	13,618	13,947	18,380	19,054	9.8
	직원	10,482	11,049	12,869	15,694	15,618	10.8
합계		23,939	24,667	26,816	34,074	34,672	10.1

자료: 2019년 사학연금 통계연보.

서울대학교 치과병원, 국립대학 병원 및 국립대학 치과병원의 임상 교수요원과 직원이 새로운 사학연금 가입 대상으로 편입되었다.

사학연금 가입자 수는 최근 5년간 3.5%의 증가율을 보이며 2019년 32.4만 명이 되었다. 가입자 유형별로 보면, 교원은 2015년 17.4만 명에서 2019년 16.3만 명으로 연평균 1.6% 감소하였다. 반면, 직원은 2015년 10.8만 명에서 2019년 16만 명으로 연평균 10.8%의 급격한 증가를 보였다. 이는 2016년 「사립학교교직원 연금법」 개정으로 서울대학교 병원 및 서울대학교 치과병원, 국립대학 병원, 국립대학 치과병원의 임상 교수요원 및 직원이 특례 적용되어 사학연금 가입자로 편입되었기 때문이다.

퇴직자는 최근 5년간 10.1%의 증가율을 보이며 2015년 2.4만 명에서 2019년 3.5만 명까지 증가하였다. 교원의 경우 2015년 1.3만 명에서 2019년 1.9만 명으로 연평균 9.8% 증가를 보였는데, 특히 2018년 퇴직자는 2017년에 비하여 약 4,000명 이상 갑자기 증가하였다. 이는 정년 또는 명예퇴직이 가능한 연령대의 가입자 규모가 그 이전에 비해 증가하고, 대학과 유치원의 폐교 수가 증가하였기 때문이다. 한편, 직원의 경우도 2015년 1만 명에서 2019년 1.6만 명으로 연평균 10.8% 증가한 것으로 나타났다. 이는 2016년 이후 서울대 및 국립대 병원의 임상 교수요원과 직원이 유입되었고 대학과 유

[표 9-21] 사학연금 유형별 연금수급자 수 현황, 2015~2019년

(단위: 명, %)

구분	2015	2016	2017	2018	2019	연평균증가율
퇴직연금	53,170	57,084	61,692	67,607	73,831	8.6
유족연금	5,416	6,084	6,735	7,416	8,239	11.1
연계연금	371	511	684	785	1,001	28.5
장해연금	102	103	107	106	105	0.7
합계	59,059	63,782	69,218	75,914	83,176	8.9

자료: 2019년 사학연금 통계연보.

치원의 폐교 수가 증가한 것에 주로 기인한다.

사학연금의 연금급여 수급자 수는 2015년 59,059명에서 2019년 83,176명으로 연평균 8.9% 증가하였다. 수급자는 다시 퇴직연금, 유족연금, 연계연금, 장해연금으로 구분되는데, 가장 큰 비중을 차지하고 있는 퇴직연금 수급자 수는 2015년 53,170명에서 2019년 73,831명으로 연평균 8.6% 증가하였고, 유족연금은 2015년 5,416명에서 2019년 8,239명으로 연평균 11.1% 증가하였다. 한편, 연계연금은 2015년 371명에서 2019년 1,001명으로 연평균 28.5%의 빠른 증가 추세를 보였다.

사학연금은 2019년 4.7조 원의 지출이 발생하고 있으나, 연금보험료 수입은 3.1조 원이고, 운용수익과 국고보조금 등의 수입을 합한 재정수입은 5.9조 원으로 당년도 재정수지 1.2조 원의 흑자로 적립기금이 증가하고 있다. 그러나 2019년 말 기준 적립기금은 20.5조 원이나 필요 책임준비금을 감안하면 크게 부족하여 장기적 재정수지 불균형 요인이 잠재되어 있다.

사학연금 재정수지는 전망 기간 동안 지출의 연평균증가율이 2.0%로 수입의 연평균증가율 −0.3%보다 2.3%p 높게 전망됨에 따라 불변가격 기준으로 2020년 1.1조 원인 재정수지 흑자가 감소 추세를 보이다 2033년에 적자로 전환된 후 2090년 GDP의 0.25%에 해당하는 9.9조 원 수준까지 적자 폭이 확대되는 것으로 나타났다. 적립금의 경우, 경상가격 기준의 수입, 지출, 재

[표 9-22] 사학연금의 재정수지 현황(2015~2019년 결산)

(단위: 억 원, %)

구분		2015	2016	2017	2018	2019	연평균증가율
수입 (A)	피고용자분담금	11,247	14,096	15,069	15,948	16,776	10.5
	고용주부담금	8,971	11,154	12,335	13,486	14,375	12.5
	사회보장기여금	20,218	25,250	27,404	29,434	31,151	11.4
	운용수익	6,093	5,481	7,639	5,700	7,510	5.4
	기타수익	16,247	13,173	13,352	12,155	11,983	-7.3
	국고지원	6,552	7,934	8,241	8,158	8,959	8.1
	합계	49,110	51,839	56,636	55,447	59,603	5.0
지출 (B)	연금급여	26,739	27,014	29,566	33,108	36,070	7.8
	기타지출	14,586	12,895	12,040	10,584	10,840	-7.2
	기금운영비	702	586	568	504	492	-8.5
	합계	42,027	40,495	42,174	44,196	47,402	3.1
재정수지(A-B)		7,083	11,344	14,462	11,251	12,201	14.6
연도 말 누적적립금		153,424	163,606	182,091	182,846	204,940	7.61

주: 1) 피고용자분담금은 연금에 대해 개인 납부하는 개인분담금을 의미.
2) 고용주부담금은 법인부담금(연금), 재해보상부담금, 퇴직수당부담금으로 구성.
3) 국고지원은 연금 및 퇴직수당에 대한 국가부담금으로 구성.
4) 기타수입은 관유물대여료, 경상이전수입, 잡수입, 융자원금 회수(국고대여학자금, 생활안전자금대여 회수)로 구성.
자료: 사립학교교직원연금공단.

[표 9-23] 사학연금기금 재정수지 전망, 2020~2090년

(단위: 조 원, %)

	2020	2030	2040	2050	2060	2070	2080	2090	연평균증가율
수입	4.6	5.4	5.3	5.2	4.6	4.2	4.0	3.7	-0.8
지출	3.5	5.3	6.6	7.7	8.9	11.4	13.2	13.5	2.0
재정수지 (GDP 대비 비율)	1.1 (0.06)	0.1 (0.01)	-1.3 (-0.05)	-2.5 (-0.08)	-4.3 (-0.13)	-7.2 (-0.20)	-9.1 (-0.24)	-9.9 (-0.25)	

주: 전망액은 2020년 불변가격 기준.
자료: 국회예산정책처.

정수지를 바탕으로 산출되기 때문에 실질적인 적립금 추이를 보려면, 경상가격을 기준으로 분석할 필요가 있다.

사학연금 적립금은 경상가격 기준으로 2020년 21.9조 원에서 매년 증가하여 2032년 27.9조 원으로 정점에 달한 후, 점차 감소하여 2048년에 0.5조 원

[표 9-24] 사학연금기금 적립금 전망, 2020~2090년

(단위: 조 원, %)

구분		2020	2030	2032	2040	2048	2050~2090
적립금	불변가격	21.9	24.5	24.0	15.1	-0.3	-
	경상가격	21.9	27.8	27.9	19.5	-0.5	-
(GDP 대비 비율)		(1.18)	(1.06)	(0.56)	(0.56)	-	-

주: 불변가격은 경상가격으로 전망한 결과를 현재 시점의 금액으로 비교할 수 있도록 환산한 가액임. 단, 적립금의 경우 불변가격으로 환산할 경우 최대 적립금 도달 시점의 차이가 발생할 수 있어 경상가격을 기준으로 함.
자료: 국회예산처.

의 누적수지 적자를 보이며 소진될 전망이다. 2032년 적립금 27.9조 원은 불변가격으로 24조 원에 해당하는 금액이다. 한편, 사학연금 적립금의 GDP 대비 비율은 2020년 1.18%에서 적립금이 소진되는 2048년까지 지속적으로 감소할 전망이다.

6. 특수직역연금제도의 과제

1) 제도 개편의 필요성

공무원연금, 군인연금, 사립학교교직원연금 등 특수직역연금은 내부의 수급구조 문제와 고령화 요인이 겹쳐 나이가 들어가면서 성인병 체질이 되었다. 1960년에 도입된 공무원연금은 2001년 이후 정부보전에 의존해서 운영되고 있으며, 공무원연금과 같이 도입된 군인연금은 공무원연금과 같은 구조를 가지고 있으나 전투종사 기간 가산, 제도 초기의 소급기여금 미징수 등으로 1970년대 초반부터 연금수지 적자 발생, 정부보전금이 발생하고 있다. 사학연금은 1975년에 제도가 도입되어 아직 수지적자가 발생되지 않고 있으나 2048년경 기금고갈과 함께 적자 전환이 예상된다.

특수직역연금의 재정책임을 미래 정부가 합당하게 수용하기 어렵고, 국민연금과의 형평성 문제도 있어 정부보전 체제의 개선은 불가피하다. 현행 제도가 유지될 경우 부과 방식 비용률(특정 연도 연금급여액을 해당 연도 가입자들의 보험료를 통해서만 모두 충당하는 경우를 가정했을 때 필요한 보험료율 수준을 측정하는 지표)은 2020년 기준으로 공무원연금 20.9%, 사학연금 15.2%, 군인연금 30.9%에서 2090년 기준 공무원연금 48.4%, 사학연금 67.3%, 군인연금 55.4%로 증가할 것으로 전망된다. 공무원연금 기여율과 부담률의 합이 18%임을 감안하면, 부과 방식 비용률에서 이를 제외한 부분은 정부가 보전해야 하는 부분이라는 점에서 문제의 심각성이 있다. 사학연금은 공무원연금과 같은 구조를 가지고 있으나 정부에 의한 보전금제도가 없어 적자해결에 난항이 예견된다.

또한 같은 국민이면서 연금에 차이가 나는 것은 불공평하다는 주장이 많고, 직역연금 적자를 왜 국민세금으로 충당해야 하는지에 대한 불만이 팽배한 실정이다. 사회보장으로서의 연금에 기대하는 것은 많지만, 연금의 장래가 불투명하기 때문에 날씬하고 탄력 있는 연금체질로 개선하여 장래를 대비해야 한다. 많지만 불확실한 연금보다 많지 않더라도 확실한 연금이 중요하며, 불공평한 연금보다 공평한 연금이 바람직하다. 후세대가 부담 가능한 연금 수준이어야 제도의 지속 가능성을 보장한다. 한편, 특수직역연금은 제도의 외형적 성장에도 불구하고 단기재직자 등에 대해서는 연금수급권이 부여되지 않는 등 핵심 기능이 결여된 측면도 있다.

2) 개혁의 방향

(1) 연금재정의 안정성 확보

연금 지출 증가를 억제하기 위해 연금 수준과 지급 조건 등을 조정한다. 현재와 미래 세대의 부담능력, 일반국민과의 형평성 등을 고려해서 연금 수준을 합리적으로 조정한다. 고령화 추세에 대비하여 연금지급개시연령을 상향조정하는 등 연금지급 조건을 개선한다. 다만, 개정 이전의 가입기간에 대해 종전 지급률과 지급 조건을 인정함으로써 기존 가입자와 연금수급자의 신뢰이익은 보호해야 한다. 보험료율을 적정 수준까지 인상하여 연금수지를 개선하고, 과거의 미적립채무 등으로 발생하는 수지부족액은 정부가 추가 부담한다. 향후 가입 기간에 대해서는 연금급여에 상응하는 보험료 수준을 책정함으로써 수지상등의 원칙이 지켜질 수 있게 한다. 이 경우 제도가입자와 사용자의 부담은 균등부담을 원칙으로 하되, 제도별 특성을 감안하여 사용자의 추가 부담을 인정한다. 공무원연금과 군인연금의 경우 과거에 미흡했던 정부 부담(미적립채무)과 직역연금의 특수성 때문에 발생하는 수지부족액은 정부가 부담한다. 적립지향적인 제도를 강구함으로써 미래 세대의 부담을 완화하고 세대 간의 형평성을 진작시키는 방안을 강구한다. 부과 방식의 직역연금을 축소하는 한편, 적립 방식 퇴직금의 확대 및 저축계정 신설 등을 통해 전체적인 노후소득 보장 체계를 적립지향으로 개선하는 것을 검토한다.

(2) 연금제도의 선진화

연금재정 부담의 증가에도 불구하고, 장·단기 가입자 모두에게 연금수급권을 부여함으로써 노후보장 기능을 강화한다. 공적 연금 가입 기간 연계제도를 마련하여 직업이동에 따른 무연금자 문제를 해소한다. 연금수급 가입 기간 요건(20년) 완화, 일시금선택제도 폐지, 단기가입 사망과 비공상 장해의 경우 연금을 지급함으로써 소득보장 기능을 강화한다. 연금과 퇴직금의 성격을 명확하게 구분하고, 일반국민과의 형평성 및 공직의 특수성 등을 고려해서 급여구조를 합리적으로 재설계하는 방안을 검토한다. 독립적인 직역연금 체계를 유지하면서 기능별 다층 체제로 재구조화한다. 즉, 퇴직연금과 퇴직수당을 민간의 국민연금과 퇴직금 수준으로 조정하여 민·관 간의 형평성을 맞추고, 공직의 특수성 부분은 저축계정 등을 신설한다.

3) 주요 쟁점 사항

(1) 특수직역연금과 국민연금의 통합 문제

특수직역연금의 역사가 반세기나 되어, 이미 제도가입자들의 기득권이나 기대권으로 확실히 뿌리내리고 있다. 따라서 제도에 대한 애착이 강하여 해당 제도를 폐지하는 개혁은 아무리 뛰어난 구상이라도 실현성이 부족하다. 더구나 국민연금이 안고 있는 많은 내재적 문제는 직역연금 가입자의 국민연금 통합을 기피하는 원인이 된다. 자영자의 신고소득 부실에 따른 보험료 징수율 저조 및 연금의 역재분배 문제 등은 근로계층인 직역연금 가입자들의 통합불만 요인이다. 현행 직역연금 가입자의 경우 국민연금과 유사한 구조의 별도의 특수직역연금 체계를 유지하는 것이 바람직하다. 연금제도의 전형적인 모형은 존재하지 않으며, 국가마다 역사와 제도적 조건 등에 따라 다른 형태를 띠고 있다. 독일, 프랑스 등의 국가는 별도의 공무원연금을 운영하고, 미국과 일본 등은 1층 부분이 통합된 다층연금 체제를 유지하고 있다.

(2) 특수직역연금과 국민연금의 형평성 문제

같은 국민이면서 특수직역연금과 국민연금이 각각 연금의 계산방법이나 지급개시연령 등에 차이가 나는 것은 형평성(equity)에 어긋난다는 의견이 많다. 그러나 두 제도는 각각 대상과 도입목적 등이 다르기 때문에 연금액에 차이가 날 수 있고, 직역의 특수성이 반영되었다면 형평성 문제는 제기될 수 없다는 주장도 있다. 차별(discrimination)이 아닌 합리적인 차이(difference)는 용인해야 한다. 따라서 같은 부분만큼은 동일 수준으로 하고, 다른 부분에 대해서는 그만큼 연금의 차이를 인정하는 것이 바람직할 것이다. 예를 들어, 퇴직연금과 퇴직금은 특수직역과 일반국민에 대해 모두 동일 수준으로 하고, 특수직역에게는 별도의 저축계정제도를 추가로 운영할 수 있다. 저축계정(thrift savings plan)은 민·관 간의 보수격차, 공직의 특성에 따른 추가연금 성격으로서, 민간의 경우에도 기업체별로 추가연금을 둘 수 있다. 공직의 특성으로는 공직이 일생의 본업인 직업공무원제도, 형벌 등에 의한 연금제한과 취업제한, 영리행위와 겸직 금지 등 기본권 제한 등이 있다.

(3) 특수직역연금 간의 차이성 문제

공무원, 군인, 사립학교교직원은 각각 그 신분상의 차이가 인정되지만, 기본적으로 같은 수급구조의 연금제도를 운영해 오고 있다. 또한 국민통합 차원에서 특수직역과 일반국민 간의 연금 형평성을 고려해야 하는 마당에 특수직역 내부(특히, 공무원연금과 군인연금)에서 제도 간에 큰 차이를 두는 것은 바람직하지 않다. 다만, 이 문제도 특수직역과 일반국민 간의 관계와 마찬가지로 같은 부분은 같게 하고, 다른 부분에 대해서는 차이를 인정하는 것이 바람직할 것이다. 연금급여와 보험료 수준 등 기본적인 수급구조는 공무원연금을 기준으로 세 제도 모두 동일하게 유지한다.

군인연금은 군복무의 특수성을 고려하여 전투종사 기간 가산, 지급개시연령 미적용 등의 현행제도상의 차이를 그대로 인정하고, 사학연금의 경우 사용자부담 보험료를 학교법인이 부담하는 외에 국가가 일부 부담한다.

(4) 다층구조개혁과 모수개혁의 문제

특수직역연금의 개혁전략으로서 다층구조개혁(structured reform)과 모수개혁(parametric reform)은 모두 나름대로의 장단점을 가지고 있으며, 외국의 경우에도 두 전략이 같이 사용되고 있다. 다층구조개혁은 현재의 '공무원연금+퇴직수당'의 체계를 '공무원연금(1층)+퇴직금(2층)+저축계정(3층)'의 체계로 전환하는 것이며, 모수개혁은 현재의 체계를 그대로 유지하는 것이다. 다층구조개혁은 기존 제도의 틀을 바꾸는 전략이고, 모수개혁은 기존의 틀을 유지하면서 수급구조를 개선하는 전략이 필요하다. 다층개혁과 모수개혁은 단지 방법상의 차이이며, 어느 것이 더 개혁적이고 덜 개혁적인지의 문제는 아니다. 다층구조개혁은 모수개혁에 비해 저축계정과 같은 새로운 제도의 추가 도입 부담이 있지만, 국민연금과의 형평성 및 직역연금의 특수성을 잘 반영할 수 있는 장점이 있다. 이러한 의미에서 현재의 정책과제를 고려할 때 모수개혁보다는 다층개혁이 바람직하다.

한편, 다층구조개혁과 모수개혁은 정부 재정 부담의 시기적 차이가 크며, 장래를 내다보고 개혁을 한다면 모수개혁보다 다층구조개혁이 바람직하다. 다층구조개혁은 사실상 부과 방식으로 운영되는 현행 특수직역연금을 줄이고, 적립 방식을 기초로 하는 퇴직금 인상 및 저축계정 신설 등을 통해 개혁 초기 부담은 큰 반면, 후기 부담이 크게 경감될 수 있다. 한편, 모수개혁은 현재와 같은 사실상의 부과 방식을 유지하게 됨에 따라 개혁 초기 부담이 줄어드는 반면, 후기 부담은 크게 증가한다. 결국, 다층구조개혁이 모수개혁보다 많은 장점을 가지고 있어 바람직하지만, 개혁 초기의 정부 부담 형편이 걱정된다면 모수개혁을 할 수도 있으며, 이는 어디까지나 선택과 합의의 문제라고 할 수 있다.

(5) 적정 연금 수준과 보험료 부담의 문제

보험료든 세금이든 연금제도를 유지하기 위해서 현세대와 장래 세대에 지나친 부담을 지워서는 안 된다. 연금은 하늘에서 떨어지는 것이 아니고 누군가가 부담해야 하는 것으로서, 더 받으면 더 내야 하는 zero-sum game이라고 할 수 있다. 또한 연금은 초장기성 보험으로서 지연된 문제표출의 특징을 가지고 있기 때문에 후세대에 부담을 전가하여 세대 간 갈등을 초래할 수 있다. 묵시적 계약에 의해 운영되는 공적 연금의 특성상 후세대가 부담을 거부한다면 제도가 지속되기 곤란하다.

다층구조개혁안의 경우, 연금지급률은 국민연금과 같은 수준으로 하고, 보험료는 현행 국민연금보다 높게 책정하는 것이 바람직하다. 연금 수준을 국민연금과 같이 하면서 보험료는 높게 책정해야 하는 이유는 국민연금 역시 수지균형 체계를 가지고 있지 못하고 연금보험료율을 16~17% 수준으로 단계적으로 인상하여야 하기 때문이다. 사용자 부담의 퇴직금은 민간근로자퇴직급여보장법 수준으로 인상한다. 저축계정은 민·관 간의 보수격차 및 공직의 특수성 등을 고려해서 적정 수준의 사용자 부담 상한을 설정하되, 가입자가 납부하는 만큼 사용자가 매칭 부담한다. 모수개혁안의 경우, 직역연금의 지급률을 일정 수준 줄이는 반면, 보험료 수준은 현행보다 인상하여 연금수지를 개선한다. 이 경우 퇴직수당은 현행 제도를 유지하고, 저축계정은 신설하지 아니한다.

(6) 책임준비금과 정부보전금의 문제

공무원연금과 군인연금의 경우 책임준비금 조성과 정부보전을 동시에 규정하고 있어 연금기금과 연금제도는 서로 분리 운영되고 있다. 국가 또는 지방자치단체의 책임준비금 적립규정을 두고 있지만 임의규정으로서 실효성이 미흡하기 때문에 강행규정으로의 전환이 필요하다. 현재의 연금기금은 급여 재원으로 사용하지 않더라도 기금증식 속도보다 급여증가 속도가 빨라 적립률은 계속 하락하고 있다. 매년도의 연금적자를 정부가 메워 주는 보전 방식은 국민들의 비판과 함께 불필요한 오해를 초래하기 때문에 정부의 체계적 부담 체제로 전환이 필요하다. 공무원연금과 군인연금의 궁극적인 책임은 사용자인 정부에 있기 때문에 보전이든 부담이든 정부 부담 몫이다. 따라서 보전제도를 폐지하고 5년 단위의 재정재계산 결과를 기초로 총균형보험료율을 결정한 후, 기여금과 부담금을 초과하는 부분에 대해 정부가 균형부담금으로 추가 납부하면 될 것이다.

Chapter 10

퇴직금제도와 퇴직연금

학습목표

1. 사적 연금을 공적 연금과 비교해 보자.
2. 사적 연금의 특징을 정리해 보자.
3. 근로자 퇴직급여제도를 알아보자.
4. 퇴직연금제도의 현황을 정리해 보자.

1. 사적 연금 체계의 주요한 특징과 경향

1) 개요

민간 영역에서의 용어는 용법이나 국제적 기준에 의해 확립되지 않았다. 공적 연금과 사적 연금에서의 동일한 개념을 가리키는데 다양한 용어가 사용되거나 혹은 동일한 용어가 다른 개념을 가리키는 경우가 있어 오해가 생길 수 있다. 우선 '민간 체계'라는 용어는 미국에서 광범위하게 사용되는데 간혹 그것과 공공 체계 간의 부정확한 경계 문제를 야기할 수 있다. 특히 공무원이 아닌 공공 부문 피용자 문제에 있어 그러하다.

영국에서 광범위하게 사용되는 '직역연금 체계'라는 용어도 특정 직업에 의무화된 (공공) 체계에도 적용될 수 있으며, 민간 직역연금 체계가 보편적인 연금을 보충하는 기능을 수행하고 있는 국가의 통계에 공무원을 위한 연금제도까지 포함시키고 있다.

프랑스에서 사용되는 '보충적 체계'라는 용어도 그 반대의 이유로 법정 연금 체계가 이미 기초연금과 보충적인 부문으로 분화된 나라에서 잘못 이해될 수 있다. '연금기금'이란 용어도 암묵적으로 '재원이 마련되는 체계'의 의미가 제한된다. 한편은 보장 체계의 최종적인 층위를 이루는 퇴직저축계획(the retirement savings plan)과 개인적인 대책 수단 등도 유리한 조세지원제도로부터 이익을 보고, 민간의 보충적 기업연금 체계와 예외적인 조직적 연관을 가질 수 있음에도 불구하고 제외할 수 있다.

사적 연금 체계가 적절하게 발달함에 따라 기업들은 법정 사회보장 분담비용의 감소를 추구하게 된다. 이러한 체계의 발전은 특정한 환경에서는 전체적인 사회보장비 지불은 동일한 수준으로 유지하면서 임금 동결을 보상하도록 만든다. 둘째, 적립을 통한 재정 – 기금 축적을 요구하는 – 은 투자를 용이하게 하며, 기업의 경우 기업에게 자가 재정의 손쉬운 수단을 제공해 줄 수도 있다. 이러한 다양한 가능성은 국가의 재정적 양보에 달려 있다. 이러한 용이성이 몇몇 기업에게는 주요한 목적이 되기도 한다. 마지막으로, 사적 연금 체계의 구성은 기업이 피용자의 충성을 높임으로써 훈련의 수익을 높일 뿐만 아니라 피용자들이 퇴직하는 것을 용이하게 만들어 준다. 이는 인사관리의 유용한 도구일 수 있는 것이다. 간단히 말하면 기업에게 이는 유연성의 도구이다.

근로자들 자신의 입장에서는 사적 연금의 발달은 임금대체율의 감소가 아니라 오히려 대다수에게는 대체율 증가 수단이다. 그들은 연금 체계 운영에 참여하기를 원하며, 이는 피용자에게 공적 연금 체계 운영에 대한 참여보다 더욱 큰 힘을 부여해 줄 수 있다. 어떤 체계에서 수급자에게 최소한 부분적으로는 자본 형태를 띤 급여가 지급될 가능성은 공공 체계에서는 알려지지 않은 이득으로 고려될 수도 있다.

국가는 이러한 부분에 초연할 수 있다. 어떤 국가에서는 특히 연금기금 자산은 총국내생산 증가의 많은 부분 – 어떤 국가에서는 2/3에 달함 – 을 차지하고 있다.

국민연금이 재정적으로 어려운 기간에는, 법정 연금기금 지출을 감소시키기 위해 사적 연금을 발달시키는 것은 매력적인 해법으로 보였으며, 적립에 의거한 연금 체계 발달은 투자자극 수단으로 여겨지기도 했다. 그러나 국제적 자본이동이란 관점에서 보았을 때 이런 결과는 보장된 것이 아니다. 오히려 반대로 그 국가의 기업이 발전 전략보다는 이윤에 관심을 쏟는 외국 연금기금에게 넘어갈 위험성도 있다. 어떤 경우든 간에 국가는 사적 연금에서의 근로자의 기본적 권리 보장을 위한 규칙들을 설정할 필요가 있다. 국가의 고용정책이라는 개념 또한 고용의 외부적 유연성에 의해 피용자의 이동성을 보장할 것을 의미한다. 때때로 고용주, 노조, 국가의 다양한 이해관계를 접했을 때, 국가는 노사관계 중재자로서의 전통적인 역할에 의지하게 된다. 이러한 개입은 이것이 제약인지 혹은 촉진인지 하는 질문에 결국 도달하도록 한다. 다양한 이해관계 사이의 균형 혹은 그중 어떤 이해관계의 우위는 국가의 다양성만큼이나 사적 연금 체계의 구성을 다양하게 만든다.

사적 연금의 비교분석에서 연금 체계 구성의 자유로부터 나온 것과 국가 개입으로부터 나온 결과를 구분하는 것은 인위적이며 어려운 일이다. 그러나 아래에 채택된 접근은 이를 밝히기 위해 첫 번째 부분에서 그 자율성으로부터 나온 사적 연금에 특징적인 메커니즘을 밝힐 것이다. 그럼에도 불구하고 수행에 관한 전반적인 평가는 국가 개입을 고려할 때에야 가능하다.

2) 연금 체계 구성의 자유(freedom of design)

사적 연금을 기본적으로 특징짓는 것은 그것의 창출, 행정적·재정적 관리, 급여 수준 설정 등에서 누리는 자유이다. 그러나 특정한 국가 개입을 제쳐두고서라도 사적 연금 체계는 법적 진공 상태에서 발전하는 것이 아니라 일반적인 계약법 – 특히 노동계약과 보험계약 – 과 각 국가의 특정한 노사관계 체계의 넓은 틀 내에서 발전하였음을 놓치지 말아야 한다.

사적 연금 기구는 고용주 또는 근로자의 일방적인 발의에 의해 만들어질 수도 있고, 단체교섭에 의해 만들어질 수도 있다. 첫 번째는 기업 수준에서 개별적인 검토를 통해서 각 기업의 특정한 목적에 따라 조정되는 체계 구성을 의미한다. 예를 들면, 연금 체계의 가입을 연령, 근속, 자격, 계약 유형 등과 연관시키는 것이다. 이는 독일, 오스트리아, 벨기에, 캐나다, 미국, 일본 등에서 여전히 가장 흔한 해결책이다. 이런 맥락에서 고용주 일방 입장에서의 수행이 자의적인 성격을 갖는지 혹은 고용주에게 권리만큼이나 피용자에 대한 의무를 부여함과 동시에 의무를 부여하는 것인지 질문할 수 있다. 미국에서는 소수의 법정만이 두 번째 해석을 채택하였다.

근로자 자신의 일방적인 연금 체계 구축은 몇 가지 선례가 있다. 특히 호주, 스페인, 그리스, 프랑스 등에서 그러하다. 그러나 이는 비용과 장기적인 헌신을 필요로 한다는 점에서 드물다. 상호 부조 집단과 노조의 기금은 보다 단기적인 상황을 위해 사용되기 때문이다. 다른 한편, 이는 자영업자들, 특히 전문가 연합에 의해 지지받을 경우 가능한 해결책이다.

반대로 단체교섭은 사적 연금을 둘러싼 노조의 이해관계가 커지고 있기 때문에 많은 나라들에서 점점 더 많이 사용되는 방법이 되었다. 이러한 체계 적용 범위는 현존 노조의 구조에 달려 있으며 단체교섭에 포괄되는 모든 기업들에게 적용된다. 프랑스, 스웨덴, 튀니지의 경우 노조의 전국적인 영향력을 보았을 때 협상이 국가와 직종 수준에서 이루어지며, 좀 더 넓은 포괄 범위와 직업을 바꾸더라도 가입자격이 유지된다는 이점이 있다.

1947년 프랑스에서 단체교섭은 최근에야 사회보장 체계에 포괄되기 시작한 전문직과 관리직을 위한 보충적 연금 체계를 가지고 교섭하였다. 이러한 경험에 기반하여 동일한 방법이 1957년과 1961년에 비전문직, 비관리직 근로자들을 위한 보충적 연금 체계 획득에 사용되었다. 그러나 첫 번째 체계가 관리직 임원을 위한 연금기구 일반연합(AGIRC)이라는 단일 기구에 의해 관리되었지만, 비관리직 피용자는 보충적 퇴직연금 체계 연합이나 단체협상에 의해 연금 체계들 간의 조정을 맡고 재정적 보충을 담당하는 기구 내에 몇 개로 묶여 있는 113개의 기구가 운영하는 45개의 연금 체계에 가입되어 있다. 스웨덴에서는 연금정책에 대한 전국적 투표 결과에 따라 봉급자를 위한 보충적 체계와 직업연금 체계가 1960년에 도입되었으며, 1972년에는 임금소득자를 위한 체계가 도입되었다. 튀지니에서는 모든 비농업 근로자를 위한 보충적 연금 체계가 1976년에 도입되었다.

네덜란드에서 단체교섭이 이루어지는 것은 산업 수준에서이다. 그 결과 80개의 보충적인 사적 연금기구가 만들어졌다. 덴마크의 공공 부문에서 전통적으로 사용되어 온 방법이다. 미국에서는 교통, 건설, 섬유, 소매 등 노동 이동성이 높고 소기업 비중이 큰, 무엇보다도 노조가 단독 협상자로서 힘이 있는 산업 부문에서 소위 다수 고용주(multi-employer)라고 불리는 기구 내에서 단체협상의 중요한 역할을 하였다. 덴마크에서 단체협상이란 중재적 방법은 민간 부문 근로자들에게 사용되어 온 것으로서, 1991년에 이루어진 동의는 최근 주요 산업 부문에 민간 보충연금이 만들어지도록 하였다.

민간 제도가 전통적으로 기업 수준에서 만들어져 온 나라에서는 단체교섭이 지난 20여 년간 발전해 왔다. 이런 나라들로 독일과 오스트리아를 들 수 있는데, 고용주와 작업장 위원회의 개별적인 동의를 채택하고 있으며 노조는 거의 개입하지 않는다. 영국에서는 1970년 이래로 이런 영역에서의 기업 수준 교섭이 주요한 노조의 목적이 되어 왔다.

그러나 캐나다·미국·영국과 같이 이전에 고용주가 배타적으로 보유한 주도권을 제한한다는 관점에서 기업 수준의 단체교섭이 단일한 이슈 – 피용자 기여, 자격 요건, 기준임금 결정, 피용자 참여 등 – 를 다루는 경향이 있는 나라들과, 독일·오스트리아·덴마크·프랑스·스웨덴·튀니지같이 단체교섭이 제도와 법적 기반과 성공적인 법개정을 하도록 하는 나라들 사이에는 차이가 있다.

3) 제도 운영

(1) 피용자 참여의 범위 제한

단체교섭이 제도 창출의 기초적 틀을 형성하며, 그러한 법적 요건이 없더라도 근로자 대표가 제도운영기구에 참여함으로써 제도 실행 국면에서는 통상적으로 협상을 추구하게 된다. 이는 사무직 근로자와 육체 근로자 모두의 연금 운영을 위해, 연금기금이 단체협상에 기초하여 만들어진 프랑스와 스웨덴의 경우, 그리고 여러 고용주가 함께 만든 프로그램(multi-employer plan)이 있는 미국의 경우가 해당된다. 기업 연금기금이 대개 회사에 의해 법적 금고 형태로 운영되는 나라에서는 하나 이상의 기금 수탁자나 운영자들은 제도 참여자로 지명된다. 그러나 이러한 공식은 중요한 결정들이 수탁자의 통제를 벗어나 기금 설립자인 고용주에게 있을 가능성을 배제하지 않는다. 고용주 대표는 어떤 경우든 다수에 속할 것이다.

그럼에도 불구하고 양자 또는 다수자 원칙에 기초한 제도 운영에 참여한다는 사실은, 그 기구가 완전한 능력을 갖고 있지 못하다면 혹은 상황 관리가 생명보험회사에게 넘어가 있고 자본투자가 적절한 통제 없이 투자기관에 맡겨져 있는 상황이라면, 단지 형식에 지나지 않을 수도 있다.

(2) 내부적 관리 혹은 외부적 관리의 상대적 이점

사적 연금제도의 관리 방식과 재정 방식을 고려할 필요가 있다. 여기에서는 이 체계가 자율적인지 아닌지에 따라 구분하도록 하는 것이 중요하다. 장부상 기재 방식(book reserve)이라 불리는 첫 번째 방식은 원칙적으로 기업연금에서만 가능하며, 법적으로 그 권리나 재정 면에서 기업으로부터 독립적인 법적 지위를 갖고 있지 못하다. 따라서 연금수급자에 대한 급여와 기여는 특정한 기금으로 따로 보장되는 것이 아니라 기업의 장부에 기입된다. 이러한 방식은 기업이 자체 재정조달할 기회와 관리상의 유연성을 제공하지만 여타 법적 보장이 없다면 피용자와 연금수급자에게는 매우 위험한 것이 될 수 있다. 이들의 급여 자격은 기업의 생존에 종속된 것이기 때문이다. 그럼에도 불구하고 장부상 기재 방식에 기초한 기업연금은 독일, 오스트리아, 일본, 룩셈부르크에서 흔히 볼 수 있다.

법적 재정적 자율성을 가진 연금 체계는 재단, 협회 등과 같은 비영리 기구에 의해 운영될 수 있다. 이는 자율적 기금(autonomous fund) 방식으로서 기업구조를 구성원의 수급자격에 비추어 조화시킬 수 있도록 하며, 여러 고용주들의 연합 프로그램에서도 채택 가능하다. 원칙적으로 기금은 동일한 보장을 해야 하지만 영국에서의 스캔들은 이러한 독립성이 환상에 불과할 수 있다는 것을 보여 준다. 이러한 두 번째 방식은 첫 번째 것과 결합될 수 있으며 생명보험회사에 위탁된 기업보험에 종속될 수 있다. 제도 운영을 이런 식으로 떠맡기는 특히 소규모 기업의 부담을 덜고 보험회사에 매우 이윤이 많은 시장을 제공해 준다. 어떤 나라에서는 은행도 기금 운영에 개입할 수 있다.

(3) 적립 방식의 우위

사적 연금은 장부상 기재 방식 원칙에 의거하여 제도가 만들어진 나라에서 대개 그렇듯이 고용주만 기여하는 것일 수도 있고, 혹은 단체협상에 기초한 나라에서는 고용주와 근로자 양자의 기여일 수도 있다. 전자는 '비기여'식이라고 불리지만 이는 공적 연금에서는 피용자나 고용주 어느 쪽의 재정적 기여에도 의존하지 않는 경우를 모두 가리키기 때문에 다소 혼란스러운 용어이다. 재정 방식이 어떻든 간에 사적 연금제도는 법정 연금과 동일한 방식으로 원칙적으로는 노동 기간과 퇴직 기간을 분리시켜야 하며 결국 기여 기간과 급여 기간을 분리시켜야만 한다. 이를 위해 적립 방식 혹은 부과 방식에 의존하게 된다.

사적 연금이 부과 방식을 사용하는 경우는 드물다. 그러나 부과 방식은 과거의 노동에 대해 권리를 줌으로써, 불가피하게 길어질 수밖에 없는 이전 기간에 걸쳐 연금 첫 세대, 즉 충분한 기여를 하기에는 너무 나이가 들어버린 사람들을 포괄하는 데에 사용된다. 그러나 부과 방식은 특정한 조건에서만 가능하다. 일반적인 조건으로는 해당 산업 내의 인구학적 불균형을 가능한 한 완화시킨 내에서 많은 수의 가입자들에게 위험을 분산시키는 것과, 좀 더 영구적인 조건으로는 후속적인 근로인구와 연금수급자 간에 암묵적인 계약 존중을 보장하는 것이다. 이러한 조건들은 사적 연금제도가 실제로 모든 피용자들에게 확장될 경우에만 충족될 수 있다. 전국적인 단체협상에 의해 부과 방식으로 시작한 프랑스의 연금 도입기가 바로 이 경우에 해당한다. 스웨덴의 전국적 민간 직업연금이 적립 방식과 부과 방식의 조합에 의해 재정이 형성된다는 것도, 다른 나라에서 사적 연금이 적립 방식에 의해서만 이루어진다는 것은 놀라운 사실이 아니다. 이러한 해법은 보험가입자 증가에 인구학적 불균형 문제가 있는 경우 더욱 필요하다. 그럼에도 불구하고 만약 장부상 기재 방식에 기초한 기업이 연금 지급을 포괄할 만한 자산을 보유하지 못한다면 그 체계는 암묵적으로 어느 정도는 부과 방식으로 옮겨갈 수밖에 없다. 재정적 자율성을 가진 사적 연금도 확정급여 방식인 경우, 제도의 보험수리적 가정들을 정기적으로 점검하지 않는 경우, 용의주도하게 관리되지 않는 경우 자본 부족에 희생될 수 있다.

4) 급여

(1) 확정기여 혹은 확정급여

공적 연금에서만 이루어지는 구분이지만 사적 연금에서도 중요한 의미를 가진 구분으로 확정급여 방식과 확정기여 방식의 구분을 들 수 있다.

확정급여 방식에 기초한 연금 체계에서는 제도 형성 당시의 규정들은 임금, 가입 기간 등의 다양한 변수에 기초한 연금 계산 공식을 구체화한다. 몇몇 적립 방식 제도는 최소한 연금의 일부를 수급자의 요청이 있는 경우 일괄급여로의 전환을 허용한다. 기여율, 투자의 유형과 이익 등은 규정되어야 하며, 필요한 곳에서는 급여를 보장하기 위해 수정될 수 있어야 한다. 이는 적합한 보험수리적 가정을 미리 선택하고 정기적으로 보험의 실행을 평가할 것을 요구한다. 확정급여 방식은 근로자들이 법정 국민연금과 함께, 일정 수준의 소득대체율을 보장받을 수 있는 유일한 방식이다. 다른 한편, 이는 연금제도의 재정적 균형에 대한 책임에 기여를 하는 기업들 혹은 고용주 기여, 그리고 간접적으로는 피용자의 기여가 나오는 임금에 지우게 됨을 의미한다. 이는 공적 연금에 적용되는 체계이다.

반면에 확정기여에 기초한 방식에서는 기여율과 이러한 계산의 기초만이 미리 정해져 있다. 고용주의 기여와 피용자의 기여는 각 성원들에게 개방된 개인 계좌로 지불된다. 그런 상황에서 회계상 잔액은 생명보험의 보험료로 전환되거나 일괄급여 형태로 수급자들에게 이전된다. 이런 대안적인 방법은 사적 연금시장의 은행과 보험회사 사이의 경쟁을 나타낸다. 이러한 해법은 생명보험 메커니즘과 결합된 강제저축 프로그램인데, 정기적인 기여액 지불은 회사의 이윤에 대한 몫과 연관된다. 연금권자에 의해 자본이 조달되어 연금권으로 전환되는 체계에서, 이는 위험 발생 이후 생존 가능성이란 당위성과는 다른 연급 수급자들 사이의 어떤 집단적 경쟁과도 연관되지 않는다. 사실상 연금수령 연령에 도달하거나, 그 이전에 죽거나 장애를 당하는 경우가 아니라면 생존이 문제가 되는 상황에서도 보상이 이루어지지 않는다. 이는 이해하는 데에도, 운영하는 데에도 훨씬 간단한 체계이다. 원칙적으로, 미리 정해지는 기여율의 한계를 제외하고는 기업 측이 보장하도록 요구되는 것은 없다. 다른 한편, 장애나 조기사망 혹은 수명이 통상적인 기대수명 이상인 경우에는 근로자에게 제한된 정도의 보장만 하게 된다. 특히 개인 계정의 잔액이 인플레이션에 노출되고, 연금 형태의 급여를 조정할 가능성은 제한되어 있기 때문이다. 몇몇 개발도상국에서 행정적 편의라는 이유로 도입된, 대부분 사회보험으로 전환되도록 되어 있는, 전국적인 기금의 경우에만 공적 연금과 비교할 지점을 찾을 수 있다. 그 반대의 경우는 최근 칠레를 필두로 한 몇몇 라틴아메리카 국가에서의 공적 연금 체계의 민영화 과정에서 확정기여 방식으로의 전환을 들 수 있다.

확정급여 방식은 오스트리아, 덴마크, 스위스를 제외하고는 사적 연금제도에서 우위를 갖거나 혹은 사적 연금에서만 가능한 방식이다. 그럼에도 불구하고 독일, 캐나다, 미국 등에서 퇴직까지 기간이 먼 것 같은 젊은 근로자들이 있는 기업연금과 확정급여 방식의 제도에 대한 보완으로써 확정기여 방식으로의 경향이 늘어나고 있다. 마지막으로 단체교섭에 기초한 프랑스의 경우는 분류하기 어렵다. 확정급여에 기반하여 있으며, 기여는 연금

지출에 따라 조정될 수 있다. 연금의 가치는 노동 기간 동안 적립된 '연금점수'(pension point)에 따라 결정되지만 또한 총기여액과 받아야 할 점수에 기초하여 연단위로 계산되는 '퇴직점수'(retirement point)에도 달려 있다. 일반적으로 인정되듯이 확정급여에 기초한 제도에서조차 기여자 및 퇴직자 혹은 미래의 퇴직자가 보험상 필요한 수지균형을 유지하기 위한 부담을 분담하도록 하는 의사결정으로부터 완전히 보호받는 것은 아니다. 그럼에도 불구하고 이러한 제도가 공적 연금과는 달리 각각 근로자와의 암묵적인 계약적 기초를 갖는 한에서, 연금수급권의 하향조정은 개인적으로 투자된 수급자격권을 존중하여야 하며, 수정 이후의 고용 기간에만 적용되어야 한다. 확정기여에 기초한 제도와 확정급여에 기초한 제도 사이의 구분은 수급 자격권의 보유와 그 실질가치 유지에 영향을 미친다.

(2) 권리 유지의 차이

권리 유지 문제의 상대적 중요성은 노동이동성 정도에 달려 있으며, 전통적으로 노동이동성은 미국에서는 높고 일본에서는 낮아 두 가지 극단적인 경우로 인용되곤 한다. 문제는 국가적 차원과 국제적 차원으로 구성된다. 그러나 공적 연금제도들의 조정이 국가 수준에서는 매우 광범위하게 달성되어 왔고 양자 혹은 다자간 국제적 사회보장 협약에 달려 있는 반면에, 민간 제도들 사이의 조정은 일국 수준에서도 훨씬 완벽하지 못하고 주 사이의 이동이란 경우에 초기적으로 이루어지고 있다. 한 주 내에서의 조정의 중요성 또한 제도가 구성되는 수준에 달려 있다. 전국적인 수준에서 혹은 직업에 기반하여 제도가 성립된 경우, 여러 개의 제도에 의해 사무직 근로자를 위한 프랑스 같은 경우조차도, 문제는 존재하지 않거나 쉽게 해결될 수 있다. 한정된 숫자의 범산업적 제도가 있는 곳에서 걱정할 이유가 없다. 많은 나라에서 성행하는 기업 수준 연금에 더욱 많은 문제점들이 있다.

게다가 사적 연금의 조정은 급여 계산과 급여권 획득에 있어서 가입 전

기간을 합침으로써 마지막 체계로부터의 단일한 연금을 주거나 혹은 각 체계에 비례하여 몇 개의 연금을 준다는 관점에서, 공적 연금의 해법에는 따르지 않는 문제를 제기한다.

사적 연금에서 급여 자격 획득은 서비스 기간과 피용자의 충성에 대한 보답에 달려 있다. 제도가 권리 유지를 받아들이도록 되어 있다고 할지라도 모든 제도의 가입 기간을 더하는 데까지는 받아들이지 못하여 요구연수를 채우지 못한 피용자에게 감소된 연금급여를 제공한다. 급여 자격을 획득하지 못하는 경우가 없이, 이러한 최소 기간의 결정은 핵심적인 문제가 된다. 법적인 틀이 없는 상황에서 첫 번째 조건이 충족된다면 두 가지 가능성이 존재하게 된다. 이전 제도의 가입에 근거한 이연된 연금급여의 지급, 혹은 급여 자격에 상응한 가치의 이전이 그것이다.

'이연된 연금급여'라는 용어는 이런 의미에서 피용자가 한 제도에서 다른 제도로 바꿀 때 받을 수 있지만 연금 수급연령까지 이연되는 것을 의미한다. 이는 공적 연금에서 사용되는 '이연된 연금'과는 구분해야 한다. 후자는 퇴직연령에 도달한 보험 가입자의 요청에 의해 그(그녀)가 결정하는 시점까지 연금 지급을 미루는 것이다. 이연된 연금이 없는 민간 제도는 보험가입자가 벗어나는 연금제도에서 채워진 보험가입 기간을 더하는 것이 아니라, 새로운 제도에서 부여되는 권리의 보험수리적 가치에 비추어 적립된 자본금을 이전시키는 방식으로 이연된 연금이 없는 사적 연금에서는 새로운 가입자의 급여 자격을 계산한다. 이는 현행의 소득으로 재원이 마련되는 체계에서는 능동적이든 수동적이든 간에 적용할 수 없으며, 재원이 장부상 기재 방식으로 구성되어 마련되는 체계에서는 적용되기 어렵다. 이러한 방식으로 이전되는 자본은 자신의 방식에 근거하여 새로운 체계에서의 급여 자격으로 변형된다.

이런 이전 메커니즘은 두 가지 전환을 암시한다. 벗어나는 체계에서는 연금권의 자본으로의 전환이 이루어지고, 새롭게 가입하는 제도에서는 자본의 연금권으로의 변화가 이루어지는 것이다. 이는 임금 수준, 각 제도의 연금 공식과 보험수리적 가정, 금전적 가치 저하 등의 차이 덕분에 급여 혹은 피용자의 손실에 차별적인 결과를 야기한다. 실행상 급여 자격 이전과 전환의 실행은 다음과 같은 조건에 달려 있다. 피용자가 속하는 연금제도가 피용자가 종사하는 기업에 속해 있을 것, 자본이전을 받아들일 수 있을 것, 법적인 형식 없이는 이런 방식의 협력은 제도들 간의 합의라는 수단 없이는 이루어질 수 없다. 광범위한 주목할 만한 예들이 네덜란드에 존재하며, 영국에서는 공적 연금제도들 사이에서 관찰할 수 있다.

(3) 경제 변동에 대한 조정의 제한

기여와 급여에 관해 정해져 있는 것은 경제 변동에 대해 성원의 권리를 조정하는 데에도 영향을 미친다. 프랑스 부과 방식의 퇴직기금은 이러한 범주에 속하지 않으며, 임금의 가정적 변동을 허용한다. 퇴직자의 기여율 감소에 의해 저하될 퇴직점수의 가치가 사실상 연금이 지불될 당시의 임금 수준에 직접적으로 달려 있을 것이기 때문이다.

한편으로 수급자의 권리가 개별적인 기여 구좌의 잔고로 제한되어 있는 확정기여 방식에서는 보완적인 재원이 이용되거나 연금에 투여된 자본이 금융위기로부터 안전하고 이익을 내오는 경우가 아니라면 해결되기 어렵다.

확정급여제도에서도 공적 연금과 마찬가지로 퇴직 이전과 이후 모두 문제가 발생한다. 이는 우선 급여 산정의 기초로서 개인 임금의 평균에 도달하는 데 걸리는 시간의 길이에 달려 있다. 만약 과거 임금을 조정하는 적절한 메커니즘이 없다면, 노동 기간에 걸친 통상적인 임금 상승과 인플레이션의 영향 때문에 이 기간이 길어질수록 평균은 낮아진다. 이것이 미국의 대부분 연금제도가 평균경력임금 체계(mean career wage system)에서 최종임금 체계로 옮겨간 이유이다. 게다가 노동이동성 증가는 이런 점에서 부정적인 영향을 미쳤다.

원래 제도에서 요구되는 투자는 이연된 연금 지불이나 다른 연금으로의 가치이전을 하도록 한다. 계산은 가정적인 경력 중간의 임금에 준하여 실행되며, 근로자의 임금은 경력이 길어질수록 올라가는 것으로 가정된다. 또한 이연된 연금은 지불되기 전에는 조정되지 않는다. 지불 기간 동안 적립된 연금의 조정은 투자의 성질에 달려 있다. 네덜란드, 영국의 경우를 제외하고는 미리 정해진 수치조정 메커니즘의 결과인 경우는 드물다.

5) 국가 개입

현재 사적 연금이 모든 국가 개입으로부터 벗어나 만들어지고 운영되는 경우는 거의 없다. 이는 사적 연금의 자유를 명시적으로 제한하지는 않다면 더 잘 보충하기 위해 현존 상황에 적응하도록 강제되는 공적 연금에 이미 영역을 점거당하고 있기 때문이다.

그러나 나라마다 다양한 정도로 사적 연금은 점점 더 발전을 용이하게 하거나 수급자의 이익에 어떤 제한을 부과하거나 하는 직접적인 국가 개입의 대상이 되고 있다.

(1) 공적 연금에 대한 간접적 영향

특히 산업화된 국가에서, 사적 연금은 보호 정도 및 조건에서 공적 연금과 관련하여 위상을 설정하도록 되어 있다. 그러나 효과의 상호 작용은 더욱 복잡한 것일지에 대해서는 사회학자나 정치학자들이 결정할 몫이다. 민간 회사들의 압력과 사적 연금 산업으로 알려진 것이 있는데 이는 사적 연금에 더 많은 여지를 주기 위해, 공적 연금의 발전을 제한하거나 혹은 이를 저소득층에게 최소한의 급여만을 보장하는 것으로 축소시키는 것을 목적으로 하고 있다.

(2) 보험에 포괄되는 상황들

공적 연금에서와 동일한 방식으로 사적 연금은 노령, 장애, 사망 등에 대해 장기적으로 급여를 제공하는 것을 목적으로 한다. 물론 자발적 특성으로 이러한 조건을 포괄할 의무는 없다. 사적 연금은 공적 연금이 제공하는 규정을 부분적으로는 참고할 수 있다. 이는 특히 이탈리아와 같은 나라에서는 법률에 의해, 스위스와 같은 나라는 사적 연금의 법정적 요소에 의해 법에 의해 규정되어 있다. 그러나 사적 연금의 직업적 성격에 비추어 볼 때, 적어도 이에 가입한 회사에서는 퇴직이란 조건이 흔히 연령에 덧붙여진다. 공적 연금에서 연금수급이 가능한 퇴직연령을 줄이는 것은 요즈음 흔하지 않은 조치이다. 그러나 이러한 조치가 1982년 프랑스에서 취해졌으며 이는 실제로 퇴직자들의 소득의 상당 부분을 담당하는 사적 연금이 뒤따르지 않았더라면 의미가 없는 것이 되었을 것이다. 국가의 실업보험제도는 사적 연금에 그 결과로 생기는 부담을 맡기 위해 기여를 해주는 것을 의무화하였다.

유사하게 사적 연금은 공적 연금에 존재하지 않는 조기퇴직연금을 보충함으로써 – 이는 공적 연금 수령연령까지 지급됨 – 공적 연금의 연금수급연령의 비유연성을 치유할 수 있다. 이는 특히 힘들고 건강상에 문제를 일으킬 수 있는 직업에 적용되는데, 네덜란드에서는 광부들에게 적용되며 체코에서도 그러하다. 그러나 이러한 긍정적인 역할은 사적 연금이 광범위하게 채택되는 경우에만 수행될 수 있다.

(3) 민간 제도에 남겨지는 재정적 마진

사적 연금은 한편으로는 공적 연금에 대한 고용주와 피용자의 기여 후에 남겨지는 재정능력이란 제한과 다른 한편으로는 공공제도에 의해 대체되지 않는 소득 부분이라는 제한 내에서만 발전할 수 있다. 민간의 주도권은 우선 재정동원의 여지와 그 다음으로는 보호의 여지에 따라 남겨지는 것이다.

첫 번째 한계는 기여율과 기여상한액의 존재 여부에 따라 규정된다. 이 부분은 사회보험 초기에 흔히 존재하는 법정상한액으로부터 남는 부분으로서, 법정상한액제도는 사회적으로 역진적이며 저임금 근로자의 고용에 장애가 되는 것으로 여겨져 현재 대부분의 국가에서는 시행되고 있지 않다. 그러나 이런 유형의 제한은 고임금 근로자, 특히 전문직 및 관리직 임원과 사업주 등을 위한 보충적인 민간 보호제도의 재원 마련의 여지를 남긴다. 소득상한선의 존재와는 별개로 기여액의 크기는 회사의 자산과 임금 수준으로 볼 때, 총임금에 기초하여 계산되는 기여액을 통해 민간의 보충적 보호제도에 대한 재원 마련 능력을 결정한다.

몇몇 민간 제도들은 공공 제도에 상응하는 기여 계산의 상한액에 준거하여 재원이 마련된다. 프랑스의 전문직과 관리직 근로자를 위한 사적 연금과 영국의 소득연계연금 부분과 같이, 기여액은 국민연금 기여상한액과 다양한 이런 상한액 사이의 임금 차이에 기초하게 된다. 다른 경우에는 프랑스의 비전문가와 비관리직을 위한 연금과 같이 정액 부분이 없고 기여액은 다양한 상한액 이하의 전체 임금에 준하여 설정된다.

스위스에서는 국민연금에 대한 기여액이 총임금에 의하여 계산되며 기여상한액이 존재하지 않지만 그럼에도 불구하고 급여 계산을 위한 한도액은 존재한다. 이는 의무적(mandatory) 사적 연금에 대한 기여에 필요한 임금 부분 결정에 준거로 사용된다.

이러한 상한액제도는, 어떤 경우에도 기준임금의 100%를 넘지 않는 최대 대체율이란 한계 내에서 부가적인 보호에 대한 필요를 자극하고, 이를 제공하도록 하는 여지를 남겨 준다. 이는 확정급여 방식에서만 사용되는 방식이다. 영국에서 기여액 산정 기준이 되는 임금 부분은 소득연계 급여 계산의 준거로서도 역시 사용된다.

스웨덴에서는 그 해법이 다소 다르며 공공제도 – 단일액을 지급하는 기초연금과 소득연계적인 부분으로 구성되어 있는 – 와 민간제도의 상호 작용은 공공급여 산정에 사용되는 정액 '기본금액'의 일정 비율에 준거하여 이루어진다.

공적 연금과 사무직 근로자 사적 연금의 소득연계 부분은 사실상 이러한 액수의 일정 비율로 계산된다.

몇몇 통합된 제도들은 공적 연금이 주는 급여를 제외하고 나서 사적 연금에 의해 보장되는 전체적인 소득대체율을 규정하고 있다. 이는 미국의 몇몇 사적 연금과 스웨덴의 육체근로자들의 사적 연금제도의 경우 그러하다. 그 효과는 사적 연금이 보호의 일부를 분담하도록 하는 것이고, 공적 연금 급여 제한을 고려하면 보호효과는 더욱 크다. 전체적인 대체율 목표를 설정하는 수준에서 수급자들에게 보장을 해주는 것이 상대적으로 더욱 간편하다. 그러나 적절한 조정 없이 이는 공적 연금에 대한 인플레이션 조정이 사적 연금과 다르게 작용하는 경우에는 환상에 불과한 것이 될 것이다. '통합된' 급여 체계가 미국에서 점점 줄어들고 있는 이유가 바로 이것이다.

공적 연금과 사적 연금의 조정이 없는 곳에서조차 정치적 목적은 흔히 이 둘을 조합하여 전체적인 대체율은 60~70% 수준이다.

이는 또한 ILO와 유럽위원회(Council of Europe)의 접근 방식이기도 한데, 이들의 기준은 어떤 조건하에서는 표준적인 수급자에게 주어지는 전체 급여액이 이 기구가 요구하는 일정 수준에 도달하도록 할 필요가 있을 경우 국가가 사적 연금을 고려하도록 하고 있다. 이는 확정급여 방식만이 특정한 대체율을 보장할 수 있기 때문에, 문제가 되는 사적 연금이 확정급여 방식임을 암시하고 있다. 동일한 의미에서 1992년 6월의 사회보호 목표와 정책의 수렴에 관한 EC 위원회의 권고안은 가입 국가들이 '합당한 수준의 대체율' 을 보장하도록 하고 있다. 이는 앞에서 언급한 국제 기준과는 달리 최저 수준을 규정하고 있지 않다.

[표 10-1] 총연금대체율(강제 공적, 강제 사적, 임의 사적)

	강제 공적			강제 공적(DB & DC)			공적 전체			임의(DB & DC)			임의 포함 전체		
	0.5	1	1.5	0.5	1	1.5	0.5	1	1.5	0.5	1	1.5	0.5	1	1.5
오스트레일리아	34.0	0.0	0.0	30.9	30.9	30.9	64.9	30.9	30.9						
오스트리아	76.5	75.5	76.5				75.5	76.5	76.5						
벨기에	57.3	46.8	33.7				57.3	46.8	33.7	14.2	14.2	10.4	71.6	61.0	44.1
캐나다	50.9	39.0	29.8				50.9	39.0	29.8	25.1	25.1	25.1	71.9	64.1	54.9
칠레	5.1	0.0	0.0	31.1	31.2	31.2	36.2	31.2	31.2						
체코	75.0	45.9	36.2				75.0	45.9	36.2						
덴마크	63.1	23.7	13.3	50.7	50.7	50.7	113.8	74.4	64.0						
에스토니아	33.8	19.4	14.6	27.6	27.6	27.6	61.4	47.1	42.3						
핀란드	56.5	56.5	56.5				56.5	56.5	56.5						
프랑스	60.2	60.1	54.0				60.2	60.1	54.0						
독일	38.7	38.7	38.7				38.7	38.7	38.7	13.5	13.5	13.5	52.2	52.2	52.2
그리스	63.1	49.9	45.5				63.1	49.9	45.5						
헝가리	56.1	56.1	56.1				56.1	56.1	56.1						
아이슬란드	12.3	3.1	2.1	63.0	63.0	63.0	75.3	66.1	65.1						
아일랜드	54.1	27.0	18.0				54.1	27.0	18.0	35.8	35.8	35.8	89.9	62.9	53.8
이스라엘	36.1	18.0	12.0	41.3	32.1	21.4	77.4	50.1	33.4	19.8	15.4	10.3	97.2	65.5	43.7
이탈리아	79.5	79.5	79.5				79.5	79.5	79.5						
일본	42.5	32.0	28.5				42.5	32.0	28.5	23.8	23.8	23.8	66.2	55.8	52.3
한국	55.6	37.3	27.0				55.6	37.3	27.0						
라트비아	44.6	44.6	44.6				44.6	44.6	44.6						
리투아니아	36.8	23.6	19.2				36.8	23.6	19.2						
룩셈부르크	91.5	78.8	74.5				91.5	78.8	74.5						
멕시코	12.6	3.2	2.0	22.5	22.5	22.5	35.1	25.7	24.6	17.2	17.3	17.3	48.2	43.0	41.9
네덜란드	57.9	29.0	19.3	15.6	42.0	50.8	73.5	70.9	70.1						
뉴질랜드	79.3	39.7	26.4				79.3	39.7	26.4	17.8	17.8	17.8	97.1	57.4	44.2
노르웨이	45.7	39.6	30.1	4.7	5.9	6.2	50.4	45.4	36.3						
폴란드	29.4	29.4	29.4				29.4	29.4	29.4						
포르투갈	75.8	74.4	73.1				75.8	74.4	73.1						
슬로바키아	59.5	49.6	47.0				59.5	49.6	47.0						
슬로베니아	47.8	38.8	36.0				47.8	38.8	36.0						
스페인	72.3	72.3	72.3				72.3	72.3	72.3						

[표 10-1] 계속

	강제 공적			강제 공적(DB & DC)			공적 전체			임의(DB & DC)			임의 포함 전체		
	0.5	1	1.5	0.5	1	1.5	0.5	1	1.5	0.5	1	1.5	0.5	1	1.5
스웨덴	41.6	41.6	30.8	12.5	12.5	34.4	54.1	54.1	65.3						
스위스	32.4	21.4	15.2	20.6	21.0	14.0	53.0	42.4	29.2						
터키	67.4	67.4	67.4				67.4	67.4	67.4						
영국	43.5	21.7	14.5				43.5	21.7	14.5	29.1	29.1	22.9	72.6	50.9	37.4
미국	50.1	39.4	33.1				50.1	39.4	33.1	30.9	30.9	30.9	81.0	70.3	64.0
OECD	51.1	39.6	34.9				60.0	49.0	44.7				66.1	55.2	50.5
아르헨티나	83.7	71.2	67.1				83.7	71.2	67.1						
브라질	92.1	58.9	58.9				92.1	58.9	58.9						
중국	90.6	71.6	65.2				90.6	71.6	65.2						
인도	83.4	83.4	83.4				83.4	83.4	83.4						
인도네시아	33.1	33.1	33.1	22.2	22.2	22.2	55.3	55.3	55.3						
러시아	62.3	49.6	44.9	20.4	20.4	20.4	82.7	70.0	65.2						
사우디아라비아	59.6	59.6	59.6				59.6	59.6	59.6						
남아프리카공화국	34.5	17.2	11.5				34.5	17.2	11.5	49.1	49.1	49.1	49.1	49.1	49.1
EU 28	54.7	45.5	41.2				60.3	52.0	48.8				63.6	55.4	51.8

주: DB=defined benefit, DC=defined contribution.
자료: OECD pension models.

(4) 직접적인 재정 개입

조세당국의 입장에서 재정적 조치는 사적 연금의 지위를 발전하는 것으로 부추기는 등의 방식으로 설정하는 경향이 있다. 제도의 발기인에 의해서는 집단적으로, 기업에 의해서는 개별적으로 인가(concessions)가 요구된다. 사회적 조치가 피용자의 이해에 따라 설정된 제약이란 점에서 이는 사회적 조치와는 매우 대조적이다. 따라서 기업과 사적 연금업계는 이러한 제약이 너무나 많고 강력하다면 제도의 존재와 창출을 저해할 수 있다고 주장한다. 그러나 세법 또한 사회적 개입의 도구가 될 수 있다.

(5) 재정적인 개입

이런 영역에서 고용주에게 주어지는 조세 혜택은 과세 대상 이윤 – 개인소득세 혹은 기업세의 형태로 – 중 고용주 기여분을 공제하는 것 혹은 고용주 소득으로부터 기여분을 공제하는 것이다. 이러한 기여분은 피용자의 임금 보충분으로 여겨질 수도 있지만, 몇몇 나라에서는 – 특히 아일랜드, 이탈리아, 영국, 독일, 룩셈부르크 등 장부상 기재 방식과 관련된 나라들 – 명시적으로 피용자의 소득세 과세 대상에서 제외된다. 이는 근로자들의 기여와 급여 제공에 있어서 연속적인 과세 과정에서 근로자에 대한 이중과세를 피하기 위해서이다. 달리 말하면, 조세중립성(tax neutrality)을 보장하는 것이다. 소득세는 대개 민간 제도에 대한 그들의 기여금을 제외한 임금에 기초하여 계산된다. 이런 유형의 공제는 연금 및 여타 민간 제도의 급여에 대한 과세를 수반한다. 근로자의 기여분을 제외한 높은 순임금 혹은 고용주 기여를 없앤 더 높은 총임금을 기대해 온 피용자들에게 이러한 조치는 소비보다는 저축을 촉진하고, 퇴직연령에 도달할 때까지의 과세 연기, 과세 감소 등을 야기할 수 있다. 사실상 퇴직자의 소득 – 사적 연금과 공적 연금에 주로 기반한 – 은 이전 고용소득보다 낮을 것으로 추정된다면, 소득에 대한 한계세율, 달리 말하면 누진적 과세의 영향은 퇴직연령에 더욱 감소된다. 뉴질랜드에서는 반대의 해법이 사용된다. 즉, 기여에 대한 과세와 급여에 대한 면세가 사용되며 이는 예외적이다.

반대로 이탈리아에서 사용되는 해법의 논리를 이해하기는 어렵다. 기여에 대한 일반적 공제가 퇴직 시 적용되는 조세신용제도(tax credit)로 지급되는 사적 연금에 해당하는 총기여액의 15%의 특별 과세를 부과한다.

이러한 해법과 정당화는 공적 연금에 대한 것과 대체로 유사하다. 그러나 이는 몇 가지 핵심적인 면에서 차이가 있다.

첫째, 이중 관세 문제가 존재하지 않을지라도, 사회보험에 대한 기여의무에 비교하여 사적 연금에 대한 기여를 다루는 데 있어서 사적 연금제도의 재정적 지위에 관한 문제가 발생한다는 것을 잊어서는 안 된다. 의무적인 혹은 순전히 자발적인 사적 연금제도에 대한 기여는 고용주와 피용자의 공적 연금에 대한 기여에 대한 과세 대상에 포함되어야 할 것인가? 이는 피용자의 사적 연금에 대한 기여가 공적 연금에 대한 기여금 산정에 포함됨에도 불구하고, 고용주의 사적 연금 기여의 10%인 '연대기여' – 공적 연금의 재원으로 사용되는 – 에 비교될 수 있다. 고용주의 사적 연금에 대한 기여가 공적 연금의 기여 계산 대상에 포함되어야 한다고 판결을 내린 프랑스에서는 비교적 높은 상한액까지는 1979년 법에 의해 제외되었다. 이러한 예에서 보이는 것처럼 사용되는 해법들은 다양하며 상충적이다. 이 문제는 더 깊이 비교연구를 할 만한 대상이다. 이는 고용주에게는 매우 중요한 이해관계이며, 피용자에게는 이 제도 기여에 대한 적절한 과세보다 더 중요한 것이기 때문이다. 스위스나 네덜란드같이 전국적인 보험제도에 존재하는 저소득자를 위한 기여 하한선이나 공제가 없다면, 모든 근로자들이 개인소득세를 내야 하는 것은 아니지만 그들 모두가 대체로 사회보험에 기여금을 내게 된다.

두 번째, 사적 연금에는 수급권(vested rights)을 나타내는 자본금에 대한 조세특례의 문제가 있다. 이는 논리적으로 기여로 간주되며, 따라서 여타 퇴직 혹은 저축제도로 이전되었을 때 공제된다. 이런 제도에 대한 투자소득은 대개 공제되거나 조세혜택을 받는다.

셋째, 공적 연금과는 달리 사적 연금은 기여, 자산, 혹은 급여에 대한 특정 상한액 내에서만 조세특혜로부터 이익을 얻는다. 간단히 말하면, 보호의 최저 수준을 구성하는 사회적인 공여와는 달리 조세특혜는 최고 수준에 달한 경우에만 주어진다. 이러한 특혜로 인한 조세 수입의 상실 혹은 지연이 어떤 한도를 제외하고는 재정부에서 받아들일 수 없다는 것, 특히 대부분의 사적 연금 가입자들은 상대적으로 부유하다고 여겨지기 때문에 그러하다는 것은 이해할 만하다. 더욱이 조세특혜가 그들의 목적으로부터 벗어나 조세회피 – 특히 축적된 자산의 크기가 그 제도가 요구하는 정도를 넘어설 경우 – 의 수단으로 여겨지지 않도록 확신할 만한 조치가 취해질 필요가 있다.

달성하기는 어렵지만, 완전한 조세중립성 없이 이러한 조치가 취해지는 방식은 사적 연금의 발달에 영향력을 미칠 것이다. 만약 이탈리아의 1993년 법안처럼 사회적 목표가 상실된다면, 그들의 조세상의 지위는 유인이라기보다는 설득력이 없는 것으로 비춰질 것이다. 다른 한편, 호주, 아일랜드, 일본, 영국, 독일, 룩셈부르크 등에서 자발적인 기금에 대한 자본 지불에 주어지는 조세 공제와 조세혜택은 이런 유형의 급여 발달을 촉진시킬 것이다.

(6) 사회적 목표를 가진 조세 개입

세법은 사적 연금이 포괄하는 사람들에게 제공하는 보장에 대한 규정을 수반할 때 이는 사회적 목표의 도구로서 사용될 수 있다. 결과적으로 이는 최소한의 보장이며, 그들이 재정적인 규정과 연관된다는 사실은 단순한 형식이 아니다. 그 결과 이러한 보장은 의무적이지 않고 사적 연금은 조세특혜의 이점을 잃을지라도 이를 보장하지 않을 수 있다. 이러한 유형의 사적 연금 규정은 특히 캐나다, 노르웨이에서 사용되며 의무 규정보다는 더욱 유연하다. 반면에 스페인의 연금제와 기금에 관한 1987년 법안은 재정적·사회적 조항을 모두 포함하여 재정적 특혜는 최소한의 보호 기준 의무의 준수 여부에 달려 있음을 규정하였다.

(7) 직접적인 사회적 개입: 목표

재정적인 개입에 흔히 따르는 진정한 사회적 개입이란 것은 최근 들어 점점 더 증가하고 있다. 몇몇은 자영업자에게도 적용된다. 프랑스에서 적립연금기금에 대한 법령은 이러한 기금의 선택적인 창출과 보충적 민간보호 제공을 촉진하도록 준비되어 있으며, 이는 현재까지는 부과 방식에 기초하고 있었다. 사적 연금의 발전이 보호에 대한 보장을 수반해야 할 필요를 실현하는 것은 어느 정도 경제적 상황과 결부되어 있다는 것은 의심할 여지가 없다. 그러나 이러한 조치의 목표와 범위는 나라마다 매우 다르다.

몇몇 국가의 개입은 집단교섭 – 이러한 교섭과 경영 참가로부터 도출되는 합의의 확장으로서 – 을 통해 민간 제도의 구성과 내부적 통제에 있어서 근로자의 입장 강화에 매우 도구적이다. 다른 경우는 실질적이며 제도의 특성에 매우 직접적인 함의를 갖는다. 후자는 국가 자체의 영역인 행정적 통제 기능에 내재적이다.

(8) 단체교섭의 촉진

단체교섭은 노조와 사용자의 세력 균형이 많은 기업에 존재하는 경우, 단체교섭이 기업 수준에서 이루어지는 경우, 입법에 대한 포괄적인 대안이 될 수 있다. 제도의 도입 외의 영역에서는 어떤 법적인 보호와도 독립적으로 교섭은 근로자들이 노조를 통해 이러한 제도의 운영에 감시 기능을 수행할 수 있는 수단이 될 수 있다. 그러나 입법가 입장에서의 행동은 교섭의 시작과 합의 도출을 용이하게 할 수 있다. 미국에서 이런 면에서 사용된 것은 노동관계 법안이었다. 현재까지 노사관계의 기초를 형성하는 1947년의 태프트–하틀리 법안하에서, 노동 조건을 교섭하고자 하는 노조의 요구를 거절하는 고용주의 태도는 '불공정 행위'인 것으로 여겨졌고, 법률적 제재를 받았다. 1948년 전국 노사관계 위원회, 법 적용에 있어 사법적 권한을 갖는 연방기구로서 이 문항을 사적 연금제도에 대한 협상에 적용하는 것으로 해석하였다. 이는 이 제도의 특정한 측면에 대한 단체교섭 발달에 매우 크게 기여하였다. 미국의 입법은 영국에 일정한 영향을 미쳤다. 영국에서는 1970년 이래로 고용주들은 적절한 연금제도 설정에 관해 노조에 자문을 구할 의무를 갖게 되었다. 노조에 자문을 구할 의무는 현재 협의의 의무를 암시하는 것으로 해석되고 있다.

몇몇 유럽 국가들에서는 실질적인 교섭 의무를 설정하지 않고서도 일보 전진이 이루어졌는데, 이는 단체교섭 합의를 사적 연금제도의 법적 기초로 만들어 버린 것이다. 이는 프랑스의 사회보장법이 사무직 근로자의 보충적 퇴직연금이 단체교섭의 합의를 통해서만이, 혹은 관련된 다수의 기업주가 서술한 합의문에 대한 추인 결과로서만이 설정되고 수정될 수 있도록 규정하고 있다. 전국적 업종 협약을 통해 이러한 조항이 가져온 획기적인 발전이 언급되어 왔다. 오스트리아와 이탈리아 또한 연금기금 형성을 단체교섭 혹은 피용자 입장에서의 가입자격에 종속시키는 조치를 취했다. 이러한 최근의 두 가지 텍스트들이 공적 연금 지출의 감소와 나란히 이루어져야 한다는 것이 입법 측의 의도이다. 그러나 산업관계 영역에서의 어떤 자발적 정책의 성공도 이것이 당사자들 사이에서 만들어 낼 수 있는 반응에 달려 있다.

따라서 오스트리아에서는 연방정부와 오스트리아 노조회의에서 1985년에 3%까지의 생산성 증가는 임금보다는 연금 기여액에 대한 증가를 낳을 것이고 부가적 법정 직업연금제도가 만들어지도록 안을 설정하였다. 그 결과 노동쟁의를 해결하기 위한 조정기구의 결정에 의해 단체교섭은 사적 연금 설정에 적용되게 되었다. 이러한 결정은 중재 결정이 연방 수준과 주 수준에서, 특히 근로자 수가 늘고 있는 산업 수준에서 연금제도가 만들어질 수 있는 길을 열었다.

6) 제도 적용 영역의 확장

기업의 주도권에 의해, 혹은 단체교섭 결과에 의해 창출된 제도 적용 영역은 기업의 숫자와 피용자 개인의 조건들에 의해 이중으로 제한받는다. 이러한 제한은 국가가 이런 상황을 개선하기 위한 조치를 취하지 않는 경우에 이층의 민간 부문의 효과성을 손상시킬 수 있다. 이는 모든 나라에서 적용되는 것은 아니다.

첫째, 적용 영역에서는 모든 기업에게 단체교섭을 확대시킬 가능성이 존재한다. 이 조치는 이 중 가장 자산이 적은 기업의 이윤 가능성을 억제하지 않도록 조심하면서 시행되어야 한다. 따라서 합의안에 서명한 조직들이 완전한 대표성을 갖는다는 것과 충분한 직업적 혹은 지리적 적용 영역이 존재한다는 것, 그리고 적절한 조치를 취하도록 사전에 자문이 있었음을 확신시킬 필요가 있다. 이런 기법들은 「노사관계법」으로부터 빌려온 것으로서 용어의 차이를 인정한다면 대개 집단적인 국민연금 협의에 특징적인 법안 채택이 된다. 따라서 1949년 네덜란드에서는 특정 산업의 모든 기업들이 의무적으로 그 부문 내에서 서명된 단체교섭하에서 연금제도를 만들도록 하였다. 이런 기반 위에서 81개의 직업연금 중 65개의 적용 영역이 1991년에 확대되었다. 프랑스에서는 1959년 「사회보장법」의 수정 결과 퇴직에 관한 직종별 혹은 직종 내 단체교섭은 적용 영역에 의해 포괄되는 모든 근로자와 모든 고용주에게 의문인 것이 되었다.

이러한 확정 기법들은 그러나 프랑스에서는 그 이점을 잃어버렸다. 1972년 법안은 일반적인 국민연금에 혹은 농업연금에 가입해 있는 모든 육체근로자가 의무적으로 보충적 민간 퇴직제도의 성원이 되도록 규정하였기 때문이다. 아일랜드에서는 두 번째 대안이 1980년대 후반에 나타났다. 아일랜드에서는 이는 형성 중인 부문에만 적용된다. 이런 대안을 채택하는 나라들은, 첫 번째 공적 연금 부문이 상대적으로 적은 급여를 지급하는 나라들로서 아일랜드의 정액급여 혹은 프랑스, 스위스에서는 이전의 소득에 기초한 급여의 상한액이 낮기 때문이며, 호주에서는 자산 조사를 통해 급여를 지불하는 것이다. 그러나 스위스에서는 프랑스와는 달리 단체교섭은 민간 퇴직연금 형성에 참여하지 못한다.

특정 직업의 자영업자에게만 의무적인 사적 연금 가입이 동일 직업의 모두에게 적용될 수 있는 프랑스, 이탈리아, 스위스 등에서는 육체근로자에게 적용될 수 있는 확장 조치는 자영업자 등에 대한 기초가 될 수 있다. 나라에 따라서는 자영업자 자신들 사이의 합의 혹은 공적 연금 대표기구가 제출한 요구를 따라 이는 직업 기구의 요청을 받을 수 있다.

사적 연금 가입을 의무화하는 영역 확대의 기법은 공적 연금의 적용 제외(contracting out)와는 구분되어야 한다. 어느 정도는 사적 연금을 좀 더 광범위하게 만드는 문제와는 다르다. 기업이 이러한 연금제도를 만들도록 의무화되거나 연금제도에 가입하도록 의무화되는 것 대신에 직종의 소득이 유지되도록 법적인 보장이 존재하기 때문이다. 이는 사적 연금제도가 대체물로서 작용하도록 공인받지 않는 한 공적 연금에 의해 제공된다. 1986년 이래로 처음에 선택권은 고용주에게 제한되어 있었는데, 이는 제도에 포괄되는 근로자 각자에게로 확장되었고 개인적인 퇴직계획을 선택하는 데 관심을 가진 사람들의 제3의 가능성에 의해 번성하였다. 사적 연금을 만들고, 법적 보호 요건을 만족시키는 수단으로서 이에 가입하는 이중의 자유는 영국에서 사적 연금제도의 발달을 자극하였다. 1990년 이는 공적 연금이 임금소득자의 35.6%를 포괄하고 19.4%가 퇴직 저축 프로그램을 선택한 것에 비해, 45%의 임금소득자를 포괄하였다.

단체교섭과 중재에 의한 호주의 사적 연금제도 발달은 1992년 1월 모든 고용주가 이미 이에 상응하는 사적 연금에 가입하지 않은 경우 부가적 직업연금제도에 모두 가입하도록 하는 법률 요건으로부터 또 다시 자극을 받았다. 이런 조치는 이러한 제도에 의한 보호의 단일화 흐름을 가라앉혔다.

최소 수준 보호 수준까지 의무적인 사적 연금제도는 최저 수준 이상을 보장하는 연금제도를 저해하지는 않는다. 그리고 프랑스, 영국, 스위스에서 그런 것처럼 이는 보충적 보호를 위한 다양한 법적 요건을 면제해 주지 않는다.

(1) 비차별(non-discrimination)

모든 기업으로의 확장을 위한 법적인 조치는 모든 근로자에게 적용되며 따라서 사적 연금이 적용되는 개인적인 영역을 제한하는 차별이나 제한에 어떤 장애물이 될 수 있다. 일반적인 확장 조치가 없다면, 많은 나라들에서, 실행과 특정한 법률학의 해석을 남겨 놓기는 하지만 어떤 차별을 저해하기 위해서 명시적으로 혹은 배제의 기초를 제한하기 위해서 특정한 조치들이 취해져 왔다. 따라서 제도 가입의 최저연령은 미국에서는 25세 이상이 될 수 없었고, 스위스에서 노령에 대한 일반적 의무는 24세부터 적용되며, 폐질과 사망에 대한 의무는 17세부터 적용된다. 스위스에서는 최소한의 소득이 요구되며 이는 임시직 혹은 파트타임 근로자를 배제하는 결과를 낳는다. 동일한 이유로 파트타임 근로자들이 사적 연금에 가입하도록 허용하는 구성 방식이 최근 ILO 권고안 NO. 182에 제시되고 있으며, EC의 법정(Court of Justice)은 이러한 근로자들의 직접적 배제가 특정 상황하에서는 간접적인 성차별에 상응하는 것으로 보아 규제하고 있다.

EC는 실제로 1986년 7월 24일에 공적국민연금제도에서뿐만 아니라 사적 연금에서도 여성과 남성의 차별을 철폐하기 위한 결정적인 프로그램을 시작하였다. 이는 제도 영역, 재정 및 급여 결정을 포괄하며 임금소득자와 자영업자 모두 관련된다. 그러나 이러한 실행 이전의 비교적 장기간의 노령연금에 대한 가입허가연령에 관한 인가에 대한 직접적인 규정은 로마협정의 보상 평등에 관한 조항 119에 근거한 법안에 의해 임금소득자의 경우에는 무효화되었다. 그러나 이러한 법률적 영향은 시간이 감에 따라 마스트리히트조약에 의해 점점 고용 기간에 근거하는 권리로 – 근로자가 이 날짜 이전에 법정행위를 시작한 경우를 제외하고 – 제한되고 있다. 보장이라는 명분으로 정당화됨에도 불구하고 제도에 대한 재정적 부담을 제한하기 위해서, 연금업계가 채택한 이러한 전통적인 급여는 이민근로자의 사회보장에 관한 전 유럽의 규정에서 표준안이 된 유럽공동체 조항보다 훨씬 제한적인 것으로 보인다. 이는 모든 새로운 규정들이 효력을 발휘하기 시작한 급여뿐만 아니라 이후에 급여가 지급되기로 예정된 경우에도 적용 가능하다. Barber jurisprudence는 이후에 명확화되고 이후 적용과 유족연금과 고용 시 소득 간의 균형 정도, 성에 따라 차별적인 보험 계수의 사용 가능성, 지금까지 특권을 가져온 사람들의 이점을 감소시킴에 의해서조차 평등을 재구축할 가능성 등에 의해 보완되었다. 또한 고용주와 자발적인 연금제도에 대한 수급자와 근로자에 의해 야기될 수 있는 EEC조약 제119조의 직접적인 효과, 제도의 자산이 부족한 곳에서 평등한 조치의 비용을 충당할 수단 결정을 위한 국가적 판단과 입법의 책임, 제도의 지불능력을 집단적으로 보장하는 메커니즘으로 암묵적으로 다시 연관되는 결정 등에 대해 계속 보충되었다.

게다가 이러한 사법적 판단의 범위는 차별철폐의 문제로까지 넘어간다. 사적 연금, 배타적으로 한 기업에 의해서만 재정이 형성되는 경우조차도 고용 시 소득에 맞먹도록 만듦으로써, 고용주가 한 약속이 피용자와 유족에게 권리를 형성해 냄을 확신시킨다.

(2) 제도 운영에 대한 참여와 정보 누설

스웨덴에서처럼 합의에 의해, 혹은 오스트리아에서처럼 법률에 의해서건 간에 단체교섭은 규정상 제도의 실행 단계에 이루어져야 하며 운영에 공동으로 참여토록 유도하도록 되어 있다. 그 외에 법률은 운영에 대한 참여를 명시적으로 요구하며 제도 자체가 단체교섭의 결과인지 여부와 무관하게 제도의 양식을 규정하고 있다. 호주, 스페인, 프랑스, 아일랜드, 스위스 등의 경우가 그러하다. 영국에서는 1976년 노동당 정부의 백서가 성공적인 강제 참여와 강제 규정 없이 이를 추천했으며, 보수당 정부의 Goode 위원회도 1993년에 기금이사회 자리의 1/3은 확정급여제도의 가입자에게, 2/3는 확정기여제도의 가입자에게 할당되어야 한다고 권고하였다. 여전히 1994년 12월 정부에 의해 올려진 법안은 1/3까지 가입자 대표에게 주어지고, 100

명 이상의 가입자가 있는 제도는 적어도 두 개의 자리가 주어지도록 되어 있다.

사적 연금 운영에 대한 대표 형식을 통한 가입자 참여는 이러한 사람들 자신이 개인의 권리와 제도의 일반적 상황에 대하여 알 수 있을 때에만 상상할 수 있다. 따라서 예를 들면, 미국에서처럼 참여 의무에 대한 대체로서 법안이 사적 연금에게 이런 유형의 정보를 알릴 의무를 부과하는 경우, 혹은 아일랜드처럼 참여의무에 대해 이를 보충하기 위해 정보를 알릴 의무를 부과하는 경우가 있다. 이는 영국의 Goode 위원회의 권고에 따르는 것이다.

제도 설정과 규칙에 관한 단체교섭은 운영 참여와 더불어 매우 논쟁적인 문제들을 풀어나가는 것을 도와야만 한다. 특히 미국, 영국, 네덜란드 등의 자본 보유분이 일정 수준을 넘는 경우 이 소유권 문제 등이 그러하다. 근로자는 사적 연금에 대한 고용주 기여를 임금 보충분으로 간주하며 기업이 모든 재원을 대는 경우에조차 이 자산이 자신들의 것이라고 본다. 고용주들은 근로자들에 대한 기여는 급여를 댈 정도만큼에 제한된다고 보며, 축적되는 어떠한 잉여분도 미래에 잠시 기여를 하지 않더라도 급여 지급을 할 수 있도록 그들 자신에게 상환되어야 한다고 본다. 두 가지 관점 모두 극단적이며, 공평한 해법은 잉여분은 실제로 제도 자체에 속한다는 것과 이것이 어떻게 사용될지 – 고용주와 피용자의 기여를 줄이거나 인플레이션에 대한 급여조정 및 급여 실질가치 상향조정 등 – 를 결정하는 것은 제도운영자라는 것을 인식하여야 한다. 그러나 이러한 접근은 제도가 그 자체로 기업과는 다른 법적인 실체로서 운영상의 자율성을 갖는 것을 가정한다.

(3) 제도 자급능력의 보장

국가는 공적 연금의 최후의 보루로 작동하지만, 그 자체로 예산을 통해 사적 연금의 재정적 균형을 보장하지는 못한다. 그러나 재정적 기관의 신용행위에 대한 감시라는 전통적 역할 틀 내에서 사회적 목적을 가진 제도에 대한 특별한 배려를 가지고 실행되어야만 하는 무언가는 바로 사적 연금제도의 자급능력을 보장하도록 구성된 메커니즘을 만들고 규칙을 정하는 것이다. 문제는 새로운 것은 아니지만 이러한 제도에 의한 재정의 성장과 기업과 연금기금조차 도산위험을 증가시키는 불황의 계속은 이러한 주제를 강조시켰다. 연금들은 분리하여 존재하거나 혹은 누적적으로, 국가가 얼마나 많은 권한을 정부와 국회가, 기업과 연금업계가 실행하는 과정에 행사할 수 있는지에 따라 다양한 정도로 탐구하게 된다.

논쟁의 일부는 기업의 피용자 혹은 전직 피용자와 연금수급자들이 자산이 불충분한 여타 신용에 대해 보장을 받도록 하기 위해 사적 연금에 재정적 자율성을 줄 것인가 혹은 보장기금을 만들 것인가 하는 문제이다.

첫 번째 해법인 재정적 자율성 부여는 사적 연금이 주로 기업 수준에서 만들어져 있는 많은 국가들에게 적용된다. 이는 장부상 기재 방식 기술에 대한 의존을 막지만 그 효과는 기업으로부터 자가재정확보(self-financing)의 직접적인 원천과 운영상의 유연성을 없애는 것이다. 따라서 강력한 반대를 받는 것은 놀라운 일이 아니다. 그럼에도 불구하고 프랑스에서는 1945년 이래로, 핀란드에서는 1962년 이래로, 벨기에에서는 1985년 이래로 시행되어 오고 있다.

오스트리아에서는 독특하게 타협적인 해결책이 채택되었다. 이는 장부상 기재 방식 체계를 보존하고 근로자와 연금수급자만이 기업이 연금수급권을 보장하기 위해 1988년의 「소득세법」에 의해 보유토록 한 국가 보장을 받을 자격권 및 연금수급권을 갖도록 재구조화하는 것이다. 이는 몇몇 나라에서의 고용주가 파산한 경우에 피용자에게 급여를 보장하는 제도에 기원을 둔다.

그러나 보장기금의 설립이 기업의 도산에 대해 더욱 확실한 보호책이 된다. 이는 법률적으로 독립적인 연금기금 자체의 자금조달 능력의 파괴를 포괄할 수 있다. 고용주와 연금업자들은 여전히 이를 꺼리고 있다. 이는 보장기금에 대한 특별기여분이 부가적 비용을 부과하기 때문이다. 사적 연금보장기금 설립에 대한 점증하는 국제적 이해의 불일치는 파산 시에 임금보장에서 보이는 이해관계와 맥을 같이한다. 1980년 EC의 고용주 파산 시 근로자 보호에 관한 위원회의 명령은 유럽 수준에서의 집합적인 보장 메커니즘을 부과하도록 하였다. 이는 임금뿐만 아니라 원칙적으로 보충적 연금제도에 지급한 기여에 대해서도 적용되도록 되어 있었다. 게다가 권리 유지 및 적법한 상속자의 권리보유 보장을 위한 적절한 조치가 필요하다는 것을 규정하고 있다. 그러나 벨기에와 스위스를 제외하고 임금보장을 담당하고 있는 기구의 능력은 사적 연금으로까지 확장되지는 않았다. 이 두 나라에서 이러한 기능은 실업보험에 의해 수행된다. 다른 한편, 특별기금은 흔히 독일, 캐나다, 미국, 핀란드, 스위스 등에서 발달되었다. 일본에서 이러한 역할은 직접재해보험 기구에 위임되어 있으며, 네덜란드에서는 고용에 기초한 사회보장 현금급여를 관장하는 직업협회에 위임되어 있다. 이러한 메커니즘의 창출 또한 영국의 Goode 위원회가 권고하고 있는 바이지만 사기, 절도, 기금의 잘못된 전유로 인한 지급능력 고갈 경우에만 보장한다.

고용주 파산 상황은 실업 상태에 비교될 수 있다. 네덜란드에서 흥미로운 발전이 이루어졌다. 특별기금은 고용주와 피용자의 사적 연금에 대한 기여금에 대한 책임을 근로자가 40세 이상일 경우에 떠맡고 생명보험회사를 통해 평생을 포괄한다.

청구권 보호를 위한 규칙과 메커니즘을 도입하는 것과는 별개로, 건전한 운영이 고용주 파산에 대비하여 제도를 보존하기 위해서뿐만 아니라 보험수리상의 균형을 보장하기 위해서도 필요하다. 이는 연금기금 중 기업 자체에 투자되는 비율의 제한, 투자처의 다양화, 제도의 미래 지급을 포괄하기 위해 필요한 최소 재정 수준 문제 등을 포함한다. 게다가 내부적 통제와 주기적인 보험가치 계산이 제도운영자와 피용자 및 고용주 연합기구가 그들의 책임을 다하여 외부 감독당국이 정보를 알 수 있도록 하기 위해서 필요하다.

(4) 급여 자격 유지

국가는 사적 연금 기금이 근로자의 이동을 용이하게 하고 근로자의 권리가 존중되도록 하기 위해 충족되어야 할 최소한의 요건을 설정할 권한이 있다. 그러나 문제는 두 가지 차원(그가 벗어난 제도에 대해 계속 수급권을 유지하는 것과 다른 제도로 수급권을 이전하는 것)의 것임을 잊지 말아야 한다.

첫 번째 어려움은 완전히 극복되지는 않지만 적어도 근로자가 퇴직연령에 도달하기 전에 급여 자격을 얻는 데 필요한 자격 연수를 줄이는 것에 의해 어느 정도 감소될 수는 있다. 프랑스와 스위스같이 보편적인 제도에서 자격이 즉시 획득되는 것은 놀랍지 않다. 네덜란드에서는 최대 1년, 영국에서는 2년, 미국에서는 5년(1986년 이전에는 10년)이 필요하다. 그러나 기업연금이 지배적인 독일에서는 대기 기간이 길다. 최소 그 기업에 12년을 근무한 경우에는 3년, 그 경우를 제외하고는 10년이다. 다른 나라들에서는 제도 특성에 따라 달라진다. 이러한 방식으로 획득한 권리는 확정급여 방식의 제도의 개인적 계정 균형에 상응하며, 확정급여 방식의 제도에서 현행 가치는 보험수리적으로 계산된다. 어떤 경우든 이 가치는 노동 기간 동안의 임금 수준을 반영할 따름이다.

퇴직연령까지 지연된 연금 권리의 본래 체계 유지가 임금과 가격의 변동에 관련하여 실질가치 유지권리의 문제를 야기시킨다. 이는 미국과 같은 나라에서의 유일한 권리보장이다. 이러한 해결책은 연금 운영자들이 오래 전에 제도에서 벗어난 근로자들 관련 자료들까지 방대한 자료를 보존하고 있도록 만든다. 이러한 이유로 근로자의 연금권 가치를 새로운 제도로 이전시키는 것이 필요하다. 만약 이러한 제도가 없다면 혹은 근로자가 계속 고용되어 있지 못하다면 개인의 퇴직계정에 돈이 지불될 필요가 있다. 영국에서는 근로자들이 다양한 선택권을 부여받는다. 이연된 연금에 대한 자격권을 유지하는 것, 새로운 연금제도로 이전시키는 것, 퇴직저축계정으로 옮기는 것 등이다.

결과적으로 사적 연금제도들 사이의 조정은 결실이 없는 것으로 보이며, 기업에 대한 충성과 직무이동성 사이의 법률적 타협은 직업을 바꾸는 근로자들에게 같은 기업에서 계속 일을 하는 근로자와 동일한 권리를 보장하는 것과는 거리가 멀다. 역설적으로 소득대체율을 보장하지 않는 확정기여 방식의 제도는 직무이동성 보장으로부터 가장 덜 후퇴한다. EU에서 가입 국가들은 자유로운 노동이동을 보장해야만 하는데, 이에 대한 법령포고를 목적으로 다양한 해법이 연구되고 있다. 현행의 규정은 공적 연금에만 적용되기 때문이다.

연금수급권 유지 문제는 근로자의 이동뿐만 아니라 기업의 이동에 관련해서도 문제가 된다. 기업구조와 정체성은 다양하게 변화 가능하며 이는 사적 연금 수급권에 영향을 미친다. EU에서 이러한 심각한 문제는 근로자 권리 유지에 관한 가입 국가들의 입법안에 대한 명령의 주제였다.

(5) 경제적 변동에 대한 연금권의 조정

확정급여 방식의 연금조정 문제는 두 가지 단계로 발생한다. 첫째, 근로자가 퇴직 이전에 어떤 사적 연금 특히 기업연금에서 벗어나는 경우, 문제는 한 연금 체계에서 다른 연금 체계로 상응하는 권리가치의 이전이 없을 때 이연된 연금가치를 조정하는 것이다. 새 직장에 연금 체계가 없어서, 혹은 일을 아예 그만두게 되어서 근로자가 다른 제도에 포괄되지 않는 경우에 상황은 더욱 악화된다. 이연된 연금수급권의 가치를 유지할 아무런 법적인 의무가 존재하는 않는 것 같다. 다른 한편 아일랜드에서는 4%까지의 물가연동, 영국에서는 state scheme(SERPS)과 관련하여 5%까지의 연동이 도입되었다.

둘째, 현행의 연금을 조정하는 문제가 있다. 이런 입법은 드물지 않다. 독일에서 기업연금의 유일한 의무사항은 매 3년마다 이러한 조정 가능성을 재검토하는 것이며, 이는 기업의 재정적 상황이 허락하는 한 인플레이션에 대해 연금의 실질가치를 유지할 의무로 해석되는 규정이다. 영국에서 최소한의 주연금(state pension) 연동은, 사적 연금이 명목적으로 공적 연금의 이층이 떠맡도록 되어 있는 소득대체 역할을 하고 있기 때문에 필요하다. 처음에는 3% 한도로 실시되지만 조정률은 1990년 「사회보장법」에 의해 최고 5%까지 올라갔다.

어떤 형태를 띠든 사적 연금의 조정은 비용을 야기하고, 이는 기여율의 증가 혹은 연금의 초기 소득대체율 감소, 물가 움직임을 반영하는 산출을 낳는 투자처의 발견 등에 의해 포괄될 수 있다. 그러나 조정비용은 특히 부과 방식에 의해 조달된다. 이는 스위스의 직업연금에서 채택된 방식인데 이 체계가 확정기여 방식이며 따라서 노령연금은 재정적 수단 상황에 종속적인 반면에, 이러한 생활비 보충이 폐질급여나 유족연금에만 의무화되어 있다는 것은 놀랍지 않다.

(6) 관리상의 점검(administrative check)

이 영역에서의 법정 공여 및 규제 수행 정도에 대한 감시가 어떻게 그리고 얼마만큼 이루어지고 있는지는 대체로 공여 및 규제의 목표에 달려 있다.

재정적 혹은 사회적 인가(concessions)는 규정상 관련 당국에 의한 사전적인 조건 증명을 요구할 것이다. 경우에 따라 이는 재정부 장관 혹은 사회보장부 장관이 될 수 있다. 그러나 프랑스와 이탈리아 같은 나라에서는 어떤 기관도 사적 연금을 사전적인 인·허가 없이는 관리할 수 없다.

감독기관의 역할은 반드시 이러한 사전적인 개입에 제한되지 않으며 모든 나라에서 의무적이다. 모든 사회적 요건들은 존중되며 이 제도가 실패하는 않는다는 것을 확신시키기 위해 영구적인 수퍼비전이 유용하다. 특히 내적인 통제와 경영에 대한 노조 개입은 충분히 발전되어 있지 않은 경우에 더욱 그렇다. 만약 이것이 효과적이려면 외부적 행정적 감시는 관리기구들이 주기적으로 교환하는 정보에 기초하여야 하거나, 혹은 조사와 감시에 기초하여 각 제도의 내적인 통제 과정과 결합하여 수행되어야 한다.

이러한 정보는 주기적으로 조사보고서를 출판하도록 만들며 영국에서는 정부 보험국에 의해 발행되고 있다. 이는 정부뿐만 아니라 노조 및 사용자에게 유용하며 특히 포괄 대상이 여러 개의 기업연금제도로 흩어져 있는 경우에 더욱 유용하다. 주요 기업들이 내놓는 부분적 정보는 어떻게 해도 이를 대체할 수 없다.

행정적인 감독당국의 존재는 상대적으로 일반적이지만 규제 수단은 상당히 다양하다. 분명히 이는 공적 연금 운영기구만큼 광범위할 수는 없다. 그러나 이는 단순한 경고 혹은 제도 운영기구가 불법적 결정을 재고하도록 설득, 그리고 허가 취소조치까지 분포한다. 영국의 새로운 직업연금 규제당국은 제재(sanction)만을 가하도록 되어 있다.

7) 사적 연금에 대한 전반적 평가

사적 연금의 국가 간·직종 간 차이는 한편으로는 국가와 노조와 고용주의 역할에 달려 있고, 다른 한편으로 포괄적인 평가 기준 사용을 배제하지는 못한다.

첫 번째로 사적 연금이 법에 의해서건, 단체협약에 의해서건 대부분 혹은 모든 기업과 피용자에게 의무화된 호주, 덴마크, 프랑스, 네덜란드, 스웨덴 같은 나라들과 이러한 제도가 선택적인 나라들을 구분할 수 있다. 다른 한편, 기본적으로 법정 제도와 구분 불가능한 경우 – 재정적 자율성에서 그러하지 않더라도 법적 기반이나 운영 방식에서 그러한 경우 – 모든 의무화된 보충적 제도를 공공의 것으로 구분할 필요가 있다. 이는 그리스와 로마, 그리고 노동시장 연금이라 불리는 제도가 있는 덴마크, 스웨덴의 경우가 그러하다. 적용 영역에 따른 사적 연금제도 사이의 구분 정도는 통계 자료의 이용과 비교가 가능한 곳에서는 포괄된 고용주들의 비중으로 평가될 수 있다. 공기업 부문과 공무원들에게서 포괄률은 대개 민간 부문에서보다 높다. 포괄 대상이 보편적인 나라들을 제외한다면 이 비율은 독일(1993) 64%, 네덜란드(1988) 62%, 미국(1988) 46%, 영국(1990) 45%, 일본(1988) 38%, 노르웨이(1990) 33%, 핀란드(1990) 15%이며, 오스트리아, 벨기에, 스페인, 이탈리아, 룩셈부르크는 매우 낮다.

모든 임금 근로자에게 확대된(프랑스, 스웨덴, 스위스) 혹은 공적 연금의 소득연계 급여를 대체하는(영국) 민간제도의 의무적 성격은 다시 사적 연금이 보장하는 포괄의 두 가지 수준을 가지고 국가별 분류를 하도록 한다. 하나는 의무적·보편적이며 다른 하나는 보충적이며 기업 수준에서 선택적이다. 그러나 국가에 따라 적절한 법률적 틀을 통한 임금 소득자의 사적 연금 포괄의 선택적 권리는 단순히 재정적인 것을 넘어서며 여전히 매우 불균등하게 보장되고 있는 것으로 보인다.

또한 이와 관련된 구분이 사적 연금이 전국적 혹은 직종 간 등의 커다란 제도에 의해 보장되거나(덴마크, 프랑스, 스웨덴) 동일 수준에서 재정적 보충을 통해 조정되는 국가(프랑스)들, 혹은 어떤 직업 부문의 다수만을 포괄하는 경우(네덜란드)와 연금제도가 선택적인 기업연금의 범위에 기초한 경우 사이에 이루어질 수 있다. 첫 번째 경우 이러한 연금제도는 사회보장의 맥락 내에서 그리고 보편적인 특성과 지속성의 관점에서 상당 정도 공공 서비스와 공공 서비스 이용자들의 평등성 기준을 충족시킨다.

마지막으로 민간 주도권을 대체하는 것이 아니라 이를 지원하고 혹은 활성화시키고자 하는 입법안의 영향에 대해 우려할 수 있다. 첫 번째 언급에서 보장되는 포괄 수준의 정도는 항상 이러한 법안에 달려 있는 것은 아니다. 반대로 덴마크, 프랑스, 스웨덴과 같이 사적 연금이 전국적인 단체협약에 기초하는 정도에 달려 있을 수 있다. 이는 영국의 경우 명백하게 그렇지 않으며 오히려 사적 연금 영역에서의 법의 범람을 볼 수 있다. 역설적인 것은 영국의 사적 연금에 관한 규칙들이 핵심적으로 국가의 소득연계 프로그램으로부터의 면제 조건을 설정하는 것을 목적으로 한다는 것이다.

두 번째 언급에서 법적인 틀은 법정화되어 있건 선택적이건 간에 사적 연금이 기업에 기초하는 국가들에게 특히 필요하다. 그러나 점점 더 많은 국가들이 이런 영역의 입법안을 통과시키는 추세이며, 결과적인 포괄 범위는 이동하는 근로자들의 연금권 보존, 경제 변동에 대한 급여 조정, 단체협약과 이에 대한 참여만큼이나 중요하며 나라마다 매우 다르다. 마지막으로 사적 연금 활성화를 통해 재정적 의미에서 공적 연금과 사적 연금 사이의 균형을 달성하도록 구성된 가장 최근의 입법안이 과연 기대하는 효과를 얻을 것인지 살펴볼 필요가 있다. 이런 맥락에서 이탈리아에서 이루어진 사적 연금에 대한 매우 제한된 조세 특권은 그 성장에 별다른 도움이 되지 않았지만 포르투갈에서의 관대한 인센티브는 반대로 사적 연금기금의 홍수를 가져왔다. 그러나 이런 발달은 또한 고용주와 피용자가 기여할 수 있는 능력과 같은 여타 요인에도 달려 있으며, 이는 여전히 시장경제로 이행 중인 중동부 유럽 지역에서는 매우 제한되어 있다.

마지막으로, 세계은행에 따르면 오스트리아, 미국, 스위스와 같이 규제는 확정급여 방식이 기업에 부담을 덜어주는 확정기여 방식으로 전환되는 것과 같은 예기치 않은 결과를 가져올 수도 있다.

2. 근로자 퇴직급여보장법의 주요 내용

1) 개요

우리나라의 퇴직연금제도는 제도의 선택 폭이 넓은 반면에 많은 규제가 동시에 존재하는 한국적인 모형으로 만들어졌다. 일단, 현행의 법정퇴직금제도는 세제 지원 혜택을 일부 줄인 것 이외에는 그대로 존치하게 된다. 퇴직일시금제도 외에 퇴직연금제도가 하나 더 생긴 것이다. 더욱이 한 직장에 여러 가지 퇴직급여제도가 공존할 수 있도록 함으로써 제도의 탄력성을 크게 높였다. 제도의 명칭 자체도 퇴직급여제도로 총칭함으로써 퇴직일시금제도의 유지를 간접적으로 확인한 셈이다. 따라서 선택적인 퇴직급여를 채택하였다고 볼 수 있다.

퇴직연금의 유형으로서 확정급여제도와 확정기여제도를 두고 있으나, 확정급여제도는 적립 비율을 60%만 하여도 되게 하고, 연금가입 기간은 10년, 연금수급 기간은 5년, 수급가능연령은 55세로 함으로써 연금제도의 모양은 갖추었으나 노후생활 설계 개념이 모호해져 사실상 퇴직금의 일부를 사외적립하는 제도 성격이 강하다. 더욱이 퇴직일시금액보다는 적지 않아야 한다는 규정을 둠으로써 한편으로는 근로자의 이익을 보장하는 것처럼 보이지만 확정급여형 퇴직연금제도의 구조를 제약하는 결과를 가져왔다. 확정기여형 역시 기금의 투자 범위를 크게 제한함으로써 퇴직금의 원금 보장은 충실하여졌을지 몰라도 확정기여형이 가지는 고수익의 가능성을 원천적으로 제한하였다고 볼 수 있다. 이는 확정기여형의 매력을 줄일 가능성이 높다. 특히 직장 이동 시에 퇴직연금이 지속적으로 적립될 수 있도록 하는 장치로서 개인퇴직계좌를 두고 있으나 이 역시 강제성이 없기 때문에 얼마나 많은 젊은 근로자가 이를 활용하여 노후에 퇴직연금을 설계할지 미지수이다.

퇴직연금제도의 리스크 관리와 감독을 규제에만 의존함으로써 리스크 관리가 시장적 기능에 의하여 이루어지기 어렵다. 또한 수급권 보장을 위하여 필요한 보장기구 없이 방치되어 있어서 다양하게 발생할 수 있는 위험에 탄력적으로 대응하기 어렵게 되어 있다. 게다가 퇴직연금의 사외적립 자체가 기업의 자금사정을 어렵게 하는 측면이 있는데다가 관리비용도 별도로 부담하여야 하므로 중소기업 입장에서 그림의 떡이 될 여지가 커서 결국 기업복지의 격차를 오히려 확대시킬 우려가 있다. 퇴직연금제도가 자주적인 노후생활을 촉진하기 위한 제도임에도 불구하고 국민연금과는 아무런 연관관계를 두지 않음으로써 퇴직연금제도가 아닌 단순한 퇴직연금 상품으로 전락할 가능성을 내재하고 있다. 퇴직연금제도의 구체적 내용은 다음과 같다.

2) 퇴직연금의 유형

확정급여형(defined benefit)은 근로자의 연금급여가 사전에 확정되며, 사용자의 적립부담은 적립금 운용 결과에 따라 변동한다.

(1) 확정급여형

가. 퇴직연금사업자(금융기관) 선정에 관한 사항

퇴직연금제도의 자산관리 및 운용관리 업무를 위탁할 퇴직연금사업자, 즉 금융기관의 선정을 규약에 정하도록 하고 있다. 자산관리 업무와 운용관리 업무를 수행하는 퇴직연금사업자는 동일기관으로 선정할 수도 있고, 다르게 할 수도 있다. 퇴직연금제도의 운용에 퇴직연금사업자가 중요한 역할을 하게 되므로 노사가 합의하여 선정하도록 한다.

나. 가입자와 가입 기간

당해 사업장에서 실시하는 퇴직연금제도의 가입자격, 가입시기, 가입 방법 등을 정하도록 하기 위함이다. 퇴직연금제도는 원칙적으로 장래 기간에 대하여 노사가 합의한 시점부터 시행할 수 있다. 다만, 노사가 과거 근무분에 대해서도 소급하여 시행하기로 한 경우에는 소급적용도 가능하다.

다. 급여 수준에 관한 사항

확정급여형의 특성인 급여 수준을 사전에 확정하도록 하되, 그 수준은 퇴직 시 일시금 기준으로 현행 퇴직금과 동등하게 설정한다(근속 연수 1년에 대하여 30일분 이상의 평균임금). 연금액은 지급 기간에 따라 달라지며, 지급 기간은 최소 5년을 넘는 범위 안에서 노사가 다양하게 설정할 수 있다(예: 5년, 10년, 20년, 또는 종신). 연금은 55세 이상으로서 가입 기간이 10년 이상인 가입자에게 지급하고, 이 경우 연금의 지급 기간은 5년 이상이어야 한다. 일시금은 연금수급 요건을 갖추지 못하거나 일시금 수급을 원하는 가입자에게 지급한다.

라. 재정건전성 확보에 관한 사항

확정급여형의 경우 최종적으로 사업주가 급여의 책임을 진다고 하더라도 도산 등 사실상 책임을 질 수 없는 경우에 대비하여 매년 의무적으로 사외에 적립해야 하는 기준을 법률에 규정해 놓음으로써 근로자 수급권 보장을 위한 안전장치를 마련하고 있다. 구체적인 수준은 법 제15조 제5호 가목 및 나목에 의해서 산정된 금액의 60%로 한다(시행령 제9조). 퇴직연금 실시가 재량이고, 대다수 기업이 적립금을 적립하지 않는 현실을 고려한다. 세제가 사내 적립을 허용해 주고 있으므로 이를 고려(법인세제: 사내 적립 퇴직급여충당금에 대하여 추계액의 40%를 손비 인정)한다. 연 1회 이상 정기적으로 가입자에게 운용 현황을 통지하도록 하고, 이는 가입자들이 운용 상황을 확인

[표 10-2] 확정기여형과 확정급여형 비교

구분	확정기여형(defined contribution)	확정급여형(defined benefit)
개념	• 노사가 사전에 부담할 기여금을 확정 • 적립금을 근로자가 자기책임으로 운용 • 근로자가 일정한 연령에 달한 때에 그 운용 결과에 기초하여 급여를 지급(연금 55세 이상)	• 노사가 사전에 급여의 수준 · 내용을 약정 • 근로자가 일정한 연령에 달한 때에 약정에 따른 급여를 지급(연금 55세 이상)
기여금	확정(근로자 연간 임금총액의 12분의 1 이상)	산출기초율(운용수익률, 승급률 등) 변경 시 변동
급부	운영실적에 따름	확정(계속근로기간 1년에 대하여 30일분의 평균임금 이상)
위험부담	물가, 이자율 변동 근로자 부담	물가, 이자율 변동 등 회사 부담
지급보장	운용방법에 원리금보장상품 포함 등 안정적 운영지도	의무적립금제도(퇴직부채 60%) 건전성 감독 등
기업부담	축소 불가	축소 가능(수익률이 높을 경우)
통산제도	용이	어려움(개인퇴직계좌를 통한 통산 가능)
연금수리	불필요	필요
선호계층(예상)	단기근속자 및 젊은 층	장기근속자
주요 대상(예상)	연봉제, 중소기업	대기업, 기존 사외적립기업

자료: 노동부, 퇴직연금제도 설명자료, 2005. 11.

하고, 적립금의 운용수익 등을 다른 퇴직연금사업자와 비교할 수 있도록 하기 위한 것이다.

(2) 확정기여형

확정기여형(defined contribution)은 사용자의 부담금이 사전에 확정되고, 근로자의 연금급여는 적립금 운용 결과에 따라 변동하는 제도이다.

가. 부담금의 부담에 관한 사항

사용자의 부담 수준은 현행 퇴직금의 사용자 부담이 근속 연수 1년당 30일(약 1월분)의 임금(평균임금)이므로 근로자별 "연간 임금총액의 1/12(8.3%)

이상" 부담하도록 한다. 노사가 자율적으로 추가 기여할 수 있다. 사용자의 부담금 납부 빈도를 매년 1회 이상의 범위 안에서 사업장 실정에 따라 자율적으로 설정하도록 하되, 가입자가 퇴직한 때는 14일 이내에 미납부 부담금을 납부하도록 한다.

나. 적립금의 운용에 관한 사항

가입자는 적립금의 운용방법을 스스로 선정할 수 있고, 매 반기 1회 이상 운용방법의 변경이 가능하여야 한다.

적립금 운용 결과에 따라 근로자의 수익이 달라질 수 있으므로 운용 과정에 근로자가 직접 참여할 수 있도록 하고 있다. 매 반기 1회 이상 위험과 수익구조가 상이한 세 가지 이상의 적립금 운용방법이 제시되어야 하고, 원리금 보장상품을 포함하여 위험과 (예상)수익률이 다른 다양한 운용방법을 제시하여 근로자가 투자선호에 따라 선택하고, 금융시장의 상황에 따라 변경할 수 있도록 한다. 운용방법별 이익 및 손실의 가능성에 관한 정보 등 가입자가 운용방법을 선정하는 데 필요한 정보가 제공될 것이다. 또한 금융지식이 충분하지 아니한 근로자들을 보호하기 위하여 적립금 운용에 필요한 정보를 제공하도록 하고, 퇴직연금제도, 금융시장 상황 및 적립금의 합리적 운용방법 등에 대해서 매년 1회 이상 교육을 실시하도록 한다.

다. 중도 인출에 관한 사항

주택구입 등 일정한 요건을 갖춘 경우 퇴직연금의 중도 인출을 허용, 근로자의 예측하지 못한 일시금 수요에 대비할 수 있도록 하기 위한 것이다.

(3) 개인형 퇴직연금(individual retirement pension)

직장이동성 및 단기근속자 증가, 중간정산제 및 연봉제의 확산 등으로 퇴직일시금이 노후자금으로 활용되지 못하고 소액 생활자금으로 수령·소진되는 문제점이 커진다. 이에 따라 직장을 옮기더라도 일시금을 계속 적립했다가 은퇴 시에 연금 또는 일시금으로 받을 수 있도록 하는 장치의 마련이 필요하다. 개인퇴직연금에 일시금을 적립하는 경우 연금을 수급할 때까지 과세가 이연되고, 수급권 보장 등 안전장치가 적용된다(퇴직연금과 같음). 퇴직급여의 일시금을 수령한 자 등은 개인퇴직연금에 가입할 수 있다.

개인퇴직연금에의 가입 여부는 근로자의 재량에 맡기되, 세제를 통해서 가입을 지원한다. 개인퇴직연금은 퇴직연금사업자가 운영할 수 있다. 개인퇴직계좌에 가입하고자 하는 자는 퇴직연금사업자와 위탁계약을 체결하여야 한다(계약내용은 확정기여형 퇴직연금과 동일). 다만, 개인퇴직연금은 퇴직급여의 일시금을 적립하는 것이기 때문에 부담금의 부담 및 납부만 상이하다.

3) 퇴직연금의 운영

(1) 운용관리 업무

적립금의 운용관리는 전문적인 기관에 의해서 안전하게 운용될 수 있도록 하기 위하여 퇴직연금사업자에게 위탁하도록 한다. 운용관리 업무의 내역은 다음과 같다.

- 사용자 또는 가입자에 대한 적립금 운용방법의 제시 및 운용방법별 정보 제공
- 연금제도 설계 및 연금계리(확정급여형에 한함)
- 적립금 운용 결과의 기록·보관·통지
- 사용자 또는 가입자가 선정한 운용방법을 자산관리 업무를 수행하는 퇴직연금사업자에게 전달

운용관리 업무 중 적립금 운용 결과의 기록·보관 등 대통령령이 정하는 업무는 재무건전성 및 인적·물적 요건 등을 갖춘 자에게 재위탁할 수 있도록 하여 제도 운영의 효율성을 제고하고 있다. 운용관리 업무의 핵심(적립금 운용방법의 제시 및 정보제공)을 제외한 업무는 재위탁할 수 있도록 한다. 재위탁 업무(시행령 제14조 제1항)는 연금제도 설계 및 연금계리(DB에 한함) 업무와 적립금 운용 현황의 기록·보관·통지 및 관련 업무(기록관리 업무)로 하고 있다.

(2) 자산관리 업무

적립금의 관리 업무를 퇴직연금사업자에게 위탁하도록 한다. 계약 형태는 근로자의 수급권 보호를 위하여 적립금이 사용자로부터 분리되어 근로자의 수급권을 확보할 수 있는 특별계정에 의한 보험계약 또는 신탁계약만 허용한다. 자산관리 업무의 내역은 다음과 같다.

- 계좌설정 및 관리
- 부담금의 수령
- 적립금의 보관 및 관리
- 급여의 지급
- 운용관리 업무를 수행하는 퇴직연금사업자가 전달하는 적립금의 운용 지시에 따른 운용방법의 취득 및 처분

(3) 퇴직연금사업자

퇴직연금에 관한 업무를 위탁받아 운용하고자 하는 자, 즉 퇴직연금사업자는 다음에 해당하는 자로서 일정 요건을 갖추어 등록하여야 한다.

- 「간접투자자산운용업법」에 의한 자산운용회사

- 「보험업법」에 의한 보험회사
- 「은행법」에 의한 금융기관
- 「증권거래법」에 의한 증권업 허가를 받은 주식회사
- 그 밖에 위의 기관에 준하는 자로서 대통령령이 정하는 자

근로자의 노후소득 재원이 안전하게 관리·운용될 수 있도록 하기 위하여 재무건전성, 인적·물적 요건 등 대통령령이 정하는 일정한 요건을 갖추도록 하고 있다. 금융권역별 재무건전성 감독 기준(금감위)은 은행(BIS 자기자본 비율 8% 이상), 증권사(영업용 순자본 비율 150% 이상), 보험사(지급여력 비율 100% 이상), 투신사(위험 대비 자기자본 비율 150%)별로 정하고 있다. 참여 금융기관 범위는 다음과 같다.

- 운용관리: 보험·은행·자산운용사·증권사·기타
- 자산관리(보험계약 또는 신탁계약): 보험사, 신탁업자

(4) 적립금의 운용

퇴직연금사업자는 선량한 관리자로서의 주의의무를 다하여야 한다. 자산관리 업무 및 운영관리 업무를 수행하는 자에 대해서 포괄적인 선관주의 의무를 부여하고 있다. 운용관리 업무 수행에는 퇴직연금 적립금이 안정적으로 운용될 수 있도록 하기 위하여 퇴직연금사업자는 다음의 요건을 모두 갖춘 운용방법을 제시하도록 하고 있다.

- 운용방법에 관한 정보의 취득과 이해가 쉬울 것
- 운용방법 간의 변경이 쉬울 것
- 적립금 운용 결과의 평가방법과 절차가 투명할 것
- 대통령령이 정하는 원리금 보장 운용방법이 1 이상 포함될 것(확정기

여형 퇴직연금과 개인퇴직계좌)

- 적립금의 안정적 운용을 위하여 분산 투자 등 대통령령이 정하는 운용방법, 기준 등에 따를 것

원리금 보장방법(시행령 제16조)으로 일정 신용등급 이상의 금융기관, 정부(지자체 포함), 한국은행 등이 원리금의 지급을 보장하는 것을 말한다.

- 신용등급 등 금융감독위원회가 정하는 기준 이상의 금융기관이 원리금 지급을 보장하는 운용방법
- 국채증권, 지방채증권, 한국은행통화안정증권 및 정부가 원리금의 상환을 보증한 채권
- 기타 제1호 내지 제3호에 준하는 것으로서 금융감독위원회가 정하는 운용방법

적립금의 운용방법(시행령 제17조)을 구체적으로 열거하되, 새로운 상품의 출현에 대비, 추가 지정할 수 있는 근거를 두고 있다.

- 「은행법」에 의한 금융기관이 취급하는 예·적금
- 「보험업법」 제2조 제5호의 규정에 의한 보험회사가 취급하는 보험계약
- 「신탁업법시행령」 제3조 제2항 제1호의 규정에 의한 특정금전신탁
- 「증권거래법」에 의한 유가증권으로서 금감위가 정하여 고시하는 유가증권(사용자 또는 금감위가 정하는 이해관계인이 발행한 것이 아니어야 함. 다만, 「간접투자자산운용업법」에 의한 간접투자증권은 그러지 아니함)

운용방법별 기준으로 위험자산별 투자한도, DC 및 IRA의 경우 주식에는 직접 투자할 수 없도록 하고 있다(사전 노동부와 협의 필요). DC 및 IRA에서

위험자산에 간접적으로 투자하는 운용방법의 경우 위험자산에 대한 총투자 한도는 40%를 초과할 수 없다.

(5) 기타 사항

퇴직연금이 폐지 또는 운영이 중단된 경우 폐지된 이후 또는 중단된 기간에 대하여는 법정퇴직금제도를 적용한다. 폐지·중단 시 적립금은 근로자에게 지급되도록 하고, 이는 퇴직금 중간정산으로 본다.

DB형: 사용자는 근로자에게 귀속된 퇴직연금 급여액과 퇴직금과의 차액 지급

DC형: 납부가 중단된 기간 이후에 대해서는 퇴직금제도가 적용

퇴직연금이 현행 퇴직보험을 보완·발전시킨 형태이므로 현행 퇴직보험은 폐지하되, 퇴직연금으로 점진적으로 전환할 수 있도록 약 5년의 경과규정을 두고 있다. 이 법 시행 이후 「퇴직보험」은 신규로 가입할 수 없으나, 이미 가입된 경우 향후 약 5년 동안은 퇴직보험으로 인정된다. 상시 근로자

[그림 10-1] 퇴직연금제도의 운영구조

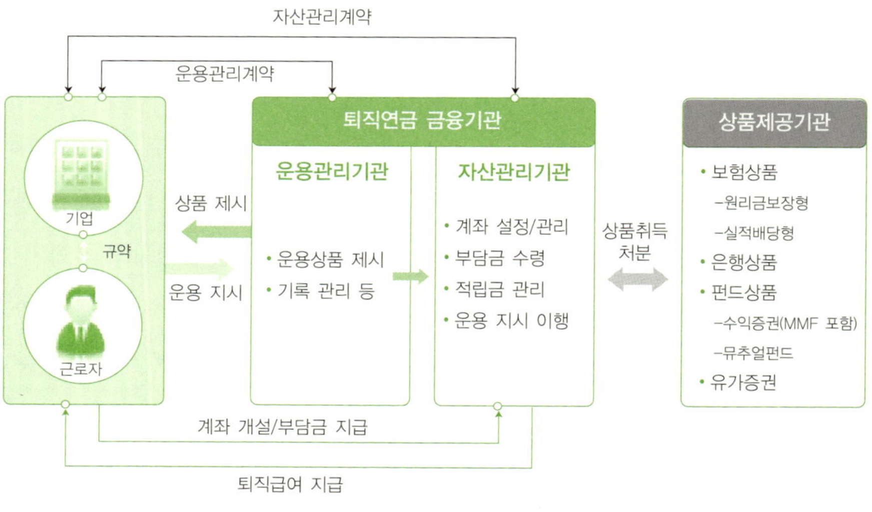

10인 미만 사업장의 경우 사용자가 근로자를 개인퇴직계좌에 가입시키고, 확정기여형과 동일하게 운영한 경우에는 퇴직급여제도를 설정한 것으로 간주한다.

3. 퇴직연금 현황

1) 적립금 현황

2019년 말 기준 적립금은 221.2조 원으로 전년 대비 31.2조 원(16.4%) 증가하였다(2017년 21.4조 원 → 2018년 21.6조 원 → 2019년 31.2조 원). 확정급여형(이하 'DB')은 138조 원(전년 대비 13.9%), 확정기여형(이하 'DC')·IRP특례는 57.8조 원(16.3%) 증가했다. DB 비중은 감소한 반면, DC·IRP특례 비중은 증가 추세에 있다. DB:DC(IRP특례 포함) 비중 추이는 2017년 1:0.38에서 2019년에는 1:0.42로 변동했다. 개인형 퇴직연금제도(이하 'IRP')는 25.4조 원(32.4%)으로 적립금 증가 폭이 지속적으로 확대되고 있다. 전년 대비 증가율로 보면, 2017년 23.2%, 2018년 25.6%, 2019년 32.4% 증가했다.

[표 10-3] 적립금 증감 현황

(단위 : 조 원, %, %p)

구분	DB		DC·IRP특례		IRP		합계	
		비중		비중		비중		비중
2019년 말[A]	138.0	62.4	57.8	26.1	25.4	11.5	221.2	100.0
2018년 말[B]	121.2	63.8	49.7	26.1	19.2	10.1	190.0	100.0
증감[A-B]	16.9		8.1		6.2		31.2	
(증감률)[(A-B)/B]	(13.9)		(16.3)		(32.4)		(16.4)	

주: IRP특례: 「근로자퇴직급여보장법」 제25조에 따라 10인 미만 기업에서 근로자의 퇴직급여 지급을 위해 설정한 IRP(기존 기업형 IRP 명칭 사용).

2) 상품유형별 운영 현황

전체 적립금 221.2조 원 중 원리금보장형은 198.2조 원(89.6%, 대기성자금 포함), 실적배당형은 23.0조 원(10.4%)을 차지하고 있다. 실적배당형 운용 비중이 전년 대비 0.7%p 증가하는 등 점진적 상승 추세를 보이고 있으나, 여전히 10% 내외로 낮은 수준이다(실적배당형 비중: 2017년 말 8.4% → 2018년 말 9.7% → 2019년 말 10.4%).

제도유형별로 보면, DB의 경우 다른 유형(DC·IRP특례 84.3%, IRP 74.5%)에 비해 원리금보장상품 편중도(94.6%)가 높은 것으로 확인된다. 반면, DC·IRP 특례 및 IRP는 실적배당형 운용 비중이 각각 15.7%, 25.5%로, DB(5.4%)에 비해 상대적으로 높은 경향이다. DB형의 경우 전문적 자산운용을 위한 의사결정 체계 부재와 운용손실로 인한 기업 부담의 증가를 방지하려는 담당 직원의 선호 영향으로 원리금 보장상품 중심으로 운용하고 있다.

원리금보장형은 적립금(198.2조 원) 중, 예·적금 운용(86.7조 원, 43.7%)이 가장 많고, 보험(82조 원, 41.4%), ELB(20.8조 원, 10.5%) 순이다. 감독규정 개정(2018년 9월)으로 신규 편입된 저축은행 예·적금은 작년 말 6.9조 원으로, 원리금 보

[그림 10-2] 제도유형별 운영 현황

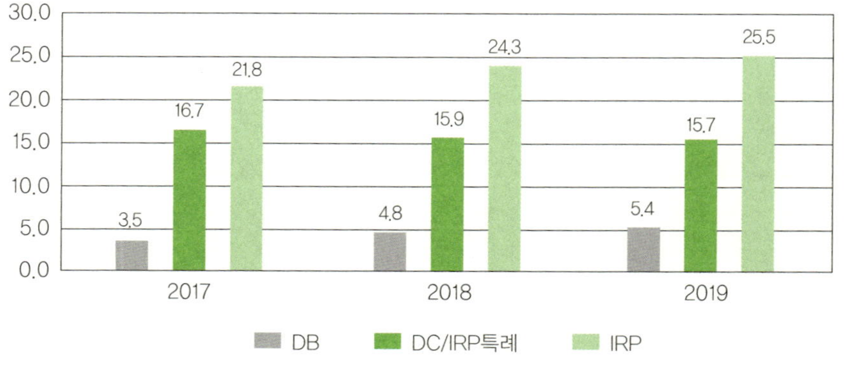

[그림 10-3] 상품유형별 운영 현황

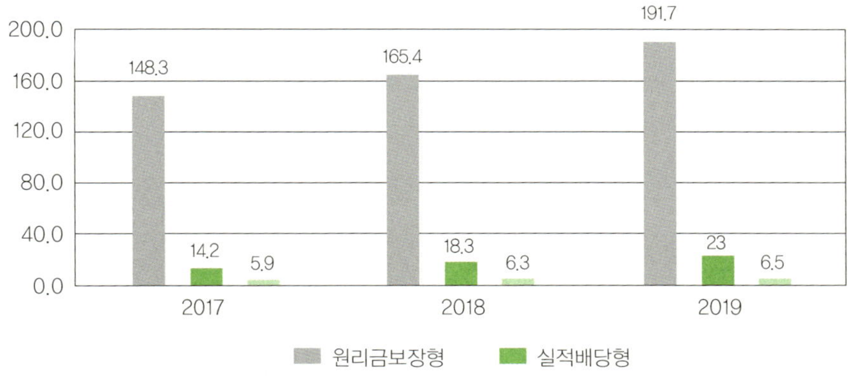

[표 10-4] 제도유형별 · 상품별 운영 현황

(단위 : 조 원, %)

구분	DB		DC·IRP특례		IRP		전체	
		비중		비중		비중		비중
합계	138.0	100.0	57.8	100.0	25.4	100.0	221.2	100.0
원리금보장형	128.6	93.2	46.5	80.5	16.5	65.0	191.7	86.6
실적배당형	7.5	5.4	9.1	15.7	6.5	25.5	23.0	10.4
대기성자금	1.9	1.4	2.2	3.8	2.4	9.5	6.5	3.0

[표 10-5] 원리금보장형 적립금 구성

(단위: 조 원, %, %p)

구분	예·적금[1]		보험상품[2]		ELB[3]		기타(국공채 등)		대기성자금		합계	
		비중		비중		비중		비중		비중		비중
2019년 말[A]	86.7	43.7	82.0	41.4	20.8	10.5	2.2	1.1	6.5	3.3	198.2	100.0
2018년 말[B]	76.5	44.6	70.3	40.9	16.4	9.6	2.2	1.3	6.3	3.6	171.7	100.0
증감[A-B]	10.2	△0.9	11.7	0.5	4.4	0.9	-	△0.2	0.2	△0.3	26.5	-

장상품의 3.6%를 점유하고 있다(예·적금의 7.9%).

실적배당형은 적립금(23조 원) 중, 집합투자증권(실적배당형 보험으로 투자

[표 10-6] 실적배당형 적립금 구성

(단위: 조 원, %, %p)

구분	집합투자증권		실적배당형 보험		직접투자 등		합계	
		비중		비중		비중		비중
2019년 말[A]	21.2	92.3	0.6	2.5	1.2	5.2	23.0	100.0
2018년 말[B]	17.1	93.3	0.5	2.8	0.7	3.9	18.3	100.0
증감[A-B]	4.1	△1.0	0.1	△0.3	0.5	1.3	4.7	-

한 집합투자증권 적립금 포함)이 94.8%(21.8조 원)를 차지하고 있다. 채권혼합형 및 채권형이 집합투자증권의 70.7%(15.4조 원)를 차지하는 등 보수적인 운용을 지속하고 있다.

3) 수익률 현황

2019년 연간수익률(총비용 차감 후)은 전년(1.01%) 대비 1.24%p 상승한 2.25%를 시현하였다. 제도유형별로 보면, DB(1.86%)에 비해 실적배당형 비중이 높은 DC·IRP특례(2.83%) 및 IRP(2.99%)의 수익률이 높게 나타났다.

원리금보장형의 경우 전년 대비(1.56%) 0.21%p 상승한 1.77%를 시현하였다. 동 기간 중 은행 금리가 하락하였음에도(2018년 말 1.99% → 2019년 말 1.76%), 저축은행 예·적금 편입(2019년 말 2.46%), 수수료 할인 확대 등으로 원리금보장형 수익률이 소폭 상승하였다.

실적배당형은 전년(-3.82%) 대비 10.2%p 상승한 6.38%를 시현하였다. 2019년 중 주식시장 상승세로 수익률이 전년 대비 크게 상승하였다. 2019년 글로벌 증시는 (MSCI ACWI ex-Korea, USD 기준) 26.83% 상승하였고, 한국 증시(KOSPI)도 7.67% 상승하였다. 특히, 글로벌 증시 및 해외 채권시장이 강세를 나타내면서 해외 펀드가 실적배당형 수익률 상승을 견인했다. 2019년도 주요 공모펀드 전체 수익률을 보면, 국내 주식형 8.59%, 국내 혼합형 3.57%, 국

[표 10-7] 제도유형별/운용방법별 연간수익률 현황

(단위: %, %p)

구분		DB	DC · IRP특례	IRP	전체
전체	2019년	1.86	2.83	2.99	2.25
	2018년	1.46	0.44	△0.39	1.01
	증감	0.40	2.39	3.38	1.24
원리금보장형	2019년	1.74	1.94	1.52	1.77
	2018년	1.54	1.72	1.28	1.56
	증감	0.20	0.22	0.24	0.21
실적배당형	2019년	3.88	7.63	7.51	6.38
	2018년	△0.25	△5.52	△5.38	△3.82
	증감	4.13	13.15	12.89	10.20

주: 수수료를 차감한 적립금 가중평균수익률이며, 원리금보장형에는 대기성자금 포함.

[표 10-8] 금융권역별 연간수익률 현황

(단위: %, %p)

구분	증권	생보	손보	은행	근복단	전체
2019년[A]	3.04	2.15	2.02	2.01	1.99	2.25
원리금보장형	1.98	1.85	1.99	1.62	1.92	1.77
실적배당형	7.42	7.20	4.53	5.43	7.95	6.38
2018년[B]	0.39	1.40	1.72	0.97	1.58	1.01
증감[A-B]	2.65	0.75	0.30	1.04	0.41	1.24

내 채권형 2.35%, 해외 주식형 25.0%, 해외 혼합형 12.47%, 해외 채권형 9.51%을 기록했다.

금융권역별로 보면, 실적배당형 비중이 높은 증권 권역(3.04%)의 수익률이 가장 높고, 생보(2.15%), 손보(2.02%), 은행(2.01%), 근로복지공단(1.99%) 순으로 나타났다.

최근 5년·10년간 연환산수익률(총비용 차감 후)은 각각 1.76%, 2.81%이었다. 제도유형별로 보면, DB는 1.75%(5년), 2.75%(10년), DC·IRP특례는 1.92%(5년), 3.00%(10년), IRP는 1.51%(5년), 2.75%(10년)이었다. (상품유형별) 원리금보장형은 각각 1.74%(5년), 2.75%(10년), 실적배당형은 각각 2.15%(5년), 3.54%(10년)

[표 10-9] 제도유형별·운용방법별 장기수익률 현황

(단위: %)

권역	구분	DB	DC · IRP특례	IRP	전체
전체	5년	1.75	1.92	1.51	1.76
	10년	2.75	3.00	2.75	2.81
원리금보장형	5년	1.72	1.92	1.45	1.74
	10년	2.72	2.88	2.66	2.75
실적배당형	5년	2.54	2.08	1.78	2.15
	10년	3.62	3.50	3.51	3.54

[표 10-10] 권역별 장기수익률 현황

(단위: %)

구분	손해보험	증권	생명보험	근로복지공단	은행
5년	1.99	1.96	1.91	1.74	1.60
10년	2.93	3.11	2.85	–	2.67

주: 2019년 기준 과거 5년, 10년 동안의 수수료 차감 후 연환산수익률.

를 시현하였다.

금융권역별로 보면, 5년 연환산수익률은 손해보험이 가장 높고, 증권, 생명보험, 근로복지공단, 은행 순이며, 10년 연환산수익률은 증권 권역이 가장 높고, 손해보험, 생명보험, 은행 순으로 나타났다.

4) 총비용부담률

총비용부담률은 '연간 총비용(=운용관리수수료+자산관리수수료+펀드총비용)÷기말평균적립금'으로 계산되며, 적립금 운용방법 제시, 퇴직급여 지급능력 확인, 적립금 보관 및 관리, 펀드 운용 및 관리 등의 서비스를 제공한 대가이다.

2019년 총비용부담률은 전년 대비 0.02%p 하락한 0.45%로 평년 수준으로 회귀하였다. 적립금 대비 운용관리수수료 및 자산관리수수료의 비중이

[표 10-11] 제도유형별 총비용부담률 현황

(단위: %, %p)

구분	DB	DC · IRP특례	IRP	전체
2019년	0.40	0.57	0.42	0.45
2018년	0.41	0.60	0.46	0.47
증감	△0.01	△0.03	△0.04	△0.02

[표 10-12] 금융권역별 총비용부담률 현황

(단위: %, %p)

구분	은행	증권	생명보험	손해보험	근로복지공단
2019년	0.48	0.42	0.42	0.38	0.08
2018년	0.49	0.45	0.45	0.40	0.08*
증감	△0.01	△0.03	△0.03	△0.02	-

전년 대비 각각 0.01%p씩 감소하였으며, 펀드총비용의 비중은 전년과 동일하였다. 제도유형별로 보면, DB는 전년 대비 0.01%p 하락하였으며, DC·IRP 특례는 0.03%p, IRP는 0.04%p 하락하였다.

권역별로 보면, 근로복지공단(0.08%)이 가장 낮으며, 손해보험(0.38%), 증권·생명보험(0.42%), 은행(0.48%) 순이다. 30인 이하 사업장을 대상으로 퇴직연금제도를 정책적으로 운영(운용관리 업무만 수행)함에 따라 수수료 수준이 일반금융회사 대비 낮은 수준이다. 계약별로 부담한 총비용은 DB·DC·IRP 등 제도유형별로 상이하고, 가입금액, 가입 기간 등에 따른 할인 등에 따라 다를 수 있고, 퇴직연금사업자 홈페이지에 공시된다.

4. 퇴직연금 관련 제도

1) 퇴직연금 관련 세제

총비용부퇴직연금 계좌에 납입되는 돈은 소득원천에 따라 사용자(회사)가 부담하는 법정 부담금인 '사용자부담금'과 퇴직연금 가입자가 추가적으로 납입하는 '근로자납입금'으로 나뉜다. 사용자가 「근로자퇴직급여보장법」에 따라 지출하는 부담금은 전액 손금에 산입되며, 근로자는 사용자부담금에서 발생되는 모든 세금은 과세이연을 받아 연금계좌에서 인출시까지 과세되지 않는다. 근로자는 연금계좌(IRP, DC, 연금저축)에 연간 1,800만 원까지 저축할 수 있으며, 퇴직연금계좌(IRP, DC)의 세액공제 한도는 최대 연 700만 원이다(단, 연금저축과 합산하여 연 700만 원을 세액공제하기 때문에 연금저축계좌의 적립금도 고려). 퇴직연금계좌의 적립금이 운용되어 발생되는 '운용수익'에 대한 세금은 과세이연되어 연금계좌에서 인출할 때까지 미뤄진다.

퇴직연금의 수령 단계에서 '연금외수령'이란 계좌에서 연금으로 수령하지 않고, 일시금 또는 중도 인출 등으로 적립금을 인출하는 것을 말한다. 퇴직연금의 적립단계 및 운용단계에서 주어진 세제혜택은 적립금을 연금으로 수령한다는 조건하에 주어진 것이기 때문에, '연금외수령'을 할 경우 기존에 받은 세제혜택에 준하는 불이익이 따른다. 적립금을 '연금외수령' 하게 되면 소득원천에 따라 다르게 과세된다. 사용자부담금에 대해서는 퇴직소득세가 부과되며, 근로자납입금 중 세액공제를 받은 납입금 및 운용수익에 대해서는 기타소득세 16.5%가 분리과세되며, 세액공제를 받지 않은 납입금에 대해서는 과세되지 않는다.

퇴직연금이 주는 혜택을 누리기 위해서는 적립금을 연금으로 수령하

[그림 10-4] 단계별 과세방법

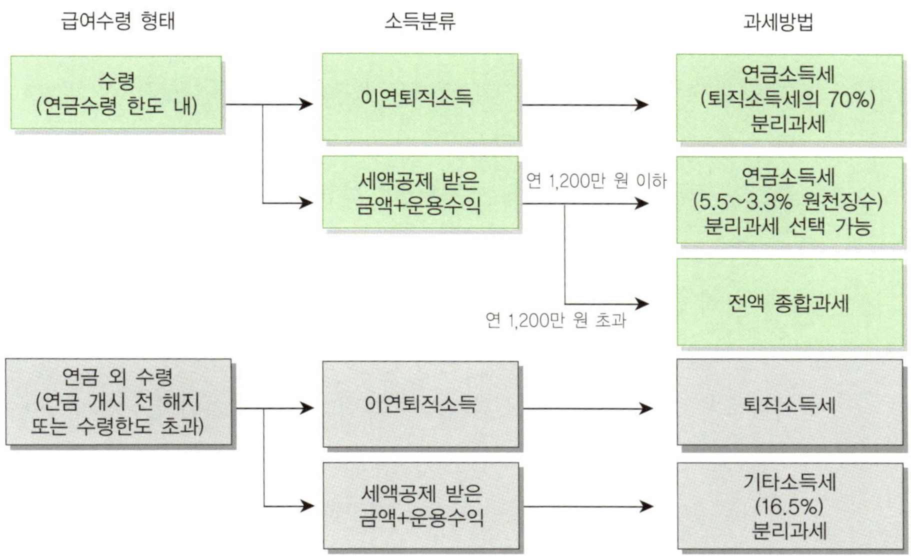

여야 한다. 적립금을 연금으로 수령할 때 역시 소득원천에 따라 사용자부담금은 연금소득세가 적용되어 퇴직소득세의 70%를 납부하면 된다. 근로자 납입금 중 세액공제 받은 납입금 및 운용 과정에서 발생한 수익에 대해서는 연금소득세가 적용되어, 1,200만 원 이하일 경우에는 분리과세를 선택할 수 있으며 세율은 [그림 10-5]와 같다. 연금수령 해당 연령 적용세율은 70세 미만 5.5%, 70세 이상 80세 미만 4.4%, 80세 이상 3.3%이다(1,200만 원을 초과할 경우 종합소득으로 합산 과세된다).

2) 기금형 퇴직연금[1]

기금형 퇴직연금제도란 사용자로부터 독립된 기금을 설치하고, 사용자 및 근로자 대표, 연금자산 운용전문가 등의 참여로 연금자산을 체계적으로 운용하는 제도이다. 사용자와 노사 공동으로 기금운영 관련 정책을 결정해 수탁법인에게 기금운용 업무를 위탁하고, 수탁법인이 모든 관리책임을 지고 기금을 신탁한다. 즉, 기금운용의 주체를 명확히 함으로써 사용자와 근로자의 연금자산 직접 운용에 대한 부담을 해소할 수 있다.

수탁법인은 일반적으로 최고의사결정기구인 이사회를 두고, 이사회를 지원하기 위한 사무국과 소위원회를 선택적으로 설치된다. 수탁법인에서 채용한 내부 전문가 또는 외부 자산운용사에 의한 위탁운용을 통해 자산운용 전문성과 연금자산 운용수익률을 제고해서 협회, 공단, 지역 등 중소기업들이 공동으로 기금을 설치 및 운영할 수 있는 플랫폼을 제공한다. 기금형 퇴직연금제도 운용이 어려운 중소규모의 기업들도 함께 적립금을 연합해서 운용함으로써 규모의 경제를 통한 퇴직연금제도 운용의 효율성을 높일 수 있다.

기금형 퇴직연금제도는 계약형 퇴직연금제도에 비해 근로자의 이해관계를 반영한 의사결정 체계를 구축하기 수월하다. 또한 사용자와 근로자가 동수로 참여하고 연금자산 운용전문가의 위원회 조직을 통한 의사결정 체계는 퇴직연금사업자에 집중된 현행 계약형 퇴직연금제도의 문제점을 완화하는 대안이 될 수 있다. 기금형 퇴직연금제도는 근로자 대표와 사용자의 입장 및 이해관계를 대변하는 수탁법인이 지속적으로 퇴직연금을 관리함에 따라 근로자 대표와 사용자 중심의 퇴직연금 관리 및 운용이 제도적으로 강화될 수 있다. 현재 부분적으로 강제되는 퇴직연금의 사외적립이 회사와

1 손재성(2019), 「기금형 퇴직연금제도 도입과 전망」, 한국금융연수원.

[그림 10-5] 기금형 퇴직연금제도 운영구조

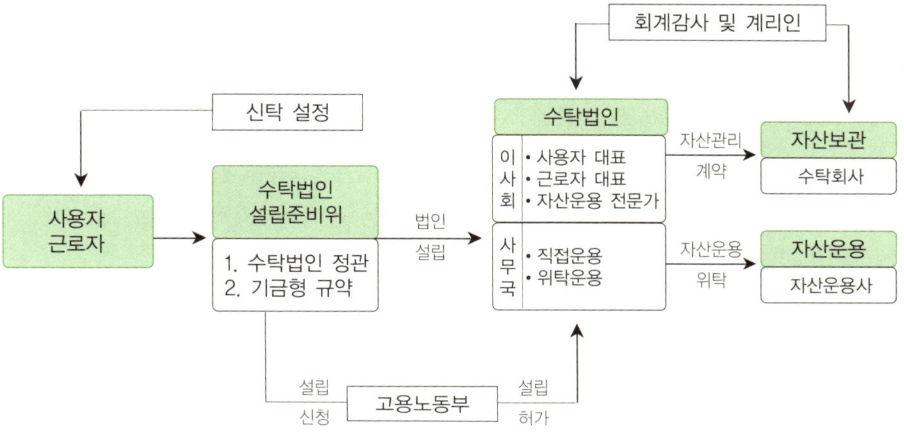

자료: 고용노동부.

[표 10-13] 기금형과 계약형 퇴직연금제도 비교

구분	기금형	계약형
관리주체	수탁법인(비영리법인)	퇴직연금사업자
운용주체	기금운용위원회(위탁운용)	사용자, 근로자
기업비용 부담	높음	낮음
감독 대상	개별 기금	퇴직연금사업자
주요 채택 국가	미국, 호주, 영국	한국, 독일 등

자료: 고용노동부.

독립된 기금의 형태로 조성되면 근로자의 수급권이 강화되는 측면도 있다. 또한 기금운용위원회에 연금자산 운용전문가 참여를 의무화하고 퇴직연금 관리 및 운용의 전문성이 강화된다. 중소기업들의 연합형 기금 도입이 가능해지는 만큼 자유로운 가입을 전제로 규모의 경제를 통한 효율화된 퇴직연금 운용 플랫폼을 제공할 수 있다는 부분도 기금형 퇴직연금제도를 도입한 중요한 의의다.

Chapter 11

건강보험이론

학습목표

1. 아픈 사람의 입장에서 상병 문제를 토론해 보자.
2. 건강보장관리의 위기에 대해 설명해 보자.
3. 의료비용이 증가하는 주요 요인을 확인해 보자.
4. 건강보험의 경제적 문제를 정리해 보자.
5. 건강보험의 지불보상제도를 비교해 보자.

1. 건강 문제

1) 상병위험

수많은 사람들은 상병을 갖고 있으며 건강하지 못한 상태에 있다. 상병, 특히 장기간의 상병을 경험하는 사람은 경제적으로 근로소득의 상실, 의료비용의 지출, 사회보험의 축소, 저축의 고갈, 기타 비용 발생 등의 문제에 직면하게 된다.

상병비용 중 가장 주요한 것은 근로소득의 상실이다. 상병 소득보상을 통해 소득이 보충되거나 다른 자원으로부터의 소득이 있지 않으면 상병을 당한 사람은 경제적으로 불안정해질 것이다. 상병을 입은 근로자가 일을 할 수 없게 됨으로써 초래되는 근로소득의 상실은 커다란 경제적 불안정성을 야기할 것이다. 한편, 대부분의 근로자들이 상병 기간 동안 근로소득의 상실에 대해 적절한 보호를 받을 수 없다는 사실은 명백하다.

상병을 입은 사람은 또한 상당한 의료비용을 부담해야 한다. 의료비용은 보통, 보통 이상, 극심한 정도 등의 세 가지 범주로 분류될 수 있다. 감내할 만한 비용은 평상시의 소득으로부터 지출되며 의사에게 정기적인 검진을 받는 것, 저비용의 처방 및 그와 유사한 지출 등이 여기에 해당된다. 이러한 일상적인 비용은 대부분의 개인 혹은 가정에 심각한 재정적 문제를 야기하지 않는다. 보통 이상의 의료비용은 보다 심각하며 보통 혹은 감당할 만한 비용을 상당히 초과한다. 만일 그러한 상태가 발생하면 개인 혹은 가정의 소득은 크게 고갈된다. 이러한 비용은 일반적으로 개인 또는 집단 의료보험을 통해 처리되거나 그동안의 저축분으로 해결된다. 그러나 만일 상병을 입은 사람이 어떠한 보험에도 가입되어 있지 않거나 부적절한 보험계약 관계에 있다면 재정적 부담은 클 것이며, 특히 입원을 해야 할 경우에 그러할 것이다.

상병 기간 중의 또 다른 손실은 사회보험에 의한 보장의 축소로 연결될 수 있다. 우리나라의 경우 대부분의 사회보험이 기여를 원칙으로 한 급여가 제공되기 때문에 장기 상병은 이러한 사회보험의 혜택 축소로 연결될 수 있다. 상병을 입은 사람은 연금급여를 아예 지급받지 못하거나 손해를 볼 수 있다. 왜냐하면 정상적인 퇴직 이후 지급되는 연금은 기여한 기간에 좌우되기 때문이다. 상병 기간 동안의 지속적인 보험의 보호가 없으면 삶과 건강보험에 대한 적절한 보호가 존재하지 않는 것 또한 손실로 간주할 수 있을 것이다.

상병으로 인한 또 다른 비용은 가족 저축분의 고갈이다. 장기간의 말기 질환에 대한 치료는 종종 가족 저축분에서 충당된다. 보험에 의해 충당되지 않는 의료비용 혹은 상병과 관련된 여타 비용들 때문에 가족 저축분은 지속적으로 줄어들거나 심지어 말기 질환을 앓고 있는 가장이 임종을 맞기 전에 고갈되어 버릴 수 있다. 또한 장기간의 상병은 소득의 감소 및 미래 소득의 증가에 대한 불확실성을 낳는데, 그것은 미래의 추가 저축분과 재산축적을 더욱 어렵게 만든다.

보험에 의해 충당되지 않는 여타의 비용이 장기간의 상병으로 인해 발생할 수 있다. 상병을 입은 사람을 보살피기 위해 간병인을 고용해야 할 수도 있으며, 치료를 받기 위한 교통비용도 추가적으로 지출되어야 한다. 또한 상병을 입은 사람을 돌보기 위해 휴직을 해야 하는 배우자의 소득 손실 혹은 소득 감소가 있을 수 있다. 이러한 간접적인 비용은 가장이 장기간의 상병을 경험하고 있는 동안 가계에 심각한 영향을 미칠 수 있다.

2) 의료 체계의 문제점

우리나라 사람의 건강은 눈에 띄게 향상되어 왔다. 사망률은 크게 감소되었으며 평균수명은 연장되었다. 소아마비, 디프테리아 같은 특정 질병들은 거의 소멸되었으며, 기적과 같은 약품의 사용은 폐렴이나 기타 전염성 질환으로 인한 위험을 크게 감소시켰다. 전반적인 건강 수준은 소득의 증가로 인해 향상되었다. 예컨대, 영양 상태, 주거환경, 위생 상태의 향상을 수반했으며, 의료기술의 눈부신 발전 및 MRI, CT, 장기이식, 신장투석기구와 같은 혁신적인 신기술이 도입되었다. 한편, 이러한 진보에도 불구하고 현재의 체계는 급상승하는 의료비용, 의료에 대한 부적절한 접근, 불균등한 의료의 질, 낭비와 비효율성, 비효과적인 예산 등의 문제에 직면해 있다.

(1) 급상승하는 의료비용

우리나라에서 의료에 지출되는 총비용 및 특정한 의료 서비스에 지출되는 비용은 최근 급격하게 증가했다. 국민 의료비가 GDP의 5%를 넘어서고 있고, 건강보험료만 해도 소득의 4% 수준에 이르고 있다. 이러한 의료비용의 지속적인 상승은 전 경제 분야에 걸친 가격 인플레이션, 경제 분야의 가격 인플레이션을 초과하는 의료가격 인플레이션, 인구성장, 인구의 노령화 그리고 개인당 의료 서비스 사용의 증가에 기인하는 것이다. 문제는 이러한 증가 추세가 계속될 것으로 전망된다는 점이다. 우리나라의 의료비용은 다른 선진국에 비하여 높지 않다는 지적이 있지만 우리나라의 소득 수준과 고령화 정도 등 수요 측면의 요인을 고려하면 낮지 않다는 지적도 있다. 의료비용 증가의 원인은 다음의 몇 가지 요소들에 의해 설명될 수 있다.

첫째, 의료수요의 증가이다. 시간이 지남에 따라 의료에 대한 수요가 증가하는 경향을 보였다. 이것은 인구의 증가, 1인당 실질임금의 증가, 그리고 소비자들의 건강에 대한 인지도의 향상에 기인하는 것이다.

둘째, 건강보험의 존재이다. 건강보험의 존재는 의료 서비스에 대한 수요를 증가시켰으며, 특히 병원 서비스에 대한 수요를 증가시켰다. 건강보험은 의료 서비스에 대해 환자가 자신의 비용으로 지불해야 했을 순가격을 감소시켰다. 건강보험이 비용의 상당 부분을 부담해 줌으로써 환자들은 보다 비싼 서비스를 요구할 수 있게 되었다. 또한 건강보험의 가입률 증가는 병원으로 하여금 서비스를 향상시키고 보다 고액의 정교한 서비스를 공급하도록 유도하였다.

셋째, 인구의 노령화이다. 노령인구는 시간이 지남에 따라 상대적으로, 절대적으로 증가해 왔다. 또한 노령인구는 젊은 층에 비해 더욱 많은 의료서비스를 요구하게 된다.

넷째, 서비스 효용의 증가이다. 과거에 비해 소비자들은 더욱 많은 의료 서비스를 이용하게 되었는데, 이는 의료비용 또한 증가시키게 되었다. 높은 소득으로 인해 더욱 많은 의료비용 지출이 가능해졌다. 또한 전문화된 의료 서비스 욕구의 증가는 과거에는 존재하지 않았던 전문화된 의료 서비스 및 치료에 대한 수요를 증가시켰다. 덧붙여, 의료 서비스의 질적 향상의 결과로 소비자들은 의료 서비스 공급자들에게 더욱 많이 의존하는 경향을 띠게 되었으며, 좀 더 높은 수준의 서비스를 더욱 빈번하게 요구하게 되었다.

다섯째, 높은 임금과 비임금 비용의 증가이다. 특정한 병원에서 수술비용의 상당 부분은 임금 및 봉급으로 지출되며, 이러한 고임금으로 인해 병원에서 지출되는 가격은 상승하게 되었다. 임금의 상승은 간호사의 부족 및 단체교섭에 기인하는 것이다. 덧붙여 병원 신축, 음식, 의약품 그리고 기타 의료 서비스 공급의 비용 역시 증가했으며 이는 더욱 높은 의료 서비스 비용으로 충당되어야 했다.

여섯째, 신기술이다. 신기술과 고도로 전문화된 기구의 비용이 급증했다. 여기에는 MRI, CT, 신장투석기구 등 새로운 의약기술은 높은 R&D비용으로 의료비용의 상승을 유발한다. 신기술 도입의 비용이 증가함에 따라 병원비용 또한 증가했다. 전문가들은 지난 20년간 의료 서비스 비용의 극적인 증가의 25% 정도는 신기술 및 현존하는 기술의 새로운 적용(혹은 현존 기술의 사용 증가)에 기인한다고 주장한다.

일곱째, 비용 억제에 대한 책임성 희석이다. 의료비용 인플레의 근원적인 이유는 그릇된 제3자 상환제도 및 가격억제에 대한 책임성 희석에 기인하는 바가 있다. 의료비용의 절반 이상이 공적 비용에 의해 지불되며, 다른 제3자들은 의료 서비스의 가격 확립에 직접적으로 관여하지 않는다. 이것은 의료비용 억제에 대한 책임성을 희석시키는 결과를 초래한다. 예를 들어, 입원 환자들의 경우 건강보험 체계를 통해 입원비용의 50% 이상을 충당하기 때문에 병원비용에 관해 관심을 덜 갖게 된다. 최근 민간 의료보험의 활성화는 이러한 경향성을 증가시키는 요인으로 작용하고 있다. 의사들의 경우도 마찬가지인데, 그 이유는 그들이 처방하는 다양한 검사, 치료 과정 그리고 기타 서비스들의 비용을 의사들이 사적으로 지불하지 않기 때문이다. 병원 행정가들 또한 높은 수술비용을 환자들에게 전가시키게 되는데, 이는 상대적으로 병원 서비스의 비탄력적인 수요 때문이다. 비용의 상승은 궁극적으로 증가된 건강보험료의 형태로 환자들이 부담해야 한다.

여덟째, 환자들의 태도이다. 환자들의 다양한 반응은 의료비용 증가에 영향을 미친다. 오늘날의 환자들은 최상의 그리고 가장 정교한 의료 서비스를 요구한다. 환자들은 더 많은 검사와 치료 과정일수록 낫다고 생각하며 모든 건강 상태에 대해 치료받기를 원한다. 일반적으로 모든 치료 과정 또는 처방이 치료법이라고 믿으며, 대부분의 환자들은 그들의 건강유지에 대한 스스로의 책임성을 중요하게 고려하지 않는다.

아홉째, 가격 인플레이션이다. 특징적인 가격 인플레이션의 총체적인 영향 역시 의료비용의 상승을 초래한 원인이다. 병원, 의사, 그리고 기타 의료 서비스의 공급자들은 의료 서비스의 공급, 기구, 직원 그리고 기타 환자에게 공급되는 서비스들을 위해 더 많은 비용을 지불해야 되었다. 인플레이션 자체가 초래하는 높은 비용 때문에 병원과 의사들은 비용을 감당하기 위해 주기적으로 비용을 상승시킨다.

열 번째, 정부 규제이다. 정부의 과잉 규제는 의료비용 급상승의 주요한 원인이 된다. 의료 서비스의 공급자들은 여러 가지 복잡한 의료관계법을 만족시켜야 하며, 이러한 것들의 대부분은 의료비용 상승을 자극하였다.

열한 번째, 건강보험과 국민의료보장의 비용이다. 건강보험과 국민의료보장제도는 매년 의료 서비스 전달 체계에 수천억 원을 지출한다. 이것은 의료 서비스 수요의 급증과 비용의 상승을 초래하였다.

열두 번째, 방어적인 처방이다. 방어적인 처방은 의료비용 상승을 초래한 또 다른 원인이다. 의료 오진 민사소송에 대한 두려움은 의사들로 하여금 방어적인 처방을 하게끔 만들었고, 이는 불필요한 검사, 혹은 필요 이상으로 긴 입원 기간 등을 초래하였다.

열세 번째, 왜곡된 진료비 상환방법이다. 의료 서비스 공급자들에 대한 상환방법은 왜곡되고 비효과적이다. 특히 의사들에 대한 상환의 방법으로서 행위당 수가제(fee-for-service) 방법은 의사들로 하여금 더욱 많은 서비스를 공급하거나 보다 비싼 비용의 서비스를 공급하도록 자극한다. 결과적으로 의료 서비스 비용의 증가가 초래된다.

(2) 의료 서비스에 대한 부적절한 접근

아직 많은 사람들이 필요한 의료 서비스에 용이한 접근을 하지 못하고 있다는 사실은 의료 서비스가 안고 있는 또 하나의 심각한 문제이다. 진료의 연기와 예약일까지의 오랜 기다림은 일상적인 현상이다.

강제 사회보험의 적용에도 불구하고 건강보험료 체납 등으로 의료 서비스를 받을 수 없는 경우가 존재한다. 지방 거주자들은 고급 의료 서비스 이용에 종종 많은 어려움을 겪는데 그 지역에서 현격한 의사 수의 부족 때문이다. 전 국가적으로 조망하면 의사의 절대적인 부족 현상이 나타나지 않지만 소규모 시나 변두리 지역에서 이러한 현상은 명확하게 드러난다.

의사들의 분포가 단일하게 산재해 있는 것은 아니며 주로 대도시 지역을 중심으로 의료행위를 실천하려는 경향을 보인다. 이는 의료 서비스의 질적 불균등과 관련이 있다. 우리나라 의료 서비스의 질은 높은 수준으로 평가되지만, 불행히도 의료 서비스의 질이 전 국가적으로 단일하게 분포하는 것이 아니라 의사, 병원 그리고 치료의 지정학적 위치에 따라 다양하게 분포되어 있다.

(3) 낭비와 비효율성

의료산업은 병원, 의사, 치과의사, 제약회사, 그리고 기타 건강전문가 및 활동들로 구성되어 있다. 불필요한 낭비의 존재이다. 낭비는 불필요한 진료, 엑스레이 촬영, 의약품 그리고 수술 등을 포함하는 불필요한 검사와 치료 과정에 소모되었다. 높은 행정비용과 노골적인 과잉진료 또한 낭비를 초래하는 원인이었다. 또한 많은 전문가들은 값비싼 기술이 과도하게 이용되거나 부적절하게 사용됨으로 인해 의료비용의 증가까지 초래하게 되었다고 주장한다. 또한 건강보험 등 과도한 서류처리 업무는 의료 서비스의 다원주의적 시스템과 함께 발달했으며 의료 서비스에 소요되는 비용의 상당 부분을 차지한다.

한 도시 내 몇몇 병원들에 의해 MRI와 같은 값비싼 기구들이 여러 대 중복구매가 이루어지고 있다. 또한 대부분의 병원들이 필요 이상의 큰 규모로 건축되었으며, 따라서 침상이 과잉 공급되고 있다. 보다 의료 서비스 전달의 효율성을 상승시킬 수 있는 자유경쟁시장에 이르는 과정에도 장애가 있다. 경제 내에서 의료산업 분야는 일반적으로 제한된 가격경쟁으로 특징된다. 의사와 병원은 주로 가격경쟁에 관여하지 않으며 소비자들 또한 의료 서비스의 가격과 관련해 불충분한 지식을 갖고 있다.

진료비에 관해 논의가 되는 일은 거의 없으며 대부분의 환자들은 그들이 받는 의료 서비스의 질을 결정할 수 있는 능력을 갖추고 있지 않다. 또한 현재의 시스템은 건강보다는 질병이라는 측면에 초점이 맞추어져 있으며,

질병을 예방하거나 조기진단에 관해서는 동기부여가 거의 되지 않는다.

의료 서비스 예산이 비효율적이며 앞서 분석된 많은 문제점들을 더욱 악화시킨다는 주장이 제기되고 있다.

현재의 시스템은 의료 서비스에 대한 needs가 아니라 상당 부분 개인의 지불능력에 입각해 있다. 따라서 건강에 문제가 있지만 지불능력이 없는 사람들은 치료를 받지 못하게 된다. 전통적인 행위별 수가 방식의 보상은 종종 왜곡되게 작용한다. 이러한 체계하에서는 의사들이 많은 서비스를 공급할수록 그들의 소득은 더욱 증가하게 된다. 결과적으로 일부 불필요한 수술과 같은 의료 서비스를 공급하게 된다. 또한 환자들과 건강을 유지하는 습관 및 건강예방 조치 등에 관해 상담할 필요성을 약화시킨다.

현재의 체계는 의료 서비스 공급의 왜곡을 초래한다는 주장이 있다. 예를 들어, 전문가들은 짧은 시간 노동에 비해 높은 소득을 얻기 때문에 대부분의 의과대학 졸업생들은 일반적인 의료실천보다는 전문화된 분야를 선택하게 된다. 민간 의료보험은 의료비용의 상승을 초래한다. 보험가입자들 중 많은 사람들이 정보 부족하에서 묻지마 식 보험에 가입하기 때문에 지불한 비용에 비하여 효용성이 낮을 수 있다.

2. 의료보험의 이론적 근거[1]

1) 자산 한계효용 체감의 법칙

어떤 재화의 소비로부터 획득되는 만족을 효용이라고 칭한다. 소비하

1 양봉민(2006), 『보건경제학』, 나남출판, pp. 141~163에서 발췌하여 정리함.

[그림 11-1] 자산의 한계효용곡선

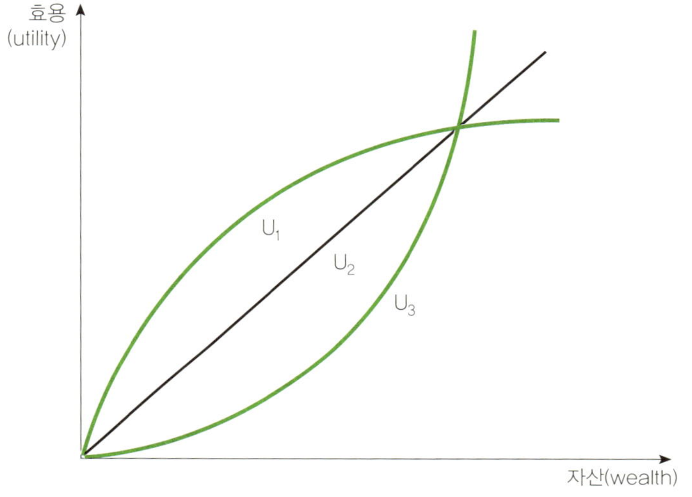

는 재화의 마지막 한 단위로 얻는 효용의 정도를 한계효용이라고 정의한다. 대부분의 재화의 소비에서, 대부분의 사람에게 한계효용은 위의 예와 같이 체감되며, 우리는 이러한 일반적인 현상을 일컬어 한계효용 체감의 법칙이라고 한다.

소득이나 자산의 한계효용이 체감한다는 것은 소득 혹은 자산과 효용 간의 상관관계를 나타내는 효용곡선이 [그림 11-1]에 나타난 바와 같이 원점에 대해서 볼록함(U_1)을 의미한다. [그림 11-1]에서 직선(U_2)은 한계효용이 균등함을 의미하며, 원점에 대해 오목한 곡선(U_3)은 한계효용이 증가함을 의미한다. 한계효용 체감의 법칙에 의해서 우리는 원점에서 볼록한 곡선을 정상적인 효용곡선으로 사용한다.

한계효용곡선은 위험에 대한 태도(risk attitude)의 측면에서 보면 [그림 11-1]의 U_1은 불확실한 미래보다는 불확실한 미래의 기대치를 더 선호하는 위험기피 행태(risk aversion)를 나타내며, U_2는 두 가지를 동일시하는 위험중립적 형태(risk neutral), 그리고 U_3는 불확실한 미래를 더 선호하는 위험선호 형태(risk seeking)를 나타낸다. 개인의 관점에서 본다면 U_1 효용곡선을 갖는 사람은 보험과 같은 불확실성에 대한 자기보호를 선택할 것이며, U_3 효용곡선을 갖는 사람은 그 반대로 도박과 같은 불확실성을 선택하거나 즐기는 사람으로 구분해 볼 수도 있다.

2) 보험가입과 가입자 편익의 증가

[그림 11-2]에서 *OA*는 의료보험이 없는 한 개인이 소유하고 있는 부 혹은 소득 수준을 나타낸다. *AB*는 그 개인이 질병 발생 시 부담하게 되는 화폐적 손실의 크기에 해당한다. 만일 질병이 발생하면 이 사람의 소득은 *OA*에서 *OB*로 감소하는 셈이다. 그림에서 *ON*은 소득 *OA*에서의 효용 수준이고, *OM*은 소득 *OB*에서의 효용 수준이다. 즉, 질병이 발생하면 보험이 없는 경우에는 소득은 *OB*로 그리고 효용 수준은 *OM*으로 감소한다. 만일 이 사람이 질병에 걸릴 확률이 50%라면 기대소득(expected income)은 *OC*가 되며,

$$OA \times 0.5 + OB \times 0.5 = OC$$

기대효용(expected income)은 *OQ* 가 된다.

$$ON \times 0.5 + OM \times 0.5 = OQ$$

만일 의료보험이 도입된다면 50%의 질병 확률이 가정된 속에서 보험료의 수준은 질병으로 인한 추정손실액의 50%인 *AC*가 될 것이다. 만일 이 개인이 보험을 가입한다면 보험금 부담 후의 소득은 *OA*에서 보험료 *AC*를 삭

[그림 11-2] 보험가입의 혜택

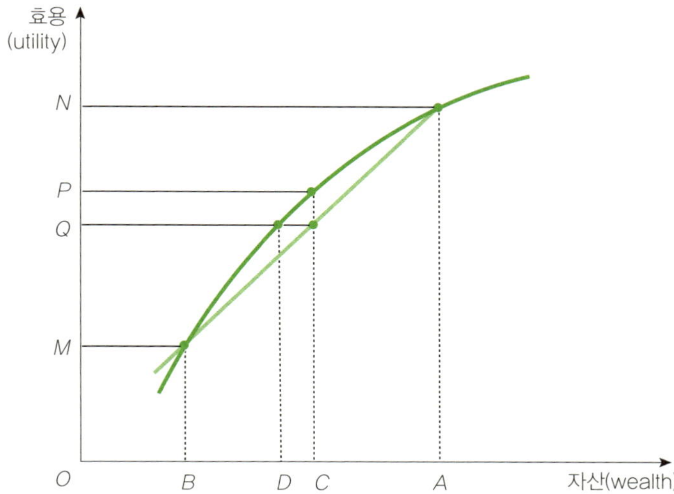

감한 *OC*로 감소하며, *OC*의 소득 수준에서의 효용은 그림에 나타난 *OP*가 된다.

$$OA - AC = OC$$

결국 보험에 가입하지 않을 때에는 *OC*의 기대소득에서 *OQ*의 기대효용을 얻게 되며, 반면에 보험에 가입한다면 *OC*의 확실한 소득 수준에서 *OP*의 확실한 효용을 얻게 된다. 두 경우를 비교해 보면, 소득 수준은 *OC*로서 동일하나 얻게 되는 효용은 보험 미가입의 경우보다 보험가입의 경우에 *PQ*만큼 더 많게 된다. 즉, 보험을 가입함으로써 한 개인이 얻는 경제적 효용 수준은 증가하며 따라서 보험은 경제적 타당성을 갖게 된다. 여기서 *CD*는 위험에 대한 비용으로서 불확실한 소득의 기대효용과 확실한 등가효용과의 차이를 비용으로 나타낸 것이다.

3) 보험과 소비자 균형

보험은 예산선과 무차별곡선이 만나서 이루어지는 소비자 균형에 영향을 미친다. [그림 11-3]에 나타난 바와 같이 보험 도입 이전의 예산선 B_1과 무차별곡선 I_1에서 소비자 균형은 E_1이 된다. 보험이 도입되면 X축의 의료서비스 가격이 PM_1에서 PM_2로 하락하면서 예산선은 B_1에서 B_2로 Y축을 중심으로 회전을 한다. 이 경우 예산선은 원래의 Y축 절편인 INC_1/P_c(총소득/C재의 가격)에서 약간 아래쪽으로 이동하게 되는데, 이것은 보험료 납부로 인하여 보험가입자의 가처분소득이 INC_1에서 INC_2로 감소하였기 때문이다. 새로운 예산선이 B_2로 주어진 경우에 소비자 균형은 E_2가 될 것이며, E_2는 더 높은 무차별곡선인 I_2에 위치함으로써 증대된 효용 수준을 나타낸다. 보험가입자의 효용은 크게 증가한다.

그러나 보험가입 전에 I_3의 효용 체계를 갖고 있던 사람들의 경우는 보험가입으로 인해 정반대 결과가 발생한다. 이 경우 소비자 균형은 E_3에서 E_4로 이동하면서 이동의 결과 소비자 효용은 I_3에서 I_4로 오히려 감소한다.

결국 보험 적용으로 많은 사람이 혜택을 보지만 일부는 오히려 효용 수준이 감소하는 손해를 볼 수도 있다. [그림 11-3]에서 무차별곡선이 의료 서비스가 있는 X축에 가까이 있는, 비교적 질병 확률이 높은 사람은 의료보험을 통하여 효용이 증가하지만 선호 체계(무차별곡선)가 Y축에 근접해 있는 건강한 사람은 오히려 손실을 입게 된다는 것을 알 수 있다. 이러한 손실을 안게 되는 계층의 사람들, 즉 10대나 20대의 건강한 젊은이나 의료이용 빈도가 낮은 농어촌 지역 주민들은 만일 의료보험이 강제 적용된다면 자칫 보험 저항을 보일 것이다.

결과적으로 보험의 적용은 의료이용으로 인하여 부(富)의 이전효과를

[그림 11-3] 보험 적용과 소비자 균형

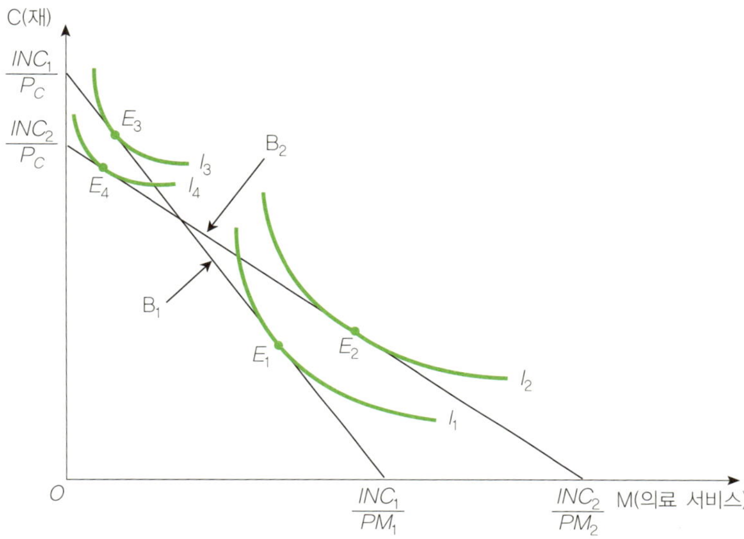

낳는다. 부의 이전은 주로 건강한 자에게서 병약한 자에게로 이전되며, 만일 병약한 자가 의료이용을 많이 하는 빈곤계층이고 건강한 자가 부유계층이라면, 보험의 적용 및 의료이용은 계층 간 소득 재분배의 효과를 갖게 될 것이다. 그러나 잠재적인 소득 재분배 효과는 어디까지나 보험의 부수적인 효과이지 주목적이 아님은 물론이다. 보험은 소득계층 여하를 막론하고 질병 발생 시 비롯되는 예상치 못한 경제적 부담으로부터 가입자를 보호하는 경제적 장치인 것이다.

4) 역선택

역선택(adverse selection)이란 정보의 비대칭 혹은 불완전성으로 인하여 보험시장에 바람직하지 못한 결과가 초래되는 현상을 일컫는다. 질병 확률이 높은 피보험자가 그러한 확률을 감춘 채 의료보험에 가입하여 보험자 및 질병 확률이 낮은 다른 피보험자에게 손해를 초래할 때 역선택이 발생한다. 의료이용을 많이 하는 역선택의 피보험자로 인하여 보험자는 보험료를 인상할 수밖에 없으며, 질병 확률이 낮은 피보험자는 추가적인 부담 때문에 보험가입을 기피하거나 혹은 좀더 값싼 보험자를 찾게 된다. 그 결과 주로 질병 확률이 높은 고위험군이 보험에 남게 되면서 보험료는 또다시 인상되고 보험 경영이 악화되면서 보험시장 자체가 쇠퇴하는 위험을 안게 된다. 피보험자가 보험회사를 자꾸 바꾸거나 혹은 보험에서 탈퇴함으로써 상당한 사회적 비용이 발생하기 때문이다.

보험의 개인가입이든 단체가입이든 보험자가 민영보험회사인 경우에 이윤극대화가 목적인 보험자는 의료이용률이 높은 고위험군을 기피하면서 이용률이 낮은 저위험군만 선택하여 급여를 하는 이른바 '위험군 선택'(risk selection)이 존재할 수 있다. 보험자는 의료이용이 낮은 저위험군만 피보험자로 함으로써 낮은 보험료만으로도 이윤 획득이 가능하기 때문이다. 이러한 공급자에 의한 역선택은 특히 민영보험시장에 존재하는 전형적인 문제로서 정책당국이 해결해야 할 과제에 해당한다. 위험군 선택의 문제 역시 가장 확실한 해결방안은 단체가입의 강제화 또는 평균 기준 부과 방식의 강제화이다. 보험가입을 희망하는 모든 사람은 건강 수준과는 무관하게 가입이 허용되어야 하며, 건강 수준과는 무관하게 모든 가입자는 전체 가입자의 평균에 해당하는 보험료를 부담하는 방식이다. 가입이 강제되어 있는 사회보험 형태의 의료보험이 바로 대표적인 예이다.

5) 정신적 해이

일반재화의 경우 소비자는 재화의 가격 전액을 지불하면서 자원사용에 대한 비용 전체를 떠맡게 된다. 따라서 소비자는 재화의 구매 혹은 자원

사용에서 최대한의 편익을 얻으려는 경제적 동기를 가지게 된다. 그러나 소비자가 의료보험 적용을 받으면 비용의 일부만을 부담하며, 따라서 자원의 경제적 사용에 대한 동기를 잃게 된다. 의료보험에서 정신적 해이(morale hazard)는 의료보험 급여와 함께 발생하는 소비자의 소비 행태 변화를 일컫는다. 즉, 소비자는 단위당 가격이 높거나 혹은 전체 비용이 더 많이 드는 경제행위를 선호할 것이다. 예를 들어, 일부 소비자들의 경우 필요 이상으로 의사방문 횟수를 늘리거나 비싼 서비스의 수혜를 요구할 것이며, 건강유지를 의료 서비스에 주로 의존하기 때문에 필요한 건강증진 생활을 등한시할 수 있다. 이러한 소비자의 행태는 전체 의료비를 증가시키거나 혹은 병이 발생할 확률을 상승시키는 역할을 한다.

개별 소비자는 이러한 비용 증가 행위가 전체 의료비 및 보험료 수준에 미치는 영향이 미미하다고 생각할 것이나 만일 대부분의 보험가입자가 비슷한 의료이용 행태를 보인다면 전체 의료비 증가와 함께 의료보험료 상승은 불가피한 상황이 될 것이다.

3. 재원조달과 지불보상제도[2]

보건의료의 재원조달 방법에 따라서 소득계층 간 형평성, 조달되는 금액의 양, 그리고 소비자 후생과 서비스 생산이 달라지게 된다. 그리고 조달된 재원이 공급자와 소비자에게 전달되는 과정에서 그 배분을 결정하는 것이 지불보상 방법이다.

2 양봉민(2006), 『보건경제학』, 나남출판, pp. 317~346에서 발췌하여 정리함.

1) 재원조달 방법

(1) 일반 조세수입

보건의료를 위한 가장 중요한 재원은 일반 조세수입이다. 일반 조세수입이 총국민소득에서 차지하는 비율은 국가마다 차이는 있지만 상당한 부분을 차지한다.

일반 조세수입은 상업거래 및 이윤에 부과되는 조세, 수출 및 수입에 부과되는 관세, 소득세, 그리고 재산세가 주종을 이룬다.

일반 조세수입에 의한 보건의료의 재원조달은 다른 공적 사업으로부터의 재원을 보건의료 부분에 이전 분배함으로써 혹은 일반 조세수입이 증가할 때 보건의료 부문의 비중을 그대로 유지함으로써 늘어날 수 있다. 국민경제의 규모가 커질수록 조세율이 일반적으로 높아지기 때문에 개발도상국을 비롯한 많은 국가들은 경제성장과 함께 보건의료 부문에 더 많은 투입을 할 수 있다.

(2) 목적세

조세 방식에 의한 재원조달의 또 다른 형태는 보건세 혹은 건강세를 거의 모든 국민을 대상으로 징수하여 보건의료의 재원조달에 충당하는 방법이 있다. 공공보건의료를 위하여, 혹은 국민에게 전달되는 제반 보건의료 서비스의 재원으로서 소득의 일정분을 목적세인 보건세로서 징수하게 된다. 경우에 따라서는 부동산 소유자들에게 재산세에 부가되어 일정률이 부과되기도 하고 혹은 자동차와 등산에 목적세가 첨부될 수도 있다. 교육재정 충당을 위하여 교육세를, 국방비 재원으로 방위세를, 그리고 농어촌 지원을 위하여 농특세를 내듯이 보건의료의 재원조달로 보건세를 부담하는 형태이다.

목적세는 그 징수가 비교적 용이하여(행정적 편의성) 세금징수에 따르는 행정비용이 적다는 장점이 있다.

(3) 사회보험

사회보험은 근로자나 고용주에게 임금의 일정률을 보험료로 납부하도록 강제함으로써 근로자들을 위한 보건의료 서비스 제공의 재원을 마련하는 재원조달 체계에 해당한다. 때로는 정부도 재정의 일부분을 담당하게 되며 의료 서비스 이용 시 근로자는 얼마간의 금전적 부담을 안게 되기도 한다. 보험료의 부담은 건강에 대한 위험(risk)에 준하기보다는 소득을 기준으로 하며, 따라서 질병발생 확률이 높은 근로자일수록 상대적으로 더 큰 혜택을 입게 되는 것이다.

(4) 고용주 부담

고용주가 보건의료비의 상당 부분을 부담하는 것은 우리나라뿐 아니라 외국 여러 나라에서도 보편적인 현상이다. 공무원인 경우에는 국가가, 근로자를 위해서는 기업주가 의료보험료의 일정률을 부담하거나 혹은 의료 서비스 비용의 전액 혹은 일부를 부담한다. 때에 따라서는 고용주가 의사를 비롯한 보건의료 인력이나 시설을 구비하고 1차 보건의료 서비스의 대부분을 직접 공제하기도 하며, 특히 광산, 철도, 건설 및 제철산업의 경우에는 기업주가 2차 보건의료 서비스까지도 직접 제공하는 예를 여러 나라에서 발견할 수 있다.

(5) 가계 지출

개별 가구의 보건의료에 대한 비용 지출은 직접 지출과 간접 지출로 구분되는데, 의료보험료나 사회보험을 위한 조세 부담은 간접 지출이 되며, 보건의료 서비스를 받는 데 대하여 해당 서비스의 제공자에게 제공되는 서비스에 상응하는 반대급부를 직접 줄 때 그것은 직접 지출이 된다. 의료제도나 보험제도에 따라 국가마다 개별 가구의 총의료비에 대한 직접 지출 비율은 큰 차이를 나타낸다.

가계의 직접의료비 지출이 크다는 것은 의료제도의 문제점으로 지적된다. 저소득층은 재정장벽이 크기 때문에 필요한 의료 서비스마저 이용하지 못하게 되기 때문이다.

2) 지불보상제도

(1) 의료제도와 지불보상제도

보건의료제도의 근간은 지불보상제도에 있다고 할 수 있다. 의료 서비스를 정부가 무상으로 공급하지 않는 한 의료 부문은 타 산업과 마찬가지로 수요와 공급의 원리가 적용되는 시장을 형성하며, 타 시장에서 가격이 시장의 기능을 좌우하듯이 의료 서비스에 대한 지불 및 상환방법은 전체 의료 부문의 성과를 가늠한다고 할 수 있다.

의료 부문은 다른 경제 부문과는 달리 공급자의 자원배분 역할이 매우 크며, 이러한 공급자 역할에 영향을 미치는 절대적인 요인은 지불보상제도이다. 상이한 지불보상 방법은 단기적으로는 공급자 특히 의사의 서비스 제공 행태 및 환자의 서비스 소비 행태에 영향을 미치고, 장기적으로는 의사를 포함한 의료인력 및 시설의 분포, 의료 서비스가 적정한 양만큼 필요로 하는 사람들에게 과다한 재정 지출 없이 제공되기 위해서는 올바른 지불보상 방법이 적용되어야 하며 이는 곧 의료제도의 정립을 의미한다.

지불보상제도에서 의료제도의 구성에 영향을 미치는 것은 지불 형태보다는 보상 형태이다. 이것은 특히 공급자의 의료제공 행태가 보상 방식에 의하여 크게 영향을 받기 때문이다. 규범적으로 의사는 의료 서비스 제공에서 금전적 동기에 좌우되어서는 안 된다. 그러나 실제로는 의사들이 항상 그런 규범적 논리에 의해서만 행동하지는 않으므로 서비스 공급자에 대한 보상의 방법에 대하여 주의 깊게 살펴볼 필요가 있다. 보상 방식에 의해 공급자에 대한 동기부여가 달라지며, 서로 다른 동기에 의하여 공급자의 행태가 결정되고 또한 이런 행태는 의료제도의 구성 및 성과에 결정적인 역할을 한다.

(2) 지불보상제도의 형태

현존하는 지불보상제의 종류는 아주 다양하며 세계 어느 나라에서도 똑같은 지불보상제를 실시하고 있지 않다. [그림 11-4]는 환자의 지불방법과 공급자 특히 의사에 대한 보상 방식을 기준으로 하여 지불보상제를 분류한 것이다.

먼저 환자 측면에서는 의료비를 질병이 발생하기 전에 미리 의사 또는 제3자에게 지불하느냐 아니면 의사의 진료를 받은 후에 지불하느냐에 따라

[그림 11-4] 지불보상제도의 분류

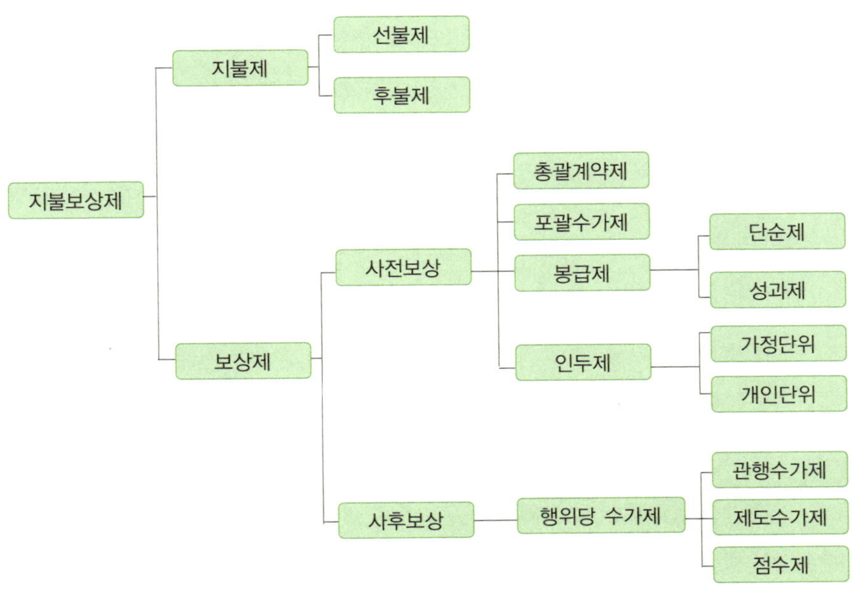

선불제와 후불제로 나눌 수 있다. 환자의 의료비 지불 방식은 보상제와 불가분의 관계가 있다. 즉, 환자에 대한 보상이 사전 보상이면 소비자는 선불을 하고, 그것이 사후 보상이면 후불을 하지만, 만약 의료보험이 개입하게 되면 보험료에 해당하는 만큼 선불을 하는 셈이다.

선불제인가 후불제인가도 중요하지만 그보다는 보상제도가 훨씬 그 의미가 크다. 의사에 대한 의료비 보상 방식은 행위당 수가제(fee-for-service), 인두제(capitation), 봉급제(salary), 포괄수가제(case payment), 총괄계약제(negotiation system) 등으로 나뉜다.

수가제에서 의사는 제공된 서비스의 단위당 가격과 서비스의 양을 곱한 만큼 보상을 받는다. 따라서 현실적으로 시행이 용이하고 합리적인 방법이다. 행위당 수가제의 장점은 의사가 적극적인 서비스 제공 욕구를 가지고 새로운 의료기술의 도입과 연구개발을 촉진하도록 유인한다는 점이다. 반면에 의료인에 대한 과잉진료 및 과잉투약의 가능성이 있으며, 시설 및 장비에 대한 과잉투자로 자원이 낭비될 소지가 있다. 그리고 예방이나 건강증진보다는 치료 중심의 서비스에 치중하게 되어 환자와 의사 간에 갈등이 생기고 국민의료비 증가의 한 원인이 되기도 한다.

행위당 수가제는 다시 관행수가제, 제도수가제 그리고 점수제로 분류된다. 수가가 시장 기능에 의해서 결정되는 경우가 관행수가제에 해당된다. 반면에 정부나 보험조합이 보험에 적용되는 수가를 생산원가에 기준하여 계산한 후 그것을 고시함으로써 공권력에 의한 강제집행형 수가가 제도수가제에 해당된다. 점수제에서는 서비스 행위당에 대한 보상을 일단 점수로 받고 그 점수들이 일정 비율로 금액으로 환산되는 경우를 일컫는다.

봉급제는 서비스의 양이나 제공받는 사람의 수에 관계없이 일정한 기간에 따라 공급자인 의사, 약사, 한의사가 보상받는 방식을 말한다. 봉급을 정하는 기준은 의사의 교육 정도, 전문적 기술의 정도, 근무시간, 직급 등에 따르며, 국가에 따라서는 봉급 이외에 보너스를 지급하기도 하고 과외시간에 개인환자를 볼 수 있게 하는 유인책을 사용하기도 한다.

봉급제도 면담환자 수나 진단량에 관계없이 일정 급여가 주어지는 단순봉급제와 성과에 따라 봉급 수준을 달리하는 성과급제로 나누어지는데, 단순봉급제는 그 성질상 인두제에 가까운 서비스 제공 형태를 갖게 되고, 성과급제는 오히려 행위당 수가제와 비슷한 양상을 띠게 된다. 단순급이냐 아니면 성과급이냐에 따라 성과에 차이가 나타나기는 하나 공통적으로는 생산성 향상 등 집단개업이 갖는 장점을 갖는다.

인두제는 등록된 환자 또는 사람 수에 따라 의사가 보상받는 방식이다. 의사는 개인적으로 또는 집단의 한 부분으로 활동하면서 미리 결정된 양의 수입을 보상받고 일정 기간 동안 등록자에게 의료 서비스를 제공한다. 이때 환자에 대한 서비스의 제공량과 의사의 수입은 거의 관계가 없으며 일반적으로 조금이라도 복잡한 환자는 후송 의뢰하는 경향이 많다.

포괄수가제는 의사에게 환자 1인당, 혹은 진료일수 1일당, 아니면 질병별로 보수 단가를 설정하여 보상하는 방법이다. 일반적으로 외래의 경우에는 방문당으로 설정되며, 입원의 경우는 질병별로 규정된 수가를 보상한다.

총괄계약제는 지불 측과 진료 측이 미리 진료보수 총액을 정하는 계약을 체결하고 진료 측에서는 그 총액의 범위 내에서 진료를 담당하나 지불자는 진료비에 구애받지 않고 의료 서비스를 이용하는 제도이다. 이 제도는 총의료비의 억제가 가능하고 진료보수의 배분을 진료 측에 위임함으로써 개개 의사의 과잉진료에 대해서 단체 내부의 자치에 의한 억제가 기대되므로 의료비의 절감을 가져올 수 있다. 이 제도가 [그림 11-4]의 사전보상제에 속하게 된 이유는 의사 개개인의 측면에서는 보상이 사후에 결정된다고 할 수 있지만 진료자와 지불자 전체의 입장에서 보면 진료비 총액이 사전에 결정되기 때문이다.

[표 11-1]은 각각의 지불보상 방법을 보상단위, 보상시기, 그리고 위험부담의 측면에서 분류하여 비교하고 있다. 보상단위와 보상시기에 관하여

[표 11-1] 지불보상제도의 내용별 구분

구분	행위당 수가제	포괄수가제	인두제	총액(총괄)계약제
보상단위	서비스 행위별	질병별	가입자별	의료기관별
보상시기	서비스 제공 후	질병 진단 후	의료이용과 무관	의료기관과 무관
위험부담자	소비자	소비자와 공급자	공급자	공급자

는 이미 설명이 되었으며, 위험 부담의 의미는 제도의 시행으로 재정적 위험 부담을 최종적으로 누가 지느냐의 문제이다. 행위당 수가제에서는 소비자인 환자가 재정적 위험을 안게 되며, 공급자는 서비스를 제공하는 만큼의 수입을 얻기 때문에 재정상의 위험은 전혀 없다. 공급자가 안게 되는 부담이 있다면 수입을 많이 얻기 위하여 불필요한 진료를 하였을 때 갖는 도덕적 부담이 있을 수 있다. 인두제의 경우 공급자 입장에서 보았을 때 등록환자 수에 따라서 이미 연간소득이 확정된 상태에서 만일 진료환자 수가 많아지면 그만큼 진료시간과 재료비 등의 부담이 공급자에게 발생한다. 반면에 환자의 경우 질병 유무, 혹은 서비스 이용 과다에 관계없이 무료로 서비스가 제공되기 때문에 위험 부담을 전혀 지지 않는다. 포괄수가제와 총액계약제도 위와 같은 맥락에서 제도의 내용이 이해될 수 있다.

의료비 지불보상의 성과를 전통적인 분류 방식에 의하여 비교하기란 매우 어렵고 복잡한 일이며, 대부분의 나라에서 두 가지 이상의 복합적인 방법을 채택하고 있기 때문에, 하나하나 제도의 성과를 측정·분석한다는 것은 큰 의미를 갖지 못한다. 따라서 의료비 지불보상제도의 성과분석을 위해서 보상제도를 진료비 보상액 결정 시기를 기준으로 하여 크게 두 가지로 나누고자 한다. 의료비 보상제도는 환자가 의료기관을 이용하는 시기를 기준으로 의료기관 이용 이전에 의사를 포함한 보건의료 공급자에 대한 보상수준이 미리 결정되는 사전 보상 방식(prospective system)과 환자가 의료기관을 이용한 후에 공급자에 대한 보상 수준이 결정되는 사후 보상 방식

(retrospective system)으로 대별하였다. 사전 보상 방식에서 공급자의 수입은 진료를 행하기 이전에 미리 결정되어 있으므로 서비스의 양과 수입은 무관하다.

3) 본인부담금(공제)[3]

보험자와 피보험자 간 계약에 의하여 비용의 일부를 피보험자가 책임을 지도록 하는 제도이다.

(1) 공제의 의의

공제(控除, deductible)란 담보된 손해 중에서 보험자에 의한 보상지급액 중 보험계약 내용에 따라 감액되는 부분을 일컫는다. 재산보험의 경우에 공제는 보편적으로 적용되는 반면, 책임보험의 경우는 예외적으로 적용되나 점차 증가 추세에 있다. 공제를 적용하는 이유는 다음과 같다.

- 공제는 도덕적 해이를 줄이고 손해방지를 장려한다.
- 공제는 담보된 손해의 건수를 줄여서 손해사정비용이나 보험금지급 총액을 줄여 준다.
- 따라서 공제는 보험료를 낮추는 역할을 한다.

도덕적 해이란 보험가입을 계기로 평소보다 손해발생에 대한 주의를 덜 기울이는 현상을 말한다. 손해가 발생하더라도 보험자가 손해보상을 해준다면 굳이 손해방지를 위한 시간, 노력, 비용을 들이려 하지 않을 수 있다.

3 공제(控除)라는 용어는 한글로만 쓸 경우에 보험유사 제도인 공제(共濟)와 혼돈을 일으킬 수 있어 그리 좋은 용어로 생각되지 않는다. 자기부담금액이 의미 전달상 바람직한 것으로 생각된다. 다만 자기부담금액은 너무 긴 것이 흠이다. 여기서는 공제를 한자와 병용하기로 한다. 일본에서는 면책금액이라는 용어를 사용한다.

실제로는 좀 더 복잡한 내용이 숨겨져 있다. 적절한 손해방지 장치를 작동하지 않는 피보험자는 보험청약이 거절되거나 높은 보험료를 부담하여야 하는 경우가 있고, 예방이 가능했던 사고가 발생하여 손해를 입은 경우는 추후에 보험계약을 유지하기 어렵게 되거나 보험료가 높아질 수 있다. 이러한 점에도 불구하고 손해보상을 해줄 보험자가 있다는 사실은 피보험자의 주의의무를 무디게 하는 경향이 있다. 공제는 이러한 무디어지기 마련인 주의의무에 경각심을 불러일으키기 위한 방책인 것이다.

담보된 손해가 발생하면 보험자는 계약내용에 따라 피보험자에게 손해보상을 하여야 한다. 실제로는 이러한 직접 손해보상으로 인한 지출 이외에 보험자는 보상청구에 대한 조사와 처리를 위해 시간, 노력, 비용을 들이게 된다. 접수된 보상청구를 기록하고 처리하는 데 비용이 소요되며, 지급준비금 회계처리 등에 많은 관리비를 사용한다. 적은 액수의 보상청구의 경우에는 이러한 행정비용 등이 손해보상비용과 비슷하거나 오히려 더 커지는 경우도 있다. 손해사정비용은 보험요율 결정에 반영되므로 소액의 사고가 다수 발생하여 이에 따른 손해사정 횟수가 불어나면 피보험자 집단 전체가 부담하여야 할 보험료가 높아지게 된다. 이러한 소액의 손해발생 경우에 소요되는 손해사정비용은 매우 비효율적인 지출이다. 공제는 이러한 소액의 손해발생 시 부가적으로 소요될 수 있는 비용을 줄여 주는 것이다.

담보된 책임과 관련하여 배상청구가 제기된 경우에 보험자는 필요하면 방어를 하여야 하고 궁극적으로 결과에 따라 청구자에게 보상금을 지급하여야 한다. 대부분의 경우에 보상청구 액수가 적지 않아서 보험자가 보상이 청구된 시점부터 방어에 적극 대응하는 것이 필요하다. 또한 보상액수는 판결이 나거나 합의가 이루어져야 확정된다. 이러한 이유로 배상책임보험에서는 공제가 효과를 거두기 어렵다.

공제는 보험자의 손해보상과 손해사정비용을 줄여 줌으로 보험료도 줄여 준다. 보험료 절감 정도는 공제의 크기에 비례하지는 않고 고액의 손해발생 가능성이 감소함을 반영하여 비례적으로 줄어들도록 하는 방식을 취한다.

(2) 공제의 효과

공제의 효과는 손해보험의 모든 종목에서 위에서 언급한 세 가지 효과가 모두 같은 수준으로 나타나는 것은 아니다.

가. 손해방지 장려

공제의 손해방지 장려 효과는 보험자의 모든 종목에 걸쳐 나타난다. 그러나 손해 규모가 크고 예방될 수 있는 손해를 입은 피보험자가 경제적으로 타격을 느낄 만큼 공제의 크기도 클 때에 가장 효과적이다.

나. 경비와 보험료 절감

소규모의 부분적 손해발생이 잦은 보험종목에 효과적이다. 자동차보험 중 충돌보험이 한 예이다. 따라서 대부분의 자동차보험에 공제가 적용된다. 공제의 비용절감 효과는 다른 보험의 경우 그 효과가 미미한 경우가 있다. 수천억 원이 소요되는 인공위성 발사 보험을 생각해 보자. 이 경우 부분적 손해의 발생을 생각하기 힘들다. 예컨대, 1억 원의 공제조항을 둔다 한들 더 이상의 손해방지 효과를 기대할 수 있거나 보험료 절감 효과를 기대하기 어렵다.

(3) 공제의 종류

공제는 우선 보험사고당 공제와 총액공제의 2가지로 크게 나눌 수 있다. 보험사고당 공제는 매 항목, 각 지역, 각 배상청구, 또는 각 발생마다 적용시킨다. 보험사고당 공제는 금액, 가액에 대한 비율, 또는 시간 등 여러 가지 형태로 표시된다. 총액공제는 주어진 기간 동안 적용되는 공제액이다.

총액공제와 보험사고당 공제가 병행되어 사용될 수도 있다. 병행되어 사용될 경우에 총액공제 한도가 다 찼을 때에는 보험사고당 공제는 그 적용을 유보하거나 축소 적용한다. 어느 경우에나 보험자는 공제액 이내의 손해는 보상하지 않는다.

공제액 산정 방식에 따라 직접공제, 비율공제, 특수공제, 총액공제, 축적성 공제 등으로 나눈다.

가. 직접공제

직접공제(直接控除, straight deductible clause)란 일정 금액을 공제액으로 정해 놓고 손해액이 이 금액 이하인 경우는 보상을 실시하지 않는 것을 말한다. 예컨대, 공제액은 1만 원, 5만 원, 10만 원 등으로 정할 수 있으며 공제액이 5만 원으로 정해졌다면 5만 원 이하의 손해가 발생했을 경우는 손해보상이 이루어지지 않고 그보다 큰 손해가 발생했을 경우에는 손해액수에서 공제액을 제한 차액을 보상해 주게 된다. 따라서 이 경우에 손해액이 7만 원이라면 2만 원의 보상을 받을 수 있다.

직접공제는 언뜻 보기에는 대단히 간단한 것 같지만 실제로는 직접공제액으로 정한 액수를 어디에서 차감할 것인가 하는 점과 공제액을 적용시키는 횟수 등에 따라 다양한 형태로 존재한다.

직접공제의 경우 보험자는 계약으로 정해진 액수를 손해액이나 공제가 아니면 지급할 금액에서 차감한다. 어느 경우에나 손해액이 공제액보다 적을 경우는 아무것도 지급되지 않는다. 손해액 기준 공제의 경우에 손해액이 크다면 피보험자는 보험한도액까지 지급받을 수 있을 것이다. 공제가 아니면 지급할 금액에서 차감했을 경우에는 피보험자는 보험한도액까지 보상받을 수는 없다. 피보험자가 지급받을 수 있는 최대액은 한도액에서 공제액을 차감한 금액이다. 예를 들어 보자. 피보험자의 손해액이 1억 1,000만 원이고 보험금액은 1억 원이며 500만 원의 직접공제 조항이 있다고 하자. 이 경우에 공제가 손해액에서 차감된다면, 지급될 금액은 1억 500만 원이나 보상한도가 1억 원이므로 1억 원이 지급된다. 만약 공제가 공제조항이 없어 지급할 금액에서 차감된다면 피보험자에게 지급될 최대금액은 9,500만 원이 된다. 보험자 배상한도가 1억 원이고 여기서 500만 원의 공제액이 차감되기 때문이다. 지급할 금액에서 차감하는 형식의 공제를 잠식한도(蠶食限度)라고도 하며, 이는 위 예에서 보다시피 피보험자는 결코 배상한도(보험금액)까지 지급받을 수 없기 때문에 붙여진 것이다.

나. 비율공제(比率控除, percentage deductible)

공제는 직접공제처럼 일정액의 공제액을 설정하는 수도 있으나 보험금액, 보험가액, 발생한 손해액의 몇 퍼센트처럼 일정한 비율로 표시할 수도 있다. 이럴 경우에, 비율의 기준이 되는 보험금액, 보험가액, 발생한 손해액 등이 클수록 공제 역시 커지게 된다.

가장 논리적이라 할 수 있는 방식은 보험금액에 의거하는 것이다. 하지만 공제를 보험금액의 몇 퍼센트로 정하려 할 경우에는 보험금액을 낮추려는 경향이 발생하고, 이는 보험자에게 심각한 경영상 문제를 가져다줄 수 있다.[4] 이러한 문제 때문에 보험가액에 기하여 공제를 설정한다.

공제는 발생한 손해액의 몇 퍼센트와 같이 설정될 수도 있다. 예컨대, 결정된 보험금의 10%를 공제로 하되 그 한도는 1,000만 원으로 한다는 식이다. 이 경우 피보험자가 매 손해마다 책임을 지게 되므로 참가조항(participation clause)이라 일컬어지기도 한다.

다. 특수공제

대형 손해에 적용되는 공제는 손해방지 및 감소를 장려하고 도덕적 해

4 보험금액이 보험가액에 비하여 적은 일부 보험의 문제이다. 자세한 것은 공동보험을 참조.

이를 줄이는 데 기여하지만 공제의 또 다른 기여는 소규모 손해에 적용되는 보상간극을 없애 준다는 점이다. 대규모 손해의 경우, 예컨대 수억 원대의 손해가 발생할 수 있는 경우에 20만~30만 원의 공제는 손해방지 및 감소와 도덕적 해이를 줄이고자 하는 공제의 기본 취지를 무색하게 할 수 있다. 이러한 문제는 직접공제의 경우에 공제액이 작든 크든 모든 보험금 지급청구에 적용되기 때문에 발생된다. 이에 비하여 특수공제(特殊控除, franchise deductible)는 공제액 이하의 소규모 손해에는 보상금을 전혀 지급하지 않고 그 이상일 경우는 전액 지급한다. 이로써 소액보상 청구에도 따르기 마련인 손해사정비용 등 부수비용을 줄이는 효과를 거둘 수 있고, 큰 규모의 손해는 전액 보상을 하여 피보험자에게 도움이 되도록 한다. 예컨대, 공제액이 50만 원이라고 하자. 손해액이 49만 원이라면 지급액은 전혀 없으나 손해액이 51만 원이라면 51만 원이 지급된다.

특수공제 방식은 다른 보험종목에 적용하기에는 어려운 점이 있다. 피보험자가 보험금을 목적으로 손해액을 부풀리려고 할 가능성이 크기 때문이다. 위의 예에서 49만 원의 손해가 발생한 경우에 손해를 늘려서 50만 원이 되도록 할 가능성이 크기 때문이다.

라. 가변성공제

가변성공제(可變性控除, disappearing deductible)는 특수공제의 장점을 살리고 단점은 제거하기 위하여 고안된 방법이다. 사실상, 이 방법은 특수공제에다 손해액의 몇 퍼센트 공제 방식을 가미한 방법이다. 가변성 공제는 최근 들어 거의 사용되지 않고 있으나 이 개념의 이해는 실무에 큰 도움을 줄 수 있다. 손해액을 부풀리려는 유혹을 없애기 위해 가변성 공제는 손해액이 공제액을 초과하는 즉시 공제액이 영으로 떨어지지는 않는다. 대신에 공제액이 손해액이 증가함에 따라 감소하여 결국에는 영에 도달한다. 예를 들어 보자. 5만 원의 가변성공제 조항이 있는 재산보험을 가정하자. 이 경우 손해액이 5만 원 이하일 경우 보험금은 전혀 지급되지 않는다. 손해가 50만 원보다 클 경우는 보험금액을 한도로 전액 지급되며 공제가 적용되지 않는다. 5만 원에서 50만 원 사이의 손해의 경우 보험자가 적용하는 공제액은 5만 원에서 50만 원으로 손해가 커짐에 따라 증가한다. 이 단계의 손해일 경우에 보험금은 다음 공식에 의하여 결정된다.

(손해액 - 5만 원)×1.11 = 보험금

손해의 크기가 15만 원이라고 하면 보험금은 (15만 원–5만 원)×1.11 = 11만 1,000원이 되고, 이 경우 적용된 공제액은 5만 원이 아니고 39,000원이다. 손해의 크기가 45만 원이라고 하면, 지급될 보험금은 (45만 원–5만 원)×1.11 = 44만 4,000원이 된다. 즉, 이 경우에 공제액은 5만 원이 아니라 6,000원이 된다. 이렇듯 손해의 크기가 증가할수록 공제의 크기는 감소한다.

가변성공제는 직접공제와 특수공제의 단점을 보완하는 효과가 있다. 즉, 보험자는 적은 규모의 손해를 처리하는 비용을 절감할 수 있고 피보험자는 큰 손해는 모두 보상을 받게 된다. 하지만 현실적으로 사용이 기피되는 이유는 소비자에게 상당히 복잡하다는 인상을 준다는 점이다. 장점이 많음에도 불구하고 일반 가입자가 내용을 이해하기 어렵고 또 이를 설명하기도 쉽지 않기 때문이다.

마. 총액공제

총액공제(總額控除, aggregate deductible)의 경우 특정 기간(보통 보험 기간) 내에 발생하는 손해는 공제를 충족시키도록 합산한다. 손해액의 합이 공제액을 초과하면 보험자는 공제액 초과분을 지급개시한다.

총액공제 방식은 직접공제나 사건당 퍼센트 공제 방식과 함께 적용되기도 한다. 예를 들자면, 사건당 공제를 피보험자가 부담하고 보험자가 초과분을 지급하는 형식이다. 그러나 피보험자의 사건당 공제에 기한 피보험자 부담액이 총액공제에 이르면 추가적 보험금 청구는 공제 없이 혹은 감소된 공제가 적용된 후 전액이 지급된다. 위험관리자 측면에서 볼 때 총액공제는 이상적인 상황을 제공한다.

바. 축적성공제

축적성공제(蓄積性控除, cumulative deductible) 조항 계약자가 표준보험료의 50%를 계약 체결 시 지급하고 보험 기간 중 발생한 손해액이 이미 납부한 보험료에 상당할 경우에 한해서 그 시점에서 나머지 50%에 해당하는 보험료를 추가 납입하는 조건이다. 보험자는 보험 기간 중의 이 시점부터 그 시점에서 나머지 보험 기간 중 발생하는 손해에 대해서 보험금 전액을 한도로 보상책임을 진다.

사. 전환가능공제

전환가능공제(轉換可能控除, convertible deductible)란 계약자는 계약 당시 일정 보험 기간에 해당하는 보험료 중 40%를 선보험료로 지불하고, 이후 보험 기간 중에 아무런 사고발생이 없으면 나머지 60%에 해당하는 보험료 납부가 면제되는 보험계약을 말한다. 물론 사고가 발생하면 나머지 보험료를 납부하여야 한다.

아. 중간단계공제

중간단계공제(中間段階控除, corridor deductlble)는 주로 의료보험에서 활용하는 것으로 기본적 의료보험과 추가적 의료보험 중간에 공제역할을 하는 금액을 설정해 놓은 경우를 말한다. 예를 들자면, 기본적 의료보험이 보장하는 진료비 보상액수가 50만 원까지이고 추가적 의료보험이 700만 원까지 수술비용을 지급한다고 하고 중간단계 공제액이 10만 원이라고 하자. 이 경우에 추가적 의료보험은 진료비 보상액수 50만 원과 중간단계 공제액 10만 원을 제한 60만 원부터 보상이 된다. 그리하여 의료비가 총 59만 원이 지출되었다면 기본적 의료보험이 50만 원의 보상을 하고 추가적 의료보험이 보상하는 부분은 없다. 만약 의료비 지출이 65만 원이었다면 추가적 의료보험이 보상하는 금액이 5만 원이 된다. 중간단계 공제 역시 추가적 의료보험의 측면에서 본다면 일반적인 직접공제와 유사하다.

자. 시간공제

보험종목에 따라서는 공제가 금액으로 표시되는 것이 아니고 시간으로 표시된다. 흔히 대기 기간(待期其間, waiting period)이라고 부른다. 금액공제와 더불어 시간공제(時間控除, time deductible)를 적용하기도 한다. 장해보험의 경우는 대기 기간이 긴 조건일수록 보험료가 낮아진다.

시간공제의 경우도 분리형 방식을 적용할 수 있다. 보험종목에 따라서는 대기 기간에 소급보장조항을 삽입한다. 이 경우 특수공제 방식을 상기하면 된다. 즉, 손해 기간이 대기 기간보다 적을 경우는 지급이 없으나 그 이후에는 전액이 지급된다. 처음 대기 기간이 시작된 시점으로 거슬러 올라가 지급개시를 하는 것이다.

Chapter 12

국민건강보험

학습목표

1. 국민건강보험의 개요
2. 국민건강보험의 재정 및 재원조달
3. 국민건강보험의 보장성
4. 국민건강보험의 보험료

1. 국민건강보험의 개요[1]

1) 적용 대상

1977년 7월 1일 500인 이상 사업장을 대상으로 건강보험을 처음 시작할 당시에는 건강보험 적용인구는 320만 명에 불과하였다. 그러나 전 국민 건강보험 실시 다음 해인 1990년에는 그 적용인구가 4,411만 명으로 증가하였고, 2018년 현재 적용인구는 5,256만 명에 이르고 있다. 연도별 건강보험과 의료급여 등 건강보장 적용인구 현황은 다음과 같다.

건강보장의 '사각지대'는 보험료 체납 현황을 통해 파악할 수 있다. 현행 건강보험에서는 3개월 이상 보험료를 체납할 경우, 건강보험 급여를 제한하는 것으로 규정하고 있다. 직장가입자의 보험료 납부율은 98% 이상이

[표 12-1] 연도별 건강보험 적용인구 현황

구분		2008	2009	2010	2011	2012	2013	2014	2015	2016	2017	2018
의료보장 적용인구		50,001	50,291	50,581	50,909	51,169	51,448	51,757	52,034	52,273	52,427	52,557
건강보험	소계	48,160	48,614	48,907	49,299	49,662	49,989	50,316	50,490	50,763	50,941	51,072
	직장	30,417	31,413	32,384	33,257	34,106	35,006	35,602	36,225	36,675	36,899	36,990
	지역	17,743	17,201	16,523	16,043	15,556	14,984	14,715	14,265	14,089	14,042	14,082
의료급여		325	124	117	132	115	114	111	107	100	99	95
기초수급		1,517	1,553	1,557	1,478	1,392	1,345	1,330	1,437	1,409	1,387	1,390
65세 이상	의료보장	5,086	5,286	5,449	5,645	5,922	6,193	6,463	6,719	6,940	7,311	7,612
	건강보험	4,600	4,826	4,979	5,184	5,468	5,740	6,005	6,222	6,445	6,806	7,092
	의료급여	80	47	48	50	47	46	45	44	42	42	40
	기초수급	407	413	422	410	407	407	413	451	453	463	479
65세 이상 인구 비율		10.2	10.5	10.8	11.1	11.6	12.0	12.5	12.9	13.3	13.9	14.5

1 건강보장 미래전략위원회(2007. 8), 『건강보장 미래전략』 참조.

[표 12-2] 건강보험 지역가입자 보험료 체납가구 현황

(단위: 세대, 억 원)

구분	계		5만 원 이하		5만 원 초과	
	세대	보험료	세대	보험료	세대	보험료
전체 체납자	378만(100%)	31,803	248만(100%)	18,989	130만(100%)	12,813
6개월 미만	188만	2,939	107만	770	81만	2,168
6~24개월	101만	7,027	68만	2,645	33만	4,382
25개월 이상	89만	21,837	73만	15,574	16만	6,263
계	190만 (50.3%)	28,864 (90.7%)	141만 (56.9%)	18,219	49만	10,645

자료: 국민건강보험공단.

고, 체납의 대부분은 지역가입자에서 발생하고 있다. 보험료 체납 세대는 2019년 8월 기준으로 378만 세대 3조 1,803억 원으로 집계되고 있다. 건강보험료 체납을 기간별로 보면, 6개월 미만이 188만 세대이고, 6~24개월이 101만 세대, 25개월 이상이 89만 세대로 나타나고 있다. 체납자 상당수는 생계형이지만 고액소득자임에도 불구하고 체납하는 경우도 일부 존재하고 있다.

보험료 체납 세대 중 극히 일부는 다른 세대로부터 보험증을 빌려서 의료이용을 지속하는 경우도 있으나, 대다수는 의료이용을 포기하거나, 일반진료로 전액 본인 부담을 하는 경우도 있는 것으로 나타났다. 즉, 보험료 체납 세대의 상당수는 '경제적 어려움 → 보험료 체납 → 부적절 의료이용 혹은 의료비 과부담 → 건강 악화 혹은 경제적 어려움 가중'이라는 악순환을 겪을 것으로 추정할 수 있다. 국민건강보험공단은 장기적 체납액에 대해서 매년 결손처분하고 있다. 2019년에는 225,390건에 대하여 3,471억 원을 결손처분했다.

의료급여 수급권을 인정받고 있지만 본인 일부 부담이 있는 의료급여 수급권자와 차상위 계층 역시 건강보장 '취약지대'이다. 정부에서는 이들 대상자에 대해서는 본인 부담분을 지원해 주고 있다.

[표 12-3] 차상위 지원대상자에 대한 건강보험 본인부담금 차액 지원 내역

(단위: 명, 억 원, %)

구분	대상자 수				부담자별 비용					총진료비 (A+B+C)
	계	희귀 중증	만성	18세	본인 부담 (A)	국가부담			공단 부담 (C)	
						정부 지원	집행 실적(B)	지원액 과부족		
2014	335,832	31,906	127,482	176,444	769	2,502	2,395	107	8,834	11,998
2015	304,884	28,246	123,439	153,199	867	2,646	2,595	51	9,660	13,122
2016	292,757	27,453	127,444	137,860	888	2,379	2,571	△192	9,748	13,207
2017	279,568	27,245	128,252	124,071	906	2,455	2,690	△235	10,073	13,669
2018	272,373	27,339	129,863	115,171	935	2,510	2,873	△363	10,753	14,561

자료: 국민건강보험공단 제출자료, 김순례의원실 재구성.

2) 건강보험에 의한 보장

1977년 건강보장제도가 도입되기 전에는 의료보호 대상자 등 극빈층을 제외하면 의료비는 전액 본인 부담 대상이었으나 건강보장제도의 도입으로 본인 부담 수준은 현격히 줄어들기 시작하였다. 건강보장제도의 보장성 확대는 1989년 전 국민 건강보험이 달성된 이후에도 급여 항목의 확대, 급여일수의 확대 등을 통해 계속되어 왔다. 그러나 2010년의 건강보험 보장률이 63.6%로 상향된 이후 2018년에도 63.8%로 크게 개선되지 못하고 있다. 2018년의 건강보험의 법정 본인부담률(19.6%)과 비급여 본인부담률(16.6%)은 2010년 수준과 거의 변화가 없다. 2013년 이후 4대 중증 질환에 대한 보장률 확대 노력에도 불구하고 보장률이 획기적으로 개선되지 못하고 있는 것은 광범위한 비급여 부분의 존재이다. 2017년 정부는 비급여 부분을 대폭 축소하기 위한 정책을 추진하고 있지만 보장률이 크게 개선되지 못하고 있는 것은 새로운 비급여 항목의 지속적인 증가에 있는 것으로 판단된다.

OECD 국가들의 경상의료비 중 가계 직접부담 비율 지표로 보장률을 유추 판단할 수 있다. 우리나라의 가계부담률은 36.8%로 라트비아, 멕시코

[그림 12-1] 건강보험 보장률 변화

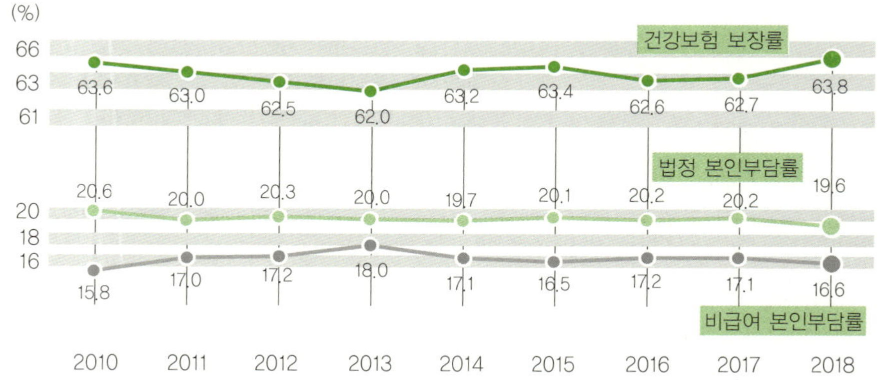

자료: 보건복지부.

[그림 12-2] OECD 국가와 비교한 가계 직접부담 비율

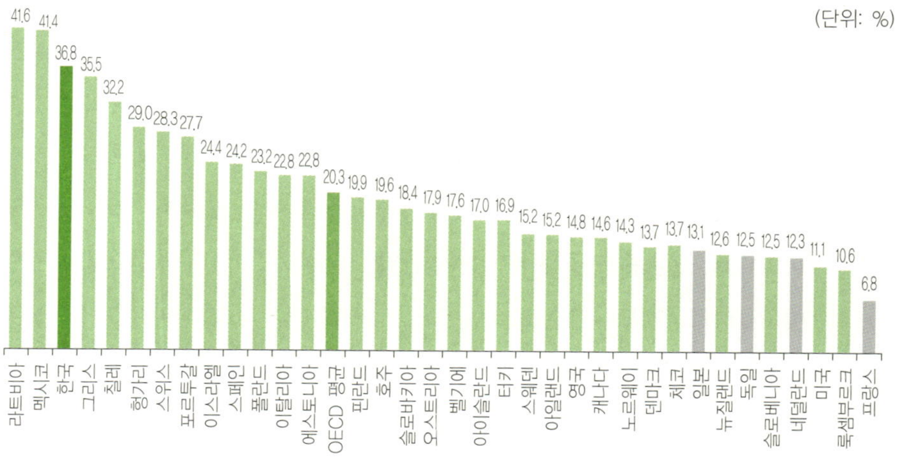

자료: OECD(2017), OECD health data 2017.

다음으로 높은 수준이다. OECD 평균이 20.3%임을 감안하면 우리나라의 가계부담률은 높은 수준이다. 프랑스의 경우 6.8%, 미국 11.1%, 독일 12.5%, 일본 13.1%, 스웨덴 15.2%와 비교하면 우리나라의 의료비의 가계부담 비중은 과중하다 할 수 있다. 선진 각국의 의료보장 방법이 매우 상이하기 때문에 가계부담률만으로 의료보장의 질을 평가하는 것은 신중할 필요가 있다.

2. 건강보장 재정과 재원조달 체계

1) 국민 의료비의 추이

보장성과 함께 고려하여야 할 것은 국민 의료비의 급속한 증가이다. 국회예산정책처의 「OECD 국가의 의료비 지출 증가요인 분석」 보고서에 따르면 우리나라 국민 의료비는 지난 2016년 기준으로 국내총생산(GDP) 대비

[그림 12-3] OECD 국민의료비 비교

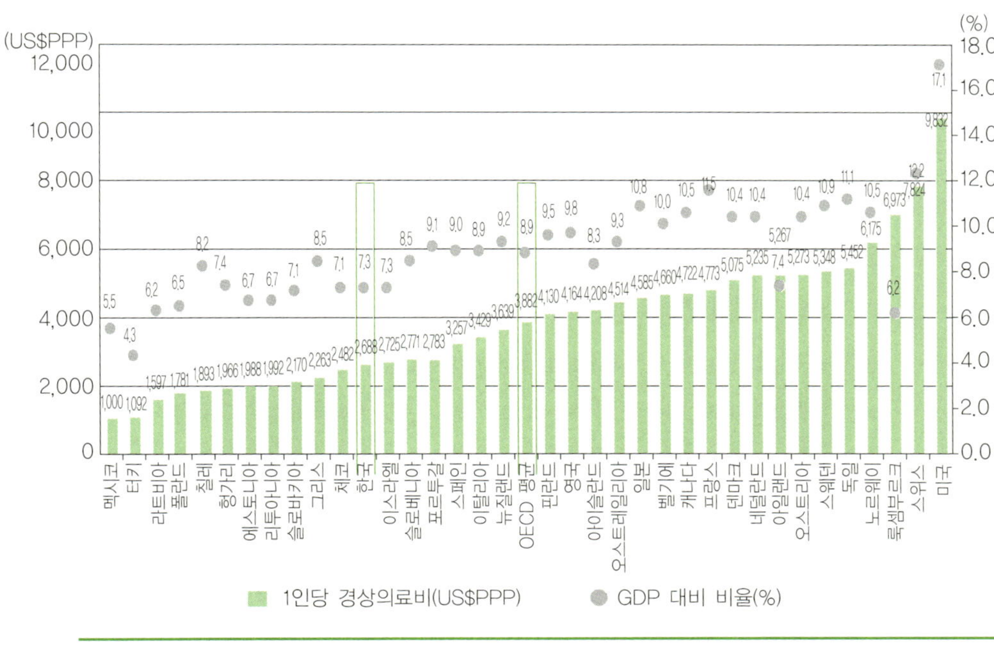

자료: 보건복지부 외(2018), 2016년 국민보건계정.

7.7%로 OECD 평균(9%)을 하회했다. 하지만 2000~2016년 지출 증가 폭은 3.2%p로 OECD 35개국 중 미국(4.7%p) 다음으로 높다. 의료비 지출이 급속히 증가한 이유로는 65세 이상 인구의 증가, 건강보험 보장성 확대, 민간 의료보험 가입자 증가 등에서 비롯된 것으로 추정되었다.

2) 건강보장 재정 추이

우리나라의 건강보장은 크게 건강보험료와 국고 지원으로 구성된다. 건강보험료로 이루어지는 재정 규모는 2020년 기준으로 66.1조 원이고, 일반회계로 이루어지는 것은 20.7조 원으로 합계 86.9조 원이 지출되고 있다. 일반회계 부분은 의료급여가 7.0조 원, 건강보험 정부지원금이 10.5조 원이다. 그 외 보건의료 관련 정부 예산으로는 필수의료보장과 관련하여 2.6조 원, 예방적 건강관리와 관련된 것이 4.9조 원이다.

건강보험의 연도별 재정수지는 2017년까지 흑자를 유지하였으나, 2019년부터 적자로 전환되어 2.8조 원의 재정수지 적자를 기록하였다. 이는 인구 고령화 및 정부의 보장성 강화 계획의 본격 이행에 따라 2018년 이후 보험급여비 등의 지출이 수입보다 큰 폭으로 증가했기 때문이다. 이에 따라 적립금은 2014년 12.8조 원에서 2017년 20.8조 원까지 증가하였다가 2019년에는 17.7조 원으로 감소했다.

이런 추세가 계속되면 건강보험 재정수지는 전망 기간 동안 지출증가율이 수입증가율을 상회하면서 적자가 지속될 것으로 전망된다. 매년 3조~4조 원대의 재정수지 적자가 지속되다가, 2026년에 건강보험요율이 8% 상한에 도달하게 되고, 이에 따른 건강보험료 수입 증가분 축소로 2027년부터 재정수지 적자 폭이 확대되어 누적수지는 2024년 고갈될 것으로 국회예산정책처는 추계하고 있다.

[표 12-4] 연도별 건강 분야 사회보장사업 예산 현황

(단위: 억 원, %)

정책 영역	관련 사업	2016	2017	2018	2019 (A)	2019 (B)	증가율	
							(B-A)/A	연평균
건강보험 보장성 강화 및 건강보장의 지속가능성 제고	건강보험 정부지원금	80,449	78,491	82,153	90,134	104,553	13.1	6.1
	의료급여	48,192	52,427	53,732	64,374	70,038	8.8	9.8
	의료비 지원사업	1,366	1,257	822	1,180	1,070	△9.3	△5.9
	보건의료 서비스 지원사업	471	678	677	779	822	5.5	14.9
	소계(a)	130,478	132,853	137,385	156,467	176,482	12.8	7.8
필수 의료 보장	공공보건의료 확충	3,150	3,137	3,535	4,552	9,186	101.8	30.7
	응급의료 체계 운영 지원	2,309	2,199	2,292	2,320	6,362	174.2	28.8
	질병관리본부 지원	6,089	5,937	6,354	6,749	8,423	24.8	8.5
	국립병원(9개)	1,841	1,795	1,910	1,977	2,097	6.1	3.3
	소계(b)	13,389	13,068	14,091	15,598	26,067	67.1	18.1
예방적 건강관리 체계 구축	국민건강생활 실천	4,074	4,134	4,167	4,519	4,776	5.7	4.1
	학교밖청소년 건강검진	4	7	7	8	8	0.0	18.9
	소계(c)	4,078	4,141	4,175	4,527	4,784	5.7	4.1
건강보험 재정(d)		526,339	572,913	622,937	708,886	766,641	8.1	9.9
합계 1(a+b+c)		147,945	150,062	155,650	176,592	207,334	17.4	8.8
합계 2(a+b+c+d)		593,835	644,484	696,434	795,344	869,422	9.3	10.0

주: 1) 추경 기준(2020년 4월 30일 기준). 다만, 건강보험 재정은 2016~2019년 현금흐름(실집행), 2020년 국민건강보험공단 예산서 기준.
2) 건강보험 정부지원금은 건강보험 재정의 수입으로 산정되는 정부 사업들임(건강보험 가입자 지원, 차상위계층 지원, 공무원교원 국가부담금 보험료).
3) 합계 1은 중앙정부 재정만을 합산한 금액이고, 합계 2는 정부재정 외로 운영되는 건강보험 재정까지 포함한 금액으로, 중복되는 건강보험 정부지원금(2020년 기준 10조 4,553억 원)을 제외하고 산정함.

자료: 국회예산정책처 작성.

[표 12-5] 건강보장 재정의 연도별 추이 및 전망

(단위: 억 원, %)

구분	2010	2011	2012	2013	2014	2015	2016	2017	2018	2019
수입(A)	335,604	379,774	418,192	451,733	485,024	524,009	557,195	579,990	621,159	680,643
증가율		13.2	10.1	8.0	7.4	8.0	6.3	4.1	7.1	9.6
지출(B)	348,599	373,766	388,035	415,287	439,155	482,281	526,339	572,913	622,937	708,886
증가율		7.2	3.8	7.0	5.7	9.8	9.1	8.8	8.7	13.8
당기수지(A-B)	△12,994	6,008	30,157	36,446	45,869	41,728	30,856	7,077	△1,778	△28,243
누적수지	9,592	15,600	45,757	82,203	128,072	169,800	200,656	207,733	205,955	177,712

주: 현금흐름 기준(실집행액 기준).

자료: 보건복지부.

[표 12-6] 건강보험 재정수지 및 적립금 전망(1안: 기본모형): 2019~2028년

(단위: 조 원, %)

구분	2019	2020	2021	2022	2023	2024	2025	2026	2027	2028	연평균증가율
수입	67.8	74.3	81.3	87.7	94.1	102.4	111.1	119.0	124.9	131.0	7.6
지출	71.9	78.1	84.6	91.8	98.7	106.1	114.1	122.6	131.8	141.7	7.8
재정수지	△4.1	△3.7	△3.3	△4.2	△4.6	△3.8	△3.0	△3.7	△6.9	△10.7	
적립금	16.5	12.8	9.5	5.3	0.7	△3.1	–	–	–	–	

자료: 국회예산정책처.

3) 건강보장 재원조달 체계

우리나라 건강보장의 재원은 사회보험 방식의 재원과 공공 부조 방식의 재원 두 가지로 구성된다. 건강보험의 경우 사회보험 방식의 원칙에 따라 보험료를 주된 재원으로 하고 일정 부분은 정부재정으로 충당되고 있으며, 의료급여의 경우 공공 부조 방식에 따라 정부재정으로 재원이 조달되고 있다.

2007년부터 새롭게 적용되는 개정 국민건강보험법에 따르면 건강보험의 전체 보험료 수입의 20%를 국가가 지원하도록 되어 있으며, 국가 지원은 일반재정 국고 지원 14%와 건강증진기금 6%로 구성된다. 현행 건강보장 재원조달 체계를 항목별로 나누어 평가하면 다음과 같다.

(1) 보험료

현행 건강보험의 보험료 부과 체계는 직장(사업장)가입자와 지역가입자로 이원화되어 있다. 직장가입자의 보험료는 일정 기간 지급받는 보수에 정률의 보험요율을 곱하여 산정된다. 지역가입자는 보험료 부담 능력을 나타내는 부과표준소득점수에 점수당 금액을 곱하여 산출된다. 세대당 부과표준소득점수는 각 세대원의 소득(평가소득)점수와 재산점수 그리고 자동차점수의 합으로 결정된다. 과세소득 기준으로 500만 원을 초과하는 세대에게

는 과세소득을, 500만 원 이하 세대에게는 성, 연령, 재산, 자동차를 고려한 평가소득을 기준으로 산정된다.

위와 같은 형행 보험료 부과 체계는 몇 가지 측면에서 문제점을 내포하고 있다. 첫째, 전 국민 통합보험 체계에서 보험료 부과 체계가 이원화되어 있다는 점이다. 2000년 건강보험은 하나의 보험자가 관리·운영하는 통합 체계로 거듭 태어났으나 보험료 부과 체계는 아직도 직장가입자와 지역가입자로 이원화되어 있다. 따라서 직역 간 이동 시 보험료 차이가 현격하다. 특히 실직에 의한 소득 감소에도 불구하고 재산 등의 이유로 보험료가 증가하는 문제가 발생하고 있다. 또한 지역가입자 내에서도 과세소득 500만 원을 기준으로 부과 기준이 다르게 적용되고 있다.

둘째, 현행 보험료 부과 체계에서 형평성은 여전히 개선할 부분이 많다. 현행 건강보험의 보험료 부과 체계는 전체 국민을 하나의 보험자에 통합하여 부담 능력에 따라 보험료를 부담하게 함으로써 전 국민적 형평성을 확보할 수 있는 제도적 틀을 가지고 있으나, 부과 체계를 미시적으로 들여다보면 형평성 측면에서 많은 문제점을 가지고 있다. 직장가입자에게는 근로소득을 기준으로 보험료를 부과하고 있으나 소득파악률이 낮은 지역가입자에서는 소득, 재산, 자동차, 성, 연령 등의 부과 요소를 적용하고 있다. 직장·지역 가입자 간 부과 요소가 다르기 때문에 근본적으로 부담의 형평성이 결여되어 있다. 또한 직장·지역 가입자 간 자격의 차이가 존재한다. 직장가입자의 경우 소득원이 있는 사람만 피보험자 자격을 갖고 보험료를 부담하고 나머지 세대원은 피부양자 인정 기준으로서 소득요건과 자격요건을 만족할 경우 모두 피부양자 자격[2]을 획득하여 보험료 부담을 면제받고 있다. 반면에 지역가입자의 경우 모든 세대원이 피보험자로서 보험료를 부담하고 있다. 즉, 직장가입자는 근로소득이 있는 자와 고용주가 보험료를

2 피부양자 인정 기준: 사업자등록이 되어 있지 않은 자로서 소득세법 제4조 제1항 제1호의 규정에 의한 종합소득 중 사업소득과 임대소득의 연간 합계액이 500만 원 이하인 자.

[표 12-7] 직장·지역 가입자 간 부과 요소

(단위: 조 원, %)

적용대상자 \ 부과 요소	근로소득	종합소득 (근로소득 제외)	재산	자동차	성·연령
직장가입자	●				
직장피부양자					
지역가입자	●	●	●	●	●

주: 표의 색 부분은 적용 대상자가 보유할 수 있는 부과 요소.

부담하고 직장가입자의 피부양자는 보험료 부담 의무가 없는 반면 지역가입자는 전 세대원에게 보험료 부담 의무가 발생하며 연대책임이 있다. 직장·지역 가입자 간 소득산정 기준에도 차이가 있다. 직장가입자는 근로소득만을 부과 기준으로 적용하고 있으나 지역가입자는 종합소득(이자소득·부동산소득·근로소득·연금소득·기타 소득)을 부과 기준으로 적용한다. 또한 직장가입자의 근로소득은 소득 수준의 왜곡 없이 실질소득이 반영되는 반면, 사업소득은 필요경비를 제외하여 산정하고 있다. 특히 직장 피부양자의 경우 사업소득과 임대소득만으로 소득 유무를 판단하기 때문에 고액의 금융소득(이자 및 배당소득)이 있는 자도 피부양자로 등재될 수 있다. 직장가입자에게 근로 대가로 받은 보수만을 부과 기준으로 적용하기 때문에 임대소득, 금융소득 등 기타 소득이 많은 집단과 일반직장인 간에 형평성이 결여되어 있다.

셋째, 현행 부과 체계는 너무 복잡하다. 지역보험료의 부과 체계는 과세소득 500만 원을 기준으로 복층 구조로 이루어져 있고 산정절차도 복잡하다. 부과요소별로 산정된 종합점수를 다시 부과표준소득점수표에 적용하여 개인별 보험료를 산출할 수 없다. 따라서 세대원의 전출·입에 따른 보험료 변동을 요구하는 민원인을 납득시킬 수 있는 근거자료를 생성하기가 힘들다.

(2) 국고지원 및 건강증진기금(담배부담금)

「국민건강보험법」에 따르면 국가는 매년 예산의 범위 안에서 당해 연도 보험료 예상수입액의 100분의 14에 상당하는 금액을 국고에서 국민건강보험공단에 지원하고, 보건복지부 장관은 2011년 12월까지 매년 전체 담배부담금 수입의 65% 이내에서 보험료 예상수입액의 100분의 6에 상당하는 금액을 국민건강보험공단에 지원하도록 되어 있다. 국고로 지원된 재원은 보험급여, 관리운영비, 보험료 경감에 사용할 수 있고, 건강증진기금에 의해 지원된 재원은 건강검진 등 건강 증진에 관한 사업, 흡연으로 인한 보험급여, 그리고 65세 이상 노인에 대한 급여에 사용할 수 있도록 되어 있다.

2007년부터 새롭게 적용된 개정 국민건강보험법에서는 국고지원 방식이 지역가입자 급여비 등의 50%(국고지원 35%+건강증진기금 15%)에서 전체 보험료 예상수입의 20%(국고지원 14%+건강증진기금 6%)로 변경되었다. 이로 인해

[그림 12-4] 현행 건강보장 관리운영 시스템

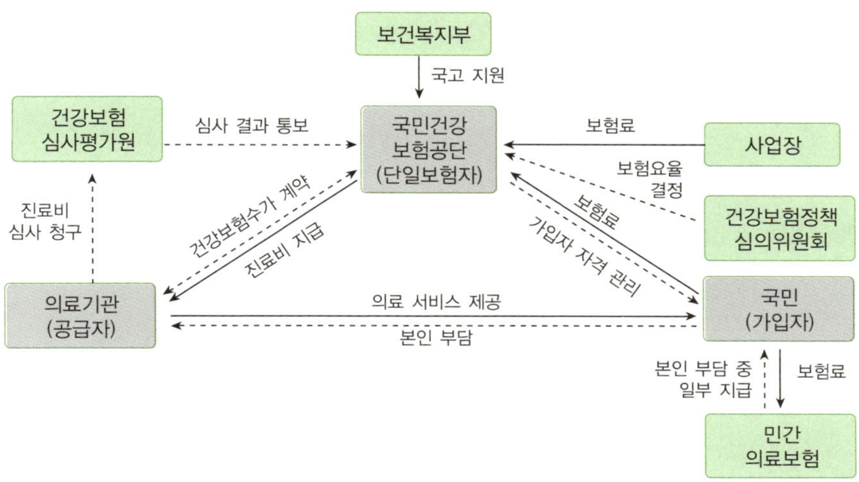

건강증진기금을 포함한 국고지원은 감소할 전망이다. 지역가입자가 점진적으로 직장가입자로 전환되는 추세이기 때문에 장기적으로 국고지원 규모가 증가할 수도 있다.

3. 건강보장의 지불보상제도와 관리운영

1) 지불보상 체계

건강보험은 가입자-보험자-공급자 3자 간 계약에 의해 형성되는 사회보장제도이다. 즉, 공급자가 가입자에게 의료 서비스를 제공하는 대가로 보험자가 공급자에게 지불보상을 하게 되는데, 지불보상을 어떤 방식으로 하느냐에 따라 의료공급자의 진료 행태가 크게 영향을 받게 된다. 잘못된 진료 행태는 진료비의 낭비를 촉진할 수도 있고 의료 서비스의 질을 떨어뜨릴 수도 있다. 그리고 지불보상 방식이 복잡할수록 많은 관리비용을 초래할 것이다. 이러한 지불보상제도가 미치는 영향은 건강보장제도 운영에서 매우 중요하나, 그동안 이에 대한 관심은 상대적으로 적었다.

우리나라의 지불보상제도는 행위별수가제를 근간으로 하고 있으며, 포괄수가제의 한 유형인 DRG(diagnosis related group, 진단명 기준 환자군) 지불 방식이 일부 도입되어 운영되고 있다. 포괄수가제란 입원환자가 받은 검사, 투약, 처치, 입원 기간 등에 관계없이 질병별로 미리 정해진 진료비를 병원에 지불하는 입원진료비 정액제이다. 포괄수가제는 질환의 중증도에 상관없이 의료 서비스를 제공한 횟수에 따라 정해진 금액을 지불하는 건당 정액제, 그리고 일정한 분류 체계에 기초하여 진료비를 지불하는 진단명 부과제로 분류하여 볼 수 있다(정석훈 등, 2010). 현재 우리나라에서 도입하고 있는 포괄수가제는 후자에 해당하는 것으로, 환자가 입원해서 퇴원할 때까지 발생하는 진료에 대하여 질병마다 미리 정해진 금액을 내는 제도이다.

현재 실시되고 있는 포괄수가제는 제도 도입의 용이성에 중점을 두어서 비교적 진료내용의 편차가 작은 단순한 7개 질병군(백내장 수술, 편도 수술 및 아데노이드 수술, 항문 수술, 탈장 수술, 맹장 수술, 제왕절개분만, 자궁 수술)을 대상으로 제한적으로만 실시되고 있다. 그러나 포괄수가제가 가지고 있는 태생적 한계로 의사비용과 병원비용 분리의 제한성, 장기입원 환자에 대한 지불 부정확성, 신의료기술 도입 체계 미비 등의 문제가 지속적으로 제기되어 왔다. 따라서 이러한 포괄수가제의 단점을 보완하고 적정한 수가 보장과 의료자원의 효율적 활용을 위해 신포괄수가제가 제안되고 있다.

신포괄수가제는 기존의 포괄수가제에 행위별수가제적인 성격을 반영한 혼합형 지불제도로 입원 기간 동안 발생한 입원비, 처치 등 기본적인 의료 서비스는 미리 정해진 포괄수가를 적용하고, 의사의 수술 및 시술에 대해서는 행위별수가를 별도로 적용하는 제도이다. 현재의 포괄수가제는 비교적 단순한 7개의 질병군에만 적용하고 있으나 신포괄수가제의 경우 4대 중증질환(암·뇌·심장·희귀난치성질환)과 같이 복잡한 질환까지 포함시켜 더 많은 입원환자가 혜택을 받을 수 있다. 이와 더불어 초음파와 같이 진료에 필수적인 비보험 검사 등에도 보험이 적용되기 때문에 환자들의 진료비 부담을 감소시킬 수 있다.

우리나라의 건강보장 지불 체계는 행위별수가제를 중심으로 구축되어 있다고 볼 수 있다. 건강보험 수가를 구성하는 상대가치의 개발과 운영, 그리고 환산지수 수준의 결정, 진료비 청구 및 심사, 지급 그리고 실사를 통한 감시 체계가 복잡하게 구성되어 있다. 이러한 체계를 관리하는 건강보험심사평가원 및 국민건강보험공단의 조직과 인력을 방대하게 유지하고 있고, 진료비를 청구하는 의료기관들도 많은 관리인력을 보유하지 않을 수 없다. 지불보상제도를 관리하는 체계가 방대하고 복잡하지만 우리는 이미 이런 체계에 익숙해져 있어서 새로운 지불 방식의 도입을 불안해 하는 경향이 있다.

2) 현행 건강보장 관리운영 체계의 개요

법적으로 건강보장제도의 관장자는 보건복지부이고 보험자는 국민건강보험공단(이하 '공단')으로 규정되어 있다. 제도의 관장자인 보건복지부에 건강보험정책심의위원회(이하 '건정심')를 두어 건강보장정책에 관한 주요 결정사항들을 심의·의결하고 있다. 건정심의 위원장은 보건복지부 차관이고, 동 위원회는 건강보장정책의 핵심적인 사항인 보험료, 수가, 급여 범위 등 건강보장정책 전반에 걸친 심의·의결권을 갖고 있다.

위 당연직 위원장인 보건복지부 차관 1인을 필두로 의약계 몫 8인(의료계 6인, 약업계 2인), 시민·노동·사용자·소비자단체 몫 8인(노조 2인, 사용자단체 2인, 시민단체 2인, 소비자단체 1인, 농어업인 단체 1인, 자영업자단체 1인), 공익 측 대표 몫 8인(보건복지부 1인, 기획재정부 1인, 건보공단 1인, 심사평가원 1인, 정부추천 전문가 4인 등) 등 총 25인으로 구성된다.

공단은 법적으로는 보험자이지만 공단이 보험자로서 정책 결정에 미치는 영향은 제한적이다. 정책 결정에 영향을 미치는 가장 큰 사안은 공단이 가입자를 대리하여 의약계와 수가 수준을 계약하는 대표자의 역할을 하는 것이다. 그런데 공단 이사장이 계약의 대표자이기는 하지만 공단에 설치된 건강보험재정운영위원회의 심의·의결을 거쳐야 한다.

만약 의약계와의 계약이 실패할 경우에는 보건복지부 내 건정심의 심의·의결을 거쳐 장관이 고시하도록 되어 있다. 재정운영위원회는 직장가입자 대표 10인, 지역가입자 대표 10인, 공익 대표 10인으로 구성되어 있다. 직장은 노동계 및 경영계 대표자들로, 지역은 시민사회단체 및 자영업단체의 대표들로, 공익은 관계정부부처 공무원 및 전문가들로 구성된다.

한편, 건강보험제도는 보험료 예상수입액의 20%를 국고지원에 의존하고 있으며, 국고지원예산에 대한 심의는 기획예산처를 거쳐 국회의 최종 심의·의결을 받게 되어 있다. 건강보장정책 집행은 공단과 건강보험심사평가원(이하 '심평원')이 담당한다.

공단은 가입자에 대한 자격관리, 보험료의 징수 및 진료비의 지급을 주로 담당하고 있다. 근래에는 가입자의 건강관리사업, 의료기관에 대한 조사권, 약가의 협상권 등 사업의 범위를 넓혀가고 있다. 또한 2008년 7월 도입된 노인장기요양보험의 보험자이며 집행기관으로서 역할을 하고 있다. 한편, 심평원은 의료공급자들이 청구한 진료비를 심사하고 진료 적정성을 평가하는 기능을 수행한다.

심평원이 진료비를 심사한 결과는 공단으로 통보하고 공단이 의료공급자에게 비용을 지급한다. 진료비의 부당하고 부정한 청구에 대한 실사권은 복지부가 갖지만 심평원이 주로 그 집행 업무를 담당한다.

또한 복지부의 건정심 산하에 의료행위전문위원회, 약제전문위원회, 치료재료전문위원회 상대가치기획단을 두고 있는데, 이들 위원회의 운영은 대부분 심평원에서 이루어지고 있다. 최근에는 신약의 등재 여부를 심사하는 약제급여위원회를 심평원에서 운영하고 있다. 심평원에서 등재를 결정한 의약품의 가격은 공단과 제약회사 간의 협상에 의하도록 하고 있다.

4. 국민건강보험의 대상 · 보험료 · 급여

1) 대상자

대상자는 직장가입자와 지역가입자로 구분된다. 먼저 직장가입자는 상시 1인 이상의 근로자를 사용하는 사업장에 고용된 근로자와 그 사용자

[표 12-8] 직장가입자 피부양자 기준

	주요 내용
가입 대상	국내 거주하는 국민 (단, 「의료급여법」에 따른 의료급여 수급권자와 「독립유공자 예우에 관한 법률」 및 「국가유공자 등 예우 및 지원에 관한 법률」에 따라 의료보호를 받는 자는 제외)
가입자 구분	• 직장가입자: 사업장의 근로자와 사용자 그리고 공무원 및 교직원 • 피부양자: 직장가입자의 직계 존비속으로 일정 요건에 해당하는 자 • 지역가입자: 직장가입자 및 그 피부양자를 제외한 농어촌 주민, 도시 자영업자 등
가입자 수	2019년 6월 기준 5,110만 명(전 국민의 97.2%)

자료: 보건복지부 자료를 바탕으로 국회예산정책처 재작성.

를 말한다. 직장가입자에는 피부양자 자격이 존재한다. 피부양자 기준은 다음과 같다.

- 직장가입자에 의하여 주로 생계를 유지하는 자
- 직장가입자의 배우자, 직계존속(배우자의 직계존속 포함), 직계비속(배우자의 직계비속 포함) 및 그 배우자, 형제·자매
- 부양요건에 충족하는 자
- 보수 또는 소득이 없는 자

한편, 직장가입자 혹은 피부양자 자격을 가지지 못한 사람은 지역가입자가 된다. 지역가입자는 농어촌 및 도시 지역 자영업자 및 그 가족들이 대상이 된다.

2) 보험료

(1) 직장

건강보험료 = 보수월액 × 보험료율

* 보수월액: 직장가입자가 당해 연도에 받은 보수총액을 근무월수로 나눈 금액

하한선: 가입자의 보수월액 278,861원

상한선: 가입자의 보수월액 99,615,293원

보수월액이 상·하한선에 속하지 아니한 가입자는 실제 보수월액을 기준으로 보험료 산정

* 소득월액: (연간 보수외소득=3,400만 원)÷12월×소득평가율×건강보험료율(6.67%)

소득평가율: 사업·이자·배당·기타 소득(100%), 연금·근로소득(30%)

* 건강보험료율(2020년 1월부터): 6.67%(보수월액 대비)

(2021년에는 6.86%)

(2) 지역

지역가입자의 보험료는 가입자의 소득, 재산(자동차 포함)을 참작하여 정한 부과요소별 점수를 합산한 보험료 부과점수에 점수당 금액을 곱하여 보험료 산정 후 경감률 등을 적용하여 세대단위로 부과한다. 소득은 사업·이자·배당·연금·기타·근로소득을 포함하고, 재산은 토지, 주택, 건축물, 선박, 항공기, 전세·전월세를 포함한다. 자동차는 사용연수 9년 미만의 승용차 중 4,000만 원 이상이거나 배기량 1,600CC 초과 승용차와 그 밖의 승용자동차만 부과한다.

지역가입자에 대한 부과 체계는 연소득 기준으로 100만 원 이하 세대와 초과 세대로 구분된다.

* 연소득 100만 원 이하 세대:

소득최저보험료(13,980)+【부과요소별 부과점수{재산(전월세 포함)+자동차}×부과점수당 금액(195.8원)】

* 연소득 100만 원 초과 세대:
부과요소별 부과점수【소득+재산(전월세 포함)+자동차】×부과점수당 금액(195.8원)

3) 보험급여

가입자 및 피부양자의 질병·부상에 대한 예방·진단·치료·재활과 출산·사망 및 건강 증진에 대하여 직접 의료 서비스(현물·현금급여)를 받는 것이다.

(1) 요양급여(「국민건강보험법」 제39조)

가입자 및 피부양자의 질병·부상·출산 등에 대하여 요양급여를 실시한다.

진찰·검사 약제·치료재료의 지급 처치·수술 기타의 치료 예방·재활 입원 간호 이송 등이 포함된다. 1996년 1월 1일부터는 컴퓨터 단층촬영(C/T)도 의료보험으로 급여 혜택을 받을 수 있으며, 타 요양기관 이송 시 검사기록, X-RAY 필름 등에 대하여 환자 본인의 요구 시 이를 교부하도록 하여 중복검사 및 재촬영 등으로 인한 의료비의 지출이 억제될 수 있도록 하였다. 입원환자 식대도 2006년 6월 1일부터 건강보험에 적용되었다.

입원진료(제2호 후단의 경우를 제외한다) 및 만성신부전증 환자 등 복지부장관이 정하는 외래진료를 받은 경우에는 요양급여비용 총액의 100분의 20을 본인이 부담한다. 요양급여 비용 중 본인이 부담할 비용의 부담률 및 부담액(「국민건강보험법」 시행령 제22조 제1항 관련)은 별도로 정한다. 그러나 다음 경우에 대해서는 급여가 되지 않는다.

a. 업무 또는 일상생활에 지장이 없는 경우에 실시 또는 사용되는 행위·약

제 및 치료재료

① 단순한 피로 또는 권태

② 주근깨·다모(多毛)·무모(無毛)·백모증(白毛症)·딸기코(주사비)·점(모반)·사마귀·여드름·노화 현상으로 인한 탈모 등 피부질환

③ 발기부전(impotence)·불감증 또는 생식기 선천성기형 등의 비뇨생식기 질환

④ 단순 코골이

⑤ 질병을 동반하지 아니한 단순포경(phimosis)

⑥ 검열반 등 안과 질환

b. 신체의 필수 기능 개선 목적이 아닌 경우에 실시 또는 사용되는 행위·약제 및 치료재료

① 쌍꺼풀수술(이중검수술), 코성형수술(융비술), 유방 확대·축소술, 지방흡인술, 주름살제거술 등 미용 목적의 성형수술과 그로 인한 후유증 치료

② 사시교정, 안와격리증의 교정 등 시각계 수술로써 시력 개선의 목적이 아닌 외모 개선 목적의 수술

③ 저작 또는 발음 기능 개선의 목적이 아닌 외모 개선 목적의 악안면 교정술 및 교정치료

④ 관절운동 제한이 없는 반흔구축성형술 등 외모개선 목적의 반흔제거술

⑤ 안경, 콘택트렌즈 등을 대체하기 위한 시력교정술

c. 예방진료로서 질병·부상의 진료를 직접목적으로 하지 아니하는 경우에 실시 또는 사용되는 행위·약제 및 치료재료

① 본인의 희망에 의한 건강검진(법 제47조의 규정에 의하여 공단이 가입자

등에게 실시하는 건강검진 제외)

② 예방접종(파상풍 혈청주사 등 치료목적으로 사용하는 예방주사 제외)

③ 구취제거, 치아 착색물질 제거, 치아 교정 및 보철을 위한 치석 제거 및 구강보건 증진 차원에서 정기적으로 실시하는 치석 제거

④ 불소국소도포, 치면열구전색 등 치아우식증 예방을 위한 진료

⑤ 멀미 예방, 금연 등을 위한 진료

⑥ 유전성 질환 등 태아의 이상 유무를 진단하기 위한 세포유전학적 검사

d. 보험급여 시책상 요양급여로 인정하기 어려운 경우 및 그 밖에 건강보험급여 원리에 부합하지 아니하는 경우로서 다음 각목에서 정하는 비용·행위·약제 및 치료재료

① 가입자 등이 다음 각 항목 중 어느 하나의 요건을 갖춘 요양기관에서 1개의 입원실에 5인 이하가 입원할 수 있는 병상(이하 "상급병상"이라 한다)을 이용함에 따라 영 제24조 제2항 및 제8조 제4항의 규정에 의하여 고시한 상대가치 점수로 산정한 입원료(이하 "기본입원료"라 한다) 외에 추가로 부담하는 입원실 이용 비용

② 의료법령에 의하여 허가를 받거나 신고한 병상 중 기본입원료만을 산정하는 병상(이하 "일반병상"이라 한다)을 50퍼센트 이상 확보하여 운영하는 경우. 다만, 집중치료, 신생아 입원, 무균치료, 격리치료, 강내치료 또는 방사성옥소입원치료를 위한 입원실의 병상은 상급병상 및 일반병상에서 제외한다.

③ 의료법령에 의하여 신고한 병상이 10병상 이하인 경우

④ 법 제46조에 의하여 장애인에게 보험급여를 실시하는 보장구를 제외한 보조기·보청기·안경 또는 콘택트렌즈 등 보장구

⑤ 보조생식술(체내·체외인공수정 포함) 시 소요된 비용

⑥ 친자 확인을 위한 진단

⑦ 치과의 보철(보철재료 및 기공료 등 포함)

e. 이 규칙 제8조의 규정에 의하여 보건복지부 장관이 고시한 약제에 관한 급여목록표에서 정한 일반의약품으로서 「약사법」 제21조의 규정에 의한 조제에 의하지 아니하고 지급하는 약제, 경미한 증상에 건강 증진 또는 건강유지를 목적으로 자가요법이 가능하다고 판단되는 일반의약품으로 보건복지부 장관이 정하여 고시한 약제

① 「의료법」 제37조의2의 규정에 의한 선택진료를 받는 경우에 선택진료에 관한 규칙에 따라 추가되는 비용

② 「장기이식 등에 관한 법률」에 의한 장기이식을 위하여 다른 의료기관에서 채취한 골수 등 장기의 운반에 소요되는 비용

③ 「마약류 관리에 관한 법률」 제40조의 규정에 의한 마약류중독자의 치료보호에 소요되는 비용

f. 이 규칙 제11조 제1항 또는 제13조 제1항의 규정에 의하여 요양급여 대상 또는 비급여 대상으로 결정·고시되기 전까지의 신의료기술 등. 다만, 제11조 제4항 또는 제13조 제1항 후단의 규정에 의하여 소급하여 요양급여 대상으로 적용되는 신의료기술 등을 제외한다.

g. 그 밖에 요양급여를 함에 있어서 비용효과성 등 진료상의 경제성이 불분명하여 보건복지부 장관이 정하여 고시하는 검사·처치·수술 기타의 치료, 약제 또는 치료재료

① 건강보험제도의 여건상 요양급여로 인정하기 어려운 경우

② 운동요법·전자요법 및 온냉요법 등의 한방물리요법

③ 한약첩약 및 기성한의서의 처방 등을 근거로 한 한방생약제제

(2) 요양비

가. 출산비

가입자(피부양자)가 요양기관 이외의 장소에서 출산(사산의 경우에는 임신 16주 이상)을 한 경우 요양급여에 상당하는 금액을 지급한다. 단, 해외에서 출산한 경우에는 「국민건강보험법」 제49조의 규정에 의하여 지급 대상에서 제외한다.

나. 요양비

가입자(피부양자)가 긴급 기타 부득이한 사유로 인하여 요양기관을 이용할 수 없어 업무정지처분 기간 중인 요양기관이나 요양기관에서 제외되는 의료기관에서 요양을 받은 경우, 그 요양급여에 상당하는 금액을 지급한다. 단, 해외에서 진료를 받은 경우에는 「국민건강보험법」 제49조의 규정에 의하여 지급 대상에서 제외한다. 그러나 만성신부전증 환자가 의사의 처방전에 의하여 복막관류액을 요양기관 이외의 의약품 판매업소에서 구입·사용한 경우 실 소요액의 80%를 지급한다.

(3) 장제비

가입자(피부양자 포함)가 사망한 때에는 그 장제를 행한 자에게 장제비를 지급(250,000원)한다. 제3자에 의한 타살이나 교통사고 피해자로 사망한 경우 등 가해자로부터 장제비 명목을 포함한 보상 또는 배상을 받게 되는 때나 업무상·공무상 재해로 사망한 경우 등 다른 법령에 의해 보상 또는 배상을 받게 되는 때는 지급하지 않는다.

(4) 장애인 보장구 급여비

「장애인복지법」에 의하여 등록한 장애인인 가입자 및 피부양자가 장애인 보장구를 구입한 경우 구입금액의 일부를 현금급여비로 지급한다. 보장

[표 12-9] 본인부담액상한제

(단위: 만 원)

소득분위	1분위	2~3분위	4~5분위	6~7분위	8분위	9분위	10분위
2019년	81	101	152	280	350	430	580
요양병원 120일 초과 입원	125	157	211				
2020년	81	101	152	281	351	431	582
요양병원 120일 초과 입원	125	157	211				

주: 「국민건강보험법」 시행령 [별표 3]에 따라 2019년 전국소비자물가변동률 0.4%↑(통계청 발표, 2019. 12. 31) 반영.

구 구입금액(부가가치세 포함)이 보장구 유형별 기준액 이내의 경우에는 실구입가(부가가치세 포함)의 80%에 해당하는 금액을 지급한다.

(5) 보험급여(본인부담액상한제)

본인부담상한제는 과도한 의료비로 인한 환자들의 경제적 부담을 덜어 주기 위해 연간(1월 1일~12월 31일) 본인부담금(비급여, 선별급여 등 제외)의 총액이 개인별 상한 금액(2020년 기준 81만~580만 원)을 초과하면 그 초과금액을 건강보험공단이 부담하는 제도이다.

Chapter 13

산업재해 보상 보험

학습목표

1. 직무상 상해나 질병의 심각성을 알아보자.
2. 산업재해의 사회적 비용을 정리해 보자.
3. 산재보험제도의 발전 과정을 살펴보자.
4. 산재보험의 급여구조를 비교해 보자.

1. 근로자 재해보상

해마다 몇천 명의 근로자들이, 위험한 작업환경과 위험한 행위로 말미암아, 직무와 관련된 사고(job-related accident)로 사망한다. 또한 많은 수의 근로자들이 직무와 관련된 상해나 질병으로 1년에 하루 이상 일을 하지 못한다. 고통과 괴로움을 겪어야 함은 물론이고, 재해를 당한 근로자들은 소득 상실, 의료비 지출, 부분적 혹은 영구적인 신체 기능의 상실 그리고 직무로부터의 분리라는 심각한 문제에 직면하게 된다. 만약 재해 정도가 심각하다면, 재해를 당한 근로자는 큰 재정적·신체적·감정적 재적응의 과정을 겪어야 하는데, 부양가족이 있거나 채무가 있는 젊은 근로자에게 이는 특히 힘든 과정일 수 있다.

그러나 직무 관련 사고는 직무상의 안전과 건강 문제의 일부에 지나지 않는다. 또 다른 문제로 직업병(occupational disease)이 있다. 새로운 기술의 발달이 위험한 산업환경을 조성하여, 많은 근로자들은 이전에는 없던 새로운 화학적·물리적 위험에 노출되기도 하는 것이다. 또한 업무 스트레스로 인

[표 13-1] 한국의 산업재해율

(단위: 명, %)

	2011	2012	2013	2014	2015	2016	2017	2018	2019
전체 재해율	0.65	0.59	0.59	0.53	0.50	0.49	0.48	0.54	0.58
전년 대비 재해율 증감률	-5.8	-9.2	0.0	-10.2	-5.7	-2.0	-2.0	12.5	7.4
300인 미만 사업장 재해율	0.78	0.70	0.69	0.61	0.58	0.57	0.55	0.60	0.64
전년 대비 300인 미만 사업장 재해율 증감률	-6.0	-10.3	-1.4	-11.6	-4.9	-1.7	-3.5	9.1	6.7
사고성 사망만인율	0.79	0.73	0.71	0.58	0.53	0.53	0.52	0.51	0.46
전년 대비 사고사망만인율 증감률	1.3	-7.6	-2.7	-18.3	-8.6	0.0	-1.9	-1.9	-9.8
사망자 수	1,860	1,864	1,929	1,850	1,810	1,777	1,957	2,142	2,020
전년 대비 사망자 수 증감률	-3.7	0.2	3.5	-4.1	-2.2	-1.8	10.1	9.5	-5.7
업무상 질병자 수	7,247	7,472	7,627	7,678	7,919	7,876	9,183	11,473	15,195
전년 대비 질병자 수 증감률	-7.1	3.1	2.1	0.7	3.1	-0.5	16.6	24.9	32.4

한 업무상 질병(occupational illness)이 늘어나고 있다. 예전에는 안전기사(safety engineers)들이 주로 산업재해와 사고예방을 위하여 주의를 집중했지만, 최근에는 전체 근로환경(total work environment), 작업장 안전(plant safety), 사고예방, 직업병, 그 외에도 근로자들의 건강에 영향을 미치는 모든 요소를 포함하는 보다 광범위한 의미의 직무상 건강과 안전 문제가 강조되고 있다.

1) 직무상 상해의 문제

직무상 상해(injuries)는 매우 중요한 문제이다. 우리나라의 산재발생률과 직무상 사망률은 세계적인 수준이다. 그 결과로 수조 원에 해당하는 임금이 매년 손실되며, 상당한 의료비용이 지불되고, 희소한 경제자원이 산재보험급여(workmen's compensation benefits)에 투입되고 있다. 그뿐만 아니라 상당수의 근로자들이 직무 관련 사고로 사망하고 있다. 2019년 한 해 동안 2,020여 명의 근로자가 직무 관련 사고나 질병으로 사망하였는데, 교통사고로 인한 사망의 60% 수준이다. 그러나 안전 전문가들은 직무 관련 사망이 과소 추정될 수 있음을 지적한다. 어떤 직무 관련 사망의 경우 원인이 되는 질병이 오랜 잠복 기간을 가진다거나, 질병 원인이 직무에 노출된 탓임을 밝히기 어려운 경우가 있기 때문이다.

산업재해 발생 자료는 시간이 지남에 따라 직무 관련 사망이 급격히 줄어들고 있음을 보여 준다. 작업장 사망 비율(workplace fatality rate)은 최근 절반으로 줄었다. 재해 사망자 수나 부상자 수는 점차 감소 경향을 보이고 있는 반면에 직무상 상해나 질병으로 인한 손실된 근로일수는 늘어나고 있다. 이처럼 최근 작업장 상해와 질병이 증가하고 있는 이유는 완전하게 밝혀지지 않았다. 어떤 안전 전문가들은 손실된 근로일의 증가 이유로 새로운 유형의 직무상 상해와 질병을 꼽는다. 예컨대, 기술 변화가 반복되는 동작으로부터 새로운 유형의 상해를 유발하기도 하고, 건축물이 부적절한 통풍으로 인하여 근로자의 질병을 유발하기도 한다는 것이다. 결정적인 자료는 부족하지만 어떤 전문가들은 VDTs(video display terminals)에의 노출이 건강 문제를 일으킬 수 있음을 지적한다.

한편, 직무 관련 상해 범위의 확대에 따른 것이다. 그 결과 스트레스, 심장마비(heart attack), 청력손상에 대하여 보상급여가 지급되었다. 그러한 장애(disabilities)가 근로자의 생활양식에 의한 것인지, 직무와 관련된 것으로 인한 것인지에 대해서는 의견이 일치하지 않는다. 그러나 사법적 판단은 많은 경우 그러한 장애에 대하여 근로자에게 보상을 하도록 하였는데, 이것이 최근 사업장 안전과 건강 문제가 외형상 악화(decline)되는 것처럼 보이게 한다는 것이다.

그뿐만 아니라 사업장 상해와 질병의 외형적인 증가는, 보다 높아진 장애소득 급여로 인하여 위험한 근로 조건보다는 산재보험 급여를 기꺼이 청구하고자 하는 근로자 비율이 커진 것에도 기인한다. 또한 어떤 전문가들은 산재보험의 남용과 사기가 증가하여, 이것이 산재보험을 신청하는 근로자의 수를 늘리고 있다고 믿는다. 예를 들어, 실업률의 증가와 경기침체로 인하여, 일자리를 잃은 근로자들이 소득을 유지하기 위해 장애소득 급여를 신청할 수도 있다. 마지막으로, 어떤 전문가들은 작업장 상해와 질병 증가의 원인이 수나 정도에서의 실질적인 증가에 있기보다는 자료수집의 개선에 있다고 본다.

주요 산업의 안전 관련 기록을 살펴보는 것 역시 유의미할 것이다. 산업별·직업별로 위험도는 상이하다. 건설업, 제조업, 농업(임업과 수산업을 포함하여), 광업이 위험한 산업이며, 반면 금융, 보험, 부동산, 서비스 산업은 상대적으로 안전하다. 특정 산업 내에서도 상당한 차이가 있다. 예를 들어, 제조업 분야에서도 선박 제조 및 수리, 금속, 철강, 목조건축(wood building), 이동주택(mobile homes) 건설의 재해발생률이 제조업 평균재해발생률보다 높다. 그 밖에 높은 재해발생률을 나타내는 직종으로는 정육, 목재생산 등이 있다.

2) 직무상 질병의 문제

어떤 산업안전건강 관련 전문가들은 직무상 장애의 원인으로서 상해에 비해 질병의 중요성이 점점 증가하고 있다고 지적한다. 직무상 질병(직업병, disease)에 대해 알아보자.

(1) 직업병의 발생

직업병은 실제로 어떠한 직무에서도 발생할 수 있다. 직업병이 몇 가지 질병에만 국한된다는 생각 역시 잘못된 것이다. 오늘날 매우 광범위한 직업병의 종류가 인정되고 있다. 먼지가 많은 사업장에서 일하는 근로자들은 먼지와 관련된 다양한 질병에 걸릴 수 있다. 석면열(asbestos fiber)에 노출되는 근로자는 석면침착증(asbestosis)에 걸릴 위험이 있는데, 이는 폐암을 유발할 수 있다. 한편, 광부들은 석탄가루 흡입으로 진폐증(black lung disease)에 걸릴 수 있는데, 만성적인 기침과 호흡장애(shortness of breath)를 유발한다. 면폐증(byssinosis)과 규폐증(silicosis)은 섬유와 면직 근로자들이 걸리기 쉬운 질병으로, 역시 만성적인 기침과 호흡장애를 유발한다. 어떤 근로자들은 노동 조건으로 인하여 심각한 호흡기 질병에 걸리기도 한다. 또한 근로자들은 납중독처럼 화학물질이나 금속에 중독되어 질병을 앓거나 장애를 당하기도 한다. 농업 부문 종사자들은 구충제(pesticides), 제초제(herbicides), 살균제(fungicides)에 노출되는데, 이는 심각한 질병을 유발할 수 있다. 요컨대, 다양한 종류의 직업병이 근로자에게 장애를 입히며, 상당한 경제적 손실을 유발하는 것이다.

(2) 문제 영역

직업병의 문제는 특별히 다루어져야 할 몇몇 문제들에 의해 악화된다.

가. 새로운 기술

기술의 발전은 근로자들의 건강과 관련하여 중요한 함의를 지닌다. 새로운 기술은 종종 직업병을 유발하는, 잠정적으로 유해한 화학물질을 사용하도록 한다. 예를 들면, 발암성 화학물질(carcinogenic chemicals), 비소(arsenic), 크롬(chromium), 니켈, 벤젠, 포름알데히드, 에폭시 수지(epoxy resins), 살충제(pesticides) 등이 그러한 물질이며, 그 외에도 근로자의 건강을 위협하는 많은 종류의 물질들이 있다. 또한 새로운 기술공정이나 원자력, 초음파(ultrasonic) 에너지와 같은 에너지 자원도 건강에 큰 위협을 가한다. 방사성 물질이나 방사선 기계 역시 근로자들을 방사선에 노출시켜 직업병을 유발한다.

나. 석면의 노출

상당수의 근로자들이 석면(asbestos) 노출로 장애를 입거나 목숨을 잃을 수 있다. 석면열이나 석면물질의 노출은 잠정적으로 폐암을 유발할 수 있다. 석면 노출과 질병 발생 사이의 시간 간격은 50년이 될 수도 있다. 현재 석면제품을 생산하는 회사에 대한 소송 문제가 법정에서 다루어지고 있다.

다. 직무 관련 스트레스

또 다른 중요한 문제 중 하나는 많은 주에서 늘어나고 있는 직무 관련 스트레스에 대한 보상청구이다. 소방관, 경찰, 항공관제관(air traffic controller)과 같은 근로자들은 직무와 관련된 스트레스로 심각한 정신적·육체적 문제를 발생시킬 수 있다. 또한 이직(termination), 전임(transfer), 좌천(demotion), 해고(layoff), 직무변경(changes in duties), 감독자로부터의 비판 등으로 인하여 근로자들은 건강상의 문제가 생길 수 있다. 또한 에이즈 환자를 다루는 간호사들은 에이즈에 대한 두려움으로 인한 스트레스에 대하여 보상을 청구하기도 한다.

비록 아직은 보상 대상이 되는 전체 장애보상청구(disability claims) 중 직무 관련 스트레스로 인한 경우가 약 1%에 불과하지만 보험업자들은 미래에, 특히 특정 주에서 이러한 청구가 급격하게 늘어날 것을 우려하고 있다. 예를 들어, 캘리포니아에서는 신체적인 상해 없이 스트레스에 대해서 보상을 청구한 사례가 전체 산재보험 청구의 5%가 넘는다.

스트레스에 대한 보상은 원인 규명과 장애 정도 측정에서의 어려움으로, 사정과 해결이 매우 곤란하다. 산재보험법상 직업병으로 보상 대상이 되기 위해서는 직무상 발생하는 스트레스가 장애 원인이어야 한다. 그러나 장애를 유발하는 스트레스가 직무환경에 의한 것임을 밝히기란 매우 어렵다. 스트레스 보상은 부정수급의 좋은 기회가 되기도 한다.

라. video display termenals(VDTs)

VDTs에 대한 노출은 또 다른 직업병의 원인이 될 수 있다. 컴퓨터나 다른 전자장치로부터 나오는 방사선은 컴퓨터를 다루는 근로자에게 암, 유산(miscarriage), 자연유산(spontaneous abortion)을 포함한 심각한 질병을 유발할 수 있다. 또한 컴퓨터를 다루는 근로자는 눈의 피로, 두통, 긴장, 직무 불쾌감(general job malaise)을 경험하기도 한다. 반복되는 피로와 눈의 상해(eye injuries)가 가장 빠르게 증가하고 있는 작업장 상해의 유형이라고 한다. 1990년대 초 미국의 직무상 안전과 건강을 위한 전국협회(the National Institute for Occupationl Safety and Health)의 연구에 따르면, VDTs에 노출되어 있는 전화교환수와 그렇지 않은 사람 사이에, 유산과 기형아 출생(birth defects)이 유의미한 차이가 없다고 한다. 이 연구는 저자기장을 가진 VDTs로 제한되어 있었다. 그러나 임신한 핀란드 여성 585명을 대상으로 한 더욱 최근의 연구는 강한 자기장을 지닌 VDTs에 노출되어 일하는 여성이 약한 자기장을 지닌 VDTs

에 노출된 여성에 비해 유산을 할 위험이 더 크다는 것을 밝혔다.

마. 외상성 누적장애

외상성 누적장애(cumulative trauma disorders)는 정육공장 근로자의 손동작처럼, 팔, 손, 손목의 반복되는 동작에 기인한다. 누적장애는 또한 부적절한 도구나 사무실 배치로부터 유발될 수 있고, 나쁜 자세와 같은 좋지 못한 노동습관으로부터 생길 수도 있다. 노동통계청에 따르면, 뼈와 근육장애로 인한 직업병의 60%는 전형적으로 팔, 어깨, 등, 목의 건(腱), 신경, 뼈에 손상을 유발한다고 한다. 계속 반복되는 동작이 심각한 신경손상을 가져오고 손, 팔, 손목에 해를 입히는 것이다. 가장 위험한 환경에서 일하는 근로자들은 정육업, 음식요리, 조립품 생산, 건설, 광업, 사무직 종사자들이다. 정육점 근로자가 모든 직종 중 가장 높은 발생률을 나타낸다.

바. 직무 관련 약물남용(substance abuse on the job)

직무와 관련한 약물과 술의 광범위한 사용은 직무상 안전과 건강에 관한 또 다른 중요한 문제이다. 미국 약물남용에 대한 전국협회(the National Institute on Drug Abuse)에 따르면, 18~25세 근로자의 5명 중 1명, 26~34세 근로자의 8명 중 1명꼴로 직무와 관련하여 약물을 사용하는 것으로 나타났다. 풀타임 근로자의 3%가 코카인을 사용한다. 약물과 술의 사용은 직무 관련 사고의 증가, 높은 의료비 지출, 보험료 인상, 높은 결근율, 생산성 감소를 유발한다.

3) 직업상 재해비용

산업재해의 육체적·재정적·심리적·사회적 총비용은 매우 크다. 그리고 이러한 비용은 상병을 당한 근로자, 고용주 그리고 경제에 부과되게 되는 것이다.

(1) 상병을 당한 근로자에게 부과되는 비용

작업상의 재해를 당한 근로자와 그의 가족은 산업재해로 인해 무거운 부담을 짊어져야 한다. 우선, 재해를 당한 근로자는 수십억 달러의 임금 손실을 입는다. 한편, 대부분의 보상은 일시적인 완전상병(total disability)을 입은 경우가 해당되며, 주별 소득보장 급여는 근로자의 총임금 손실의 절반 이하를 보상해 준다. 또한 현금급여가 지급되기 전에 일정한 유예 기간이 필요하다.

가족들 역시 재해로 인해 무거운 짐을 짊어져야 한다. 가족들의 분노는 차치하더라도 미래 소득의 상당 부분이 산업재해로 인해 감소될 것이기 때문이다. 특히 작업상의 재해로 인해 가장이 사망할 경우 그러하다.

(2) 고용주에게 부과되는 비용

고용주 역시 산업재해 혹은 작업상의 질병 등으로 큰 비용을 부담하게 된다. 이러한 비용은 직접적, 간접적인 두 가지 주요한 범주로 분류해 볼 수 있다. 직접적인 비용은 기업이 근로자의 보상보험에 따라 지불하게 되는 순수 보험료 혹은 만일 기업이 보험에 가입되어 있을 경우 주립 근로자보상법에 따라 상병을 입은 근로자 및 그의 부양가족들에게 지불되는 실질적인 액수, 즉 치료에 지출되는 비용, 행정적 비용 등을 일컫는다. 간접적인 비용이란 다음과 같은 것을 포함하는 의미이다.

- 사고시기의 생산성 손실
- 초과시간(overtime)으로 인간 초과비용
- 사고로 인해 손실된 감독관들의 시간에 대한 보상으로 지불되는 비용
- 근로자가 복직했을 때 감소된 생산성

- 신규 고용 시 직무훈련에 소요되는 비용
- 조사비용 및 사고 보고서 작성비용

우리나라 안전보건공단의 연구에 따르면, 업무상 재해에 따른 간접 비보험비용은 직접 보험비용보다 사망재해의 경우 제조업은 14.4배, 건설업은 0.9배, 서비스업은 0.9배로 나타났고, 중경상재해의 경우 제조업은 3.1배, 건설업은 7.8배, 서비스업은 0.6배로 나타났다. 업종별 차이는 비보험비용 중 생산매출 손실에 따른 것으로 분석된다.

(3) 경제활동상의 손실

경제 역시 산업재해나 작업상의 질병으로 인해 커다란 손실을 입게 되는데, 그 이유는 잠재적인 GDP가 감소되기 때문이다. 총생산의 손실은 보충될 수 없으며 재해를 당하지 않았을 경우 근로자들이 생산했을 상품이나 서비스는 영구적으로 손실된 것이다. 손상된 시설 복구비용, 의료비용, 그리고 손실된 임금 역시 주목해야 할 경제적 비용에 속할 수 있다.

고용노동부 자료에 따르면, 산업재해로 인한 경제적 손실 추정액이 27조 6,000억 원으로 근로손실일수는 5,454만 4,623일(전년 대비 180만 일 증가)이었다. 이는 2015년 20조 4,000억 원, 2016년 21조 4,000억 원, 2017년 22조 2,000억 원, 2018년 25조 2,000억 원에 이어 증가되는 추세이다. 이러한 수치는 임금손실, 의료비용, 보험행정비용, 자동차와 같은 시설 손실비용, 화재손실, 사고를 조사하기 위해 소요되는 시간과 같이 보험처리가 되지 않는 비용 등을 포함한 것이다.

4) 재해예방

산업재해나 작업상의 질병으로 인한 비용을 절감시키기 위해 효과적인 프로그램과 기술들이 채택되어야 한다. 산업재해 발생의 빈도와 경중을 모두 절감시키는 손실방지 활동들은 작업상 재해의 해결책 중 가장 영향력 있는 방법이 될 수 있다. 이러한 프로그램들은 산업재해를 유발하는 원인을 결정하고 그에 대해 올바른 행동을 취하려 하는 것이다. 안전 전문가들은 작업상 재해의 원인을 파악함에 있어 두 학파로 나뉜다. 기술적 접근법(engineering approach)은 환경적 요인들의 중요성을 강조하며, 따라서 사고를 예방하기 위해 공장 및 시설의 설계와 건축 상태가 양호해야 함을 주장한다. 행동적 접근법(behavioral approach)은 위험한 작업 습관, 피로, 무료, 지각적인 결함, 알코올중독, 동기부여의 결여와 같은 인적 요소를 상당히 강조한다. 기술적 접근법과 행동적 접근법 모두 미래의 작업상 재해를 예방하기 위해 지속적으로 사용될 것이다.

재해예방 기술은 인도주의적 고려와 생산비용의 절감이라는 두 가지 주요한 목적을 가지고 있다. 인도주의적 고려는 재해로 인한 개인의 고난과 사망을 방지하려는 근본적인 목적에서 나온 것이다. 효과적인 안전 프로그램들은 재해로 인한 고통을 방지할 수 있을 뿐만 아니라 영구적인 장애도 예방할 수 있다. 또한 산재보험의 혜택을 받지 못하는 근로자들의 경우 작업상 재해로 인한 소득의 손실을 방지해 주는 것도 인도주의적 목적에 속하는 것이라 할 수 있다. 생산비용의 절감이라는 목적 역시 중요한데, 그 이유는 앞서 살펴본 것처럼 산업재해로 인한 간접적인 비용이 종종 직접적인 비용을 초과하기 때문이다. 직접·간접적인 비용을 줄임으로써 기업은 이윤을 증가시킬 수 있으며 따라서 작업상의 재해를 예방하기 위한 안전비용을 지출할 동기를 부여받을 수 있게 된다. 경제적 관점에서 본다면, 기업은 안전 프로그램에 투자되는 한계비용이 임금 중 사고로 인한 보상분 또는 민사소송에 소요되는 한계비용을 동일한 만큼 감소시킬 수 있는 수준에서 투자하려 할 것이다. 근로자의 임금 중 사고로 인한 보상분이란, 근로자가 사고의 위험이 없는 직업 대신 사고의 위험성이 있는 직업을 택함에 대해 기업이 지불해야 할 추가적인 임금분을 의미한다.

이윤극대화와 안전 최적화의 목표는 상호 충돌할 수 있다. 기업은 주가에 대한 일정 이윤을 획득하는 것과 같은 방법으로 이윤을 극대화하려고 할 것이다. 근로자의 생산성이 증가하거나 비용이 감소되는 한 안전 프로그램에 지출되는 비용은 이윤극대화의 목표에 부합할 수 있다. 한편, 기업의 이윤극대점은 안전최적점과 모순될 수 있는데, 안전최적점이란 안전 프로그램에 소요되는 추가적인 비용에 의해 더 이상 근로자의 안전성이 증가될 수 없는 지점을 의미한다.

이러한 갈등은 안전 프로그램에 사용되는 추가적인 비용으로부터 비록 근로자들의 작업안전성이 증가한다고 할지라도 기업 수익의 감소가 초래될 경우 발생한다. 이러한 갈등은 안전비용, 근로자 생산성의 증가 그리고 예방될 수 있는 재해에 관한 가설적 계획으로 설명될 수 있다.

2. 우리나라 산재보험

1) 제도의 연혁 및 개요[1]

산재보험은 산업화 과정에서 급격히 증가하는 산업재해로부터 근로자들을 보호하기 위하여 만들어졌다. 우리나라는 1800년대 말 외국에 문호가 개방된 이후 광업과 소규모 제조업을 중심으로 산업화가 진행되는 과정에서 업무상 재해가 자주 발생하였다. 이에 따라 재해를 당한 근로자의 보상 문제가 거론되기는 하였지만, 이때는 사업자가 어떻게 얼마만큼 도와줄 것

1 노동부(2007), 『산재보험 사업연보』 참조.

인가를 정하였기 때문에 재해를 당한 근로자는 사업주에게 의지할 수밖에 없었다. 그러나 광업에 종사하는 근로자들의 재해가 늘어나자 1938년 「조선광업령」을 개정할 때 "조선광부 부조규칙"을 만들어 광산에서 일하다가 업무상 재해를 입은 근로자들과 그 가족의 생활을 도와주기 위한 기준을 마련하였다.

1945년 8월 15일 해방 이후 미군정하에서 서울에 노동청을, 각 도에 노동국을 두고 「근로자 단결권에 대한 법령」, 「미성년자 노동보호법」, 「최고 노동시간법」 등 여러 가지 노동과 관련된 법령을 만들었으나 근로자의 업무상 재해에 대한 보상제도는 마련하지 못하였다.

1948년 7월 17일 제정된 헌법에서는 제17조에 근로의 권리, 제18조에 단결권, 단체교섭권, 단체행동권의 노동3권과 이익분배균점권 등을 규정하고, 제19조에 근로능력 상실자에 대한 생활보호를 규정하였으나 재해보상에 관한 법령이 제정되지 않아 노사 간의 단체협약에 의하여 산재근로자에 대한 재해보상이 이루어지게 되었다.

한국전쟁 중인 1953년 5월 10일 부산에서 「노동조합법」, 「노동쟁의조정법」, 「노동위원회법」과 함께 개별 근로자의 지위 향상과 생활보장을 위한 종합 입법으로서 근로 조건을 규정하는 「근로기준법」이 공포되었는데, 「근로기준법」 제8장에서 업무상 재해를 입은 경우 근로자를 고용한 사업주는 과실 유무를 불문하고 재해근로자를 보상해 주도록 하는 '무과실책임에 의한 재해보상제도'를 규정하였다. 주된 내용은 근로자가 업무상 재해를 입었을 경우에 사업주는 요양비, 평균임금의 60%에 해당하는 휴업보상, 신체의 상병에 대해 상병등급(1~10급)에 따라 평균임금의 50~1,000일 분의 상병보상, 재해로 사망한 경우 평균임금의 1,000일분의 유족보상 및 90일분의 장의비를 지급하도록 하는 것이었다.

1963년 1월 5일 국민을 위한 사회보장제도로서 의료보험과 산재보험을 발전시킬 것을 공포하였다. 이에 따라 보건사회부 산하의 사회보험심의위원회에서 전문 30조로 된 「산재보험법」 초안을 만들어 1963년 11월 5일 국가재건최고회의에서 의결하여 1964년 7월 1일부터 사회보험으로서 산재보험을 시행하게 되었다.

주요 내용으로는, 첫째 산재보험은 노동청장이 관장하고, 법의 적용을 받는 사업주는 산재보험에 의무적으로 가입해야 하는 강제 사회보험 방식을 채택하였다. 둘째, 적용 범위는 당시 「근로기준법」의 적용을 받는 광업과 제조업으로 하고, 도입 첫해인 1964년에는 상시근로자 500인 이상 사업장만 먼저 적용되도록 하였다. 셋째, 산재보험료는 사업주가 전액을 부담한다. 넷째, 보험급여는 요양급여·휴업급여·상병급여·유족급여·장의비 및 일시급여 등 6가지로 한다. 다섯째, 자문기구인 산업재해보상보험심의위원회를 두어 보험사업의 주요 정책을 심의하게 하였다.

2) 적용 범위 및 징수제도

(1) 산재보험 적용 범위 확대

가. 적용 대상의 확대

산재보험은 근로자를 사용하는 모든 사업 또는 사업장에 적용하되, 사업의 위험 정도 등을 고려하여 대통령령으로 정하는 사업(산재보험법시행령 제3조)은 적용 제외되도록 하고 있다. 산재보험이 처음 시행된 1964년에는 적용 대상을 상시근로자 500인 이상의 광업 및 제조업으로 하고 나머지 사업은 「근로기준법」에 따라서 재해보상이 이루어지도록 하였으나, 그 후 적용 범위를 지속적으로 확대하여 2000년 7월 1일부터는 상시근로자를 1인 이상 사용하는 사업장에 대해서도 산재보험을 적용하고 있다.

산재보험을 도입한 지 2년째인 1965년에는 전기가스업과 운수보관업을, 1969년에는 건설업, 서비스업·수도위생시설업·통신업을, 1982년에는 임업 중 벌목업을, 1983년에는 농수산물 위탁판매업을 추가하였고, 1989년에는 "「근로기준법」의 적용을 받는 사업"에서 "모든 사업 또는 사업장"이 반드시 가입하도록 법을 개정하였고, 1991년도에는 농업·임업·어업·수렵업·도소매업·부동산 및 사업서비스업·개인 및 가사서비스업까지 대상을 확대하였다. 1996년에는 교육서비스업·보건 및 사회복지사업·연구 및 개발업을, 1998년 7월부터는 금융·보험업을, 2000년 7월부터는 기타 공공·사회 및 개인서비스업 중 회원단체까지 확대하였고, 2001년부터는 국가 및 지방자치단체에서 직접 행하는 사업까지 확대하였다.

2004년에는 자영업자의 산재보험 가입 근거가 마련되었다. 2000년부터 중·소기업 사업주의 산재보험 임의가입이 허용되었으나, 그 대상은 근로자를 사용하고 있는 보험가입자인 중·소기업 사업주에만 한정되어 있었다. 그러나 근로자를 사용하지 않는 자영업자의 경우 중·소기업 사업주보다 재해에 노출될 위험이 높다는 점을 감안하여 근로자를 사용하지 않는 자영업자도 임의가입할 수 있는 근거를 마련하고, 구체적인 가입 대상은 시행령에서 정하도록 하였다. 이를 근거로 2005년에는 중소기업 사업주의 산재보험 임의가입 대상을 자동차를 사용하여 행하는 여객 또는 화물운송사업을 근로자를 사용하지 아니하고 행하는 자로 확대하였다.

산재보험 가입자는 적용 대상 사업의 사업주이며, 적용 대상 사업이 아니라도 사업주가 신청하여 근로복지공단이 승인하면 가입할 수 있다. 사업이 여러 차례의 도급(계약)으로 이루어지는 경우에는 원수급인이 산재보험에 가입해야 하나, 원수급인이 하수급인에게 서면계약으로 보험료 납부를 인수하도록 하고 이를 근로복지공단에 신고하여 승인받은 경우에는 하수급인이 산재보험 가입자가 될 수 있다.

나. 적용 규모 확대 과정

1965년에는 상시근로자 200인 이상, 1966년에는 150인 이상, 1967년에는 100인 이상과 건설업 등 기간의 정함이 있는 사업은 연인원 25,000인 이상,

1969년에는 상시 50인과 연인원 13,000인 이상, 1973년에는 상시 16인 이상과 연인원 4,200인 이상, 건설공사는 1,000만 원 이상, 1976년에는 광업과 제조업 중 화학·석탄·석유·고무 및 프라스틱제품 제조업은 5인 이상으로 확대하였으며, 1982년에는 10인 이상과 연인원 2,700인 이상, 건설공사는 4,000만 원 이상 모든 공사로, 1986년부터 1988년까지는 업종별로 연차적으로 5인 이상 사업장까지 확대하였다. 1991년부터 확대 적용된 농업 등 7개 업종 가운데 10인 이상은 1991년 7월부터, 5인 이상은 1992년 7월부터 확대 적용하였고, 2000년 7월부터는 농업·임업(벌목업 제외)·어업·수렵업 등 일부 업종을 제외한 모든 업종에서 상시근로자 1인 이상 사업장으로 확대 적용하고, 건설공사는 2,000만 원 이상으로 하였다. 2005년에는 농업·임업(벌목업 제외)·어업·수렵업 중 법인에 대하여는 5인 미만 사업장까지 적용을 확대하였다. 또한 2005년부터 건설면허를 가지고 있는 사업장이 시공하는 모든 건설 공사에 대하여 확대 적용하였다.

2000년부터는 근로자를 사용하고 있는 중·소기업 사업주도 임의가입을 통해 산재보험 적용을 받을 수 있게 되었으며, 2005년에는 중·소기업 사업주의 산재보험 임의가입 대상을 '자동차를 사용하여 여객 또는 화물운송 사업을 행하면서 근로자를 사용하지 아니하고 행하는 자'로 확대하여, 근로자를 사용하지 아니하는 자영업자에게도 산재보험 적용의 기회를 열어 주었으며, 농업, 임업(벌목업 제외), 어업, 수렵업 중 1인 이상의 근로자를 사용하는 법인에 대해서도 적용을 확대하였다. 2018년에는 중·소기업 사업주의 산재보험 임의가입 대상을 '자동차정비업과 1차금속제품제조업 등 7개 제조업종에 종사하는 자'로 확대하였으며, 2018년 12월에는 '도매 및 상품중개업, 소매업, 음식점업 및 기타 개인 서비스업을 하는 사람'에 대해서도 적용을 확대하였다.

2008년에는 「근로기준법」상 근로자로 인정되지는 않으나, 근로자와 유사하게 노무를 제공하는 '특수형태근로종사자' 4개 직종(보험모집인, 콘크리

[표 13-2] 산재보험 연도별 적용 규모 확대 과정

연도	1964	1965	1966	1967	1969	1972	1973	1982	1987	2000. 7
적용 규모	500인	200인	150인	100인	50인	30인	16인	10인	5인	1인

트믹서트럭자차기사, 학습지교사, 골프장 캐디)을 당연적용 대상에 포함시켰다. 2009년에는 건설업자가 아닌 자가 시공하는 건설공사에 대하여 건축공사는 100m^2 초과, 대수선공사는 200m^2 초과 시 당연 적용사업으로 확대하였고, 2009년 7월에는 건설기계사업을 행하면서 근로자를 사용하지 아니하는 사업주에게까지 산재보험 임의가입 범위를 확대하였다. 2012년 5월에는 '특수형태근로종사자'의 범위에 택배기사, 전속 퀵서비스 기사 2개 직종을 추가하였고, 퀵서비스업자 및 비전속 퀵서비스 기사에 대해 산재보험 임의가입을 확대하였으며, 2012년 11월에는 예술인에 대해 산재보험 임의가입을 확대하였다. 2016년 7월에는 대출모집인과 신용카드모집인, 전속 대리운전기사에 대하여 '특수형태근로종사자' 범위에 추가하였으며, 2019년 1월 1일부터 「건설기계관리법」상 27종의 건설기계 조종사를 산재보험의 적용 대상으로 확대하였다.

(2) 보험료 징수

가. 재원

산재보험의 재원은 기본적으로 보험가입자인 사업주가 납부하는 보험료로 충당한다. 보험료 전액을 사업주가 부담하는 이유는 사업주가 고용한 근로자가 업무상 재해를 입었을 경우 사업주의 무과실책임을 인정하여 보상해 줌으로써 재해근로자를 보호하는 한편, 「근로기준법」에 의한 재해보상 책임을 면하게 하고, 민법 기타 법령에 의한 손해배상책임의 전부 또는 일부를 면제함으로써 사업주의 위험부담을 분산시키기 때문이다.

「근로기준법」에 의한 사업주가 업무상 재해를 입은 근로자에게 해주어야 하는 보상을 국가가 대신 보장하기 위한 사회보험제도라는 측면 때문에, 1970년부터 산재보험 사업을 수행하는 데 소요되는 사무집행비의 전부 또는 일부를 일반회계에서 부담할 수 있도록 하였고, 1989년에는 국가가 예산 범위 안에서 보험사업의 사무집행비를 일반회계에서 부담하도록(의무부담제) 하였다. 산재보험은 전년도 근로자 기준으로 개산보험료를 납입한 후 다음 해 확정보험료로 정산하는 제도를 가지고 있다.

나. 업종별 보험료율

보험료는 사업장별로 그 사업장의 임금총액에 해당 보험료율을 곱하여 산정하는데, 보험료율은 재해율이 유사한 사업의 종류별로 과거 3년 동안의 재해율과 보험급여에 필요한 금액을 기초로 하여 35개 업종(2019년)에 대하여 고용노동부 장관이 결정·고시하고 있다. 보험료율은 아래와 같이 결정한다.

보험료율(100%) = 순보험료율(85%) + 부가보험료율(15%)

* 순보험료율 = 보험급여지급률 + 추가증가지출률

보험급여지급률이란 매년 9월 30일 현재를 기준으로 지난 3년 동안 임금총액에 대한 보험급여 총액의 비율을 말하며, 추가증가지출률은 그해에 지급될 것으로 예상되는 임금총액에 대하여 연금이나 급여 개선 등으로 그해에 추가로 지급될 보험급여액을 고려하여 조정한 비율을 말한다.

부가보험료율은 보험사업을 하는 데 드는 비용으로서 보험료율의 15%이다. 하나의 사업 또는 사업장에 대하여 하나의 보험료율이 적용되며, 동일한 사업장 내에서 보험료율이 다른 사업을 두 가지 이상 하고 있을 때에는, 첫째 근로자 수가 많은 사업, 둘째 임금총액이 많은 사업, 셋째 매출액이 많은 사업의 순서에 따라 비중이 큰 사업의 보험료율을 적용한다.

다. 개별실적요율

보험료율은 사업종류별로 적용하고 있다. 그러나 동일한 사업종류에 속하더라도 재해가 많은 사업장이 있고 재해가 적은 사업장도 있는데, 이러한 재해율에 관계없이 동일한 보험료율을 일률적으로 적용한다면 재해가 적은 사업장의 사업주는 불만을 갖게 되고, 재해가 높은 사업장의 사업주는 적극적으로 재해를 줄이려는 노력을 하도록 유도할 수 없다. 이러한 점을 고려하여 1964년에 제정하여 1969년부터 개별 사업장의 재해율에 따라 보험료율을 차등 부과하였다.

개별실적요율은 대통령령이 정하는 일정 규모의 사업, 즉 산재보험 관계 성립 후 3년이 지난 사업 중에서 ① 건설업 및 벌목업을 제외한 사업으로서 상시근로자 30명 이상인 사업, ② 건설업 중 일괄적용을 받는 사업으로서 매년 당해 보험연도의 2년 전 보험연도의 총공사실적이 60억 원 이상인 사업에 대하여 적용되고 있으며, 보험수지율에 따라 당해 업종 산재보험료율의 20% 범위 내에서 사업규모별로 차등을 두어 다음 연도 산재보험료율을 인상·인하해 주고 있다. 2019년도에 개별실적요율 적용을 통해 보험료율이 인하된 사업장 수는 52,215개소이며, 인상된 사업장 수는 3,661개소이다. 수지율이라 함은 과거 3년 동안 보험급여 총액을 보험료 총액으로 나눈 비율을 말한다.

산재예방요율은 사업장에서 자율적인 재해예방 활동을 촉진하여 산업재해로부터 근로자의 안전과 건강보호를 강화하기 위하여 재해예방 활동을 수행한 사업주에 대하여 산업재해보험의 보험료를 인하해 주는 제도로 2014년부터 도입·운영하고 있다. 산업재해가 발생할 가능성이 상대적으로 높은 상시근로자 50명 미만의 제조업·임업·위생 및 유사서비스업 사업장으로 유해·위험 요인에 대한 위험성 평가와 사업주 재해예방교육 이수 후 산재예방 계획을 수립, 1주간 근로시간을 52시간 이하로 단축 실시하는 등의 재해예방 활동 인정일수에 따라 산재보험료율을 최대 30%까지 인하하

[표 13-3] 보험료율

연도		2010	2011	2012	2013	2014	2015	2016	2017	2018	2019
사업종류 수		61	62	60	58	58	58	58	51	46	35
보험 요율 (%)	최저	6	6	6	6	6	7	7	7	7	6
	평균	18.0	17.7	17.7	17.0	17.0	17.0	17.0	17.0	16.5	15.0
	최고	360	354	354	340	340	340	340	323	281	225

고 있다. 2019년도 산재예방요율 적용을 통해 보험료율이 인하된 사업장 수는 45,121개소이다.

개별실적요율=해당 사업종류의 일반요율
±(해당 사업종류의 일반요율×수지율에 의한 증감비율)

3) 보험급여

(1) 업무상 재해인정 범위 확대

「산재보험법」에 의한 보험급여는 근로자가 업무와 관련하여 부상, 질병, 신체 상병 또는 사망한 경우에 지급한다. '업무상 재해'를 종전에는 "업무수행 중 그 업무에 기인하여 발생한 재해"라고 하여 업무수행성과 업무기인성이라는 2가지 요건에 해당되어야 한다는 요건주의를 취하였으나, 1981년 제5차 산재보험법을 개정할 때 "업무상 사유에 의한 근로자의 부상, 질병, 신체 상병 또는 사망"을 업무상 재해라고 하여 포괄적인 개념으로 정의하였다.

근로자의 업무상 사유에 의한 부상, 질병, 신체 상병 또는 사망, 즉 업무상의 재해가 보상 대상이다. 업무란 근로계약을 기초로 하여 형성되는 사용종속적인 근로관계하에서 근로자가 직무상 행하는 일은 물론이고 그 부속적인 행위를 총칭한다. 업무상 사유란 업무와 관련하여 부상, 질병, 신체 상병 또는 사망을 발생케 한 사유를 말하며, 재해와 업무 사이에 상당한 인과관계가 있는 경우에 보상 대상이 된다. 즉, 업무상 재해 인정의 일반적 기준은 근로자가 사업주의 지배관리하에서 작업 중, 작업 준비 중, 작업 종료 전후에 업무와 관련하여 발생하였거나 근로자가 담당하는 업무와 재해 발생 간에 상당한 인과관계가 있는 경우 등이다.

2017년 10월 법 개정으로 통상적인 경로와 방법으로 출퇴근 중 발생한 사고에 대하여도 업무상 재해를 인정하도록 하는 「산업재해보상보험법」의 개정에 따라 출퇴근 재해를 위한 산재보험료율 체계를 규정하였다.

(2) 보험급여 종류와 수준

가. 요양급여

근로자가 업무상 사유에 의하여 부상을 당하거나 질병에 걸린 경우 근로복지공단이 설치한 보험시설 또는 지정한 의료기관에서 요양을 하고 이에 따른 비용(요양급여)은 근로복지공단에서 의료기관에 직접 지급한다. 만약 응급진료 등 부득이한 사유로 보험시설이나 지정의료기관이 아닌 의료기관을 이용하였거나 약제구입·간병·이송 등을 하였을 경우에는 근로자에게 직접 요양비를 지급한다. 요양비의 전액을 지급하지만 부상 또는 질병이 3일 이내의 요양으로 치유될 수 있는 때는 산재보험 급여를 지급하지 않고 「근로기준법」에 따라 사업주가 재해보상을 한다. 「산재보험법」 제40조 제4항은 진찰 및 검사, 약제 또는 진료재료와 의지(義肢)나 그 밖의 보조기 지급, 처치·수술 그 밖의 치료, 재활치료, 입원, 간호 및 간병, 이송, 그 밖에 고용노동부령으로 정하는 사항을 요양급여의 범위로 정하고 있다. 산재근로자가 위와 같은 범위에 해당하는 요양을 받는 경우, 각 의료기관 또는 산재근로자 본인에게 지급할 요양급여의 수준은 「국민건강보험법」 제41조 제2항 및 제3항에 따라 보건복지부령으로 정한 「국민건강보험 요양급여의 기준에 관한 규칙」 제5조 및 제8조, 같은 법 제49조 제1항의 규정에 따라 보건복지부령이 정한 「국민건강보험법 시행규칙」 제23조 제1항(이하 "건강보험 요양급여 기준")에 의해 결정된다.

나. 휴업급여

업무상 재해로 인하여 근로자가 4일 이상 취업하지 못하는 경우 그 기간에 대하여 산재 근로자와 그 가족의 생활을 보호하기 위하여 휴업급여를 지급하고 있다. 요양으로 인하여 취업하지 못하는 기간 1일에 대하여 법 제정 시에는 평균임금의 60%를 지급하였으나, 1989년 4월 1일부터 평균임금의 70%를 지급한다.

그러나 평균임금의 70%가 당해 연도 최저 보상 기준 금액의 80%보다 적은 '저소득근로자'에게는 평균임금의 90%를 1일 휴업급여로 지급하되, 이 평균임금의 90%가 최저 보상 기준 금액의 80%를 초과하는 경우에는 최저 보상 기준 금액의 80%를 1일 휴업급여로 지급한다. 또한 위의 모든 경우에 대해 산정한 휴업급여(평균임금의 70%, 평균임금의 90%, 최저 보상 기준 금액의 80%) 지급액이 「최저임금법」 제5조에 의거한 최저임금액에 미달하는 경우에는 최저임금액을 1일 휴업급여로 지급한다. 한편, 휴업급여를 지급받고 있는 근로자가 61세에 도달한 이후에는 당해 근로자가 지급받던 1일당 휴업급여 지급액에서 매년 4%p씩 감액하여 지급하고, 65세 이후부터는 20%p를 감액하여 지급한다.

한편, 부분휴업급여는 요양 중에 취업이 가능한 산재근로자가 일정 기간 또는 단시간 취업을 하는 경우에 지급되는 보험급여로서 2008년 7월 1일부터 시행되고 있다. 부분휴업급여는 휴업급여의 산정에 적용되는 '평균임금' 에서 '요양기간 중 취업하여 근로한 날 또는 시간에 대해 받은 임금을 뺀 금액'의 90%인 취업시간에 해당하는 부분휴업급여액과 '1일 휴업급여액'에 '8시간(법정근로시간) 대비 취업하지 못한 시간의 비율'을 곱한 금액인

'미취업시간에 해당하는 부분휴업급여액'을 합하여 지급된다.

다. 장해급여

업무상 재해를 입은 근로자가 치유 후에도 장해가 남아 있는 경우에는 그 상병 때문에 근로를 하지 못하게 되는 부분을 보상하기 위하여 장해급여를 지급하고 있다. 치유란 부상 또는 질병에 대해 더 이상 치료를 해도 효과를 기대할 수 없거나 그 증상이 고정된 상태에 이르게 된 것을 말한다. 장해란 부상 또는 질병이 치유되었으나 신체에 영구적인 정신적·육체적 훼손으로 노동력이 손실되거나 감소된 상태를 말한다. 1989년 법 개정에서는 일시금 수준을 55일분(14급)~1,474일분(1급)으로 10%를, 상병연금을 138일분(7급)~329일분(1급)으로 5%를 각각 인상하였고, 특히 연금수급자와 그 가족의 생활안정을 위해 노동력을 완전히 상실한 상병 1~3급 해당자에게는 연금으로만 수급하도록 하고, 일시적인 자금의 소요가 필요한 경우를 대비하여 연금의 4년분까지 선급받을 수 있도록 하였다. 장해등급은 신체상병의 정도에 따라 14등급 140종으로 나누고 있는데, 장해를 부위별(장해부위)로 나누고, 다시 기능에 중점을 둔 여러 종류의 장해군(장해계열)으로 나누어 이를 노동능력의 상실 정도에 따라 일정한 순서로 배열(장해서열)하고 있다.

[표 13-4] 장해보상연금 급여

장해등급	1971. 1. 1	1977. 12. 19	1982. 1. 1	1989. 4. 1
제1급	평균임금의 240일분(65.8%)	297일분(76.4%)	313일분(85.7%)	329일분(90.1%)
제2급	213일분(58.3%)	248일분(68.0%)	277일분(75.9%)	291일분(79.7%)
제3급	188일분(51.5%)	219일분(60.0%)	245일분(67.1%)	257일분(70.4%)
제4급	-	-	213일분(58.4%)	224일분(61.4%)
제5급	-	-	184일분(50.4%)	193일분(52.9%)
제6급	-	-	156일분(42.7%)	164일분(44.9%)
제7급	-	-	131일분(35.9%)	138일분(37.8%)

[표 13-5] 장해보상일시금 급여

상병등급	제정법	1971. 1. 1	1989. 4. 1
제1급	평균임금의 1,000일분	1,340일분	1,474일분
제2급	800일분	1,190일분	1,309일분
제3급	600일분	1,050일분	1,155일분
제4급	500일분	920일분	1,012일분
제5급	400일분	790일분	869일분
제6급	300일분	670일분	737일분
제7급	200일분	560일분	616일분
제8급	150일분	450일분	495일분
제9급	100일분	350일분	385일분
제10급	50일분	270일분	297일분
제11급	-	200일분	220일분
제12급	-	140일분	154일분
제13급	-	90일분	99일분
제14급	-	50일분	55일분

라. 간병급여

간병급여는 요양을 종결한 근로자가 상시 또는 수시로 간병이 필요하여 실제로 간병을 받는 경우에 지급하는 보험급여로서 중증상병자를 보호하기 위해 1999년에 신설하여 2007년 7월 시행되었는데, 상시간병급여와 수시간병급여가 있다.

상시간병급여는 ① 신경계통의 기능, 정신 기능 또는 흉복부 장기 기능의 상병가 상병등급 제1급에 해당하는 자로서 상시 간병을 받아야 하는 자, ② 두 눈, 두 팔 또는 두 다리의 상병가 상병등급 제1급에 해당하는 상병과 함께 그 외의 부위에 상병등급 제7급 이상에 해당하는 상병가 있는 자에게 지급한다. 수시간병급여는 ① 신경계통의 기능, 정신 기능 또는 흉복부 장기 기능의 상병가 상병등급 제2급에 해당하는 자로서 수시 간병을 받아야 하는 자, ② 신경계통의 기능, 정신 기능 또는 흉복부 장기 기능 상병 외의 상병가 상병등급 제1급에 해당하는 자, ③ 두 눈, 두 팔 또는 두 다리의 상병가 상병등급 제2급에 해당하는 상병과 함께 그 외의 부위에 상병등급 제7급 이상에 해당하는 상병가 있는 자, ④ 두 손의 손가락을 잃어 혼자 힘으로 식사를 할 수 없는 자로서 수시 간병을 받아야 하는 자, ⑤ 업무상 질병으로 신체가 몹시 허약하여 다른 사람의 도움 없이는 거동이 전혀 불가능한 자에게 지급한다. 하지만 간병급여 지급 대상자가 무료요양소 등에 입소하여 간병비용이 들지 않거나 실제 간병비용이 간병급여액보다 적을 경우에는 간병급여를 지급하지 않거나 실제 지출된 간병비용만 지급한다. 상시 간병급여는 요양 중인 자의 간병과 관련하여 노동부 장관이 고시하는 금액으로 하며 수시간병급여는 상시간병급여의 3분의 2에 해당하는 금액을 지급한다.

마. 유족급여

유족급여는 근로자가 업무상 재해로 사망한 경우 그 유족에게 지급하는 급여이다. 산재보험법 제정 시에는 일시금제도를 도입하였으나, 1971년부터 연금제도를 도입하여 수급권자가 일시금과 연금 중 선택하도록 하였으며, 1999년 산재보험법 개정으로 반드시 연금으로만 지급하되 수급권자가 원하는 경우 연금과 일시금을 각각 50%씩 지급할 수 있도록 하였다. 유족보상일시금은 산재보험법 제정 시 평균임금의 1,000일분을 지급하였으나, 1989년 법 개정으로 1989년부터 1,300일분으로 인상하여 지급하고 있다. 유족보상연금은 기본금액과 가산금액을 합산하여 1971년부터는 최고 연소득의 45%, 1978년부터는 연소득의 60%, 1982년부터는 연소득의 67%로 급여수준이 인상되었다. 2005년 현재 유족보상연금의 경우 기본금액으로서 급여기초연액(평균임금×365)의 47%에 연금수급 자격자 1인당 급여기초연액의 5%씩을 가산한 금액으로 하되 그 합산액은 급여기초연액의 67%를 넘지 못한다. 유족보상연금의 수급권자가 원하는 경우에는 유족보상일시금의 100분의 50에 해당하는 일시금을 지급하고 유족보상연금은 100분의 50을 감액하여 지급한다.

유족은 사망한 근로자의 배우자(사실상 혼인관계에 있는 자 포함), 자녀, 부모, 손, 조부모, 또는 형제자매를 말하며 유족보상연금의 수급자격자는 근로자의 사망 당시 그에 의하여 부양되고 있던 자로서 처, 60세 이상인 남편, 부모, 조부모 및 18세 미만인 자녀, 손 그리고 18세 미만 또는 60세 이상의 형제자매이며, 장애인복지법상 장애등급 제2급 이상의 남편, 부모, 조부모, 자녀, 손, 형제자매는 연령에 관계없이 수급자격이 있다. 유족보상일시금은 유족보상연금 수급자격자가 없는 경우에 지급하는데 유족 중 선순위자가 수급권자가 된다. 수급권자인 유족의 순위는 배우자, 자녀, 부모, 손자녀, 조부모 및 형제자매 순으로 하되, 이 중 근로자에 의하여 부양되고 있던 유족이 선순위가 된다. 한편, 1970년부터 선박 또는 항공기에 타고 있던 자의 생사가 3개월 이상 불명한 경우 등에는 민법의 실종선고 절차에 관계없이 사망한 것으로 추정하는 사망의 추정제도를 시행하고 있다.

바. 장의비

장의비는 업무상 재해로 사망한 경우에 지급하되, 그 장제를 행하는 자에게 지급한다. 법 제정 당시에는 평균임금의 90일분이었으나 1989년 6월 1일부터 평균임금의 120일분으로 인상하였고, 1999년 산재보험법 개정으로 최고·최저금액을 설정하여 120일분이 최고금액을 초과하는 경우 최고금액으로, 120일분이 최저금액에 미달하는 경우에는 최저금액을 지급하고 있다.

사. 상병보상연금

1964년 산재보험법 제정 당시에는 업무상 재해로 요양개시 후 2년이 경과되었으나 상병이 치유되지 아니한 경우 평균임금의 1,000일분에 상당하는 일시급여를 행하고 모든 보험급여를 종료하는 일시보상제도를 시행하였으나, 1982년 일시보상제도를 폐지하고 상병보상연금제도를 도입하였다. 산재근로자가 병원에서 치료를 시작한 후 2년이 경과하여도 치료가 되지 않아 병의 증상이 고정되지 아니하고(상병등급 1~3급에 해당하는 상병보상연금을 받고 있는 자가 재요양을 한 경우에는 요양을 시작한 후 2년이 지난 것으로 간주) 그 부상 또는 질병 상태가 폐질등급 1~3급에 해당하는 경우에는 휴업급여 대신 상병보상연금을 지급한다. 1989년에는 급여 수준을 평균임금의 연 329(1급)~257일분(3급)으로 높여 지급하도록 하였으며, 해당 근로자의 평균임금이 최저임금액의 70분의 100보다 적으면 최저임금액의 70분의 100에 해당하는 금액을 그 근로자의 평균임금으로 보아 상병보상연금이 산정되며, 상병보상연금을 지급받는 근로자가 61세에 도달한 이후에는 당해 근로자가 받던 상병보상연금에서 매년 4%p가, 65세 이후에는 20%p가 감액 지급된다.

아. 상병 · 유족 특별급여

1970년에 「산재보험법」을 개정하여 보험가입자의 고의 또는 중대한 과실로 인한 업무상 재해로 근로자가 사망한 경우로서 보험가입자인 사업주와 합의가 이루어진 경우, 수급권자인 유족이 보험가입자에 대한 민법상 손해배상 청구를 포기하는 대신 산재보험 급여를 받을 때 유족급여 외에 평균임금의 1,000일분을 유족특별급여로 더 지급받을 수 있도록 하였으며, 유족특별급여를 지급받게 되면 유족과 보험가입자인 사업주 사이에 「민사소송법」에 의한 재판상의 화해가 이루어진 것으로 간주하였다. 1982년 「산재보험법」을 개정하여 종전에는 보험가입자의 '고의 또는 중과실'을 요건으로 유족특별급여를 지급하던 것을, '고의 또는 과실'로 인해 사망한 경우로 요건을 변경하고, 상병 1~3급의 중상병가 발생한 경우에 대하여도 유족특별급여와 같이 상병특별급여를 지급할 수 있도록 하였으며, 특별급여액의 수준도 라이프니츠계수를 적용한 민사배상액 수준으로 높여 소송을 하지 않고도 민사상 손해배상 문제가 신속히 해결되도록 하였다.

자. 최고 보상 기준, 최저 보상 기준, 최저임금

사회보험 급여는 사회적 최저 기준을 보장하면서 재해 발생 이전의 임금이 일정 수준을 초과할 경우에는 그 보장 수준을 제한하여 사회적 형평성과 소득 재분배 기능을 수행하는 것이 일반적 경향이다.

그러나 산재보험의 경우 최고한도가 없어 재해를 입은 근로자 간의 평균임금 격차가 클 경우 지급받는 보험급여의 격차도 커서 사회보험으로서의 역할에 한계가 있었다. 이러한 수급자 간의 형평성을 제고하기 위해 2000년 7월 1일부터 최고 보상 기준을 설정·운영하고 있다.

최저·최고 보상 기준 금액은 모두 전체 근로자의 임금 평균액을 기준으로 산정하는데, 1.8배 수준의 임금액이 최고 보상 기준 금액이고, 1/2배 수준의 임금액이 최저 보상 기준 금액이며(2008년 7월 1일 시행), 이들 기준금액은 매년 고용노동부 장관이 고시한다. 만약 평균임금이 최저 보상 기준 금액에 못 미치거나 최고 보상 기준 금액 이상이 되면 그 최저·최고 보상 기준 금액을 해당 근로자의 평균임금으로 하게 된다. 최저 보상 기준 금액은 산재보험 급여 중 유족급여, 장해급여의 산정에 적용하고 있으며, 최고 보상 기준 금액은 평균임금을 이용하여 산정하는 모든 보험급여에 적용된다.

차. 평균임금 증감제도

산재보험 급여는 근로자가 업무상 재해를 입기 전 3개월 동안 지급받은 임금을 토대로 계산한 평균임금을 기초로 하여 산정한다. 그런데 보험급여를 장기간 지급받는 연금수급권자 등의 경우, 최초에 산정한 평균임금에 따라 그대로 보험급여를 지급한다면 업무상 재해를 입지 않고 계속 근무하였을 때 지급받을 수 있는 임금과 상당한 차이가 발생하게 된다. 따라서 산재보험은 이러한 격차를 보전하여 보험급여의 실질가치 하락을 방지하기 위해 1973년 평균임금 증감 제도를 도입, 시행해 오고 있다. 평균임금의 증감은 보험급여 산정 사유 발생일로부터 1년이 지난 이후에 적용하되, 증감 기준 시점에 60세에 도달하지 아니한 보험급여 수급권자의 경우, 전체 근로자 임금 평균액의 증감률에 따라 증감 처리하고, 60세에 도달한 수급권자의 경우(2013년 이후에는 61세, 이후 매 5년 단위로 1세를 추가하여 2033년 이후에는 65세에 도달한 경우)에는 소비자물가변동률을 적용하여 증감 처리한다(2008년 7월 1일). 이때 전체 근로자의 임금 평균액의 증감률 및 소비자물가변동률은 매년 고용노동부 장관이 고시한다.

전체 근로자의 임금평균액의 증감률

$$= \frac{\text{평균임금 증감사유 발생일이 속하는 연도의 전전 보험연도의 7월부터 직전 보험연도의 6월까지의 근로자 1명당 월평균 임금총액의 합계}}{\text{평균임금 증감사유 발생일이 속하는 연도의 3년 전 보험연도의 7월부터 전전 보험연도의 6월까지의 근로자 1명당 월평균 임금총액의 합계}}$$

소비자물가변동률

$$= \frac{\text{평균임금 증감사유 발생일이 속하는 연도의 전전 보험연도의 7월부터 직전 보험연도의 6월까지의 월별 소비자물가지수 변동률의 합계}}{12}$$

4) 행정조직

고용노동부의 감독하에 근로복지공단에 산재보험 업무를 위탁처리하고 있다. 근로복지공단은 산업재해보상보험 업무뿐만 아니라 고용보험 적용 징수 업무를 근로복지공단에 위탁하여 산업재해보상보험 적용 징수 업무와 연계하여 효율적으로 징수할 수 있는 체제가 마련되었다. 산재예방사업은 산업안전공단이, 산재 전문병원의 관리는 산재의료관리원이 하고 있다.

[그림 13-1] 산재보험 운영 체계

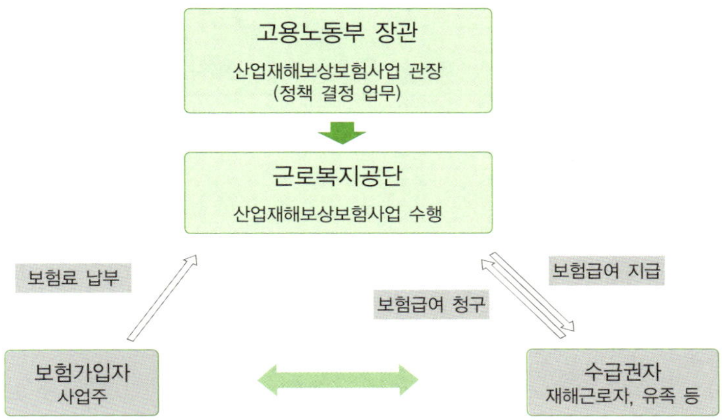

5) 제도 현황

(1) 적용기업과 가입자 수

2019년 현재 268만 개 사업장에 1,871만 5,000명에 대하여 적용하고 있다.

[표 13-6] 산재보험 당연적용 사업장 현황

(단위: 개소, 천 명)

구분	2016년		2017년		2018년		2019년	
	사업장	근로자	사업장	근로자	사업장	근로자	사업장	근로자
당연적용	2,457,225	18,432	2,507,364	18,560	2,654,107	19,073	2,680,874	18,725

[표 13-7] 사업종류별 적용 현황

(단위: 개소, 명, %)

구분	2018년		2019년				증감률	
	사업장	근로자	사업장	구성비	근로자	구성비	사업장	근로자
합계	2,654,107	19,073,438	2,680,874	100	18,725,160	100	1.0	-1.8
금융 및 보험업	41,968	778,105	42,320	1.6	777,764	4.2	0.8	-0.0
광업	1,078	11,697	1,082	0.0	11,108	0.1	0.4	-5.0
제조업	379,387	4,152,058	386,119	14.4	4,045,048	21.6	1.8	-2.6
전기·가스/상수도 사업	2,493	76,967	2,814	0.1	76,687	0.4	12.9	-0.4
건설업	441,758	2,943,742	378,343	14.1	2,487,807	13.3	-14.4	-15.5
운수·창고 및 통신업	77,160	873,232	81,424	3.0	910,585	4.9	5.5	4.3
임업	12,105	89,751	12,289	0.5	91,682	0.5	1.5	2.2
어업	1,748	5,416	1,858	0.1	5,121	0.0	6.3	-5.4
농업	17,449	83,540	18,785	0.7	79,482	0.4	7.7	-4.9
기타의 사업	1,678,961	10,058,930	1,755,840	65.5	10,239,876	54.7	4.6	1.8

(2) 징수 현황

2019년 기준으로 7조 486.6억 원이 징수되어 수납률은 91.6%이다.

[표 13-8] 산재보험료 징수 현황[1)]

(단위: 백만 원, %, %p)

구분	징수결정액			수납액			수납률		
	2018년	2019년	증감률	2018년	2019년	증감률	2018년	2019년	증감률
전체	7,595,598	7,698,142	1.4	6,926,236	7,048,660	1.8	91.2	91.6	0.4
특수형태 근로종사자	13,809	14,778	7.0	12,348	12,974	5.1	89.4	87.8	-1.6

주: 1) 순수 보험료만 집계한 것이며, 기타징수금(가산금+연체금+급여징수금), 이월보험료는 제외함.

(3) 급여 현황

가. 요양급여

2019년도 말 현재 요양환자는 4만 4,566명으로 전년보다 7.6%가 증가하였고, 그중 치료기간이 1년 이상 2년 미만인 요양환자가 24.3% 증가하여 가장 큰 증가폭을 보였으며, 2년 이상 장기 요양환자 비율은 19.4%이다.

[표 13-9] 산재보험 요양환자 현황

(단위: 명, %)

구분	요양환자(전체)			입원환자		통원환자	
	2018년	2019년	증감률	2018년	2019년	2018년	2019년
합계	41,424	44,566	7.6	8,790	8,790	32,634	35,769
요양기간 6월 미만	21,938	22,728	3.6	3,040	2,858	18,898	19,870
6월~1년	7,365	8,480	15.1	1,010	1,118	6,355	7,362
1~2년	3,801	4,726	24.3	889	1,022	2,912	3,704
2~3년	1,480	1,680	13.5	453	489	1,027	1,191
3~5년	1,359	1,480	8.9	576	539	783	941
5~10년	1,713	1,725	0.7	943	909	770	816
10년 이상	3,768	3,747	-0.6	1,879	1,862	1,889	1,885

나. 휴업급여

2019년 기준 휴업급여 수급자 수는 13만 7,309명이며, 지급액은 1조 3,190.8억 원이다.

[표 13-10] 휴업급여 지급 현황

(단위: 명, 백만 원, %)

구분	수급자			지급액		
	2018년	2019년	증감률	2018년	2019년	증감률
휴업급여	125,162	137,309	9.71	1,107,405	1,319,085	19.11
비율[1]		-		22.00	23.86	

주: 1) 해당 연도 전체 보험급여 지급금액(2018년: 5,033,901백만 원, 2019년: 5,529,360백만 원)에 대비하여 차지하는 비중임.

다. 장해급여

2019년 기준 장해연금 수급자는 9만 940명이며, 지급액은 1조 9,681.6억 원이다. 장해일시금 수급자는 3만 8,097명이며, 지급액은 1조 3,317.2억 원이다.

[표 13-11] 장해급여 지급 현황

(단위: 명, 백만 원, %)

구분	수급자			지급액		
	2018년	2019년	증감률	2018년	2019년	증감률
합계	85,610	90,940	6.23	1,831,448	1,968,160	7.46
연금	52,178	52,879	1.34	1,273,609	1,331,728	4.56
일시금	33,467	38,097	13.83	557,839	636,432	14.09
비율[1]	–	–		36.38	35.59	

주: 1) 연금, 일시금 수급자 수에는 중복 수급자가 포함되어 있어 수급자 수 합계와 차이가 있음.
2) 해당 연도 전체 보험급여 지급금액(2018년: 5,033,901백만 원, 2019년: 5,529,360백만 원)에 대비하여 차지하는 비중임(전체 보상연금은 미포함).

라. 유족급여

2019년 기준 유족연금 수급자는 2만 8,276명이며, 지급액은 5,605.2억 원이다. 유족일시금 수급자는 1,145명이며, 지급액은 1,236.4억 원이다.

[표 13-12] 유족급여 지급 현황

(단위: 명, 백만 원, %)

구분	수급자			지급액		
	2018년	2019년	증감률	2018년	2019년	증감률
합계	27,686	28,990	4.71	635,696	684,159	7.62
연금	27,080	28,376	4.79	512,509	560,520	9.37
일시금	1,191	1,145	−3.86	123,187	123,639	0.37
비율[1]	–	–	–	12.63	12.37	–

주: 1) 연금, 일시금 수급자 수에는 중복 수급자가 포함되어 있어 수급자 수 합계와 차이가 있음.
2) 해당 연도 전체 보험급여 지급금액(2018년: 5,033,901백만 원, 2019년: 5,529,360백만 원)에 대비하여 차지하는 비중임(전체 유족연금은 미포함).

마. 상병보상연금

2019년 기준 2,943명에 대하여 1,487.2억 원이 지급되었다.

[표 13-13] 상병보상연금 지급 현황

(단위: 명, 백만 원, %, %p)

구분	수급자			지급액		
	2018년	2019년	증감률	2018년	2019년	증감률
합계	4,192	3,943	-5.94	154,101	148,720	-3.49
1급	2,306	2,240	-2.86	86,305	88,133	2.12
2급	658	607	-7.75	20,717	19,864	-4.12
3급	1,262	1,117	-11.49	47,078	40,723	-13.50
비율[1)]	-	-		3.06	2.69	

주: 1) 해당 연도 전체 보험급여 지급금액(2018년: 5,033,901백만 원, 2019년: 5,529,360백만 원)에 대비하여 차지하는 비중임.

(4) 재정 현황

2006년 노사합의에 의하여 재정운용 방식에 대한 합의가 이루어졌다. 첫째, 매년 보험급여 지출을 고려하여 보험료율을 책정하는 현행 부과 방식을 유지, 둘째 향후 연금급여 증가 추이를 고려하여 장기급여의 일부를 적립하는 방안을 중장기적으로 검토, 셋째 산재예방사업비 국고지원은 연차

[표 13-14] 산재기금 재정수지 및 적립금 현황

(단위: 억 원, %)

구분		2015년	2016년	2017년	2018년	2019년	전년 대비 증감률
재정수지	순수입	66,350	71,135	72,895	79,951	80,673	0.9
	순지출	49,727	51,473	53,078	59,509	64,496	8.3
	수지	16,623	19,662	19,817	20,442	16,176	△20.8
보험료율		1.70	1.70	1.70	1.80	1.65	△8.3
적립금	법정책임준비금	39,332	40,721	42,745	44,585	50,643	13.6
	적립금	118,991	138,653	158,470	178,912	195,088	12.9
	적립률	302.5	340.4	370.7	401.3	385.2	△4.0
	과부족	79,659	97,932	115,725	134,327	144,445	7.5

적으로 확대(향후 10년 이내에 기금지출총액의 3%), 넷째 책임준비금 산정 기준을 기존의 "당해 연도 연금지급액 6년분과 다음 연도 보험급여의 1/4의 합"에서 "전년도 보험급여 총액" 수준으로 변경하며, 변경된 책임준비금 산정 기준에 따른 부족적립금은 단계적으로 확보할 것 등을 골자로 하고 있다. 이러한 다각적 노력에 따라 수입이 증가하고 보험급여 등의 지출이 합리화되어 2006년부터 산재기금의 재정수지가 흑자로 전환되었고, 2008년 7월 산재보험법상 책임준비금 산정 기준이 '전년도 보험급여 총액'으로 변경·시행되면서 이후 법정책임준비금을 충족하게 되었다. 2019년 기준 순수입은 8조 673억 원, 순지출는 6조 4,496억 원, 적립금 19조 5,088억 원이다.

Chapter 14

고용보험

학습목표

1. 실업이 야기하는 경제적 불안전성에 대하여 설명해 보자.
2. 완전고용의 의미를 설명해 보자.
3. 실업의 주된 유형과 대책에 대하여 정리해 보자.
4. 고용보험의 급여내용을 정리해 보자.

1. 실업의 위험

1) 실업 위험의 정의

소득유지는 경제적 안전성을 획득함에 있어 비판적인 요소이다. 대부분의 사람들은 주요 소득원으로서 임금소득에 의존한다. 하지만 사업 조건의 광범한 변화, 구조적이며 기술적인 변화, 계절적 요인, 노동시장에서의 마찰 등은 많은 집단의 실업을 창출하는 방식으로 상호 작용하며 보다 나은 직업 물색, 그리고 지리적 재배치 역시 실업을 창출한다.

실업으로 인해 수입이 중단되면 실업자들은 적어도 네 가지 측면에서 경제적 불안정성에 노출되게 된다. 우선, 소득의 상실이다. 다른 자원으로부터(예컨대, 실업급여) 소득대체 요인이 있지 않거나 인출할 수 있는 저축분이 있지 않는 한 실업자는 경제적 불안전성에 처하게 될 것이다. 둘째, 불경기 혹은 둔화되는 경제성장 때문에 근로자가 단지 파트타임으로만 고용될 수 있다면 그 실업자는 합리적인 생활 수준을 유지할 수 없게 될 것이다. 셋째, 소득의 불확실성으로 인해 경제적 불안전성이 초래될 수 있다. 계절적 요인들 때문에 근로자는 연중 특정 기간 동안 실업 상태가 될 수 있다. 예를 들어, 건설근로자의 경우 일시해고 시즌이 다가옴에 따라 심리적인 불안감을 겪을 수 있는데 그 이유는 미래 소득의 지속성과 관련한 불확실성 때문이다. 마지막으로 어떤 실업자들은 새로운 일자리를 찾는 데 어려움을 겪을 수 있다. 이러한 집단에는 나이가 많은 근로자, 소수 집단, 만성 실업자 집단 등이 속할 수 있다. 50세 이상의 나이가 많은 근로자들은 실업의 지속 기간이 연장되며 만성 실업자들의 경우도 몇 개월, 심지어는 몇 년간 실직 상태에 있을 수 있다.

2) 실업의 유형

실업에 대한 논리적 분류의 필요성은 적절한 공공정책 조치를 위한 목적에 기인한다. 비록 완전고용의 의미에 대해 어느 정도의 불일치가 있긴 하지만 그럼에도 불구하고 완전고용은 5.5%에서 6%를 넘지 않는 실업률이라 정의될 수 있다. 어떤 근로자들은 이직을 하고 일정 기간의 일시적 실업 상태를 경험한다는 것, 또 다른 근로자들은 계절적인 직업에 고용되어 있다는 것, 그리고 노동시장에 신규 진입하는 젊은 근로자들의 경우 종종 첫 직장을 찾기가 쉽지 않다는 차원에서 어느 정도의 실업은 정상적이라 간주된다. 따라서 완전고용이란 노동시장의 노동력이 100% 고용되어 있는 상태를 의미하는 것은 아니다. 경제학자들은 일반적으로 다음과 같이 실업을 유형화시킨다.

(1) 경기적 실업

경기인 실업(일명 불완전 수요 실업)은 총수요의 불완전성에서 초래되는 실업을 의미한다. 즉, 경제의 총소비 또는 상품과 서비스에 대한 총수요가 완전고용을 보장할 만큼의 일자리를 창출하기에 불충분한 상태를 의미한다. 이러한 형태의 실업은 적절한 통화정책과 재정정책 – 특히 조세 감면과 같은 – 을 통해 성공적으로 극복될 수 있으며 총수요는 추가적인 일자리를 창출하도록 자극받게 된다.

소비자 지출, 기업에 의한 투자 지출, 그리고 정부 지출과 같은 총수요의 주요 구성요소의 파동은 종종 경제의 단기파동을 초래했다. 소비자 지출은 보통 상대적으로 안정적이며 가구의 소득과 밀접한 연관을 맺고 있다. 그러나 소비자 지출의 파동은 경제의 불안전성을 초래하게 된다. 소비자 지출이 GNP의 60% 이상을 차지하기 때문에 특히 자동차산업과 같은 소비재에 있어 소비자 수요의 미약한 변화도 경제에 커다란 영향을 미치게 된다.

총수요의 두 번째 구성요소인 기업의 투자 지출 역시 경제적 불안정성을 창출하게 된다. 기업은 생산력을 현대화시키고 더욱 확장시키기 위해 새로운 공장, 기계, 컴퓨터, 시설재에 투자를 하게 된다. 투자에 대한 결정 요인은 많은 변수들의 영향을 받는데 여기에는 수요의 증가에 대한 기대, 현행 생산능력의 이용률, 자본과 노동의 사회적 비용, 법인의 화폐흐름, 이자율, 임대비용, 세금, 그 밖에 경영의 낙관적·비관적 전망 등이 포함된다. 이러한 변수들에 대한 기업의 반응은 즉각적이거나, 유연하거나, 곧바로 예측 가능한 것은 아니다. 그리고 자본재 생산에 소요되는 기간이 길기 때문에 이러한 반응은 장기간에 걸쳐 실현된다. 이와 같은 투자 결정의 전체적인 결과는 종종 투자 지출의 뚜렷한 파동으로 귀결되며 이는 경제에 심각한 불안정성을 초래하게 된다.

(2) 기술적 실업

기술적 실업이란 근로자가 노동력을 절감하는 기계에 의해, 새로운 생산기술의 출현에 의해, 새로운 경영법에 의해 대체됨으로써 발생하게 되는 실업을 의미한다. 구직 중인 많은 미숙련, 반숙련 근로자들은 기술적 변화가 미숙련, 반숙련 제조업의 일자리 수를 감소시켰다는 사실을 발견하게 된다. 또한 기술적 변화는 퇴화된 공장과 시설의 폐쇄를 초래했고 이는 많은 지역에 심각한 경제적 고통을 창출하였다.

어떤 사람들은 기술적 변화와 자동화가 일자리 수를 급격하게 감소시키며 미래에는 높은 실업률이 영구적으로 지속될 것이라는 사실을 두려워하기도 한다. 한편, 긍정적인 측면에서 조망하자면 기술적 변화와 자동화는 고용에 유익한 영향을 미치기도 한다. 3D 직업들은 제거되며 여가는 증가하기 때문이다. 최소의 비용으로 상품생산이 가능해지며 이는 근로자들의 실질소득을 증가시키게 된다. 비록 자동화로 일자리 수가 감소하겠지만 다른 한편으로 자동화 설비를 제조하는 산업에서 신규 고용을 창출할 것이다.

그리고 복잡한 기계를 다루고 수리하며 조종하기 위해 숙련된 근로자들은 지속적으로 필요하게 될 것이다.

한편, 부정적인 측면에서 자동화와 기술의 변화는 적어도 단기간에 걸친 심각한 실업 상태를 초래할 것이다. 자동화는 공장 전체를 쓸모없게 만들어 버릴 수 있으며 노동시장에서 요구되는 기술의 유형을 변화시킬 수 있다. 예컨대, 비효율적인 낡은 공장을 폐쇄하고 다른 지역에 신규 공장을 설립하는 경우 한 가지 산업에 주력하는 지역에서는 엄청난 규모의 실업이 유발될 것이다.

(3) 구조적 실업

구조적 실업은 구직 중인 근로자들이 보유하고 있는 기술과 요구되는 기술 사이의 불일치성으로 인해 초래되는 실업으로 정의될 수 있다. 구조적 실업은 또한 구직자들과 취업 가능한 직종의 지역적 불일치성으로 인해 초래될 수도 있다. 구조적 실업을 초래하는 요인에는 몇 가지가 있다.

예를 들어, 외제 자동차 수입의 증가는 자동차산업에 종사하고 있는 수천 명의 근로자를 실직 상태로 내몰았다. 실직된 근로자들은 취업이 가능한 직업, 예컨대 컴퓨터 프로그래밍, 헬스테크놀로지, 엔지니어링과 같은 직종에서 요구하는 기술을 일반적으로 결여하고 있다. 이러한 경우 구직 중인 근로자가 보유하고 있는 기술과 요구되는 기술 간의 불일치가 초래되며 구조적인 실업으로 귀결되게 되는 것이다.

또한 특정 재화에 대한 수요의 변화, 산업의 지역적 재배치, 특정 산업의 감소, 자연자원의 고갈과 같은 다른 요인들도 특정 지역 내에서 만성적인 실업 상태를 초래하게 된다. 경기가 부진한 지역에 거주하는 근로자들은 보다 고용 기회가 확대될 수 있는 새로운 지역으로의 이전이 불가능하거나 이를 거부할 수도 있다. 마지막으로 낮은 교육 수준, 나쁜 작업습관과 동기부여, 기술의 부족, 건강상의 이유 그리고 취업 기회에 대한 부적절한 지식 때문에 많은 사람들은 장기간의 실업 상태를 경험하게 된다.

(4) 마찰적 실업

마찰적 실업은 이직으로 인해 발생하는 실업을 의미한다. 근로자들이 이직할 때 그들은 단기간의 실업 상태를 경험하게 된다. 노동시장의 불완전성 때문에 그들은 유용한 일자리가 있는 경우에도 곧바로 새로운 일자리를 찾지 못하는 경우가 많다. 예컨대, 근로자들은 다른 종류의 직종에 대해 잘 알지 못하거나 심지어 잘 알고 있다고 할지라도 재빠른 재배치를 위한 유연성을 결여하고 있을 수 있다. 그러므로 근로자들은 결함 있는 구직 활동으로 인해 일시적인 실업 상태에 처하게 되는 것이다.

(5) 계절적 실업

마지막으로 계절적 실업은 기후, 관습, 스타일, 습관 등에서 기인하는 기업 활동의 파동으로부터 초래되는 실업 상태를 의미한다. 농업과 건설업은 대표적인 계절적 산업이 될 수 있는데 이러한 산업에서는 보통 연간 고용 상태의 광범한 변동을 수반한다.

3) 실업의 측정

실업 문제를 해결하기 위한 적절한 공공정책적 해법이 제시되기 전에 실업의 정도가 측정되어야 한다. 이를 위해 노동력에 관한 기본적인 개념 설정이 이루어져야 한다. 덧붙여 실업 통계에 대한 비평 역시 검토되어야 할 것이다.

(1) 노동력에 관한 기본적 개념

통계청은 고용, 실업, 노동시장 외부에 있는 사람들 그리고 기타 근로

인구의 개인적·직업적 특징들에 대한 월간 자료를 수집한다. 정보는 5,000여 가구의 범국가적 표본을 통해 수집된다. 기본적인 자료들은 인구통계청에 의해 수집되며, 이는 분석, 해석, 공표를 위해 통계청에 전달된다. 이러한 자료들에서 사용되는 주된 개념들은 다음과 같다.

취업자란 조사가 수행되는 기간에 각자의 기업, 전문직 또는 농장에서 임금을 지불받는 피고용주인 모든 국민을 의미하거나 15시간 이상 무급으로 가사근로에 종사하는 사람을 일컫는다. 여기에는 질병, 악천후, 휴가, 파업, 사적 이유 등으로 인해 일시적으로 정규적인 근로를 하지 못하고 있는 사람들도 포함된다.

실직자란 노동력을 공급하고자 하지만 일시적인 질병 이외의 이유로 인해 일자리가 없는 것으로 조사 기간 중 드러난 사람들 또는 조사가 실시되기 4주 이내부터 구직 활동을 하고 있는 사람들을 의미한다. 또한 노동을 하지 않지만 노동력 공급이 가능하며 일시적 해고 상태에서 재고용을 기다리고 있는 사람 또는 30일 이내의 신규 고용을 기다리고 있는 사람 또한 실업자의 범주에 포함된다.

경제활동인구란 선행 기준에 의해 취업 혹은 실업 상태로 분류된 모든 국민들을 일컫는다. 실업률이란 경제활동인구 대비 실업자의 수를 백분율로 나타낸 것이다. 실업률은 또한 성별, 나이, 결혼 여부, 직업 그리고 기타 특성에 기반해 상이한 연령집단별로 계산되기도 한다.

비경제활동인구는 취업 혹은 실업 상태로 분류되지 않는 사람들을 일컫는다. 여기에는 퇴직자, 가사근로자, 학생, 장기간의 질병으로 인해 일할 수 없는 사람, 개인적이거나 노동시장의 요인들로 인해 취업을 포기한 사람, 자발적으로 게으른 사람 등이 포함된다.

(2) 실업의 원인과 분포

실업은 즉각적인 실업유발 원인에 의해 측정될 수도 있다. 실업자는 네 가지 범주로 분류될 수 있다. 해고자(job losers)는 비자발적인 이유로 인해 직업을 잃은 후 즉각적으로 신규 취업 활동을 하고 있는 사람들을 말하며, 일시적 해고 상태에 의해 직장을 잃은 사람들도 이에 포함된다. 직업이탈자(job leavers)란 자발적으로 직장을 그만두고 곧바로 신규 취업 활동을 하고 있는 사람들을 의미한다. 재진입자(reentrants)란 2주 이상 전임 고용되어 있던 사람들 중 신규 취업 활동을 하기 이전에 노동력에서 배제된 사람들이다. 마지막으로 신규 진입자(new entrants)란 2주 이상 전임제 고용되어 있는 사람을 의미한다. 대부분의 근로자들은 일시적 해고 또는 기타 경제적인 이유로 인해 직장을 상실하게 된다. 그리고 자발적인 실업의 경우 그 비중이 상대적으로 작다. 한편, 재진입자와 신규 진입자 집단의 경우 심각한 실업 상태를 경험하게 된다. 이러한 집단은 대부분 빈번하게 노동시장을 진입했다 이탈하는 여성 근로자와 첫 취업을 희망하는 젊은 근로자들로 구성된다.

일부 실업자들은 재빨리 취업을 하며 심지어 실업급여를 위한 조건인 1주일의 대기 기간마저 채우지 않는 사람들도 있다. 그 외의 사람들은 몇 달간 실업 상태가 지속되며 점차 실업급여를 고갈시키게 된다. 그러므로 실업의 악영향을 평가하려고 할 때 실업의 지속 기간은 반드시 고려되어야 한다. 장기실업자의 경제적 불안정성은 심각한 것이다. 많은 실직자들이 실업급여를 고갈시키며 건강보험 및 기타 복지를 상실하며 저축분의 고갈, 막중한 빚, 기타 재정적 어려움을 겪게 된다.

특정 산업들은 상대적으로 높은 실업률을 보인다. 제조업은 경기주기에 큰 영향을 받으며 특히 자동차나 가정용품과 같이 소비자 수요의 변동에 큰 영향을 받는 소비재 제조업의 경우가 그렇다. 계절적 산업인 건설업에 종사하는 근로자들의 경우 숙련·미숙련 근로자 모두 높은 실업률을 보이며 농업 종사자들 – 특히 농장 근로자들 – 의 경우도 마찬가지이다. 광산, 산림 그리고 어업지대에서 일하고 있는 지역 근로자들은 불규칙한 취업, 열악한 작업환경, 그리고 상대적으로 낮은 임금을 받는다. 이와는 대조적으로 금융 부문, 부동산 부문, 서비스 부문, 공공 부문 종사자들은 훨씬 낮은 실업률을 보인다.

실업은 전 국가적으로 균등하게 분포되어 있지 않다. 특정한 지역은 전체 실업률에 비해 월등히 높은 실업률을 보인다. 덧붙여, 한 도시 내에서도 실업의 분포는 큰 차이를 보인다. 도심 빈곤지역의 경우 최대의 실업률을 보이며 교외지역으로 갈수록 점차 낮아진다.

4) 실업의 비용

광범한 실업은 직접적으로 관련된 개인과 가족, 경제, 그리고 사회적 비용을 초래한다. 이러한 비용에는 경제적인 것과 비경제적인 것이 모두 해당된다.

(1) 경제적 비용

실업은 경제에 직접적이고 실질적인 비용을 초래한다. 우선, 모든 경제적 자원이 완전히 고용되었을 경우에 비해 GNP가 감소된다. 노동력의 불완전한 이용과 높은 실업률로 인해 경제는 그것의 잠재적인 생산력을 완전히 가동시킬 수 없으며, 따라서 GNP가 타격을 입게 되는 것이다. 그러므로 낭비된 노동력, 공장 생산력, 그리고 높은 실업률로 인한 GNP의 손실은 경제에 막대한 비용을 초래하게 된다. 방대한 양의 노동력은 지속적인 실업으로 인해 영구적으로 손실된다. 노동은 보존될 수 없다는 특성 때문에 소멸하는 상품이라 할 수 있다. 실업으로 인해 손실된 한 시간의 노동은 영구적으로 손실된 것이다. 지속적인 실업은 경제성장을 둔화시킨다. 완전고용과 생활수준의 향상을 위해 급격한 경제성장은 필수적인 요건이다. 그러나 만일 근로자들이 실업 상태에 있거나 노동력이 완전히 활용되지 못한다면 경제의 잠재적인 성장력은 현실화될 수 없다.

(2) 비경제적 비용

실업의 비경제적인 비용은 개인, 가족 그리고 사회에 무거운 짐을 부과한다. 오랜 기간 동안 실업 상태에 처하면 숙련근로자의 경우 기술의 저하를 경험하게 될 것이며, 또 다른 경우 우울하고 부정적인 태도를 갖게 만들 것이다. 가족에 부과되는 비용 또한 무겁다.

실업은 가족 불화와 가족 파괴의 원인이 된다는 사실을 보여 준다. 고실업의 시기에 이러한 빈곤지역에 거주하는 근로자들은 취업을 원하지만 직장을 쉽게 찾을 수 없거나 근로자, 그의 가족 그리고 친구들의 자기 존엄성을 훼손시키는, 직업 위계상 낮은 위상의 직업을 구할 수 있을 뿐이다.

마지막으로 실업의 지속은 자부심을 저하시키게 되며 알코올중독, 마약중독, 이혼, 아동학대와 같은 가정폭력, 건강 문제 그리고 가족생활 수준의 악화 등을 초래하게 된다.

5) 인적 자원의 불완전 고용

불완전 고용은 인적 자원의 불완전 이용에 속하는 한 가지 예이며, 따라서 불완전 고용의 문제 또한 고려되어야 한다. 보유하고 있는 기술을 완전히 발휘하지 못하게 하는 직종에 종사하는 근로자들, 취업 희망은 있지만 근로인구에서 배제된 사람들, 비자발적으로 파트타임 근로에 취업되어 있는 근로자들의 경우 인적 자원의 낭비는 명백하다.

따라서 불완전 고용은 다음과 같은 세 가지 주요 범주로 분류될 수 있을 것이다.

(1) 기술 수준에 못 미치게 고용된 근로자

실질적·잠재적 기술 수준에 못 미치게 고용된 근로자를 올바르게 측정한다는 것은 불가능한 일이다. 엄밀히 말해, 이러한 의미에서 불완전 고용된 근로자의 수는 상대적으로 적다. 고실업은 근로자들로 하여금 그들의 기술 수준에 적당하지 않은 직업을 받아들이도록 강제한다는 의미에서 불완전 고용의 원인이 된다고 할 수 있다. 또한 불완전 고용은 인종적·성적 차별, 낮은 교육 수준, 부적절한 다이어트, 부적절한 치료로부터 초래될 수도 있다.

(2) 취업을 희망하지만 근로인구에서 배제된 사람들

일하지 않거나 활발하게 직장을 찾지 않는 사람들 중 많은 사람들은 취업을 희망하고 있다. 가사근로를 하는 많은 주부들은 아이들을 돌보아야 한다는 이유로 근로를 하지 못하고 있다. 질병과 장애를 가진 사람들은 육체근로 관련 직종에 종사할 수 없으며 장기간의 상병은 구직 활동 자체를 단념하게 만든다. 또한 학업 때문에 근로인구에서 제외되는 사람들도 있으며 자신감을 잃고 취업을 단념한 사람들도 있다.

(3) 비자발적인 파트타임 근로자

전임제 근로를 원하는 수많은 사람들이 파트타임으로 고용되어 있는데 그 이유는 전임제 직업을 구할 수 없거나 경제적인 이유(예컨대, 태만한 작업, 재원 부족, 신규 채용 대기, 파트타임 직종밖에 구할 수 없는 경우)로 인한 것이다.

6) 실업대책

(1) 화폐 및 재정정책

정부의 화폐 및 재정정책은 완전고용이 달성될 수 있도록 총수요를 자극하고 경제성장을 촉진시키는 역할을 할 수 있다. 화폐정책이란 화폐공급 정책을 의미한다. 재정정책이란 정부에 의한 세금 부과, 지출, 출자 정책을 의미한다. 실업을 감소시킴에 있어 총수요의 확장은 몇 가지 이유로 인해 매우 중요하다. 첫째, 높은 수준의 수요는 고용과 직업훈련 프로그램의 성공에 필수적인데, 경제가 불황이라면 훈련 프로그램의 말미에 취업이 유효한 직업이 창출되지 않을 것이기 때문이다. 둘째, 국가 실업률의 증가는 가능한 취업을 위해 경쟁했을 많은 사람들에게 영향을 미친다. 총수요의 확장은 경제적 이유로 인한 파트타임 근로자들의 취업 기회를 높이고 빈곤근로자들의 임금을 높임으로써 빈곤의 탈피를 가능하게 할 수 있는 경직된 노동시장을 창출한다.

적절한 화폐 및 재정정책에 의해 총수요는 확장될 수 있다. 정부의 임시적인 재정정책 또한 총수요를 자극할 수 있으며, 그를 통해 완전고용을 달성할 수 있도록 한다. 불황기 동안 정부는 세금을 감축하고, 정부 지출을 늘리거나 양자를 병행할 수 있다. 반면 인플레 시기에 적절한 재정정책은 세금의 증가, 정부 지출의 감소 혹은 양자 모두를 요구하는 것이다. 많은 경제학자들은 경제를 안정시키고 실업을 감소시키기 위한 기존의 화폐 및 재정정책에 대해 비판적이다. 그들은 다음과 같은 한계를 지적한다.

(2) 자동안정화 장치

자동안정화 장치는 실업률의 감소에 기여한다. 자동안정화 장치란 경제 활동상의 불리한 파동을 자동적으로 상쇄시키기 위한 의도로 경제제도적 요소를 의미한다. 안정화 장치는 가구의 소득 수준을 유지시키는 것, 그리고 경기하강기에 기업의 이윤을 적정 수준으로 유지시키며 경기상승기에는 소득의 증가를 억제시키는 기능을 한다. 자동안정화 장치는 다음과 같다.

개인 및 법인 소득세는 긍정적인 경기조정의 역할을 한다. 경기하강 국면에서 소득은 감소(혹은 더딘 증가율)하지만 소득세는 더 큰 비율로 감소한다. 또한 경기하강 국면에서 실업수당 역시 긍정적인 경기조정의 역할을 하며 고용보험과 국민기초생활보장제도 프로그램 및 공적 부조 프로그램도 실직자들의 소비를 유지하도록 한다. 마지막으로 개인 및 법인 저축은 실직 상태에서도 소비 수준을 유지하도록 해주며 법인으로 하여금 판매와 이윤이 저하될지라도 불황기의 이익배당을 가능하게 한다.

자동안정화 장치가 불황의 심각성을 감소시키는 데 긍정적인 효과를 발휘함에도 불구하고 경기조정 장치로서 몇 가지 중요한 한계점이 있다. 우선, 경기하강을 완화시키지만 자동안정화 장치는 그 자체로서 경기회복을 유도할 수 없다. 완전고용을 달성하기 위한 그 밖의 수단들이 강구되어야만 한다. 둘째, 자동안정화 장치들은 '재정적 제동'을 유발할 수 있으며 따라서 완전고용을 달성하는 경제를 창출하는 것을 더욱 소원하게 만들 수 있다. 경기가 회복되고 완전고용을 향해 상승해 나감에 따라 정부 세입은 증가할 것이며 소득을 흡수함으로써 재정적 제동장치로서 기능할 것이다. 따라서 총수요는 완전고용이 달성되기도 전에 억제될 것이며, 이는 완전고용의 달성을 더욱 어렵게 만든다.

(3) 노동시장 정보의 개선

일부 취업 희망자들 중 지역사회 내의 유용한 일자리에 대한 정보를 거의 보유하지 못한 사람들이 있다. 마찰적인 실직은 취업 희망자들에게 보다 적절한 노동시장과 취업 가능한 직종에 대한 정보를 공급함으로써 감소될 수 있다. 고용안정센터는 대부분의 주요 지역에 사무실이 있다. Job Service의 주요 기능은 세 가지이다.

첫째, 지방 사무소를 통해 고용 원조를 제공함으로써 취업 희망자와 가능한 직종을 연결시켜 주는 역할을 한다. 둘째, 실업급여를 신청하려고 하는 실직자들의 신청을 받는다. 셋째, 근로자들에 대한 조사 업무 및 상담 서비스를 제공하며 노동시장 조사를 지도한다.

Job Service에는 전산화된 한국고용정보원이 있는데, 여기서 가능한 직업에 대한 정보를 제공한다. 실직자들이 그들의 훈련 정도, 교육 수준, 취업

경력, 기술, 직업 전망 등을 제출하면 이 정보를 통해 지역사회 내의 가능한 직종과 연결을 시킨다. 직업에 대한 양질의 정보를 공급함으로써 마찰적인 실업은 감소되고 근로자의 재능과 기술은 보다 효과적으로 사용될 수 있게 된다. 한국고용정보원은 또한 적절한 직업을 위한 재배치를 촉진시킴으로써 마찰적 실업을 감소시키기도 한다.

(4) 고용 및 직업훈련 프로그램

비록 화폐 및 재정정책이 총수요를 확장시키고 경제성장을 도울 수는 있지만 모든 집단이 이러한 성장의 혜택을 받게 되는 것은 아니다. 구조적인 실업을 겪은 사람을 위한 고용 및 직업훈련 프로그램 또한 필수적이다. 고용 및 직업훈련 프로그램의 근본적인 목적은 근로자들에게 기초적이고 직업 관련 교육을 공급하고 직업훈련을 실시함으로써 고용능력을 향상시키는 것이다. 많은 실직자들은 직업기술을 결여하고, 기초적인 교육 수준에 결함이 있으며, 노동시장의 정보를 결여하고, 사회적·심리적 장애가 있거나 교통수단의 결여 혹은 탁아시설의 결여로 인해 취업을 하지 못하고 있다. 고용 및 직업훈련 프로그램은 이러한 고용의 장벽을 제거하려 한다.

2. 고용보험

1) 개관[1]

고용보험이란 실직 근로자에게 실업급여를 지급하는 전통적 의미의

1 노동부(2020), 『고용보험 백서』 참조.

실업보험사업 외에 적극적인 취업알선을 통한 재취업의 촉진과 근로자의 고용안정을 위한 고용안정사업, 근로자의 직업능력개발사업 등을 상호 연계하여 실시하는 사회보험제도이다. 따라서 실업보험은 단순하게 실직자의 생계를 지원하는 사후적·소극적인 사회보장제도에 그치는 반면, 고용보험은 실직자에 대한 생계지원은 물론 재취업을 촉진하고 더 나아가 실업의 예방 및 고용안정, 노동시장의 구조개편, 직업능력 개발을 강화하기 위한 사전적·적극적 차원의 종합적인 노동시장정책의 수단이라고 할 수 있다.

1995년부터 시행된 「고용보험법」은 1997년 외환위기를 조기에 극복하는 데 큰 기여를 하였고 사회안전망으로서 착실히 발전되고 정착되어 갔다. 금융, 기업, 노동, 기업 등 4대 부문 개혁에 박차를 가하면서 세계적으로 드물게 1년 반 만에 외환위기를 극복하고 이후 수출 호조, 외환보유고 확충, 기업의 재무구조 개선 및 경영 실적 호전, 금융구조의 건전성 제고와 함께 경제성장률, 실업률, 물가상승률 등 거시경제지표도 안정 기조를 유지해 왔다.

[그림 14-1] 고용보험제도의 기본 구조

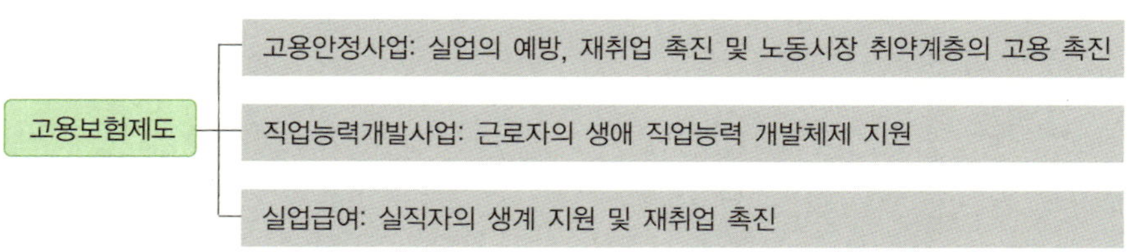

2) 고용보험 실시 현황

(1) 고용보험 적용 현황

1995년 7월 1일 제도 도입 당시 고용보험은 30인 이상 사업장에 적용되었으나, 이후 점차적으로 적용 대상 범위를 확대하여 1998년 10월 1일부터는 1인 이상 모든 사업장에 고용보험이 적용되고 있으며, 건설업의 경우에도 모든 공사(다만, 개인이 시공하는 공사금액 2,000만 원 미만 공사 등은 제외)가 적용 대상이다. 적용 사업장은 1995년 7월 1일 최초 3만 9,000개소에서 2019년에 235만 9,526개소로 증가하였고, 적용 근로자도 420만 4,000명에서 1,386만 4,138명으로 증가하였다.

(2) 고용안정 · 직업능력개발사업

2005년에 적극적 노동시장정책을 지원하기 위한 법률적 기반 마련을 추진한 데 이어 2006년에도 적극적 노동시장정책을 위한 고용보험의 역할

[그림 14-2] 적용 사업장 및 피보험자(상용직) 현황

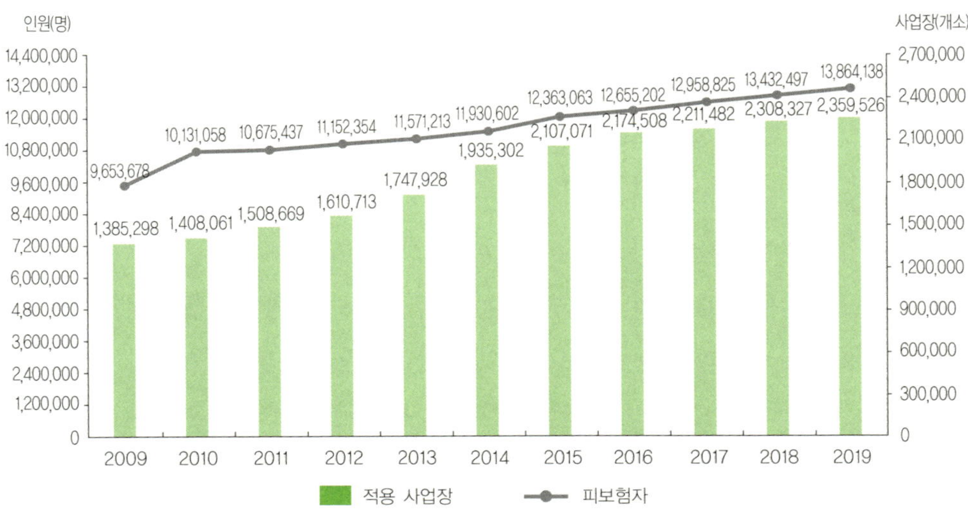

[표 14-1] 고용보험 · 능력개발사업의 지출 추이

(단위: 억 원)

연도	2010	2011	2012	2013	2014	2015	2016	2017	2018	2019
고용보험 지출액	60,011	59,339	59,880	64,812	70,026	81,245	88,672	94,607	115,778	139,515
실업급여	41,585	41,876	43,873	46,080	49,682	55,016	58,595	62,895	79,199	98,601
고용안정·직업능력개발사업	18,426	17,463	16,007	18,732	20,344	26,229	30,077	31,712	36,579	40,914
전년 대비 증가율(%)	-10.8	-1.1	0.9	8.2	8.0	12.0	9.1	6.7	22.4	20.2

[그림 14-3] 모성급여 지급 추이

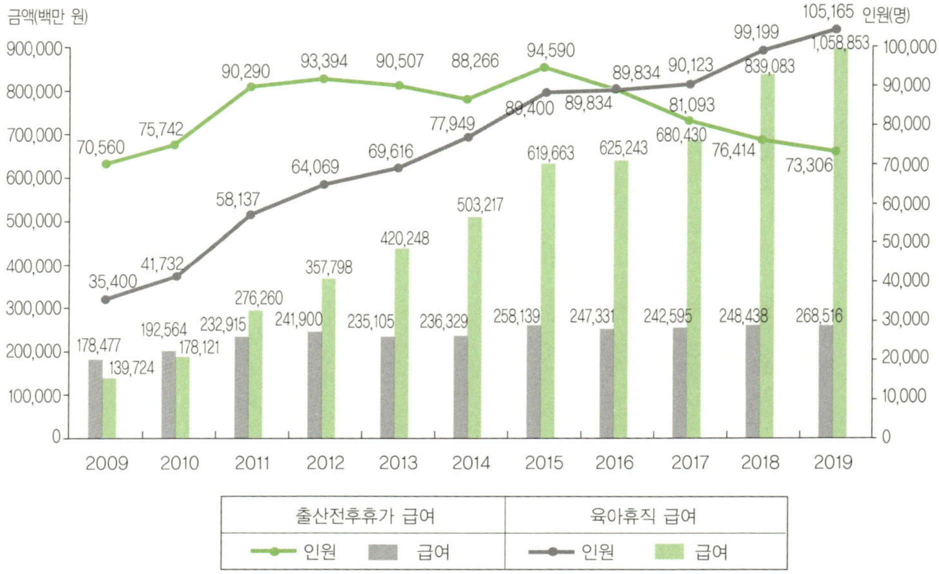

도 강화, 확대되었다.

일하기를 원하는 국민에게 충분한 상담과 지원을 통해 적성과 능력에 맞는 일자리를 찾아 주고 보다 많은 근로자들이 직업훈련을 통해 자신의 능력을 키울 수 있는 기회가 제공되도록 하며, 저출산·고령화에 대비하여 여성·고령자 고용지원 강화를 위해 고용안정·능력개발사업을 확대 추진하게 되었다.

고용안정·직업능력개발사업 규모는 2006년에는 269억 원에서 2019년에는 4조 914억 원으로 증가되었다. 특히, 모성보호사업은 출산전후휴가 급여가 2,685억 원, 육아휴직 급여가 1조 588억 원으로 늘어나는 등 최근의 급여율 인상 등이 반영되고 있다.

(3) 실업급여

실업급여제도는 2019년 10월 구직급여일액이 평균임금의 50%에서 60%로 상향조정되고, 하한액은 최저임금의 90%에서 80%로 하향조정되었다. 그리고 구직급여 지급 기간도 90~240일에서 120~270일로 늘어났다. 실업급여 지급자 수는 152만 6,073명으로 증가하였고 지급액은 8조 3,820억 원 증가하였다. 한편, 2019년의 우리나라 실업률은 3.8%로, 실업자 수는 106만 명이었다.

[그림 14-4] 실업급여 지급자 및 지급액 추이

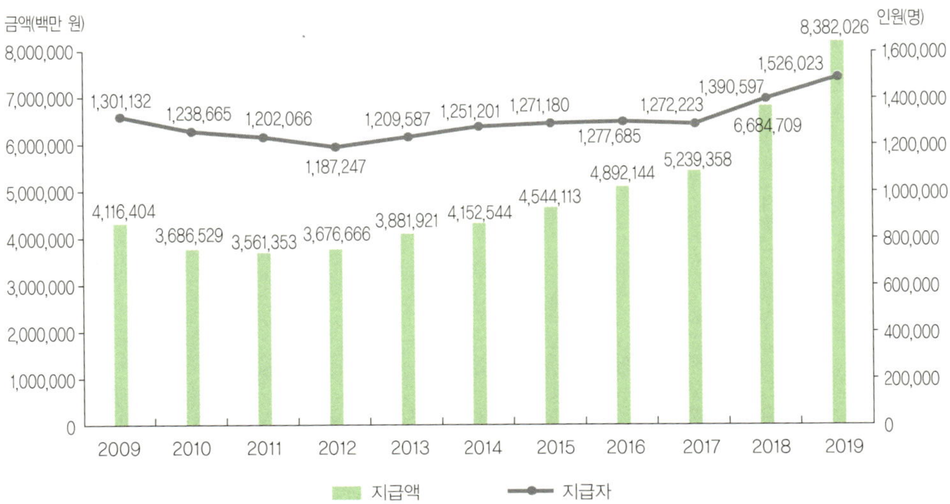

주: 실업급여: 구직급여, 취업촉진수당, 상병급여를 합한 수치임.
실업급여 지급자: 해당 연도 1년 동안 실업급여를 지급받은 순인원(다른 급여를 두 개 이상 받을 경우에도 1인으로 처리).

[그림 14-5] 연도별 실업자 수

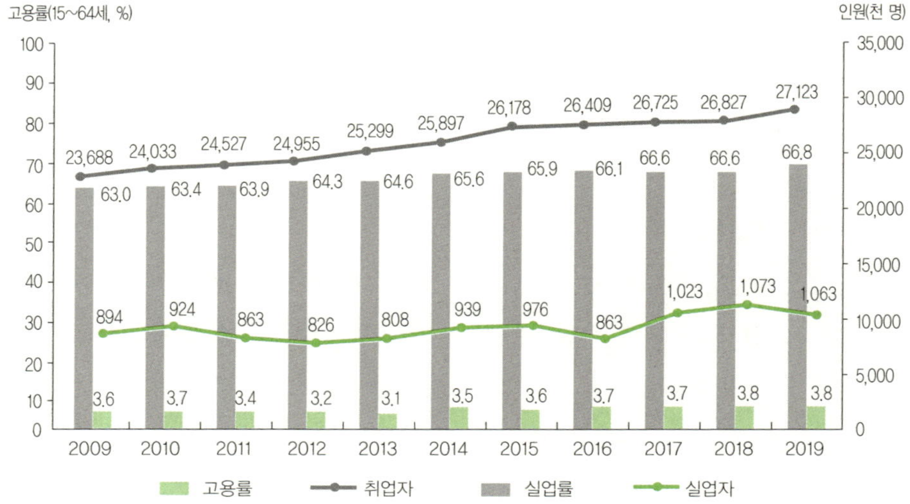

주: 실업자는 구직 기간 1주 실업자임(통계청). 단, 2000년부터 4주 기준 실업자임(기준 변경).

(4) 기금의 수지 현황 및 적립금

2019년도 수입은 11조 8,638억 원, 지출은 13조 9,515억 원이었다. 수입에서 사업비를 공제하면 수지차가 -2조 877억 원 발생하여 적립금은 2018년도보다 감소한 7조 3,532억 원이었다. 고용안정직업능력개발사업에서 -7,146억 원, 실업급여사업에서 -1조 3,731억 원이 발생하였다.

(5) 재원조달 및 보험료

실업급여 보험료율은 1.6%로 노사 절반씩 부담하고, 고용안정 직업능력개발 보험료율은 사업주가 기금 규모에 따라 0.25~0.86% 부담한다.

[표 14-2] 고용보험 수입 · 지출 · 적립금 추이(총괄)

(단위: 억 원)

구분		2015 결산	2016 결산	2017 결산	2018 결산	2019 결산
총계	수입(a)	90,364	102,442	101,362	107,696	118,638
	사업비(b)	81,245	88,672	94,607	115,778	139,515
	차액(a-b)	9,119	13,769	6,755	△8,082	△20,877
	연말적립금(c)	82,106	95,850	102,544	94,452	73,532
고안 · 직능	수입(a)	26,877	32,012	29,807	31,204	33,768
	사업비(b)	26,229	30,077	31,712	36,579	40,914
	차액(a-b)	648	1,935	△1,905	△5,374	△7,146
	연말적립금(c)	44,351	46,272	44,338	38,959	31,795
	적립금배율(c/b)	1.7	1.5	1.4	1.1	0.8
실업 급여	수입(a)	63,488	70,430	71,556	76,492	84,870
	사업비(b)	55,016	58,596	62,896	79,199	98,601
	차액(a-b)	8,472	11,835	8,660	△2,707	△13,731
	연말적립금(c)	37,755	49,578	58,207	55,493	41,737
	적립금배율(c/b)	0.7	0.8	0.9	0.7	0.4

주: 각 계정별 수입·지출 현황에는 자영업자계정이 포함됨(2012년부터).

[표 14-3] 2020년 고용보험료 납부 기준 및 보험료율

구분		보험료 기준	전체	근로자	회사
2020년	실업급여	월급여	1.60%	0.80%	0.80%
	고용안정 등	월급여	0.25~0.85%		0.25~0.85%
2019년	실업급여	월급여	1.30%	0.65%	0.65%
	고용안정 등	월급여	0.25~0.85%		0.25~0.85%

주: 인상적용: 2019년 10월 1일 이후.

3. 고용보험 급여

1) 사업주지원제도

(1) 고용창출지원사업

가. 중소기업근로시간단축지원금

주 40시간 근무제를 조기에 정착시키고 이로 인한 기업의 부담을 완화하기 위해 조기에 근로시간을 단축하고 근로자를 신규 채용하는 중소기업을 지원한다(「고용보험법시행령」 제13조).

나. 교대제전환지원금

교대제를 새로이 실시하거나 교대제를 실시하고 있는 사업주가 조를 늘려 교대제를 전환하는 경우에 (교대제 전환 후 월평균 근로자 수−전환 전 월평균 근로자 수)×분기당 180만 원을 지급한다.

다. 중소기업고용환경개선지원금

중소기업으로 제조업 및 지식기반서비스업(부가통신업, 정보처리 및 기타 컴퓨터 운영 관련업, 자연과학 연구개발업, 엔지니어링 서비스업, 전문 디자인업 등)을 영위하는 사업주에게 투자금액의 50%(최대 3,000만 원)와 증가된 근로자 수 1인당 120만 원(최대 30명) 1회 지급한다.

라. 중소기업전문인력활용장려금

중소기업의 고용기회 확대와 경쟁력 제고를 위하여 신규로 전문인력을 채용하거나, 대기업으로부터 전문인력을 지원받아 사용하는 사업주에게 채용일로부터 1년간 지원한다.

마. 중소기업신규업종진출지원금

제조업 또는 일부 지식기반서비스업(부가통신업, 정보처리 및 컴퓨터 운영 관련업, 자연과학 연구개발업, 엔지니어링 서비스업, 전문디자인업 등)을 영위하는 중소기업에 대하여 증가된 근로자 1인당 분기 180만 원(기업당 30명 한도)을 지급한다(신규 업종 진출 후 1년간 지원).

(2) 고용조정지원사업

가. 고용유지지원금

생산량 감소, 재고량 증가 등으로 고용조정이 불가피하게 된 사업주가 근로자를 감원하지 않고 휴업, 훈련, 휴직, 인력재배치 등 고용유지 조치로 근로자의 '계속고용'을 유지하는 사업주에게 휴업수당, 임금 및 훈련비를 지원하여 사업주의 경영 부담을 완화하고 근로자의 실직을 예방하는 지원금이다.

나. 전직지원장려금

기업의 구조조정으로 퇴직이 예상되는 근로자를 대상으로 전직에 필요한 각종 상담, 구인창업 등에 관한 고용정보 제공, 취업알선, 교육훈련, 이들 서비스 제공을 위한 인력 지원 등을 통해 이직 근로자의 신속한 재취업을 지원하는 제도이다.

(3) 고용촉진지원사업

가. 고령자고용촉진장려금

능력이나 건강으로 보아 한창 일할 때임에도 불구하고 취업 또는 직업 전환의 기회를 갖지 못하는 고령자를 일정 수준 이상 고용하거나 정년퇴직 이후 계속 고용, 정년을 연장하여 계속 고용하는 사업주에 대해서 고령자고용촉진장려금을 지원한다.

나. 신규고용촉진장려금

노동시장의 통상적인 조건하에서 취업이 어려운 고령자, 청년실업자, 장기구직자, 여성 등 취약계층을 채용하는 사업주에게 장려금을 지원한다.

다. 중장년훈련수료자채용장려금

중소업체의 인력난을 해소하고 취업에 애로를 겪는 40세 이상자의 신속한 재취업을 지원하기 위해 고용노동부 장관이 지정한 직업훈련 과정(1개월 이상의 훈련 과정에 한함)을 수료한 40세 이상인 근로자를 채용한 사업주에 대해서 중장년훈련수료자채용장려금을 지원한다.

라. 육아휴직장려금(대체인력채용장려금)

[표 14-4] 육아휴직장려금 제도

구분	요건	지원 수준
육아휴직 장려금	피보험자인 근로자에게 「남녀고용평등법」 제19조 규정에 의한 육아휴직을 30일(「근로기준법」 제74조 규정에 의한 산전후휴가 기간 90일과 중복되는 기간 제외) 이상 부여하고 육아휴직 종료 후 30일 이상 피보험자인 근로자로 계속 고용하는 사업주	육아휴직을 부여하는 사업주에게는 육아휴직 근로자 1인당 월 20만 원
대체인력 채용장려금	휴직 기간 중 신규 대체인력을 30일 이상 채용하고, 육아휴직 종료 후 육아휴직자를 30일 이상 계속 고용한 사업주	대체인력 1인당 월 20만~30만 원 지급 * 우선지원 대상 기업: 30만 원, 대규모 기업: 20만 원

(4) 고용촉진지원시설사업

가. 직장보육시설 보육교사 등 임금지원

사업주가 단독 또는 공동으로 사업장의 근로자를 위하여 직장보육시설을 설치·운영하는 경우 보육교사·취사부 및 직장보육시설의 장에 대하여 1인당 월 80만 원 지급(고용보험 피보험자가 아닌 자의 자녀가 있는 경우 감액)

한다.

나. 직장보육시설 설치비 융자·지원

직장보육시설을 임차·매입 설치하거나 운영 중인 시설을 개·보수하는 사업주 또는 사업주단체에게는 연 1~2%로 5억 원까지 융자가 가능하며 융자금은 5년 거치 5년 균등분할 상환하게 한다.

(5) 건설근로자 고용안정사업

가. 퇴직공제부금의 지원

건설근로자 퇴직공제제도는 건설일용근로자에게 퇴직금 성격인 퇴직공제금을 지급하기 위하여 1998년 1월부터 시행된 제도로, 건설업을 행하는 사업주가 건설근로자퇴직공제회와 건설근로자를 피공제자로 하는 공제계약을 체결한 후 공제부금을 납부하면, 근로자가 건설업을 퇴직하는 등의 경우에 적립된 공제부금에 소정의 이자를 합하여 퇴직공제금으로 지급한다.

나. 건설근로자 고용안정 지원금

건설현장별로 고용관리 책임자를 지정·신고하고 건설(일용)근로자에 대한 고용보험 사무처리(피보험자 관리)를 한 사업주에게 피보험자 관리실적에 따라 차등 지원한다.

2) 근로자지원제도

(1) 실직 근로자 지원제도

가. 실업급여

실업급여는 실직 전 18개월 중 180일 이상 고용보험에 가입한 근로자가 회사의 폐업·도산, 경영상 해고, 권고사직, 계약만료, 정년퇴직 등을 당하거나 기타 부득이한 사유로 이직한 경우에는 실업급여가 지급된다. 그러나 직장을 정당한 사유 없이 전직, 자영업 등을 위하여 스스로 그만두었거나 중대한 잘못으로 형법이나, 직무 관련 법규 위반 등으로 금고 이상의 형을 받아 해고된 경우 등에는 실업급여를 받을 수 없다. 실업급여는 이직한 다음날로부터 12개월이 지나면 지급되지 아니하므로 실직 시에는 지체 없이 거주지 관할 고용지원센터를 방문하여 수급자격 인정 신청 및 구직등록을 하여야 한다.

실업급여는 수급자격자가 지정된 실업인정일에 고용지원센터에 출석하여 실업 상태에서 적극적인 재취업 노력 사실을 신고하여 실업인정을 받을 경우 지급된다. 다만, 지정된 실업인정 일에 정당한 이유 없이 출석하지 않을 경우에는 받을 수 있는 소정급여일수(90~240일)에서 자동적으로 소멸되므로 꼭 지정된 실업인정일에 출석하여야 한다.

ㄱ) 구직급여

실직자의 연령과 보험가입 기간에 따라 120~270일 동안 실직 전 받던 임금의 60%를 지급한다. 2020년의 1일 구직급여 최고액은 66,000원, 최저액은 최저임금법상 시간급 최저임금액의 80%로 60,120원이다.

[표 14-5] 구직급여의 소정급여일수(이직일 2019. 10. 1 이후)

연령 및 가입 기간	1년 미만	1년 이상 3년 미만	3년 이상 5년 미만	5년 이상 10년 미만	10년 이상
50세 미만	120일	150일	180일	210일	240일
50세 이상 및 장애인	120일	180일	210일	240일	270일

주: 연령은 퇴사 당시의 만 나이 기준.

한편, 실업의 급증으로 고용사정이 극히 악화된 경우 고용노동부 장관이 지정한 기간 내에서 구직급여일액의 70%를 60일까지 연장 지급하는 특별연장급여제도가 있다. 또한 직업안정기관의 직업소개에 3회 이상 응하였으나 취업되지 못하고, 부양가족 중 18세 미만이나 65세 이상자, 장애인 또는 1개월 이상 치료를 요하는 환자가 있고, 급여기초일액이 5만 원 이하이며 본인 및 배우자의 재산이 고용노동부 장관이 고시하는 기준 이하인 경우 등 취직이 극히 곤란하고 생계지원이 필요한 수급자로서 본인이 신청하여 연장 결정된 경우 구직급여의 70%를 60일까지 연장 지급하는 개별 연장급여가 있다.

또한 지방노동관서의 직업능력개발훈련 지시에 의하여 훈련을 수강하는 경우 훈련 기간 동안 구직급여의 70%를 2년 범위 내에서 연장 지급이 가능하다(최근 1년간 직업능력개발훈련을 받은 경우는 제외함). 수급자격자가 수급기간 중 징병·부상 또는 출산으로 7일 이상 취업이 불가능한 경우에는 구직급여에 갈음하여 상병급여를 지급할 수 있다. 상병급여는 구직급여에 갈음하여 지급되므로 그 금액은 구직급여와 같고 구직급여의 미지급 한도 내에서 지급될 수 있으며, 상병급여를 지급한 경우에는 구직급여를 지급한 것으로 간주한다.

ㄴ) 취업촉진수당

조기재취업수당: 소정급여일수의 일부를 남기고 6개월 이상 고용이 확실시되는 안정된 직장에 조기 재취업한 경우, 잔여 급여일수에 따라 1/3, 1/2, 1/3의 일시금을 지급한다.

직업능력개발수당: 지방노동관서장 지시에 응하여 훈련을 받을 때에는 1일 5,000원을 지원한다.

광역구직활동비: 지방노동관서장의 소개로 50km 이상 떨어진 회사에 구직 활동을 한 경우 수급자격자의 거주지로부터 방문하는 사업장까지의 정상적인 경로에 따라 계산한 운임과 숙박이 필요하다고 인정되는 숙박비

를 지급한다.

이주비: 취직이나 지방노동관서장이 지시한 훈련을 받기 위해 주거를 이전하는 경우에 이주비를 국가공무원 국내 여비 규정의 이전비정액표에 의하여 지급한다.

나. 실업자 재취업훈련 지원

고용보험 적용사업장에서 이직한 고용보험 피보험자였던 자가 직업능력개발훈련시설, 고등교육법에 의한 학교, 기타 지방노동관서의 장이 인정하는 시설 또는 기관에서 재취직에 필요한 기능, 기술습득을 위한 1개월 이상 1년 이하의 과정으로 총훈련시간이 60시간 이상의 훈련을 받는 경우에 교통비, 식비, 기숙사비 등을 지급한다.

다. 취업알선 등

고용보험 적용사업장에서 실직한 피보험자가 거주지 관할 고용지원센터를 방문하여 구직을 원할 경우 적성검사 등 직업상담과 취업알선을 지원한다.

라. 실직자 창업지원사업

장기실업자(구직등록 후 6개월 이상 실업 상태에 있는 자)로서 고용보험 피보험자였던 장기실업자 중 담보·보증능력이 부족하고 가구의 주소득원인자로 아래와 관련된 창업을 희망하는 경우 최고 7,000만 원 범위 내에서 공단이 직접 점포를 임차하여 지원한다.

(2) 재직 근로자 지원제도

가. 근로자 수강지원금 지원

비자발적 사유로 이직예정인 피보험자, 40세 이상 피보험자, 상시 사용

[그림 14-6] 2019년 고용보험 사업체계도

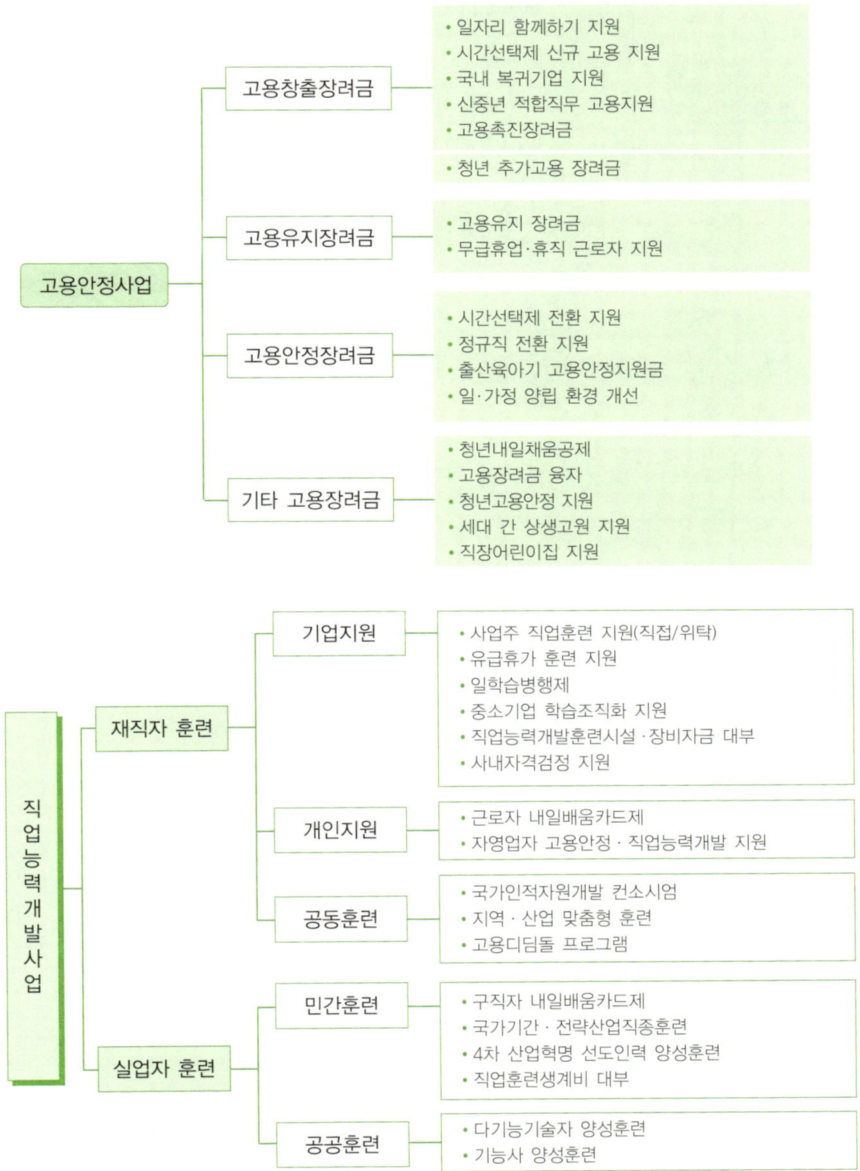

하는 근로자 수가 300인 미만인 사업에 고용된 자, 근로계약 기간이 1년 이하인 자, 「근로기준법」 제21조의 규정에 의한 단시간 근로자 또는 파견 근로자 보호 등에 관한 법률에 의한 파견 근로자, 일용 근로자, 고용보험 임의가입 자영업자가 노동부 장관이 승인을 받은 과정(일반 과정, 외국어 과정) 또는 고용노동부 장관이 고시하는 정보화 기초 과정을 수료하고, 소정출석일수(시간)의 80% 이상을 출석하였으며, 자비로 훈련수강비용을 부담한 경우에는 연간 100만 원 한도 내에서 지불한 수강비용의 50~100%를 지원한다.

나. 근로자 학자금 대부

고용보험 피보험자로서 전문대학 이상 학교에 입학하거나 재학 중인 자에게 연 1%(신용보증), 연 1.5%(일반대출) 조건으로 학자금을 대부한다.

Chapter 15

장기요양보험

학습목표

1. 장기요양보장의 쟁점을 정리해 보자.
2. 장기요양보험의 유형을 비교해 보자.
3. 노인장기요양보험의 내용을 알아보자.
4. 노인장기요양보험의 관리운영 구조를 정리해 보자.

1. 장기요양보장의 쟁점[1]

급속한 고령화로 인해 치매, 중풍 등 장기요양 서비스가 필요한 노인이 급증하고 있다. 정부 추정에 의하면 장기요양 필요 노인은 전체 노인의 9.6%(77.2만 명)이다. 그러나 핵가족화·여성의 사회 활동 확대, 보호 기간의 장기화(평균 2년) 등으로 개인 또는 가정에 의한 요양보호는 한계에 도달하고 있다. 또한 만성질환 노인 증가 등으로 노인의료비가 큰 폭으로 증가하는 추세이다. 2015년 22조 원(38.8%), 2017년 28조 원(40.6%), 2019년 36조 원(42.4%)으로 늘어나고 있다. 이에 대비하기 위한 국가제도가 장기요양보장제도이다.

선진국에서는 노인 장기요양보호의 유형과 관련하여, 장기요양보호 서비스의 구성에 있어 유급의 재가보호, 시설보호 및 무급의 비공식적 장기요양보호를 어떤 형태로 균형을 잡을 것인가, 일반진료 체계와 고령자 장기요양보호 체계의 관계는 어떻게 설정할 것인가 등이 주요 논점이 되고 있다.

1) 장기요양보호 유형 간의 균형

OECD의 어느 국가를 막론하고 가장 주류를 이루는 고령자 장기요양보호에 관한 정책 문제는 장기요양보호 유형, 즉 재가보호, 시설보호 및 거주지역 중심의 장기요양보호 간에 어떻게 균형을 잡을 것인가 하는 문제이다.

국가별로 서비스 수준에 차이가 있지만 OECD의 모든 국가들은 자신들이 시설보호에 너무 많은 것을 지출하는 반면, 재가보호와 거주지역 중심 장기요양보호에는 불충분한 지출을 하고 있다고 믿고 있다.

1 석재은(1999), 「노인 장기요양보호의 공급주체간 역할 분담 유형에 관한 비교 연구: 비용부담과 보호제공을 중심으로」, 이화여자대학교 박사학위논문 참조.

대부분의 국가들은 고령자가 자신의 생활환경에서 여생을 살아가는 데 도움이 되는 방향으로 장기요양보호제도를 운영하려는 정책의지를 표명하고 있는데, 이는 사람들이 장애를 겪는 경우 자신들의 집에서 계속 요양 서비스를 받을 수 있게 하거나 또는 최소한 수용시설이 아닌 자신의 거주지역이라는 환경에서 살면서 요양받을 수 있도록 한다는 것을 의미한다.

재가보호와 거주지역 중심 장기요양보호 서비스를 강조하는 것은 다음과 같은 근거에서 출발하고 있다. 첫째, 사람들은 가능한 한 자신의 집에서 머물기를 원한다. 또한 재가보호는 정치적 측면에서 볼 때 일반국민들로부터 지지를 받고 있다. 예를 들어, 미국에서의 한 조사에서는 95%의 장애환자가 가능한 한 요양소에 있지 않는 것이 좋다는 설문에 동의하고 있다. 1992~1993년에 실시한 미국의 여론조사에서는 응답자의 80% 이상이 미국의 새로운 재가보호 프로그램에 호의를 보인 것으로 나타났다.

둘째, 어느 국가를 막론하고 그동안 고령자 장기요양보호 지출의 상당히 많은 부분을 비시설보호보다는 시설보호에 투입해 왔다는 데 이론의 여지가 없다. 고령자 장기요양보호를 위한 공적 비용은 대부분 재가보호보다는 시설보호를 위한 것이다.

셋째는 가장 논란이 많은 사항인데, 낮은 비용의 유급재가보호는 고가의 요양소 장기요양보호를 대체함으로써 결국 고령자 장기요양보호를 위한 공적 비용을 줄이게 될 것이라는 희망이다. 그동안 미국의 여러 연구논문들은 이와 같은 대체를 통해 비용절감이 일어나지 않을 것이라고 주장해 왔다. 재가보호를 확대 실시한 시범사업에서도 통상적으로 전체 비용이 줄어들기보다는 증가한 것으로 나타났고, 요양소의 이용 역시 감소가 경미한 것으로 나타났다. 요양소의 장기요양보호와 무장기요양보호 서비스를 선택하도록 하는 경우 많은 고령자들은 무장기요양보호 서비스를 선택할 것이다. 그러나 선택의 범위를 재가보호까지 확대하는 경우 많은 사람들이 재가보호를 선택할 것이다. 따라서 재가보호 이용의 큰 증가에 의한 비용 상승은 요양소 이용의 극미한 감소를 상쇄하고도 남게 된다.

그러나 미국 이외의 관측자들은 미국의 연구논문 결과를 일반화하는 것에 주저하는 경향이 있다. 일부 전문가들은 재가보호 서비스가 특정 수요자, 즉 재가보호를 수급하지 않는다면 시설에 수용되었을 사람들을 대상으로 하여 적정한 수준의 서비스가 제공되는 경우 재가보호보다는 비용효과적일 수 있다고 믿고 있다.

많은 국가들은 의식적으로 시설보호 서비스의 증가를 중지시키거나 억제하는 정책을 취하고 있는데, 이의 핵심은 시설 서비스를 재가보호로 대체시키는 것이다. 또한 심지어 미국 내에서도 오리건주의 경우 적극적인 재가보호 확대와 더불어 기타 장기요양보호 서비스의 비중을 낮춤으로써 요양소 이용을 상당히 줄이는 데 뚜렷한 성과를 거두고 있는데, 이로써 장기요양보호 유형 간의 대체를 통해 적절한 구조화가 이루어질 수 있는 가능성이 높아지고 있다.

재가보호 서비스의 영역 내에서도 제공될 서비스의 범위, 서비스를 선택하는 데 있어 장애환자의 역할, 재가보호 서비스의 공급자 등에 관하여 점점 관심이 집중되고 있다. 예를 들어, 65세 이하의 장애환자를 위한 장애자권익운동은 소비자 선택과 권한을 강조해 왔는데, 이 운동은 미국의 고령자 장기요양보호 서비스 검토 작업에 막대한 지적 영향력을 행사해 왔다. 다른 국가들도 역시 의사결정 작업에서 '소비자 참여'에 관심을 보이고 있다.

재가보호에 대한 이와 같은 새로운 관념의 중심에는 하나의 믿음이 깔려 있는데, 그것은 어떤 서비스더라도 그것이 개인의 독립성을 극대화시키는 것이 정당한 것이라는 것이다. 이런 이유 때문에 요즘에는 전통적인 가사보조적 서비스를 초월한 새로운 서비스를 제공함으로써 개인적 장기요양보호에 도움을 주려는 시도가 조금이나마 나타나고 있다.

극단적으로 표현하자면 장기요양보호 방식의 이와 같은 유연성은 현물 서비스 대신 현금급여 방식을 활용하는 데서 볼 수 있는데, 이는 오스트리아와 독일에서 그 예를 찾을 수 있다. 보다 전통적인 서비스의 제공과 비교할 때 현금급여는 공적 자금의 부담 능력 및 제공되는 장기요양보호 서비스 질의 확보 등 여러 문제점을 드러내고 있다.

고령자 장기요양보호 재원의 상당히 많은 부분이 비시설 서비스보다는 시설 서비스에 투입되고 있다는 사실에도 불구하고 최근 몇 년 동안 요양소 등 시설 서비스에 대해서 양적 성장의 억제 이외에는 그리 많은 정책적 관심이 기울여지지 않았다. 그동안의 가장 주요한 정책적 시도는 이원적인 노력, 즉 가장 심각한 장애환자만을 요양소에 입소시켜 장기요양보호 급여를 제공하도록 하고 생활보조시설과 같은 덜 시설적이고 덜 경직되고 입소요양에 덜 비중이 두어진 장기요양보호 환경이 발전하도록 하려는 노력이다.

이로 인해 고령자 장기요양보호제도의 특징이었던 시설 서비스와 거주지 중심 서비스 사이의 명확한 구분은 점점 모호해지고 있고, 이는 장애환자의 거주여건에 구애받지 않고 그들에게 필요한 장기요양보호 서비스를 어떻게 제공할 것인가라는 문제를 야기시키고 있다.

모든 국가에서 지금까지 가정은 장애환자에 대한 고령자 장기요양보호 서비스의 주요 제공자였다. 가정이 방대한 양의 무급 장기요양보호 서비스를 제공하고 있고 이들이 이를 제공하지 않는 경우 엄청난 비용이 발생할 것이라는 것을 염두에 두면서 정책입안자들은 공적 유급 서비스의 제공으로 인해 또는 인구적·경제적 변화로 인하여 그동안 가정이 제공해 온 무급의 장기요양보호 서비스가 줄어들지나 않을까 우려하고 있다.

그러나 미국 내에서의 실제적인 연구 결과를 볼 때 공적으로 자원되는 유급의 가정장기요양보호가 제공되더라도 비공식적인 장기요양보호 서비스의 제공이 조금도 줄어들지 않는다는 것이 밝혀지고 있다.

미국에서의 연구가 대부분 단기적인 시범사업의 평가를 바탕으로 하고 있다는 결함에도 불구하고 실제로 높은 수준의 유급 가정장기요양보호 서비스가 제공되는 국가에서도 고령자에 대한 비공식적인 장기요양보호는 강하게 유지되고 있다.

노인의 장기요양보호 정책 유형은 크게 재가보호 혹은 시설보호로 대별할 수 있다. 실제로는 재가보호와 시설보호를 양극단으로 그 중간에 연속선상의 보호 유형이 있을 수 있다. 그러나 단기보호시설, 주간보호시설 등은 엄밀히 보면 재가보호를 지원하기 위한 보호 형태라고 할 수 있으므로 재가보호와 시설보호로 대별하는 것에 큰 무리가 없다고 판단된다.

2) 급성의료 서비스와 고령자 장기요양보호 서비스: 통합 운영이냐 분리 운영이냐?

정책입안자들에게 가장 핵심적인 문제는 일반(급성)의료 재원조달 및 전달 체계와 고령자 장기요양보호의 전달 체계를 어떻게, 그리고 어느 정도 분리 운영할 것인가 하는 것이다. 각국은 급성의료 서비스를 필요로 하는 환자와 보다 시설수용 서비스나 가정 중심의 서비스를 필요로 하는 환자들을 엄격히 구분함으로써 일반(급성)의료 서비스의 비용을 통제하려는 시도를 계속해 왔다. 특히 두드러진 특징은 소위 '병실잠식자'(bed blockers), 즉 단지 상대적으로 저렴한 대체시설이나 서비스가 없어서 일반병원 병실에 남아 있는 고령환자의 수를 줄이는 데 많은 노력을 기울여 온 것이다. 그동안 많은 국가들은 이런 병실잠식을 줄여 왔지만 일본의 경우에는 중증장애환자의 40%가 병원에 수용, 요양되고 있는 실정이기 때문에 여전히 심각한 문제가 되고 있다. 그동안 고령자 장기요양보호와 단기치료가 뚜렷하게 구별되고 있었기 때문에 이들의 단절은 더욱 심화되고 양 체제의 조정은 더욱 어렵게 되고 있다.

많은 국가에서 서로 기능이 상이하거나 수준이 다른 정부기구가 급성진료와 고령자 장기요양보호의 서로 다른 분야를 맡고 있는 현실은 이런 양제도의 단절을 더욱 악화시키고 있다. 예를 들어, 미국의 경우 고령자와 일부 장애자에 대한 급성의료 서비스는 전국적으로 통일된 의료보험 프로그램인 Medicare제도에 의하여 그 재원조달 및 운영이 이루어지고 있으나, 반면 고령자 장기요양보호 서비스는 자산조사 프로그램인 Medicaid에 의해 대부분 재원이 조달되고 있고 그 구성 및 운영도 주로 개별 주에 의하여 이루어지고 있다. 클린턴 대통령이 고령자 장기요양보호제도에 대한 개혁안은 이와 같이 장기요양보호 프로그램의 구성과 운영에 대한 주정부의 역할을 강조하고 있었기 때문에 동 개혁안은 급성의료 분야와 고령자 장기요양보호 분야의 갭을 넓혀 놓는 바람직하지 못한 부산물을 낳게 되었다.

이 문제에 대응하기 위하여 클린턴은 단기급성진료와 고령자 장기요양보호의 통합에 관한 시범사업을 제안하고 그들의 통합을 촉진시키기 위하여 의료공급자(구체적으로 관리하의 의료공급자)와의 계약 체결에 각 주정부에게 유연성을 부여했다. 미국의 경우 그동안 S/HMO(Social/Health Maintenance Organization) 프로그램, PACE(the Programme of All-Inclusive Care for the Elderly) 등 몇몇 시범사업이 실시되어 왔는데, 이는 급성진료와 고령자 장기요양보호 두 분야를 하나의 체계로 통합시킴으로써 현재의 갭을 치유하려는 시도였다.

통합 체계라는 개념에 깔려 있는 하나의 전제는 이 통합 체계는 과거의 비통합 체계보다 두 서비스 분야를 양질이면서도 비용효과적으로 결합시킬 것이라는 것이다. 일반의료(단기급성치료) 분야와 고령자 장기요양보호 분야의 통합 개념은 매력적인 것이지만 여전히 몇 가지 문제점을 안고 있다. 첫째, 장애환자가 서비스를 받는 시점에서 과연 통합이 무엇을 의미하느냐가 불명확하다는 것이다. 또한 서비스 공급자 입장에서 볼 때 통합 체계에서 비통합 체계와는 달리 무엇을 제공하는가 하는 것이다.

둘째, 비용절감이라는 것이 증명되지 못했다는 것이다. 미국의 경우 S/HMO 시범사업은 HMO하의 급성치료 서비스에서 예상되었던 것 이상으로 비용절감을 가져다주지 못했다는 것이다.

셋째, 단기급성치료와 고령자 장기요양보호와의 통합은 고령자 장기요양보호의 바람직하지 못한 의료화를 야기할 것이라는 우려가 제기되고 있다는 것이다. 또 하나 이와 관련되는 문제는 통합 체계 내에서 급성치료 분야보다는 고령자 장기요양보호에 쓰일 재원을 소모해버림으로써 고령자 장기요양보호제도를 다시 재원 부족 상태로 전락시킬 수 있다는 것이다.

3) 장기요양보호 재원조달 방법 및 특징

선진국은 징기요양보호의 재원조달과 관련하여, 첫째 공적 재원조달과 민간 재원조달의 비율을 어떻게 설정할 것인가? 둘째, 공적 프로그램이 자산 조사를 기초로 할 것인가, 아닌가? 셋째, 중앙정부에 의해 제도가 만들어지고 관리되어야 하는가, 아니면 지방정부로 이를 분산시킬 것인가? 넷째, 비용은 어떻게 통제될 것인가? 등이 주요 논점이 되고 있다.

(1) 공적 부문에 의한 재원조달과 민간 부문에 의한 재원조달의 균형

요양소와 재가보호를 위한 비용 지불은 보통 정부 프로그램에 의한 부담과 직접적인 환자 개인 부담의 조합으로 나타난다. OECD 국가의 경우 고령자 장기요양보호를 위한 재원조달의 많은 부분이 정부의 공적 프로그램에 의하여 이루어지고 있다. 스웨덴, 덴마크, 핀란드, 노르웨이, 캐나다 등 일부 국가의 경우에는 의료비용의 대부분이 공적 부문에서 직접 조달되고 있다.

이들 국가에서 국민은 정부가 주도적인 입장에서 포괄적이고 강제적인 사회보험을 통하여 모든 장애환자에게 그들의 재정적 궁핍 여부와 관계없이 의료를 보장받아야 한다고 믿고 있다. 이런 시각으로 볼 때 민간 부문의 역할이란 거의 없거나 전무하게 된다. 고령자 장기요양보호 프로그램에 대한 정부의 개입이 자산 조사에 기초한 복지 프로그램(공공 부조)에 한정되고 있는 일부 국가의 경우에는 재산상의 자격 기준을 충족시키지 못하는 사람들은 자신의 장기요양보호 비용을 직접 지불하거나 장기요양보호 서비스가 없는 상황에서 생활하여야 한다.

이러한 접근 방식은 미국, 영국, 독일(독일의 경우 최근 고령자 장기요양보호 비용의 재원조달 체계를 바꾸는 입법조치를 단행한 바 있음)에서 전형적으로 나타나고 있다. 요양소 및 재가보호가 엄청난 비용을 수반한다는 것을 감안할 때, 후자 그룹에 속하는 국가의 노인들에게 고령자 장기요양보호는 가계파탄적인 자부담 비용을 낳는 중요한 원인이 된다는 것은 놀라운 일이 못된다. 이들 국가에서 고령자에 대한 장기요양보호 비용의 기본적인 책임은 환자 개인이나 그 가족에 있게 되며, 정부는 단지 스스로 비용을 부담하지 못하는 사람들의 최종적인 호소 수단으로 기능할 뿐이다.

지난 수년간에 걸쳐 고령자 장기요양보호의 재원조달과 관련 민간 분야가 조직적으로 참여하는 문제에 새로운 관심이 제기되어 왔는데, 이는 특히 민간 고령자 장기요양보험에 대한 것이었다. 이 민간 고령자 장기요양보험 시장은 미국에서 가장 활발하게 기능하고 있고, 일본에서도 상당히 활발한 가운데 영국, 프랑스, 이스라엘, 독일, 벨기에 등에서도 약간의 움직임이 나타나고 있다. 그러나 이들 국가에서조차 이 보험에 가입하고 있는 인구는 비율적으로 매우 적다. 하물며 공적 부문이 고령자 장기요양보호 분야의 재원조달을 주도하고 있는 국가에서는 민간 장기요양보험 활동은 보고되지 않고 있다.

정부가 민간 고령자 장기요양보험에 대해 갖는 관심의 상당 부분은 이 민영보험을 통해 자산 조사에 기초한 공공 부조 비용을 줄일 수 있다는 희망에서 출발하고 있다. 요양소의 장기요양보호 비용이 지나치게 높기 때문에 환자들은 흔히 이 장기요양보호 비용의 부담으로 일생 동안 모은 재산을 탕진해야만 한다. 공공 부조에 의한 요양소 환자들은 부유한 사람들은 아니었을지 모르지만 그들의 상당 부분은 요양시설에 수용될 때까지는 가난한 사람들이 아니었다. 하지만 일단 시설에 수용되어 가난에 빠지게 되면 그들은 자신들의 요양비용을 충당하기 위하여 정부의 공공 부조 프로그램에 의존하게 된다.

따라서 정부 관리들은 중산층 또는 상대적으로 형편이 나은 사람들이 젊을 때 고령자 장기요양보호보험에 가입함으로써 요양소나 재가보호에 의하여 야기되는 가난과 복지 지출 모두를 미연에 방지할 수 있도록 되기를 희망하고 있다.

최근 미국과 영국의 연구 자료는 고령자 장기요양보호보험을 도입하더라도 공공 부조에 의한 의료를 받게 될 사람들까지 보험 적용될 수 있을 정도의 소득 분배에는 이르지 못할 것으로 주장하고 있다. 미국의 한 연구에서도 나타나고 있듯이 노령층에 판매되는 고령자 장기요양보호보험의 수요와 공급에 관해서 여유 있게 가정을 하더라도 2018년의 자산 조사에 의한 복지 지출은 민영보험이 없을 경우에 예상되는 비용보다 단지 2~4%만을 감소할 것으로 예측되고 있다. 이와 마찬가지로 영국에서의 한 연구 역시 민영보험을 통한 정부의 잠재적인 비용절감은 무시해도 좋을 정도밖에 나타나지 않을 것으로 주장하고 있다. 민영보험시장의 상당한 성장 가능성에도 불구하고 민영보험의 광범위한 활용을 통한 고령자 장기요양보호보험의 재원조달에는 수많은 장애 요인이 있다. 즉, 최근 노령층의 경제적 지위 상승에도 불구하고 대부분이 노령인구는 민간 장기요양보호보험에 가입할 수 있는 경제적 여건에 있지 못하다.

많은 국가의 보험계리전문인과 보험회사들은 과연 요양소 비용이나 재가보호(비전문적 가정장기요양보호)가 보험상품에 적용할 수 있는 위험이 될 수 있는지에 대해서도 확신을 갖지 못하고 있다. 즉, 보험 적용에 의해 초래될 수 있는 이용 증가(소위 도덕적 위해), 장애환자의 불균형적인 거입(소위 역선택), 보험상품은 급여 시점보다 훨씬 앞서 판매하게 되는데 여기에 내재하는 불확실성 등과 같은 문제들이 보험회사가 이익을 남길 수 있는 방향으로 해결될 수 있을 것이라는 데 자신을 갖지 못하고 있다. 민영보험이 발전하고 있는 국가에서 정부는 민영보험에 적극적인 입장을 보이고 있는 것처럼 보이지만 시장조성을 위한 정부의 실질적인 지원은 거의 찾아보기 힘들다.

(2) 자산 조사에 의한 공적 제도와 보편적 공적 제도

미국을 제외한 모든 OECD 국가들은 사실상 모든 국민을 적용하는 보편적 일반의료(급성)보장 서비스를 제공하고 있지만 정부재원에 의한 고령자 장기요양보호제도는 자산 조사 방식 및 보편적 적용 방식이 복잡하게 혼재되어 실시되고 있다. 특히 민간 장기요양보호보험이 실질적으로 정부의 공공 부조 지출을 감소시키지 못한다고 가정하는 경우, 정책입안자들은 공적 프로그램을 어떻게 구조화시킬 것인지에 대하여 결정을 내려야 했다. 1994년 독일과 미국 정부는 제도 변화를 시도했는데 이는 비자산 조사 방식의 보편적 적용을 지향하는 것이었다. 독일은 이 개혁안을 성공적으로 입법화시켰지만 미국은 실패하고 말았다.

가. 자산 조사에 의한 접근 전략

자산 조사에 의한 공적 프로그램(공공 부조)을 주장하는 가장 중요한 논거는 이 방식이 가장 낮은 공적 비용으로 공공재원을 투입, 장기요양보호 서비스를 가장 필요로 하는 빈곤층 장애환자에 집중시킬 수 있다는 데 있다.

이 프로그램이 적용 대상을 빈곤층에 두고 있더라도 대부분의 국가들은 요양소에 입소하여 자산을 소비해 버린 중간소득층까지도 현재 적용하고 있는 실정이다. 그러나 자산 조사 방식의 접근방법은 다음과 같은 여러 가지 결함을 갖고 있다.

첫째, 이와 같은 프로그램은 고령자나 장애환자들이 그들의 수입과 자산을 모두 고갈시킨 후에나 적용하는 것이기 때문에 이 프로그램으로는 그들이 입는 파탄적 비용을 미연에 방지할 수 없다.

둘째, 빈곤층만 급여를 받을 수 있기 때문에 상당한 규모의 부를 이전시키거나 낮추어 신고하거나 또는 도피시키도록 하는 왜곡된 인센티브가 있을 수 있다.

셋째, 자산 조사에 의한 프로그램에 의해 공적 고령자 장기요양보호제도를 운영할 경우에 나타날 수 있는 가장 당혹스러운 측면은 아마도 평생 경제적인 독립을 유지하며 살아온 수많은 사람들이 종국에 가서 복지수혜자로 전락하고 있다는 것이다. 자산 조사 방식의 복지 프로그램에서 기본적인 전제는 상대적으로 인구의 극히 일부만이 이 제도에 의존해야 한다는 것인데, 오히려 고령자 장기요양보호에서는 수많은 사람들이 복지제도에 의존하고 있다는 것이다.

넷째, 복지의 수혜는 일반적으로 좋지 않은 것으로 생각되기 때문에 수혜자에게 치욕감이 들도록 한다. 사실 현금급여와는 달리 고령자 장기요양보호에서는 그렇게 치욕적인 것도 아닌데도 그렇게 받아들여지고 있다.

마지막으로, 복지수혜자들은 흔히 일반진료 환자에 비해서 서비스에 대한 접근도가 열악한 경우가 많을 뿐만 아니라 열악한 서비스를 수급할 수 있다.

나. 사회보험 전략

고령자 장기요양보호제도의 운영을 사회보험에 의한 접근 방식으로 할 경우 개인적 경제여건과 관계없이 모든 사람에게 적용할 수 있다. 사회보험에 의한 보편적 적용 전략을 지지하는 사람들은 단기급성의료와 소득지원 분야는 일반적으로 보편적 보험제도를 통하여 이루어지고 있는데, 고령자 장기요양보호제도는 왜 복지 프로그램을 통하여 운영되어야 하는지 설득력 있는 이유를 찾을 수 없다고 본다. 사회보험 전략은 특별한 장점을 갖고 있는데, 이는 일반적으로 자산 조사 방식과 정반대 되는 것들이다.

첫째, 사회보험제도는 보편적 적용을 보장한다.

둘째, 사회보험제도는 수입과 관계없이 급여를 제공하기 때문에 수급자에게 사회복지 수혜자라는 낙인이 붙지 않는다. 게다가 중간 및 상위 소득계층도 사회보험제도에 포함되기 때문에 빈곤층에 한정된 제도의 경우보다 광범위한 정치적 지지를 받는다. 사회보험 전략은 또한 자산 조사 방식의 제도에서 특징적으로 나타나는 의료의 질 및 접근성에 관한 문제를 완화할 수 있다. 고령자 장기요양보호제도를 사회보험 방식으로 운영하는 경우의 근본적인 단점은 이 제도가 정부의 많은 예산 지출을 필요로 한다는 점이다. 이에 더하여 장래의 국가경제가 불확실하다는 것과 급속한 인구 노령화로 인한 비용 문제도 우려되는 요소이다. 또한 사회보험제도에 대해 비판하는 입장에서는 스스로 고령자 장기요양보호 비용을 부담할 수 있는 상위 소득층이 고령자들에게도 급여가 제공된다는 점을 지적한다.

마지막으로, 반대자들은 사회보험 방식은 비고령층이 지불하는 세금이나 강제적인 보험료에 의해 재원을 조달하면서 서비스는 대부분의 모든 고령자에 확대되기 때문에 세대 간의 불공평이 일어난다고 주장한다.

4) 분산관리 방식과 통합관리 방식

최근 고령자 장기요양보호제도의 개혁과 관련 고심하고 있는 또 하나의 문제는 어떤 수준의 정부가 고령자 장기요양보호제도를 맡을 것인가 하는 것이다. 많은 국가에서 고령자 장기요양보호에 대한 책임은 수많은 운영기관과 다양한 수준의 정부로 확산되는 경향을 보이고 있으며, 이 때문에 조정에 제한을 받고 있다. 운영주체가 다양화됨으로써 제각각의 목표를 갖고 있는 의료 및 사회 서비스 프로그램들이 복잡하게 중복적으로 운영되고 있다. 독일과 같은 일부 국가들은 이와 같은 분립 상황을 시정하기 위하여 여러 서비스들을 보다 중앙 수준에 접근시키는 방향으로 통합하고 있다.

1994년 입법된 독일의 제도개혁을 보면 중앙정부가 고령자 장기요양보호를 위한 통일된 전국적 프로그램을 만든 후 엄격하게 통제를 받고 있는 질병금고가 이를 운영하도록 하고 있다. 그러나 보다 많은 국가들은 서비스(종종 재원조달도)를 하위의 중앙 수준이나 심지어 지방 수준을 집중시키는 등 다른 방향으로 움직이고 있다. 영국의 경우에는 1990년의 국가보건 서비스 및 커뮤니티 장기요양보호법에 의해 중앙정부의 지방정부 교부금을 크게 인상함으로써 장기시설 장기요양보호 비용을 위한 중앙정부의 복지보조제도를 대체시켰다.

1993년 시행된 이 제도는 시설보호 서비스와 가정장기요양보호 서비스 모두를 환자고객을 대신하여 구매할 수 있도록 하기 위한 것이었다. 클린턴 정부의 가정장기요양보호제도에 관한 새로운 개혁안도 이와 같은 노선을 따라 대부분 중앙 수준에서 재원을 조달하도록 하고 있지만 그 구성과 운영에서는 거의 전적으로 주정부 수준에서 이루어지도록 하고 있다.

전국 수준으로의 통합을 지지하는 논거는 크게 두 가지가 있다. 첫째, 지리적 형평성을 유지할 수 있다는 것이다. 통일된 전국적 수준의 프로그램에 의할 경우 분산 운영 시 야기되는 바람직스럽지 못한 서비스 접근성의 차이를 해소할 수 있다. 둘째, 행정적 효율성을 들 수 있다. 단일한 전국적 프로그램을 개발하는 것은 프로그램의 제 규정과 시스템을 한 번에 걸쳐 만들면 되므로 보통 적은 관리비용이 든다. 특히 지방 행정조직들은 전문적 지식을 결한 경우가 많다.

반면 분산관리를 주장하는 논거도 있다. 첫째, 많은 국가의 경우 주정부나 지방정부는 이미 고령자 장기요양보호 서비스에 깊숙이 개입하고 있다는 것이다. 따라서 지역별 분산접근 방식에 의할 경우 이미 존재하는 제도를 바탕으로 할 수 있고 새로운 제도가 어떤 것이라도 보다 신속하게 시행에 옮길 수 있다.

둘째, 고령자 장기요양보호는 사람들의 삶의 질에 대한 관심을 반영하는 극히 개별적 성격의 문제이다. 따라서 서비스에 대한 계획과 공급에는 지역적인 여건과 규범 및 가치가 반영되어야 할 뿐 아니라 장애환자와 장기요양보호 서비스 공급자의 지역적 선호사항이 반영되어야 한다.

셋째, 분산 체제하에서는 의사결정 과정이 일상화될 가능성이 적다. 정책결정 과정에서 개별적인 사안들도 중요하게 보이기 때문에 지역적으로 관리되는 프로그램은 분명 중앙 차원에서 운영되는 프로그램보다 훨씬 유연성이 있고 덜 관료적이다. 흔히 지방 행정관리들은 지방 수준에서의 고령자 장기요양보호 프로그램의 구성과 관리운영에 대해 위와 같은 제도운영상의 이유를 들어 지지하고 있지만, 지방 수준에서 장기요양보호제도 운영비를 부담하는 것에 대해서는 그렇게 반기는 입장이 아니다. 장기적인 인구추계에 의하면 고령자 장기요양보호에 대한 수요가 앞으로 엄청나게 증가할 것이 확실하다. 관리들은 책임분산을 위한 노력이 재정 부담을 다른 수준의 지방정부로 전가시키려는 얄팍하게 가장된 술책일 수 있다는 염려를 하고 있다.

따라서 운영책임의 분산에 관해 정부 간에 협약하는 경우 중앙정부의 재원 분담에 관한 양해를 얻어 내는 것이 필요한 것으로 보인다. 특히 재정적 어려움에 처한 경우에는 더욱 그렇다.

5) 고령자 장기요양보호 비용의 통제

어느 국가든 재정적으로 안정되고 비용 지출의 예측이 가능한 고령자 장기요양보호제도가 운영될 수 있기를 바라고 있다. 각국이 현재 시행하고 있는 지출억제 방법은 다음과 같다. 첫째, 지출을 총액예산 상한 범위로 억제한다. 둘째, 급여 대상을 가장 심각한 장애환자들에게 한정한다. 셋째, 본인부담금을 부과한다. 넷째, 서비스 공급자에 대한 지불금을 정한다. 다섯째, 서비스 공급을 억제한다.

(1) 예산 억제

일부 국가들은 전체 지출 규모를 미리 설정된 예상 상한으로 제한함으로써 비용을 억제하고 있다. 이 반대되는 방식이 급여 발생 연동 방식인데 이는 정부가 일정한 기준을 충족하고 있는 사람들은 누구에게나 예산상 미칠 영향과는 관계없이 서비스를 제공할 법적 책임을 진다는 것을 의미한다.

예산 상한 방식을 지지하는 사람들은 정액예산제가 서비스의 유연성을 촉진한다고 주장하는데, 특히 재가보호가 시설보호를 대체하도록 유인하는 방향으로 구조화시킬 경우 더욱 서비스의 유연성을 촉진시킬 수 있다. 예산에 의한 접근 방식을 반대하는 사람들은 예산에 상한이 설정되면 일반적으로 지출이 물가상승이나 인구 또는 수요에 상응하여 증가하지 못하는 것을 우려한다. 정액예산 방식은 급여 발생 연동 방식에서와 같은 자동적 지출 증가 기능을 결하고 있다.

각국은 이 분야의 정책 추진에 있어 통일성을 보여 주지는 않는다. 영국은 1993년 천정부지로 솟는 자산 조사 방식에 의한 시설 서비스에 종지부를 찍고 중앙정부의 지방교부금을 확대함으로써 지방보건당국이 해당 지역 사람들을 위한 시설 및 재가보호 서비스를 구비할 수 있도록 하였다.

독일의 새로운 고령자 장기요양보호제도는 이와는 반대방향으로 나가고 있는데, 여기서는 수급자격을 기초로 현금급여를 제공하고 있다. 그러나 비용 지출에 있어서는 그 한계를 법으로 정하여 징수된 보험료 범위로 한정하고 있다. 그러나 만약 수요가 가용자금을 초과하는 경우에 어떤 상황이 발생할 것인지는 명확하지 않다.

(2) 가장 심각한 장애환자로의 급여 한정

비용을 통제하는 또 하나의 접근방법은 급여 서비스를 가장 장애가 심각한 환자에게 한정하는 것이다. 스웨덴은 최근 몇 년간에 걸쳐 정도가 심하지 않은 장애환자를 서비스 대상에서 제외시킴으로써 장기요양보호 서비스를 수급하는 고령자의 비율을 감소시켜 왔다. 또한 여러 국가들은 요양소 입소 대상을 가장 심각한 장애환자로 한정하면서 다른 장애환자들은 서비스 집중도가 약한 시설 또는 가정장기요양보호 쪽으로 전환시키는 시도를 하고 있다.

(3) 본인 부담(비용부담)

세 번째 비용억제 전략은 본인 부담(특히 재가보호에)을 부과하는 것이다. 비용 부담은 서비스 이용 시 환자 본인의 직접적인 비용을 증가시킴으로써 서비스 이용을 줄일 수 있다. 그러나 환자가 경제적 고충을 겪지 않는 수준에서 본인 부담이 부과되도록 해야 하는 한계가 있다. 예를 들어, 미국의 경우 거주지역 중심의 중증장애 노령환자 중 약 40% 정도는 연방 빈곤수준 이하의 소득을 올리고 있을 뿐이다.

(4) 서비스 가격 설정 방식

어느 국가에서나 정부는 고령자 장기요양보호 서비스의 모든 가격 또는 최소한 공적 고령자 장기요양보호 프로그램에 의해 지불되는 서비스의 가격을 정하는 권한을 갖고 있다. 정부는 공적 프로그램하에서 서비스에 지불될 가격을 정함으로써 직접적으로 정부 지출에 영향을 미치게 되고 공급자가 공적 지원을 받는 환자들을 수용할 것인지를 판단하는 데 정부가 간접적으로 힘을 미침으로써(가격원리에 의하여) 정부 지출에 영향을 주게 된다. 정부가 서비스의 지불가격을 정하는 권한을 갖는 것은 정부의 예산목표를 달성하는 데 결정적인 것은 아니지만 서비스 공급자들은 정부가 가격을 자의적으로 결정함으로써 자신들의 재정적 안정을 위협할 수 있다고 우려하고 있다.

이와 마찬가지로 소비자들은 가격결정이 부적절할 경우 장기요양보호 서비스의 질이 그만큼 하락하거나 비용이 소비자들에게 전가될지도 모른다는 우려에 공감하고 있다.

(5) 서비스 공급 억제 방식

마지막으로 각국은 비용억제 방식의 일환으로 전반적인 서비스 공급을 조정하려는 시도를 하고 있다. 전달 체계를 다룬 부분에서 이미 언급한 것처럼 많은 국가들은 시설 서비스, 특히 집중도가 강하고 고액인 서비스의 팽창을 억제하려 하고 있다. 여러 국가들은 그 제한 정도에 차이가 있더라도 장기시설보호 병실의 공급에 일정한 한계 수준을 설정하고 있다.

2. 노인장기요양보험

1) 제도의 개요

(1) 도입 경위

노인장기요양보험제도는 고령이나 노인성 질병 등의 사유로 일상생활을 혼자서 수행하기 어려운 노인 등에게 신체 활동 또는 가사 활동 등을 지원하여 노후생활의 안정을 도모하고 그 가족의 부담을 덜어 주기 위한 사회보험제도로 정의된다. 2007년에 「노인장기요양보험법」이 국회를 통과한 후 시행령 및 시행규칙 제정, 장기요양위원회에서 수가 및 보험요율 결정, 장기요양인정신청 접수 및 판정 조사를 거쳐 2008년 7월부터 보험료 고지 및 급여의 개시가 이루어졌다.

- 2001. 8. 15: 대통령경축사에서 노인요양제도 도입 제시
- 2002: 대통령 공약사항으로 노인요양보장제도 도입 포함

- 2003. 3: 「공적노인요양보장추진기획단」을 설치·운영하여 노인요양보장제도 기본 골격(안) 마련
- 2004. 3~2005. 1: 「공적노인요양보장제도실행위원회」를 구성·운영하여 노인요양보장제도 기본 요강을 마련하여 건의
- 2005. 7. 1: 노인요양보장제도 1차 시범사업 실시
- 2006. 2. 16: 정부입법 국회 제출
- 2007. 2. 22: 국회 보건복지상임위원회 통과
- 2007. 4. 2: 국회 본회의 통과
- 2007. 4. 27: 「노인장기요양보험법」 공포
- 2007. 6. 8: 1차 시행령 및 시행규칙 입법 예고

(2) 제도의 필요성

본 제도의 필요성은 급속하게 진행되는 고령화에 대비, 공적 노인요양보장 체계를 확립하여 국민의 노후 불안 해소 및 노인가정의 부담 경감 도모에 있다. 제도가 도입되면, 첫째 노인의 삶의 질이 크게 향상될 것으로 보인다. 비전문적 가족요양에서 계획적인 전문적인 요양, 간호 서비스가 제공되어 신체 기능 호전, 사망률 감소가 가능할 것이다. 둘째, 가족의 부양 부담 경감시설 및 재가급여비용 절감이 가능하다. 셋째, 여성 등 비공식적 수발자의 경제활동 증가가 가능하다. 넷째, 사회 서비스 일자리 확대로 고용창출이 가능하다. 다섯째, 고령친화 산업 및 지역경제 활성화가 가능하다. 복지용구, 재활용품 산업의 활성화 및 지역 요양시설의 확대가 기대된다. 여섯째, 노인의료비 사용의 효율화가 가능하다. 급성기병상에서 요양병원으로 요양병원에서 요양시설로 저비용의 개호가 가능하게 된다.

2) 제도의 기본 구조

(1) 신청 대상

– 65세 이상 노인 및 65세 미만 노인성 질병을 가진 자

(2) 급여 종류

– 재가급여: 방문요양, 방문목욕, 방문간호, 주·야간보호, 단기보호, 복지용구 대여 등
– 시설급여: 노인요양시설, 노인요양 공동생활 가정에서 전문요양 서비스 이용
– 특별현금급여: 도서벽지 지역 등 요양시설이 없어 불가피하게 가족 등으로부터 요양을 받은 경우 지원되는 현금급여 등

(3) 재원조달

– 노인장기요양보험에 필요한 재원은 장기요양보험료+국가 지원+본인 일부 부담으로 구성
– 장기요양보험료: 건강보험료액에 장기요양보험요율을 곱하여 산정하며, 장기요양위원회의 심의를 거쳐 대통령령으로 정함.
– 국가 지원: 보험료 예상수입액의 20%+의료급여 수급권자 장기요양급여비용 부담(국가와 지자체 부담)
– 본인 일부 부담
  • 시설급여는 20%, 재가급여는 15% 부담함.
  • 의료급여 수급권자, 소득·재산이 일정 금액 이하인 저소득층은 각각 1/2로 경감(시설: 10%, 재가: 7.5%)
  • 국민기초생활수급노인은 무료

(4) 서비스 이용 체계

[표 15-1] 서비스 이용 체계

서비스 신청	• 65세 이상 노인 또는 65세 미만 노인성 질환자가 공단에 의사소견서를 첨부하여 장기요양 인정 신청 – 신청자: 본인, 가족이나 친족, 사회복지 전담 공무원(본인이나 가족 등의 동의 필요), 시장·군수·구청장이 지정하는 자
방문 조사	• 공단 소속 직원(사회복지사, 간호사)은 신청인의 심신 상태 등을 조사
등급 판정	• 공단은 조사결과서, 의사소견서 등을 등급판정위원회에 제출 • 등급판정위원회는 대통령령이 정하는 등급판정 기준에 따라 장기요양급여를 받을 자로 판정 – 신청서를 제출한 날로부터 30일 이내에 판정 완료. 다만 정밀조사가 필요한 경우 등 부득이한 경우 연장 가능
장기요양인정서 및 표준장기요양 이용계획서 통보	• 장기요양등급, 장기요양급여의 종류 및 내용이 담긴 장기요양인정서와 적절한 서비스 내용, 횟수, 비용 등을 담은 표준장기요양이용계획서 송부 – 장기요양 인정 유효 기간: 최소 1년 이상 – 장기요양 인정의 갱신신청, 장기요양등급 등의 변경신청, 이의신청 절차 있음.
장기요양급여의 시작	• 장기요양인정서가 도달한 날부터 장기요양급여 시작 – 다만, 돌볼 가족이 없는 경우 등은 신청서를 제출한 날부터 장기요양급여를 받을 수 있음.
장기요양기관 정보의 안내	• 장기요양기관은 수급자가 장기요양급여를 쉽게 선택하도록 건물, 시설, 설비 등의 사진 및 현황 자료 등을 공단이 운영하는 인터넷에 게시

(5) 재정 전망

노인장기요양보험의 재정 지출은 노인인구 수의 증가 등을 급속히 증가하고 있다. 국회예산정책처 추계에 의하면 2028년 보험료율은 1%를 넘어설 것으로 전망되고 있다.

3) 노인성 질병의 범위(시행령 안 제2조, 별표1)

「노인장기요양보험법」 제2조(정의)에는 65세 이상의 노인 또는 65세 미만의 치매·뇌혈관성 질환 등 대통령령이 정하는 노인성 질병을 가진 자로

[표 15-2] 연도별 재정소요 추계

(단위: 조 원, %)

구분	2019	2020	2021	2022	2023	2024	2025	2026	2027	2028	연평균 증가율
수입(A)	7.5	9.6	10.7	11.6	12.6	13.8	15.1	16.3	17.4	18.5	10.6
지출(B)	8.3	9.6	11.0	12.8	14.6	16.4	18.4	20.4	23.0	25.4	13.3
재정수지(A-B)	△0.8	0.0	△0.4	△1.1	△2.0	△2.6	△3.3	△4.1	△5.6	△6.9	
적립금	0.6	0.6	0.2	△0.9	-	-	-	-	-	-	

자료: 국회예산정책처.

[표 15-3] 연도별 장기요양보험요율 전망

(단위: %, %p)

구분	2019	2020	2021	2022	2023	2024	2025	2026	2027	2028
장기요양보험료율	8.51	10.25	10.60	10.96	11.32	11.69	12.08	12.48	12.89	13.32
(보수월액 대비 요율)	(0.55)	(0.68)	(0.73)	(0.78)	(0.83)	(0.89)	(0.95)	(1.00)	(1.03)	(1.07)
인상률[1)]	15.31	20.45	3.40	3.40	3.30	3.30	3.30	3.30	3.30	3.30
(보수월액 대비 인상률)	(19.34)	(24.30)	(7.01)	(7.01)	(6.61)	(6.61)	(6.61)	(5.27)	(3.30)	(3.30)
인상폭	1.13	1.74	0.35	0.36	0.36	0.37	0.39	0.40	0.41	0.43

주: 1) 보험료율(%)의 변화율(%)임.
( )는 보수월액 기준으로 재산정한 장기요양보험료율.

자료: 국회예산정책처.

[표 15-4] 노인성 질환자 중 주요 질병군 출현율

순위	질병명	진료인원 (명)	내원일수 (명)	요양급여비용 (백만 원)	1인당 진료비 (일)	증감률 (%)
1	노년백내장	206,060	317,550	266,446	1,293,052	5.4
2	알츠하이머병에서의 치매(G30.⁺)	102,585	18,366,851	1,354,607	13,204,726	14.8
3	상세불명 병원체의 폐렴	94,209	1,587,799	348,884	3,703,299	17.0
4	뇌경색증	75,034	6,146,738	769,451	10,254,692	7.5
5	무릎관절증	67,250	1,824,497	490,878	7,299,304	12.7
6	기타 척추병증	59,092	979,084	154,233	2,610,049	3.1
7	요추 및 골반의 골절	52,125	1,161,025	140,875	2,702,647	13.5
8	협심증	49,538	328,911	202,420	4,086,154	7.2
9	감염성 및 상세불명 기원의 기타 위장염 및 결장염	48,023	303,336	53,512	1,114,310	11.3
10	늑골, 흉골 및 흉추의 골절	47,075	866,176	106,399	2,260,207	10.5

[표 15-5] 장기요양등급 판정 기준

장기요양등급	심신의 기능 상태
1등급	심신의 기능 상태 장애로 일상생활에서 전적으로 다른 사람의 도움이 필요한 자로서 장기요양 인정 점수가 95점 이상인 자
2등급	심신의 기능 상태 장애로 일상생활에서 상당 부분 다른 사람의 도움이 필요한 자로서 장기요양 인정 점수가 75점 이상 95점 미만인 자
3등급	심신의 기능 상태 장애로 일상생활에서 부분적으로 다른 사람의 도움이 필요한 자로서 장기요양 인정 점수가 60점 이상 75점 미만인 자
4등급	심신의 기능 상태 장애로 일상생활에서 일정 부분 다른 사람의 도움이 필요한 자로서 장기요양 인정 점수가 51점 이상 60점 미만인 자
5등급	치매환자로서(「노인장기요양보험법」 시행령 제2조에 따른 노인성 질병으로 한정) 장기요양 인정 점수가 45점 이상 51점 미만인 자
인지지원등급	치매환자로서(「노인장기요양보험법」 시행령 제2조에 따른 노인성 질병으로 한정) 장기요양 인정 점수가 45점 미만인 자

[표 15-6] 등급 판정 항목(5개 영역 52개 항목)

영역	항목		
신체 기능 (12항목)	• 옷 벗고 입기 • 식사하기 • 일어나 앉기 • 화장실 사용하기	• 세수하기 • 목욕하기 • 옮겨 앉기 • 대변 조절하기	• 양치질하기 • 체위 변경하기 • 방 밖으로 나오기 • 소변 조절하기
인지 기능 (7항목)	• 단기 기억장애 • 상황 판단력 감퇴 • 나이·생년월일 불인지	• 지시 불인지 • 장소 불인지	• 날짜 불인지 • 의사소통·전달 장애
행동 변화 (14항목)	• 망상 • 환청, 환각 • 슬픈 상태, 울기도 함 • 불규칙 수면 주야 혼돈 • 도움에 저항	• 서성거림, 안절부절 못함 • 길을 잃음 • 폭언, 위협행동 • 밖으로 나가려 함 • 의미 없거나 부적절한 행동	• 물건 망가트리기 • 돈/물건 감추기 • 부적절한 옷입기 • 대/소변 불결행위
간호처치 (9항목)	• 기관지절개관 간호 • 흡인 • 산소요법	• 경관영양 • 욕창간호 • 양성통증간호	• 도뇨관리 • 장루간호 • 투석간호
재활 (10항목)	운동장애(4항목) • 우측상지 • 우측하지 • 좌측상지 • 좌측하지	관절제한(6항목) • 어깨관절 • 팔꿈치관절 • 손목 및 수지관절 • 고관절 • 무릎관절 • 발목관절	

하고 있다. 치매, 뇌혈관성 질환, 파킨슨병 및 관련 질환의 3가지가 노인에게 흔히 발생하면서 거동 불편을 초래하는 1차적 원인 질환으로서 심사평가원·의협 및 한의협 의견수렴 결과 모두 우선순위 3가지 속에 포함된다.

4) 관리운영 체계

(1) 관리운영

가. 보험료의 징수

국민건강보험료와 구분하여 통합 징수하되, 각각의 독립회계로 관리

장기요양보험료=건강보험료액×장기요양보험요율

* 장애인 등에 대해서는 장기요양보험료 감면(세부 내용 시행령 규정)

나. 장기요양위원회 운영

- 장기요양보험요율
- 가족요양비, 특례요양비 및 요양병원 간병비 지급 기준
- 재가 및 시설 급여비용 등 심의
- 위원장: 보건복지부 차관
  부위원장 1인을 포함한 16인 이상 22인 이하의 위원
- 근로자, 사용자 시민, 노인단체, 농어업인 단체 또는 자영자 단체 대표
- 장기요양기관 또는 의료계 대표
- 대통령령이 정하는 관계 중앙행정기관의 고위공무원단 소속 공무원
- 장기요양에 관한 학계 또는 연구계 대표, 공단이사장 추천자

다. 시·군·구의 역할

- 장기요양등급판정위원회위원장 위촉, 위원 7인 추천
- 장기요양기관 지정 및 취소, 영업정지 및 폐쇄 명령

[그림 15-1] 관리운영

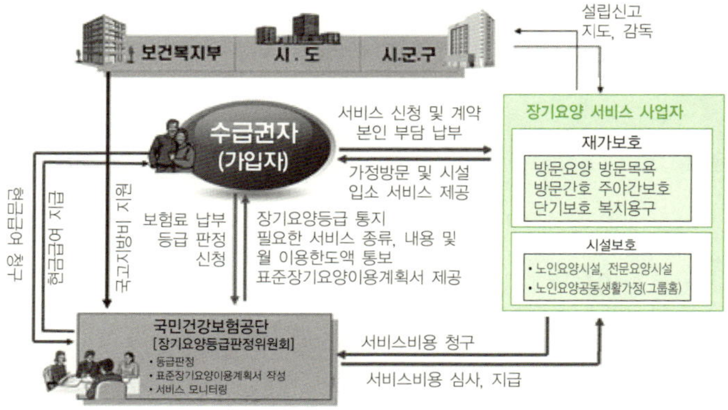

- 장기요양급여 관련 자료의 제출 요청 및 관계서류 검사
- 장기요양기관 확충, 설립 지원
- 장기요양 예방사업
- 관할지역 거주자에 대한 장기요양 인정 등 대리 신청(사회복지 전담 공무원)
- 의료급여 수급권자 장기요양 급여비용·관리운영비용 일부 지원
- 5년 단위로 장기요양기본계획에 따른 세부시행계획 수립·시행

[표 15-7] 건강보험과 노인장기요양보험의 비교

구분	건강보험	노인장기요양보험
대상	• 전 국민(의료급여 대상자 제외) – 질병, 부상이 있는 자에 대한 의료 서비스가 목적	• 65세 이상 노인 및 65세 미만 노인성 질환을 가진 자 – 신체활동 및 일상 가사 지원이 목적
적용 연도	• 1977년 7월부터 500인 이상 사업장의 근로자를 대상으로 강제적인 의료보험제도가 도입되어 시행	• 2008년 7월 1일 예정
보험료 산정	• 직장가입자 보험료는 표준보수월액에 일정한 요율을 곱하여 산정(표준보수월액×보험요율) • 지역가입자 보험료는 소득, 재산, 자동차, 생활 수준, 경제활동참가율 등을 고려한 부과표준소득점수에 점수당 금액을 곱하여 산정	• 국민건강보험료액에 기 요양보험요율을 곱하여 산정 예) 근로자로 월급여가 100만 원인 경우 건강보험료액=100만 원×건강보험요율(10%) 노인장기요양보험료액=10만 원×노인장기요양보험요율
서비스 종류	• 현물급여 – 요양급여비 – 건강진단비 • 현금급여 – 요양비 – 장제비 등	• 현물급여 – 재가급여 – 시설급여 • 특별현금급여 – 가족요양비 – 특례요양비 – 요양병원 간병비
서비스 한도	• 의학적으로 질병이나 부상의 치료 종료 시까지	• 월 한도액 범위 내에서 서비스
서비스 제공	• 의사의 판단에 따라 의료 서비스 실시	• 수발등급 판정을 인정받은 자
정부 지원	• 정부는 매년 예산의 범위 안에서 당해 연도 보험료 예상수입액의 100분의 14에 상당하는 금액을 지원 • 공단은 「국민건강증진법」이 정하는 바에 따라 동법에 따른 국민건강증진기금에서 자금을 지원받음 – 보험료 예상수입의 6%	• 정부 지원은 매년 장기요양보험료 예상수입액의 100분의 20을 공단에 지원

주: 건강보험은 강제적용인 반면에 노인장기요양보험은 수발신청에 의한 등급별 판정자만이 서비스를 받을 수 있음. 따라서 건강보험과 노인장기요양보험을 동시에 적용받을 수 있음.

찾아보기

[ㅇ]